Der arme Trillionär

Für Jutta, Flora und Moritz
sowie für meine Eltern

Georg Ransmayr

Der arme Trillionär

Aufstieg und Untergang des
Inflationskönigs SIGMUND BOSEL

styria premium

INHALT

Der Handelssaal der Wiener Börse in den 1920er Jahren.

1 – EINLEITUNG samt einem Vorwort des Autors

Im Februar 2012 bin ich zum ersten Mal in New York vor dem Hochhaus gestanden, in dem Julie Bauer-Marks ihre Wohnung hat. Der freundliche Portier, der im Lift für mich auf den Knopf drückt, sieht aus wie ein Flugkapitän. Auf dem Stoff seiner Uniform ist über der Brusttasche die Adresse des Gebäudes am Central Park aufgestickt. Wir fahren hinauf in den zehnten Stock. Ich bin gespannt, was mir die Tochter des legendären Sigmund Bosel erzählen wird.
Kurz darauf kommt mir am Gang eine humorvolle Dame mit einer rauchigen Stimme entgegen, die trotz ihrer 85 Jahre recht quirlig wirkt. Wir haben schnell ein herzliches Gesprächsklima, Frau Marks erkundigt sich, ob ich nicht vielleicht einen „weißen Spritzer“ möchte. Nach etlichen E-Mails und Telefonaten können wir in Ruhe die Dreharbeiten besprechen, die für den folgenden Tag angesetzt sind. Julie Marks hat sich bereit erklärt, in einer ORF-Dokumentation über ihren schillernden Vater mitzuwirken, der mit seinem sagenhaften Reichtum in den 1920er Jahren ganz Österreich elektrisiert hat.
Deutsch möchte Frau Marks nicht unbedingt reden, obwohl das feine Wienerisch, das ihr sporadisch über die Lippen kommt, perfekt ist. Während der Nazi-Zeit sei sie in der Emigration in London mit ihrem Bruder dazu übergegangen, Englisch zu sprechen. Beim Plaudern über das geplante Interview kommen bei der Bosel-Tochter spontane Erinnerungen an ihre Kindheit hoch. Julie holt die Briefe hervor, die ihr von ihrem geliebten Papa geblieben sind, und die Familienfotos, die sie am Telefon erwähnt hat. „Mein Vater war ein sehr fescher Kerl. Er hatte schwarze Haare und sehr dunkle Augen“, sagt sie, während sie die Aufnahmen ausbreitet. „Ich kann mich noch daran erinnern, wie ich auf seinem Schoß gesessen bin.“
An drei aufeinanderfolgenden Tagen beschäftigen wir uns viel mit der Geschichte der Familie Bosel. Das lange Doku-Interview klappt bestens, Julie Marks ist eine gute Erzählerin. Sie überlässt mir zahlreiche alte Fotos und schenkt mir ein Buch, in dem ihr Vater vorkommt. Die Briefe borgt sie mir über Nacht, damit ich sie im Hotelzimmer einscannen kann. Frau Marks hat auch die Noten eines alten Wienerliedes hervorgeholt, das Fritz Imhoff einst über ihren Vater

gesungen hat. Julie lässt durchblicken, dass sie sich einsam fühlt, seit ihr zweiter Ehemann, der Richter Jerome Marks, im Alter von 95 Jahren verstorben ist. Mehr als vier Jahrzehnte waren die beiden verheiratet gewesen. Und ihr erster Ehemann, Ernest R. Bauer? Er starb mit 45 Jahren an einem Herzinfarkt.

Mir tut es fast leid, dass wir so viel über Sigmund Bosel und seinen Tod reden, der das Leben seiner Tochter bis zu einem gewissen Grad noch immer überschattet. Julie Marks kann sich nicht erklären, warum ihr Vater 1938 kurz vor dem „Anschluss" nochmals von Frankreich zurück nach Österreich gefahren ist: „The reason my father went back to Vienna is the biggest question I ever had in my life".[1]

Dieses Buch erzählt die dramatische Geschichte eines Grenzgängers. Sigmund Bosel war ein Finanzakrobat, der mit seinen halsbrecherischen Geschäften niemanden kalt gelassen hat. Seine Laufbahn verlief abenteuerlich und tragisch, sein Leben war eine Mischung aus Krimi und Groschenroman. Die Anfänge seiner Karriere hören sich an wie ein Märchen über den Kapitalismus, in dem ein junger Glücksritter nach dem Ersten Weltkrieg binnen kurzer Zeit mehr Geld anhäufen konnte als andere Millionäre in einem ganzen Jahrhundert.

Wir schreiben das Jahr 1922. Das junge Österreich wird vom Inflationsfieber geschüttelt, Banknoten haben nur mehr den Wert von besserem Klopapier. Deshalb steht den großbürgerlichen Chefitäten in den Wiener Bankpalästen der Schweiß aber nicht auf der Stirn. Die Herren im Nadelstreif müssen mitansehen, wie der junge Finanzjongleur Sigmund Bosel mit seinem explosionsartig gewachsenen Vermögen die Reichen ziemlich alt aussehen lässt. Manche Bankdirektoren ahnen, was der schmächtige Senkrechtstarter aus kleinen Verhältnissen vorhat: Bosel will als Schreckgespenst der Wiener Hochfinanz die Branche aufmischen und ein zweiter Rothschild werden.[2]

Seine Firmenzentrale hatte Sigmund Bosel hinter dem Wiener Rathaus am Friedrich-Schmidt-Platz Nummer 5. In diesem Bürohaus geht der schillernde Kommerzialrat mit seinem Beraterstab damals ein und aus. 18 Automobile sollen für Bosel und seine Prokuristen in den besten Zeiten in der Garage bereitgestanden sein. Ein ehemaliger k. u. k. Rittmeister war damit beauftragt, die neumodernen

Pferdestärken im Fuhrpark zu betreuen. Bosel lebt auf großem Fuß. Er ist ein Unternehmer mit einem veritablen Hofstaat.[3]

Obwohl Bosel mit seinem Bankhaus mächtig Eindruck machte, haben viele seinen Broterwerb für ein liederliches Gewerbe gehalten. Denn Bosel war ein Inflationsgewinnler, der mit eiskalten Geschäftsmethoden aus dem Sturm der Geldentwertung Kapital geschlagen hatte. Auf diese Weise wurde er die umstrittene Ikone einer *New Economy* von Spekulanten, die ganz Österreich in ihren Bann zog. Eine kleine Schicht von talentierten Aufsteigern machte der Bevölkerung vor, wie man der grassierenden Inflation ein Schnippchen schlagen und dabei astronomische Vermögenswerte anhäufen konnte. Für viele Menschen hatte sich ein historisches Zeitfenster aufgetan. Die Geldentwertung hatte abertausende Vermögen ausradiert und Elias Canetti zufolge vorübergehend soziale Unterschiede aufgehoben, „die wie für die Ewigkeit geschaffen schienen".[4]

Auf sonderbare Weise hatte die Inflation scheinbar Chancengleichheit geschaffen. Reichwerden war eine Beschäftigung für jedermann geworden – vorausgesetzt, man hatte Talent und auch die nötige Portion Rücksichtslosigkeit. Sigmund Bosel brachte beides mit, und er hatte obendrein das Glück, dass er den Grundstein für seinen Reichtum schon im Ersten Weltkrieg legen konnte – als Lieferant vieler Flüchtlingslager. Der Publizist Karl Kraus spuckte deshalb Gift und Galle auf Bosel, weil der Emporkömmling seiner Meinung nach zu einer Sorte Mensch gehörte, die Kraus um nichts in der Welt leiden konnte: Kriegsgewinnler. Kraus hielt solche Leute für abscheuliche Siegertypen, die „durch das Blut anderer" zu Geld gekommen waren.[5]

Dem frischgebackenen Wiener Bürgermeister Karl Seitz wäre 1923 so eine Kritik wohl nicht in den Sinn gekommen. Er und die Sozialdemokratische Partei mussten froh sein, dass der Milliardär aus dem Rathausviertel die SP-eigenen Hammerbrotwerke mit einer Finanzspritze gerettet hatte. Womit der Bürgermeister und der Turbo-Kapitalist fortan gemeinsam im Verwaltungsrat der Brotfabrik saßen. Mit solchen Husarenstücken versetzte Bosel die Öffentlichkeit in Staunen, weil er sich nicht in die Schablone des ruchlosen Profiteurs pressen ließ und eine soziale Ader bewies. „Er gab mit vollen Händen und musste nicht immer erst gebeten werden", meinte das *Berliner Tageblatt.* Bosels Erfolg war zwar vielen nicht ganz geheuer,

Humorvolle Dame mit rauchiger Stimme: Julie Marks, die Tochter Sigmund Bosels, erinnert sich an glückliche Kindheitsjahre im fernen Wien.

aber sein wundersamer Aufstieg vom kleinen Textilverkäufer zum überdimensionalen „Kronen-Trillionär" sorgte für eine Sensation. 1923 war Bosel gemeinhin der reichste Österreicher, und als Präsident der Unionbank war er Nachbar der berühmten Rothschilds geworden.[6]

Weil Bosel als „bunter Hund" aus der Wiener Bankiersriege hervorstach, ist er auch früh literarisch verewigt worden. Es hatte sich herumgesprochen, dass er sich trotz seiner gepflegten Umgangsformen in ein finanzielles Raubtier verwandeln konnte. Der Schriftsteller Felix Dörmann nahm in seinem Roman *Jazz* Bosel als Vorlage für seine Figur des Bankdirektors „Wiesel", der es nicht nur auf Geldgeschäfte, sondern auch auf weibliche Beute abgesehen hat.[7]

War Bosel also ein Schürzenjäger mit anzüglichen Manieren? Wohl kaum: Der junge Aufsteiger soll ein charmanter Typ gewesen sein, der privat in festen Händen war. Nun ja, das zu behaupten, wäre nur die halbe Wahrheit. Sigmund Bosel ist nämlich über viele Jahre hin zwischen zwei attraktiven Frauen hin- und hergerissen gewesen. Zwischen der Mutter seiner Kinder und einer Nebenbuhlerin, die mit ihren resoluten Reizen dafür gesorgt haben soll, dass Bosel nie geheiratet hat. Inwieweit sich noch andere Damen für den steinreichen Junggesellen erwärmt haben, ist nicht verbürgt. In jedem Fall scheint es so gewesen zu sein, dass Bosel hinter dem Geld doch mehr her war als hinter den Frauen. Wobei dem Finanzabenteurer ein leicht gestörtes Verhältnis zu seinem Vermögen nachgesagt wurde. Ihm sei „nichts an dem Geld gelegen, das er auftürmte", hieß es über Bosel, der persönlich so gar nicht wie ein Milliardär daherkam, sondern zum Beispiel mit einem altmodischen Schlapphut unterwegs war. Aus dem Rahmen fiel er damit nicht. Auch viele Adelige mit wuchtigen Stammbäumen stapften während der schlimmen Geldentwertung mit löchrigen Socken durch die Welt.[8]

Worauf war Bosel aber scharf, wenn es nicht der feine Zwirn und das süße Leben waren? Der öffentlichkeitsscheue Mann wurde als persönlich bescheidener Draufgänger beschrieben, der sich an waghalsigen Ideen berauschen konnte und von einzelnen Projekten nahezu hypnotisiert gewesen sei, wie die ihm nahestehende Boulevardzeitung *Die Stunde* schrieb: „Im Grund seines Herzens verachtete er das Geld, dem die anderen so nachjagen, und freute sich nur an der Macht, die an diesem Gelde hängt, und der Kombinationsfülle, die es erlaubt."[9]

Manche Berichte waren hart an der Grenze zur Werbeeinschaltung – so, als wäre Bosel ein Meister der Selbststilisierung gewesen. Er habe „mit Geld gespielt wie Kinder mit Schnee", meinte das Finanzblatt *Die Börse*, das ihm ebenfalls gut gesinnt war. „Der kleine Mann mit der mangelhaften Bildung, die er emsig sich zu stopfen bemühte", habe herrschen und die öffentliche Meinung kontrollieren wollen.[10] Haben wir es bei Sigmund Bosel mit einem Geld- und Machtmenschen zu tun, der innerlich mit dem Luxusleben auf Kriegsfuß gelebt hat?

Am Höhepunkt seines Erfolges rollte das offizielle Österreich für Bosel den Teppich aus. Es gab nämlich damals nur ganz wenige, die genug Kapital hatten, um die arme Republik aus der Lethargie zu holen. Weil Bosel an mehr als 210 (!) Aktiengesellschaften im In- und Ausland beteiligt war, galt er als Geldanlage-King.[11] Wer konnte schließlich schon von sich behaupten, Bankier, Gutsbesitzer, Frauenfreund, Hotelier, Hundebesitzer, Immobilieninvestor, Industriekapitän, Mäzen, Ölbaron, Spekulant, Zeitungseigentümer und Nachtclub-Miteigentümer in einer Person zu sein? In Österreich konnte da bestenfalls der aus Triest stammende Finanzkapazunder

Camillo Castiglioni mithalten. Nicht zuletzt deshalb sind Castiglioni und Bosel als Galionsfiguren der europäischen „Inflationsritterzeit“ in die Geschichte eingegangen.

Wer glaubt, dass Sigmund Bosel damit nur eine Figur aus der historischen Mottenkiste ist, täuscht sich. Der schräge Millionensassa hat Entwicklungen verkörpert, die für das moderne Wirtschaftsgeschehen und den Superreichtum unserer Tage typisch sind. Nicht selten sorgen ja die neuen Milliardäre von heute für eine Mischung aus Bewunderung und Argwohn, weil sie entweder als blutjunge Unternehmer auf die *Forbes*-Listen dieser Welt kommen oder ihr Geld im oligarchenhaften Dämmerlicht gescheffelt haben. Auf Sigmund Bosel trifft beides zu. Wie kein anderer hat er schon vor knapp hundert Jahren in einem wirren Konjunktur-Umfeld den „Traum vom schnellen Geld“ und vom „Aufstieg aus dem auch Nichts“ verkörpert.[12]

Eine bemerkenswerte Erscheinung war Bosel auch dadurch, dass er die Dauerkrise nach dem Ersten Weltkrieg als seine persönliche Jahrhundertchance begriffen hat und dabei die Coolness hatte, Geschäfte und Aufgaben zu übernehmen, die den Obrigkeiten zu heiß waren. Das war schon im Ersten Weltkrieg so. Die Zehntausenden Kriegsflüchtlinge, die ab Herbst 1914 aus den umkämpften Grenzgebieten ins Zentrum der Monarchie geströmt waren, mussten mit Bekleidung und Lebensmitteln versorgt werden. An manchen Tagen kamen in Wien 3.000 Flüchtlinge an.[13]

Bosel packte die Gelegenheit beim Schopf, um für viele Auffanglager auf österreichischem Boden der Hauptlieferant zu werden. Im Auftrag der Behörden betätigte er sich sogar als Schmuggler, um die notwendigen Versorgungsgegenstände aufzutreiben. Durch das Geschäft, das er im Schatten der Flüchtlingskrise machen konnte, wurde der gelernte Textilverkäufer noch zu Kaisers Zeiten ein Multimillionär.

Nach dem Krieg wurde Bosel dafür gerühmt, dass er die Erste Republik vor dem revolutionären Chaos gerettet hätte, weil er die Wiener Polizei zu Diskontpreisen mit Bekleidung und Lebensmitteln versorgt hatte. Während die Bevölkerung teilweise hungern musste, konnte Polizeichef Schober seine Ordnungshüter bei der Stange halten und mit der Exekutive als Hausmacht später leichter Bundeskanzler werden. Zitat Schober: „Ich bin meiner braven Wache zuliebe voll der dankbaren Gefühle für Bosels Wirken.“[14]

Die lobenden Worte waren ein Ausdruck dessen, dass der Privatbankier „hochmögende“ Fürsprecher hatte und in den Wandelgängen der Politik zeitweise bestens angeschrieben war. Im Bankenverband hatte Bosel dagegen mächtige Gegenspieler, die auf geschäftliche Außenseiter wie ihn allergisch reagierten. In der Öffentlichkeit wurde Bosel hochgejubelt, aber auch verflucht. Der „Inflationskönig“ war der Exponent einer Schicht von Glücksrittern, die durch ihren obszönen Reichtum inmitten der Nachkriegsnot viel Hass und Unmut auf sich gezogen hatte.[15]

Darüber hinaus ist Sigmund Bosel als Jude immer wieder mit antisemitischen Attacken konfrontiert gewesen. In NS-Zeitungen wurde er als „Aasgeier“ und „geldsaugender Vampier“ verteufelt, in linken Polemiken ist er als „verbrecherischer Kapitalist“ und „Schleichhändler“ gegeißelt worden. Bosel bekommt während seiner Karriere die offene und versteckte Judenfeindlichkeit der Zwischenkriegszeit zu spüren. Schon früh machen ihn die Nazis zu ihrem Feindbild. Wenn es ums Geschäft gegangen ist, hat Bosel allerdings eine erstaunlich dicke Haut bewiesen und sich in den 1930er Jahren auch mit erklärten Antisemiten abgegeben. Die dunkle Seite des Sigmund Bosel war sein kaltschnäuziger Umgang mit der Gefahr.[16]

Ende 1923 konnte Bosel bei seinen Geschäftspartnern noch wählerisch sein. Und die Regierung konnte es sich nicht leisten, den jüdischen Star-Investor zu vergraulen. Die konservativ-großdeutsche Koalition rümpfte zwar an sich über „Finanzjuden“ wie Sigmund Bosel die Nase. Aber der Ministerrat war rasch mit dem etwas impertinenten Vorhaben Bosels einverstanden, neben dem Bundeskanzleramt am Ballhausplatz einen neuen Bankpalast hochzuziehen. Das Prestigeprojekt wäre auch Wirklichkeit geworden, wenn den Hasardeur damals nicht das Glück verlassen hätte.

Im Frühjahr 1924 gehen geheime Fremdwährungsspekulationen schief, die Bosel im Auftrag der staatlichen Postsparkasse unternommen hat. Zwei Jahre später fliegt die Sache auf, das PSK-Fiasko wird der größte Wirtschaftsskandal der 1920er Jahre. Ab diesem Moment kämpft der ehemalige Trillionär, der in Wahrheit fast alles verloren hatte, als „Bettler“ gegen den Abstieg. Wie lange sich der gewitzte Finanzmann damals aus der Affäre ziehen konnte, ist erstaunlich. Zehn Jahre lang spielt Bosel gegenüber der Postsparkasse

den verarmten Milliardär, um seine Spekulationsschulden nicht abstottern zu müssen.
Die Politik behandelt ihn pfleglich. Hatte man ihm gegenüber ein schlechtes Gewissen? Oder besitzt Bosel damals belastendes Material? 1936 ist mit der Komödie Schluss, die Justiz macht gegen Bosel mobil. Man wirft ihm vor, dass er seine wahren Vermögensverhältnisse verschleiert hat. Weil jedoch der damalige PSK-Gouverneur und frühere Bundeskanzler Karl Buresch in die Sache verwickelt ist und Selbstmord begeht, hat die Regierung Schuschnigg eine Staatsaffäre am Hals, die unter den Teppich gekehrt werden muss.

Vergleicht man die Aufreger-Themen unserer Tage mit den Krisen und Finanzskandalen der Zwischenkriegszeit, hat man unweigerlich Déjà-vu-Erlebnisse. So wie heute haben auch damals viele Staaten enorme Budgetprobleme. Die Finanzmärkte geben das Tempo vor, die Aufsichtsbehörden hecheln hinterher. Das Spekulationsfieber der Nachkriegsjahre führt zu Spekulationsblasen, hohe Fremdwährungsrisiken werden aufgetürmt. Die etablierten Banken lügen sich mit ihren Wertansätzen im Donauraum in den Sack, einzelne Megakredite sorgen für ein hohes Klumpenrisiko. Als die faulen Bilanzen der Kreditinstitute aufplatzen, ist auch damals wie heute Bankenrettung angesagt: mit Kapitalspritzen, rettenden Fusionen und der Notverstaatlichung der zu dieser Zeit wichtigsten Bank im Land, der österreichischen Credit-Anstalt.
Zwei Mega-Skandale haben bleibende Erinnerungen an die ruinösen Turbulenzen hinterlassen: das PSK-Fiasko 1926 und das noch viel größere CA-Finanzfiasko 1931. In beide Wirtschaftskrimis ist Bosel verstrickt gewesen. Das PSK-Fiasko punziert ihn als Buhmann der österreichischen Wirtschaftsgeschichte, während er in der CA-Causa im Hintergrund agiert, um die Skandalpleite juristisch glattzubügeln. Beide Finanzbeben lassen sich rückblickend mit dem Begriff „Multi-Organversagen“ beschreiben, den in unseren Tagen die Griss-Untersuchungskommission für die Kärntner Skandalbank Hypo Alpe Adria geprägt hat. Auch das österreichische Parlament hat sich in den 1920er Jahren in diversen Ausschüssen mit Finanzskandalen herumschlagen müssen. Damals zeigte sich, dass die zuständigen Behörden und Politiker der staatlichen Postparkasse zu

wenig auf die Finger geschaut haben. Solange es Gewinne gab, durften die PSK-Manager mit der Staatsgarantie im Rücken herumfuhrwerken. Als es Verluste gab, hat man den Kopf in den Sand gesteckt. Schlussendlich können die Postsparkasse und die Credit-Anstalt nur mit Staatshilfe überleben. Die Kosten der Rettungsaktionen hat man genauso wie in der Finanzkrise nach 2008 hauptsächlich den Steuerzahlern umgehängt.

Die großen Geldgeschäfte, mit denen sich Bosel Zutritt zur Hochfinanz verschafft hatte, haben auch seinen Abstieg eingeläutet. Der Finanzjongleur war verschrien als „der böse Geist der Postsparkasse", der gestandene Politiker mit unlauteren Spekulationstipps „verhext" habe.[17] Das war aber bestenfalls die halbe Wahrheit. Bosel hat im PSK-Skandal als Sündenbock herhalten müssen, damit die Staatsbank andere Verlustbringer leichter kaschieren konnte. Sein größter Gegner, schrieb Bosel 1929, sei der christlich-soziale Finanzminister Viktor Kienböck gewesen, der ihn „mit unversöhnlichem Hass" verfolgt habe.[18] Es gibt tatsächlich Indizien dafür, dass Kienböck und der einstige Nationalbank-Präsident Richard Reisch Bosel über die Klinge springen haben lassen. Dieses Buch geht daher auch der Frage nach, ob für Sigmund Bosel hier nicht ein Stück historische Ehrenrettung angebracht ist.

Wer sich eingehend mit Sigmund Bosel beschäftigt, lernt eine Persönlichkeit mit charakterlichen Graustufen kennen. Dieser Mann war kein Heiliger, sondern das, was man umgangssprachlich einen Schlawiner nennt. Dort, wo der tüchtige Außenseiter durch Cleverness und Chuzpe frühzeitig Trends wittert und anderen Machtmenschen ein Schnippchen schlägt, ist man verleitet, ihm die Daumen zu drücken. Dort, wo er mit dem Gesetz in Konflikt gerät oder das Schicksal herausfordert, kann man über den Tausendsassa mit der Unschuldsmiene nur den Kopf schütteln. Und man wünscht sich als Beobachter an der Seitenoutlinie, der Finanzabenteurer hätte sich zu bestimmten Aktionen nicht hinreißen lassen. Aber Sigmund Bosel war eben ein Teufelskerl, der zeitlebens hoch gepokert hat und sich auch für verborgene Machenschaften einspannen ließ.

1931 übernimmt er nach der sündteuren Notverstaatlichung der Credit-Anstalt einen Geheimauftrag der Rothschild-Bankdynastie. Bosel zieht alle Register, damit die Justiz ihre Ermittlungen gegen den langjährigen CA-Mehrheitsaktionär Louis Rothschild

aufgibt. Die Parteispenden, die Bosel dabei an einzelne Regierungspolitiker weiterreicht, bringen ihn 1934 in den Dunstkreis der Juli-Putsch-Verschwörer. Bosel hat alle Hände voll zu tun, um nach der Ermordung von Bundeskanzler Engelbert Dollfuß nicht zum Hochverräter gestempelt zu werden. Auch diese weitgehend unbekannte Affäre wird in diesem Buch beleuchtet.
Wer Sigmund Bosel über die Schulter schaut, erlebt beim Blick hinter die Kulissen der Ersten Republik so manche Überraschung. Übrig bleibt der Eindruck, dass Sigmund Bosel ein Mann der Geheimnisse war – und zwar in jeder Hinsicht. Angeblich hat er eine wertvolle Kollektion von pornographischen Antiquitäten besessen, die er an den ägyptischen König Farouk verkauft haben soll, über dessen Erotik-Sammlung bis heute gerätselt wird.[19] Bosel soll außerdem der letzte Besitzer des berühmten Hortensia-Diadems gewesen sein, das Napoleon Bonaparte einst seiner Stieftochter Hortense de Beauharnais geschenkt hatte.[20]
Die besondere Tragik im Leben des Sigmund Bosel liegt darin, dass er nach seiner skandalträchtigen Laufbahn ein neues Leben im Ausland anfangen wollte. Im Februar 1938 war er in Paris bereits in Sicherheit vor den Nazis, die es viele Jahre davor schon auf ihn abgesehen hatten. Obwohl ihn Verwandte vor der Rückreise gewarnt haben, ist Sigmund Bosel zwei Wochen vor dem „Anschluss" noch einmal nach Wien gefahren, um noch etwas zu erledigen. Dieser Entschluss war letztlich sein Todesurteil.[21]

Georg Ransmayr
Wien, im Juni 2016

Anmerkungen

1 Interview mit Julie Marks, 17. 2. 2012.
2 Bosels Vorname ist in späteren Jahren oft mit einem langen „i" geschrieben worden. Die ursprüngliche Schreibweise bestand aus einem Sigmund ohne „e" wie bei Sigmund Freud.
3 Franz, Siegmund Bosel, 37f.
4 Canetti, Masse und Macht, 206.
5 Wahl, Die Könige der Inflation, in: Joachim Riedl (Hrsg.), Wien, Stadt der Juden, 238ff.; Kraus, Die Fackel Nr. 632 (1923), 150.
6 Berliner Tageblatt, 14. 11. 1926.
7 Dörmann, Jazz, 27ff.; Schneider, Felix Dörmann, 345.
8 Interview mit Martha Genée, 14. 12. 2011; Franz, Siegmund Bosel, 12; Die Börse, 11. 11. 1926.
9 Habe, Eine Zeit bricht zusammen, 15; Die Stunde, 22. 7. 1923.
10 Die Börse, 11. 11. 1926.
11 BANB, 655/1925 Bankhaus Bosel: Rekapitulation der Effektenstände.
12 Wahl, Könige der Inflation, 240.
13 Lewinson, Die Umschichtung der europäischen Vermögen, 251; Rauchensteiner, Der Erste Weltkrieg und das Ende der Habsburgermonarchie, 841.
14 SchobA, (Karton) 95, Schober: „Wie ich Herrn Präsident Bosel kennenlernte".
15 Scheffer, Bankwesen, 374; Hanisch, Der lange Schatten des Staates, 283.
16 Hoffmann, Der Fall Sigmund Bosel, 17ff.; SchobA 95, „Brief an den Verwaltungsausschuss", 15. 10. 1919; Interview mit Ursula Schwarz (DÖW), 24. 10. 2012; Wienbibliothek, Plakat P225767; Wahl, Kaffeehäuser zu Bankfilialen, in: Konrad/Maderthaner, … der Rest ist Österreich, 66.
17 PA, Bericht Reisch im Unterausschuss für das PSK-Gesetz, 6. 11. 1926.
18 SchobA 95, SB an Johann Schober, 31. 12. 1929.
19 Frischauer, European Commuter, 96; Al Arabiya News, King Farouk: The Forgotten Memoirs, King Farouk's Fabulous Wealth, http://english.alarabiya.net/en/special-reports/king-farouk (17. 1. 2016).
20 Algemeen Handelsblad, 23. 4. 1937; Reichspost, 17. 4. 1937.
21 Dieses Buch basiert auf meinen Recherchen für die TV-Doku „Der Massenmörder und der Trillionär", die im Rahmen der ORF-Sendereihe „kreuz & quer" im April 2013 erstmals ausgestrahlt worden ist.
Im Mittelpunkt dieser filmischen Doppel-Biografie steht das schicksalshafte Aufeinandertreffen Bosels mit dem berüchtigten Nazi-Kriegsverbrecher Alois Brunner. Nach der Arbeit an dem Film entstand der Gedanke, die Fülle des gesammelten Materials durch weitere Nachforschungen zu ergänzen und die mitreißende Bosel-Saga mithilfe der zusätzlichen Erkenntnisse in ein Sachbuch zu verpacken.

2 – DIE TOCHTER EINES KÖNIGS

Sigmund Bosel ist ein Mann gewesen, der sein Wohnzimmer mit auf Reisen genommen hat. Für die Superreichen seiner Zeit war es selbstverständlich, dass eine Fahrt mit der Eisenbahn eine Fahrt im eigenen Luxuswaggon zu sein hatte. Was heutzutage der Privatjet ist, war vor und nach dem Ersten Weltkrieg der Salonwagen, der meist an gewöhnliche Zugsgarnituren hinten angehängt wurde. Manchmal bekam so ein Waggon aber auch weiter vorne in der Zugsgarnitur eine Sandwich-Position zugewiesen – wenn ein „hochwohlgeborener" Kunde diesen Sonderwunsch bei der Eisenbahnverwaltung angemeldet hatte, um sicherzugehen, dass der Waggon nur ja nicht entlang der Strecke versehentlich abgehängt werden konnte.
Ein Salonwagen bestand im Regelfall aus einem üppig mit Holz und feinen Tapeten dekorierten Aufenthaltsraum, der mit Schreibmöbeln und Plüschsesseln bestückt war. Daneben gab es ein Schlafabteil, ein Waschkabinett und ein Spülklosett. Häufig war auch ein Extrazimmer für Diener oder Privatsekretäre eingebaut. Über die Einrichtungsdetails im Bosel'schen Salonwagen weiß man, dass schwarze Klubfauteuils und zwei Tische mit Schreibmaschinen zum Mobiliar gehört haben. Überliefert ist auch, dass es „vornehm nach Leder gerochen" habe.[1]
Auf Dienstreisen oder Vergnügungsfahrten versprach so ein Luxuswaggon den bestmöglichen Reisekomfort auf Schienen und den gebotenen Abstand zu neugierigen Normalsterblichen. Das eigene Hinterteil war besser gefedert, das edle Haupt ruhte auf einem richtigen Polster und das Ein- und Aussteigen vor salutierenden Stationsvorstehern war umnebelt von touristischer Theatralik.[2]
Abgeschaut hatte sich Bosel das Reisen mit dem Salonwagen von den großen Industriebossen der Monarchie, die diese Gewohnheit wiederum von den hochherrschaftlichen Mitgliedern der Adelshäuser abgekupfert hatten. Auch der Philosoph Ludwig Wittgenstein wollte das Privileg eines Salonwagens auf Reisen nicht missen, obwohl der exzentrische Industriellensohn ansonsten ein Aussteigerleben als armer Dorfschullehrer führte.[3] Vilmos Kestranek, als Generaldirektor der Prager Eisenindustrie-Gesellschaft ein Freund von Wittgensteins Vater, hatte vor seiner Villa am Wolfgangsee sogar

eine eigene Zugshaltestelle. Als Zeichen der besonderen Ehre durfte Kestranek überdies für die Fahrt von Bad Ischl nach St. Gilgen den blauen Salonwagen von Kaiser Franz Joseph benützen.[4]

Nach dem Untergang der Monarchie kam dieser Waggon auf den Markt. Der Inflationsritter Camillo Castiglioni packte die Gelegenheit beim Schopf und kaufte sich das elitäre Fortbewegungsmittel. Sigmund Bosel wollte in dieser Hinsicht seinem großen Rivalen Castiglioni um nichts nachstehen. Der Moment war günstig, auch in der Weimarer Republik standen geschichtsträchtige Waggons zum Verkauf. Bosel besorgte sich einen Wagen aus dem Hofzug des deutschen Kaisers – womit sich die Frage erledigt, warum Bosels Salonwagen goldverzierte Wände hatte.[5]

Den Kindern bleibt der Beruf des Vaters verborgen: Sigmund Bosel mit Julie und Alfons. Foto: Franz Thurman, 1929.

Der Salonwagen war freilich nicht die einzige Erwerbung, mit der Bosel in Deutschland aufhorchen ließ. Er kaufte sich hier auch mehrere Häuser und die Privatbank Fester & Co., bevor er 1923 in Berlin die Wochenzeitung *Der Montag Morgen* aus der Taufe hob. Wien war Sigmund Bosel zu klein geworden.[6]

Daheim in Österreich war der Senkrechtstarter ohnehin schon eine legendäre Figur. Alle Geschäfte, die der geheimnisumwitterte Jungspund in die Hand nahm, schienen von Erfolg gesegnet zu sein. Bosel hatte sich zum Leithammel und „Kurs-Orakel" der Wie-

ner Börse entwickelt. Wenn der neureiche Finanzmagnat bestimmte Wertpapiere kaufte, dann kauften andere sie auch. Geschickt spekulierte Bosel mit Aktien und Fremdwährungen, um aus der anfangs schleichenden und später galoppierenden Geldentwertung Kapital zu schlagen. Eine junge Generation von Geschäftsleuten, die kühn und respektlos war, schien der alten zu erklären, wie der Kapitalismus künftig funktionieren würde. In der „Naturgeschichte des Reichtums" sei die Epoche der „Geldentwertungskünstler" angebrochen, jubelten Finanzjournalisten. Der Traum vom schnellen Geld hatte ein jugendliches Gesicht – das von Sigmund Bosel, dem „neuen österreichischen Vanderbilt".[7]
Wenn Julie Marks an ihren Vater und dessen märchenhafte Karriere denkt, dann fallen ihr spontan die schwarzen Anzüge ein, die aus der Erinnerung nicht wegzublenden sind. „Schon als ich klein war, hab' ich mir gedacht, dass mein Vater gut aussieht. Er trug bis auf wenige Ausnahmen immer schwarze Anzüge mit weißen Hemden. Sogar im Winter beim Schlittschuhlaufen. Das war bei ihm wie eine Uniform."[8]

Die Villa auf der Millionärsmeile

Eine standesgemäße Bleibe hatte sich Sigmund Bosel schon gesucht, als er noch nicht der verwegene Spekulant war, der mit seinen Übernahmeplänen die mitteleuropäischen Finanzmärkte aufscheuchte. Bosel fand das Objekt seiner Begierde – eine prunkvolle Herrschaftsvilla – im Wiener Nobelbezirk Hietzing. Und zwar in der gleichermaßen stillen wie vornehmen Gloriettegasse nahe der Schlossmauer von Schönbrunn.
Auch Kaiser Franz Joseph hatte seinerzeit eine besondere Beziehung zur Gloriettegasse. Denn auf Nummer 9 hatte der Monarch in einer Eckhausvilla sein Liebesnest mit der um 23 Jahre jüngeren Schauspielerin Katharina Schratt. Wenn Franz Joseph aus Schönbrunn auf Besuch kam zur „Gnädigen Frau", wie er in Briefen seinen „heiß geliebten Engel" bisweilen titulierte, so konnte er durch eine kleine Seitenpforte in der Schlossmauer den Palastgarten diskret verlassen. Er musste dann nur mehr die (heutige) Maxingstraße überqueren und konnte nach ein paar hundert Schritten an Schratts Tür klopfen. War man in Hietzing ein Frühaufsteher, so konnte man gegen halb sieben Seiner Apostolischen Majestät über den Weg laufen.[9]

Die besagte Tür in der Gartenmauer dürfte der Monarch schon früher für seine sexuellen Eskapaden mit der Wienerin Anna Nahowski verwendet haben, die in der Nähe der Gloriettegasse wohnte. 1889 machte Franz Joseph mit Nahowski Schluss, um sich gänzlich Katharina Schratt zuzuwenden, die einige Jahre später die Villa in der Gloriettegasse – die sie bis dahin nur gemietet hatte – mit Franz Josephs Hilfe kaufen konnte. Dem Kaiser gab das Domizil die Möglichkeit, aus der „Gefangenschaft seiner verwitterten Erhabenheit auszubrechen", wie es Frederic Morton formuliert hat.[10]

Eine illustre Wohnadresse war die Gloriettegasse vor dem Ersten Weltkrieg aber nicht nur wegen der kaiserlichen Herzdame. Auch der Seidenfabrikant August Schopp, der Industrielle Robert Primavesi und der Bankdirektor Theodor Ritter von Taussig, der Verwalter des kaiserlichen Familienfonds, hatten ihre Residenzen ein paar Häuser weiter. Die Gloriettegasse konnte man getrost eine Millionärsmeile nennen.[11]

Als 1919 in der Gasse die Villa mit der Hausnummer 17 zum Verkauf stand, wird Sigmund Bosel nicht lange gezögert haben. Denn das zweistöckige Anwesen hatte alles, was man sich nur wünschen konnte: ein schlossartiges Wohngebäude in bester Lage mit einem parkähnlichen Garten auf einem Gesamtareal mit über 13.000 Quadratmetern. Reizvoll war die feudale Residenz auch deswegen, weil sie mit illustren Vorbesitzern glänzen konnte. Der erste Eigentümer war der hannoveranische Bankier Israel Simon gewesen, der in Wien als Vizekonsul der Vereinigten Staaten auftrat und die Villa 1871 errichten hatte lassen. Sechs Jahre später zog ein anderer diplomatischer Würdenträger ein: Simon Zechany, Ritter von Racovizza. Er fungierte in Wien als Konsul für Griechenland, wie der *Illustrierte Führer durch Wien und Umgebungen* aus dem Jahr 1885 zu berichten wusste.[12]

1895 kam die Residenz in den Besitz des österreichischen Bankdirektors Julius Herz. Wie die gut erhaltenen und hübsch kolorierten Baupläne zeigen, die noch im Archiv der Wiener Baupolizei liegen, ließ Herz das imposante Gebäude 1897 erweitern. Seine Tochter Margarethe von Sonnenthal – die Schwiegertochter des berühmten Burgschauspielers Adolf von Sonnenthal, der auch mit Katharina Schratt auf der Bühne gestanden war – erbte das Anwesen im September 1914. Nach dem Ersten Weltkrieg gehörte es Therese Terry von Ortlieb, deren Ehemann einer der größten Holzindustriellen der Monarchie war. Laut Grundbuch hat Terry ihre Villa in der Gloriettegasse im Dezember 1919 an Sigmund Bosel verkauft. Bosel hatte damit ein wahrlich repräsentatives Domizil gefunden, um seine großbürgerlichen Ambitionen zu untermauern.[13]

Katharina Schratt und Sigmund Bosel dürften sich übrigens gekannt haben. Es ist zwar nicht überliefert, wann der zugezogene Multimillionär der berühmten Nachbarin vier Häuser weiter seine Aufwartung gemacht hat. 1922 war es aber jedenfalls so weit, dass die gute Frau Schratt wieder Geld gebraucht hat – so wie das früher öfters der Fall war, als Franz Joseph ihre Casino-Spielschulden in Monte Carlo begleichen musste. Was Katharina Schratt nun anzubieten hatte, waren zwei Schmuckstücke, die ihr der Kaiser einst geschenkt hatte und die sich Bosel ob seiner Schwäche für teure Preziosen nicht entgehen ließ.[14]

Leider ist kein einziges Fotos von der opulenten Einrichtung erhalten geblieben, mit der sich Sigmund Bosel umgeben hat. Weil Bosel jedoch 1926 riesige Steuerschulden aufgetürmt hatte und kurzzeitig sogar eine Pfändung im Raum stand, haben Gutachter den gesamten Hausrat damals genauestens katalogisiert. Die amtshandelnden Personen hatten nachher einiges zu erzählen – über den riesigen gelbweißen Teppich in der Eingangshalle, das pompöse Stiegenhaus mit den mannshohen chinesischen Vasen und die Salons, die mit Marmorbüsten römischer Kaiser, Standuhren in Versailles-Optik und üppigen Bronze-Lustern bestückt waren. Während der Inflationsjahre hatte Bosel zahlreiche Stilmöbel und Dekorationsgegenstände angeschafft, die vornehme Patrizierhaushalte verkaufen mussten, um finanziell über die Runden zu kommen. An den Wänden in der Gloriettegasse hingen flämische Gobelins, alte Meister, Bildteppiche mit Jagdszenen aus dem 17. Jahrhundert und persische Prunkteppiche.[15]

Die Nachteule auf dem Klappbett

Einiges deutet darauf hin, dass Sigmund Bosel seine Prunkvilla lange Zeit nur als Schlafquartier verwendet hat. Anfangs soll er in der Gloriettegasse sogar nur ein einziges Zimmer bewohnt haben. Bosel war statushungrig, aber im Alltag relativ bedürfnislos. Obwohl er sich so etwas wie einen kleinen Hofstaat leistete, schlief er oft tagelang mit einem Ohr neben dem Telefon auf einem Klappbett in seinem Bankhaus. Gelebt haben soll er nur von schwarzem Kaffee, Zigaretten und leicht verdaulichem Gemüse, das ihm ein Kammerdiener servierte.[16]

Seine Herkunft soll der spartanisch lebende Aufsteiger nie vergessen haben. „Bosel ist an sich ein milder, gütiger Mensch, der mit innerer Zärtlichkeit an seinen alten Freunden hängt, die … mit ihm noch dritter Klasse gefahren sind, ehe ihm die erste Klasse und der Salonwagen offenstanden." War der Millionensassa ein Emporkömmling mit Bodenhaftung oder hatten untertänige Journalisten hier etwas dick aufgetragen? Bosel konnte sich bei solchen Schilderungen alle Finger abschlecken. Er war zwar einer der berühmt-berüchtigten „Könige der Inflation", die den Kapitalismus auf die Spitze getrieben hatten. Aber er war viel besser angeschrieben als andere Spekulanten. „Als Mensch sticht Bosel vorteilhaft von vielen seines Schlages ab. Er war nie zugeknöpft, ja teilweise gab er mit vollen Händen", schrieb der gewerkschaftsnahe deutsche Wirtschaftsjournalist Paul Ufermann."[17]

Interessierte Zeitungsleser konnten erfahren, dass Bosel ein ungeheuerliches Arbeitspensum absolvierte. Bis zwei Uhr früh sei er in seinem Bankhaus über den Abrechnungen gesessen. „Wer ihn sprechen wollte, musste zu ihm kommen, auch Frauen, die ihm die Sorgen von der Stirn wegstreicheln wollten", wusste *Die Börse* zu berichten. „Der große Milliardär Bosel ist an den Freuden des Lebens vorbeigegangen."[18]

Bosel war auch zu scheu und viel zu wortkarg, um sich auf rauschenden Banketten wohlzufühlen. Bei gesellschaftlichen Verpflichtungen ließ sich er sich häufig von einem früheren österreichischen Vatikan-Botschafter vertreten, der in seinen Diensten stand. Die Nachtclub-Szene dürfte Bosel jedoch gut gekannt haben – vor allem die Femina-Bar in der Wiener Innenstadt. In den „sündigen Jahren der Inflationszeit", wie Hugo Bettauer in seinem Roman *Der Kampf um Wien* schreibt, war die Femina ein angesagtes Revuelokal. Die Figuren in Bettauers Roman landen – nachdem sie vergnügungssüchtig um die Häuser gezogen sind – bisweilen in der Femina. Wer dort mit wem turtelte oder geheimnisvoll mauschelte, blieb Bosel nicht verborgen. Er war ein „nachtaktives Arbeitstier" mit vielen

Informanten, und ab 1926 dürfte die Femina überhaupt zur Hälfte ihm gehört haben.[19]

Bei Tageslicht ließ sich Sigmund Bosel selten in der Öffentlichkeit blicken, weil die Gefahr von Attentaten aufgetaucht war. Der Wiener Polizeichef Schober ließ Bosel daher auf Schritt und Tritt bewachen. Sowohl vor dem Bankhaus Bosel am Friedrich-Schmidt-Platz als auch vor der Hietzinger Villa waren ständig Sicherheitsbeamte postiert. Auf allen Autofahrten saß ein Kripobeamter neben dem Chauffeur. Eine Ahnung davon, dass Bosel als jüdischer Milliardär gefährdet war, konnte man im Februar 1924 bekommen, als Zeitungen in Wien und Prag über einen Attentatsplan gegen ihn berichteten. Ein Beamter hatte der Polizei den Hinweis geliefert, wonach ein Arbeiter in einem Wiener Gasthaus gesagt hätte, er werde „Bosel erschießen". Die Polizei nahm den Mann fest und fand in seiner Wohnung einen Armeerevolver mit 70 Patronen. Im Verhör soll der Arbeiter, der ein Nazi-Parteimitglied war, zugegeben haben, dass er einen Anschlag auf Bosel geplant hatte, weil dieser als Spekulant die wirtschaftliche Notlage verschuldet hätte.[20]

Ende 1924 bekam es Bosel auch mit einer Erpressungsserie samt Todesdrohungen zu tun. Den ersten Erpresserbrief erhielt er im Dezember 1924. Ein junger Mann verlangte, dass beim Portier eines Wiener Hotels 150 Millionen Kronen deponiert werden. Wie vom Erpresser verlangt, ging Bosel mit dem Inserat „Schreiber, Wien, XIII – Bewilligt" in der Tageszeitung *Die Stunde* auf die Forderung ein. Die Kriminalpolizei observierte den Ort der Geldübergabe – das „Hotel zur Goldenen Birne". Der Erpresser hatte jedoch einen Dienstmann geschickt, der das Kuvert abholte und damit zum Wiener Westbahnhof fuhr. Hier konnten die Polizisten den bewaffneten Erpresser bei der Geldübernahme überwältigen.[21]

Durch den Vorfall hatte *Die Stunde*, an der Bosel nebenbei bemerkt finanziell beteiligt war, eine heiße Story auf Lager: „Es ist das Schicksal reicher Leute, dass sie von Zeit zu Zeit von Erpressern oder politischen Narren mit Drohungen, die sich gegen ihr Leben und ihren Besitz richten, belästigt und in Schrecken versetzt werden. Eine der beliebtesten Persönlichkeiten bei diesen Verbrechern ist der Präsident der Unionbank, Sigmund Bosel", so das Blatt. „Nach den Hakenkreuzlern, die es als eines der wichtigsten ihrer politischen Ziele betrachten, Herrn Bosel um die Ecke zu bringen", habe diesmal ein

21-jähriger Mann aus gutem Hause die weitere Sicherheit des Finanzmannes an das geforderte Erpressungsgeld geknüpft.[22]
Dass Attentate gegen prominente Persönlichkeiten eine reale Gefahr waren, führt der Tod von Hugo Bettauer vor Augen. Bekannt geworden war der umstrittene Bestsellerautor durch seine sozialkritischen Fortsetzungsromane. Den Roman *Der Kampf um Wien* hatte Bettauer in der Tageszeitung *Der Tag* herausgebracht, die von Sigmund Bosel finanziert wurde. Der wahre Aufreger war aber Bettauers Erotik-Zeitschrift *Er und Sie*, mit der sich dieser für eine progressive Sexualmoral starkmachte. Obwohl man Bettauer in einem Pornografie-Prozess freisprach, wurde er von rechtsgerichteten Gegnern und Antisemiten als „Jugendverderber" und „perverses Kloaken-Tier" verteufelt. Nazi-Propagandaschriften riefen zu „radikaler Selbsthilfe und Lynchjustiz gegen den Volksschänder" auf. Bettauer bekam Morddrohungen, Polizeischutz lehnte er jedoch ab.[23]
Der Anschlag passierte schließlich am 10. März 1925 in Bettauers Büro. Der junge NSDAP-Anhänger Otto Rothstock streckte den Autor mit fünf Revolverschüssen nieder. Zwei Wochen später starb Bettauer an seinen Verletzungen. Die Ermordung des Schriftstellers, der ein Aushängeschild seiner Zeitung war, dürfte Bosel darin bestärkt haben, dass Leibwächter ihre Berechtigung hatten. Auch der Verleger Imre Békessy, mit dem Bosel geschäftlich zu tun hatte, bekam Polizeischutz, nachdem man in den Räumlichkeiten der Nazi-Jugendorganisation eine „Todesliste" gefunden hatte. Bosel hatte sich bereits Monate davor eine unauffällige Autonummer besorgt, damit sein Wagen nicht mehr wie eine Staatskarosse daherkam.[24]
Aus dieser Zeit stammt wohl auch das Gerücht, dass Bosel nie einen Fuß in den Garten seiner Villa gesetzt hätte. Irgendeine Erklärung musste es geben, warum der steinreiche *Workaholic* mit den dunklen Augen immer so blass war.

Die Kinderstube in der Luxuswelt

Leben kam in den parkähnlichen Garten erst viele Jahre später durch die Bosel-Kinder Julie und Alfons, die sich – als sie schon größer waren – auf dem Gelände austoben konnten und vor allem die Kegelbahn hinterm Haus geliebt haben. „Wir sind uns manchmal wie Gäste vorgekommen, weil wir uns auf unseren Streifzügen durch das

Anwesen ‚ordentlich' benehmen mussten", schmunzelt Frau Marks. Warum das? Die Nachbarschaft sollte nicht allzu viel davon mitbekommen, dass Julie und ihr Bruder die unehelichen Kinder des Hausherrn waren. Bis 1937 waren die beiden Sprösslinge daher nur fallweise am Wochenende in der Gloriettegasse zu Besuch. Gewohnt haben die Kinder im Wiener Nobelbezirk Döbling, wo sie mit ihrer Mutter Ilona Schulz in einer Villa in der Silbergasse aufgewachsen sind. Behütet und eingepackt in erzieherische Zuckerwatte.

In der Silbergasse gibt es damals eine Köchin, zwei Stubenmädchen und einen Hausbesorger. Auch eine Anstandsdame schwirrt durch den Haushalt. Auf winzigen alten Fotos sieht man, wie die Gouvernante die kleinen Bosel-Sprösslinge bei einem Schaukelpferd bemuttert. „In der Silbergasse war es fantastisch", erinnert sich Julie Marks. „Im Garten gab es in einer Hütte sogar ein Ringelspiel. Und mit meinem Bruder habe ich mich sehr gut verstanden. Wir beide sind in Wien auch nie in eine Schule gegangen." Die Kinder werden von einem Hauslehrer namens Eduard Landskron unterrichtet. Der pensionierte Schuldirektor stellt Julie und Alfons damals Zeugnisse wie in einer richtigen Schule aus, die er fein säuberlich mit Tinte schreibt.[25]

Den Kindern blieb verborgen, was der Vater während der Woche beruflich macht und warum er an vielen Abenden nicht zu Hause ist. Donnerstags durften die Bosel-Kinder den Papa jedoch in seinem eleganten Bürohaus in der Kramergasse besuchen. Nachher gab es mit der Mama öfters einen Abstecher in den Prater. Der Donnerstag war der Höhepunkt der Woche, an diesem Tag ist immer Kirtagsstimmung aufgekommen. „Wenn wir mit dem Auto in der Stadt herumgefahren sind und zu einer Kreuzung gekommen sind, dann haben die Polizisten immer beim Vorbeifahren salutiert", erzählt Frau Marks. „Mein Bruder und ich waren sehr beeindruckt, und wir haben auch salutiert." Julie muss kurz kichern. „Das war wirklich spaßig. Die Beamten haben sogar dann salutiert, wenn nur mein Bruder und ich im Auto gesessen sind."[26]

Von Berufs wegen kannten die Verkehrspolizisten damals die wichtigsten Autonummern der Stadt. Als Freund und Gönner der Exekutive war Bosel jedem Sicherheitsmann ein Begriff. Die Polizei hielt Bosel deshalb auch dann noch in Ehren, als es finanziell mit ihm bergab ging, was Bosel geschickt zu übertünchen wusste. Frau

Marks kann sich noch gut an einen Fackelzug in der Ära Dollfuß erinnern, bei dem die Familie Bosel Ehrenplätze auf der VIP-Tribüne hatte.
Beim Plaudern mit Frau Marks wird mir plötzlich klar, dass sie seit 1950 nicht mehr in Österreich gewesen ist. Nach ihrer Rückkehr aus London, wo sie die Nazizeit überlebt hat, habe sie Wien nicht ausstehen können, sagt sie mir. Tief in ihr drinnen sind die Häuser in der Silbergasse und der Gloriettegasse aber lebendig geblieben. Julie zeigt mir auch alte Urlaubsbilder, auf denen sie Seite an Seite mit ihrem Vater und ihrem Bruder knöcheltief im Meer steht. Sigmund Bosel trägt auf dem Foto ein dunkles Badekleid, das in den 1930er Jahren für Männer nach wie vor gängig war und in diversen Seebädern noch Vorschrift gewesen ist. „Wir waren mit unseren Eltern auch auf Reisen. Wir waren in Venedig und in Viareggio in Italien am Strand. Es war absolut phantastisch, ich kam mir vor wie eine kleine Prinzessin.“[27]

Anmerkungen

1 Habe, Ich stelle mich, 102.
2 „Allerhöchste Eisenbahn“, Deutsche Stiftung Denkmalschutz, www.monumente-online.de.
3 ZEIT Online, 20. 9. 1991.
4 Herz-Kestranck/Arnbom, … also hab‘ ich nur mich selbst!, 11.
5 Stiefel, Camillo Castiglioni, 325f., Erman, Bei Kempinski, 107f.; Habe, Ich stelle mich,102.
6 SchobA (Karton) 95, SB an Schober, 31. 12. 1922; Ufermann, Könige der Inflation, 83; WStLA, Vr 2562/37 3/226C, Einvernahme SB, 30. 9. 1936.
7 Wiener Wochenausgabe, 25. 2. 1950; Die Stunde, 21. 7. 1923; Neues Wiener Journal, 12. 11. 1922.
8 Interview mit Julie Marks, 17. 2. 2012.
9 Unterreiner, Die Habsburger, 92ff.; Markus, Katharina Schratt, 74 ff. und 114ff.; Kurier, 22. 2. 2015.
10 Anna Nahowskis Tochter Helene, die spätere Frau des Komponisten Alban Berg, soll eine uneheliche Tochter von Kaiser Franz Joseph gewesen sein. Vgl. Markus, Katharina Schratt, 78f.; Kurier, 22. 2. 2015; Morgenstern, Alban Berg und seine Idole, 76; Wohlfahrt, The Emperor close up and personal, in: Vocelka/Mutschlechner, Franz Joseph 1830–1916, 74; Morton, Wetterleuchten 1913/1914, 79f.
11 Sandgruber, Traumzeit für Millionäre, 306ff.
12 Grundbuch Hietzing, EL 809, ZL 78, Umschreibeband S. 89; AEF, Schiedsinstanz für Naturalrestitution, 724/2010, 9-42; Bermann, Illustrirter (sic!) Führer durch Wien und Umgebungen, S. X.

[13] Zwischen 1915 und 1918 gehört die Villa Richard von Ortlieb.

[14] WStLA, Vr 2562/37 3/226C Einvernahme SB, 1. 10. 1936; Markus, Die zweite Frau des Kaisers, 186ff.

[15] HAPSK, M 28/3, Pfändungsprotokoll, 2. 11. 1926; Wiener Zeitung, 10. 7. 1938. // Die Schätzgutachter kamen 1926 auf die stolze Summe von 155.000 Schilling. Um den Wert der Einrichtung hätte man für sich genommen in Hietzing schon eine Villa mit Garten bekommen.

[16] Franz, 14 und 37f.; Habe, Eine Zeit bricht zusammen, 14f.; Frischauer, Twilight in Vienna, 198.

[17] Die Stunde, 22. 7. 1923; Ufermann, 83.

[18] Die Börse, 11. 11. 1926.

[19] Interview mit der US-Historikerin Gertrude Schneider. Ihr Vater Pinkas Hirschhorn erwarb in den 1920er Jahren durch seine Bekanntschaft mit Sigmund Bosel eine 2%ige Beteiligung an der Femina. Die Anteilsscheine warfen Zinsen ab, die von einer Bankfiliale in der Wiener Thaliastraße periodisch ausgezahlt wurden. Die jüdische Familie Hirschhorn hatte dadurch nach dem „Anschluss" noch drei Jahre lang ein kleines finanzielles Zubrot. 1941 wurde die Femina-Bar von den Nazis geschlossen. Siehe zur Femina auch Frischauer, European Commuter, 116.

[20] Die Stunde, 14. 2. 1924; Prager Tagblatt, 14. 2. 1924; Neuigkeits-Welt-Blatt, 14. 2. 1924.

[21] SchobA, „Bewilligt", Erpresserbrief vom 18. 12. 1924; Die Stunde, 7. 4. 1925.

[22] Die Stunde, 11. 1. 1925.

[23] Bettauer, Der Kampf um Wien, Nachwort von Murray G. Hall (2012); Hall, Der Fall Bettauer, 78; Pauley, Eine Geschichte des österreichischen Antisemitismus, 147ff.; taz, 30. 1. 2013.

[24] Neue Freie Presse, 26. 3. 1925, Habe, Ich stelle mich, 111; Franz, Siegmund Bosel, 14 u. 27.

[25] WStLA, Vr 2562/37 3/226C, „Prüfungszeugnis von Eduard Landskron für Julchen Bosel, III. Klasse".

[26] Interview mit Julie Marks, 17. 2. 2012, Gespräch mit Julie Marks, 25. 3. 2016.

[27] Interview mit Julie Marks, 17. 2. 2012.

3 - DAS SPRUNGBRETT ZUM REICHTUM

„My father was *definitely* a self-made man", sagt Julie Marks. An ihrem Tonfall hört man, dass sie noch immer ungemein stolz ist auf die Lebensleistung ihres Vaters. Für Frau Marks ist es das erste Interview, das sie einem österreichischen Journalisten gibt. Am Abend davor hat sie mir beim Vorgespräch eine kleine Zigarettendose gezeigt, in der die Buchstaben „SB" eingelassen sind. Neben einigen Briefen und alten Fotos ist die braune Holzschachtel das einzige Erinnerungsstück an den Vater. Ja, der Papa habe ziemlich viel geraucht, diese Gewohnheit sei ihr von ihm geblieben, meint Julie mit einem scherzhaften Augenzwinkern. Wie es überhaupt ganz schön hart gewesen sein müsse, dass er als starker Raucher aus religiösen Gründen jeden Freitagabend und den ganzen Samstag über keine Zigaretten angerührt hat.

Von der Fifth Avenue kommt ein hupendes Brummen herauf ins Wohnzimmer. Dennis, der Tontechniker, presst mit beiden Händen die Kopfhörer an die Ohren. Unten auf der Straße ist die Müllabfuhr vorgefahren. Ärgerlich, wo doch Julie beim Erzählen gerade so richtig in Fahrt war und angefangen hat, von ihrer Mutter zu berichten. Und davon, wie sich die Eltern kennengelernt haben dürften. Ein Blick des Tontechnikers sagt mir, dass wir das Interview leider unterbrechen müssen. Julie merkt, dass wir Tonprobleme haben, doch sie redet noch eine Weile weiter. Bis sie auf einmal „Yeah, I can hear it" sagt und aufsteht, um sich eine von ihren dünnen langen Damenzigaretten zu holen.

Immer wieder hätten sie das in New York, meint Scott, der Kameramann, dass bei Fernseh-Interviews der Straßenlärm von draußen akustisch durchkommt. Ich gehe vom Wohnzimmer hinaus auf den Balkon. Der Blick hinunter auf den Central Park und hinüber zur Skyline der Upper Westside von Manhattan ist großartig. Das Wetter ist mild, der Park liegt in einem zarten Winterlicht. Die Müllabfuhr hat sich mittlerweile einige Blocks nach vorne gearbeitet. Während der Drehpause hat Julie langsam ihre Zigarette geraucht. „I can have a look in the mirror and put a little more lipstick on, if you want", sagt sie vor einem kurzen Abstecher ins Badezimmer. Dann können wir weitermachen.

Die alte Dame sitzt für unsere Aufnahmen vor einer Kommode, über der ein großes Gemälde hängt, auf dem ein Herr mit gezwirbeltem Schnurrbart und dem Habitus eines altösterreichischen Industriekapitäns in die Ferne blickt. „He was a good-looking guy, wasn't he, our grandpa!", sagt Julie Marks freudig, während sie für eine Nahaufnahme zu ihrem Großvater Leopold hinaufschaut. Bosel senior posiert in eleganter Kleidung, mit dunkler Plastron-Krawatte und einem weißen Hemd mit Vatermörderkragen. Die linke Hand hält er lässig am Hosenbund. Das Bildnis seines Vaters hat Sigmund Bosel einst für viel Geld beim berühmten Porträt-Maler John Quincy Adams bestellt. Dieser hat Leopold Bosel, der ein schlecht verdienender Handelsvertreter war, nobel in Szene gesetzt. Wollte Bosel seinen eigenen Lebensentwurf dadurch stylen, dass Quincy Adams dem armen Vater nachträglich eine großbürgerliche Statur überstülpte?
Einen anderen Reim kann man sich auf das wunderschöne Gemälde eigentlich nicht machen. Wenn man sich Bosels märchenhaften Aufstieg vor Augen hält, ist es verständlich, dass der „Trillionär" seinen familiären Hintergrund in ein eleganteres Licht tauchen wollte. Mit diesem Bemühen war Bosel auch nicht allein. Er und andere Aufsteiger buhlten um die Aufnahme in die Wiener High Society, die neureiche Parvenüs lange auf Respektabstand gehalten hat. Der Presse blieb dieses Schauspiel nicht verborgen: „Die jungen Reichen, die ... mit gut gespielter Grandezza ihre Visitenkarten in der ganzen Welt abgeben, haben sich den alten Reichen in ihren Sitten und Gebräuchen so genähert, dass ihre Vergangenheit beinahe so entschwindet wie die Landschaft dem Eisenbahncoupé."[1]
Bosel mag zwar innerlich mit dem Luxus auf Kriegsfuß gelebt haben. Nach außen hin hat er aber sehr wohl den Lebensstil imitiert, den der Geldadel vor dem Ersten Weltkrieg gepflogen hatte. 1923 gab es über sein Auftreten auch nichts mehr zu lachen. Als Großaktionär der Unionbank hatte er sich das Tor zu einem richtigen Bankpalast aufgestoßen. Nun war er in der Lage, nach Lust und Laune durch die Etagen eines Gebäudes zu streifen, in dem die Klinken der gepolsterten Türen in Schulterhöhe angebracht waren und jeder Kreditnehmer das Gefühl haben musste, für ewig ein Bittsteller zu bleiben.
Dass die alteingesessenen Generaldirektoren über das Tempo pikiert waren, mit dem junge Emporkömmlinge wie er ans Werk gingen,

hat Bosel kalt gelassen. Ihn trieb der Ehrgeiz, im Zeitraffer ein zweiter Rothschild zu werden. „Am Anfang seiner Laufbahn hat mein Vater nichts gehabt", betont Julie Marks. „Auch mein Großvater hat ursprünglich nichts besessen. Ich finde es großartig, dass mein Vater so viel Geld verdienen konnte und so reich geworden ist."[2]
Nicht mal ein Jahrzehnt hat Sigmund Bosel gebraucht, um es vom kleinen Textilunternehmer im Schicksalsjahr 1914 zum überlebensgroßen Banker des Jahres 1923 zu schaffen. Von Null auf Hundert in nur neun Jahren. Eigentlich eine amerikanische Tellerwäscher-Karriere, nur halt in Bosels Fall auf Wienerisch. Der Papa sei eben brillant gewesen, meint Frau Marks, und wirklich clever.

Ein Lehrbub macht Karriere

Eine gute Figur hatte Bosel schon als Lehrling gemacht, im Wiener Textilwaren-Geschäft „König & Goldner". Hier beginnt der junge Sigmund 1908 mit 15 sein Berufsleben – nach fünf Jahren Volksschule, drei Jahren Bürgerschule und einem Jahr Handelsschule. Ein guter Schüler soll Bosel nicht gewesen sein. Doch die Inhaber der Firma sind begeistert, wie der neue Mitarbeiter an seine Aufgaben herangeht. Firmenchef Philipp Goldner wird später dem *Wiener Tagblatt* erzählen, dass Bosel ein Mitarbeiter war, wie man ihn sich nur wünschen konnte, ein „Praktikant par excellence – brav, anständig, fix, fleißig und vif". Bosels Abteilungsleiter Michael Rosenbaum wird rückblickend sagen, dass der Super-Lehrling ein junger Mann mit „unwiderstehlicher Liebenswürdigkeit" gewesen sei. Bosel erweist sich bei „König & Goldner" bald als Verkaufskanone.[3]
Auf Wunsch übernimmt der junge Sigmund auch die Zustellung von Wäschepaketen an so mache Hofratswitwe. Nebenbei erledigt er als dienstbeflissener Handlungsgehilfe für treue Kunden die eine oder andere Besorgung. Zu diesen Botengängen gibt es eine Anekdote, die fast zu gut ist, um wahr zu sein. Demnach hat sich Bosel von zusammengesparten Trinkgeldern eine Aktie gekauft, und zwar eine der Unionbank – jener Großbank, in der er am Höhepunkt seiner Karriere im Chefsessel thronen sollte.[4]
Im Frühjahr 1914 macht sich Sigmund Bosel selbständig. Mit seinem Arbeitskollegen Rosenbaum, der viel auf ihn hält, gründet er im Mai eine Firma für Wäschewaren, die im Handelsregister als „Pfaidler-

gewerbe" eingetragen wird – dem damaligen Begriff für Kleidergeschäfte, die typischerweise Schürzen, Blusen und Hemden führen durften. Bosel ist tüchtig und zielstrebig, er will es in der Textilbranche weiter bringen als sein Vater Leopold, der als „armer Hausierer" die Familie anfangs nur mit Müh' und Not ernähren konnte.[5]
Nach Wien gekommen war die Familie Bosel ursprünglich um das Jahr 1850 herum aus der Gegend um die südböhmische Stadt Znaim. Die k. u. k. Metropole erlebt damals einen Zuwanderboom, der durch die Industrialisierung und die Hoffnung auf bessere Arbeitsplätze ausgelöst worden ist. So wie die Familie Bosel zieht es auch viele andere jüdische Familien aus der Provinz in die Kaiserstadt. Manche von ihnen haben den Wiener Textilhandel bis in die Zwischenkriegszeit hinein geprägt.[6]
Bosels Mutter hieß mit Mädchennamen Nossig. Sie war mit ihren Eltern aus Lemberg in Galizien nach Wien übersiedelt, wo die beiden Zuwandererfamilien im selben Zinshaus landen. Leopold Bosel und Julie Nossig wachsen als Nachbarskinder auf und werden ein Liebespaar. Die beiden bekommen sechs Kinder: Max, Elsa, Sigmund, Olga, Robert und Alfred, wobei der älteste Sohn Max noch vor der Heirat geboren wird. Der kleine Sigmund erblickt das Licht der Welt als Nummer drei der Kinderschar am 10. Jänner 1893. Sein Zuhause ist ein rechtschaffenes kleinbürgerliches Elternhaus in Wien-Brigittenau, in dem das Geld kaum reicht. Es ist daher nicht verwunderlich, dass sich Bosel mit unermüdlichem Arbeitseifer hinaufarbeiten will.[7]
Bosel und Rosenbaum haben als Firmengründer eine interne Arbeitsteilung: Rosenbaum kümmert sich um die Finanzen, Bosel um den Verkauf. Vor allem die Damen-Kundschaft wird von ihm glänzend bedient.[8] Obwohl Bosel ein begnadeter Verkäufer war, wäre ihm durch den Handel mit Leinen und anderen Stoffen aber keine außergewöhnliche Laufbahn geglückt. Denn der Textilsektor ist im Fin-de-Siècle-Wien alles andere als ein Wachstumsmarkt. Kleiderfabrikanten wie die Familiendynastie Mandl und andere haben ihre Marktanteile nach der Jahrhundertwende längst abgesteckt. Kaufhausmillionäre wie August Herzmansky oder Alfred Gerngroß und die vielen exklusiven Modesalons der Stadt können auf eine Fülle von Zulieferfirmen zurückgreifen. In den traditionellen Branchen ist die Luft für Neueinsteiger bereits dünn gewesen. Zum Reichwer-

den in der Ringstraßengesellschaft war Bosel zu spät auf die Welt gekommen.[9]

Sigmund Bosel ist 21 Jahre alt und gerade erst zwei Monate lang Unternehmer, als Ende Juli 1914 der Erste Weltkrieg ausbricht. Hunderttausende bekommen ihren Einrückungsbefehl, und viele wollen vor lauter Kriegsbegeisterung schnell weg von ihrem Arbeitsplatz an die Front, um nur ja nichts vom mannhaften „Abenteuerausflug" ins Feindesland zu versäumen. Nach den blutigen Verlusten bei den Sommerschlachten im Osten schlägt die anfängliche Kriegseuphorie der Bevölkerung jedoch bald um. Die Wirtschaft der Donaumonarchie muss auf einen langen und zermürbenden Krieg umgestellt werden. Die Militärmaschinerie beginnt, gewaltige Mengen an Lebensmitteln, Rohstoffen und Versorgungsgütern zu verschlingen.[10]

Für die Firmengründer Bosel und Rosenbaum ist der Kriegsausbruch kein guter Start. Im Geschäft bleiben kann Bosel nur dann, wenn er nicht eingezogen wird. Während sein Partner Rosenbaum 1915 einrücken muss, wird Bosel von der zuständigen Stellungskommission „aus gesundheitlichen Gründen" für untauglich erklärt. Angeblich sollen auch „einflussreiche Damen" dabei mitgeholfen haben, dass dem schmächtigen, aber charmanten Jungunternehmer der Militärdienst erspart geblieben ist.[11]

Diese Weggabelung des Schicksals hat in späteren Berichten über Bosels Aufstieg vom „allerkleinsten Ladenbesitzer zum Mitbeherrscher Österreichs" eine wichtige Rolle gespielt. Viele haben sich gefragt, wie es Bosel nur angestellt hat, dass er ohne seinen Kompagnon bei der Versorgung von Kriegsflüchtlingen in großem Stil Kasse machen konnte. Die einen rühmten sein kaufmännisches Genie, während die anderen seinen Erfolg als das Produkt glücklicher Verbindungen abgetan haben.

Und so taucht in den schillernden Erzählungen über seine Anfänge als Flüchtlingslagerlieferant eine holde Fee auf, die Bosel die Hand zum Millionärsleben reicht. Und zwar in der Person einer hübschen Offiziersgattin, die als Tochter eines ehemaligen Sektionschefs beste Beziehungen zu diversen Entscheidungsträgern gehabt hätte, wie in der linken Boulevard-Zeitung *Der Abend* zu lesen war. „Das Milchgesicht Bosel, zitternd vor Aufregung, da er hier den Schlüssel zum Sesam wittert, setzt ihr mit allen Mitteln der Schauspielerei, mit Versprechungen, flehentlichen Bitten zu, sie möge sich seiner anneh-

men … und gibt es ihr mündlich und schriftlich, dass er den Gewinn aus allen Geschäften, die er ihrer Fürsprache verdankt, redlich mit ihr teilen werde."[12]
Nachdem *Der Abend* an Bosel nie ein gutes Haar gelassen hat, überrascht es nicht, dass er der Zeitung zufolge seine Geschäftspartnerin später „mit einem Butterbrot abgespeist" haben soll. Einer anderen Version nach hätte Bosel instinktiv erkannt, dass sich durch die Flüchtlingswellen im Windschatten der missglückten Feldzüge geschäftliche Chancen auftun könnten. Demnach soll er 1914 durch frühzeitige Hamsterkäufe ein Warenlager angelegt haben, mit dem er später bei der Belieferung von Flüchtlingslagern auftrumpfen konnte.[13]

Tatsache ist: Die Flüchtlingslager auf österreichischem Boden sind deshalb entstanden, weil der Krieg große Menschenmassen in Bewegung gesetzt hatte. Anfangs handelte es sich um die Bewohner der Grenzgebiete zu Serbien und Russland. Ganz Landstriche wurden evakuiert, um die gefährdete Zivilbevölkerung vor den Kampfhandlungen in Sicherheit zu bringen. Die Kriegsplaner wollten die Truppen auch ungestört und unbeobachtet bewegen können. Zehntausende Untertanen des Kaisers wurden zwangsweise umgesiedelt. Im August 1914 kam es deshalb in Galizien und in der Bukowina zu einer ersten Völkerwanderung in das Innere der Monarchie, wie der Historiker Manfried Rauchensteiner in seinem Standardwerk über den Ersten Weltkrieg schreibt.[14]
Wenige Wochen nach Kriegsbeginn musste die k. u. k. Armee schwere Niederlagen gegen russische Truppen einstecken. Es kam der Befehl zum Rückzug, der eine gewaltige Flüchtlingslawine ins Hinterland der österreichischen Reichshälfte auslöste. Im November 1914 gab es in Wien bereits 140.000 Flüchtlinge aus Galizien und der Bukowina. Weil die beiden Gebiete zur österreichischen Reichshälfte gehörten, musste Österreich weit mehr Flüchtlinge aufnehmen als Ungarn, wo man sich mit allen Mitteln der Kunst gegen die k. u. k. Landsleute gewehrt hat. Die österreichischen Behörden sind deshalb vor der Herausforderung gestanden, dass hunderttausende Menschen entweder nach Böhmen, nach Mähren oder ins Innere Österreichs gelenkt werden mussten. Somit hat sich das Innenministerium in Wien darum kümmern müssen, dass die vielen

mittellosen Flüchtlinge möglichst rasch in österreichischen Auffanglagern untergebracht werden. Aufgebaut wurden diese Lager meist von Kriegsgefangenen und von Privatfirmen. Ortsansässige Handwerker sind dadurch zu Aufträgen gekommen. Mit der Errichtung der Lager war es aber nicht getan. Die Menschen in den Barackensiedlungen mussten laufend mit Nahrung versorgt werden. Sie haben auch Taschengeld bekommen und sie wurden mit Bekleidung, Schuhwerk und Decken ausgerüstet.[15]

Der Mann, der alles liefern kann

So wie viele andere Geschäftsleute versucht auch Sigmund Bosel, ab dem Herbst 1914 bei den verschiedenen Flüchtlingslagern Lieferaufträge aufzureißen. Ende Dezember müssen in der österreichischen Reichshälfte schon mehr als 290.000 Flüchtlinge und Zwangsevakuierte versorgt werden, Anfang Jänner 1915 sind es schon über 320.000. Die Aufteilung der Flüchtlingsmassen führt zu heftigen Konflikten zwischen dem Ministerium und den lokalen Behörden, die sich häufig gegen die „Ostflüchtlinge" wehren. Die größten Aufnahmelager entstehen in Niederösterreich, wo die Heimatlosen abhängig von ihrer Volksgruppenzugehörigkeit, ihrer Sprache und ihrer Religion in unterschiedlichen Orten untergebracht werden.[16]
Während die Flüchtlingslawine für die Behörden eine enorme logistische Herausforderung war, entstand für umtriebige Lieferanten wie Sigmund Bosel vor der Haustür ein riesiger Absatzmarkt. „Unter all den Lieferanten, die sich bemühten, Lieferungen in den benötigten Bedarfsartikeln zu erlangen, glückte es hauptsächlich Sigmund Bosel, ins Geschäft zu kommen. Er bekam anfangs kleinere Aufträge, die er zur vollsten Zufriedenheit seiner behördlichen Auftraggeber erledigte", wie es in der Schilderung von Karl Franz heißt. „Das Vertrauen zu ihm hob sich. Immer mehr und mehr kam er ins Geschäft, immer größere Aufträge wurden ihm zugeteilt." Bosel erwirbt den Ruf, ein Tausendsassa zu sein, der einfach alles beschaffen und liefern kann.[17]
Der damalige niederösterreichische Statthalter Oktavian Regner Freiherr von Bleyleben und sein Landesamtsdirektor Bruno Graf Castell-Rüdenhausen werden auf den tüchtigen Lieferanten aufmerksam. Bosel handelt ein Vergütungsschema aus, das ihm von den

Einkäufen im Auftrag der Behörden eine entsprechende Provision garantiert: sechs Prozent von jeder Rechnungssumme als Honorar und 9 Prozent als Aufwandsersatz. Hat eine Rechnung 100 Kronen ausgemacht, sind somit 15 Kronen in Bosels Kassen geflossen. Da er im Auftrag der niederösterreichischen Statthalterei riesige Liefermengen organisiert, wird die ganze Sache ein Bombengeschäft.
Damit die Bediensteten in der niederösterreichischen Statthalterei keine allzu langen Zähne bekommen, sorgt Bosel dafür, dass auch sie an seinen Beschaffungsaktionen mitnaschen können. Er richtet einen Lebensmittellagerbetrieb ein, in dem die Beamten günstig einkaufen können, und er beliefert die Statthalterei mit Bekleidung, damit es den dortigen Beamten an nichts fehlt.[18]
Als Kaufmann in Kriegszeiten gehört Bosel auch zu jenen, die Geld fürs Vaterland hergeben und Kriegsanleihen zeichnen. Wer solche Anleihen gekauft hat, konnte Patriotismus demonstrieren und seine Kaisertreue finanziell unter Beweis stellen. Bei den entsprechenden Erhebungen musste das Kriegsministerium allerdings erkennen, dass die Hälfte der Großlieferanten nicht in Kriegspapiere investiert hatte. Auch überraschend viele Hocharistokraten drückten sich davor, die Kriegsführung mit ihrem persönlichen Vermögen zu unterstützen. Die Firma Bosel & Rosenbaum hat sich nichts nachsagen lassen. Bosel beteiligte sich im April 1916 mit 50.000 Kronen an der 4. Kriegsanleihe. Für einen Lieferanten von seinem Kaliber war das allerdings nicht wirklich viel. Zuversicht in den militärischen Sieg hat er damit nicht dokumentiert.[19]
Im November 1916 wird Bosel wird von der „Bekleidungsstelle für Kriegsflüchtlinge" im k. k. Innenministerium mit einer patriotischen Shoppingtour beauftragt.[20] Bosel soll in Ungarn Bekleidung und Stoffe zusammenkaufen und diese Waren nach Österreich bringen, wo Textilien bereits Mangelware sind. Das Einkaufsbudget kann sich sehen lassen: Bosel darf für den Spezialauftrag Goldmünzen im Wert von 500.000 Kronen ausgeben. Die Mission ist allerdings heikel. Ungarn hatte damals bereits ein Ausfuhrverbot für Textilien nach Österreich verhängt. Die hiesigen Behörden sehen darüber jedoch geflissentlich hinweg, Bosel geht mit der stillschweigenden Rückendeckung aus Wien ans Werk. „Er löste die schier unmöglich scheinende Aufgabe in wahrhaft genialer Weise. Er erschien in Budapest und in den umliegenden Provinzstädten und kaufte in solchen

Massen ein, dass die Verkäufer an seinem Verstand zweifelten. Bosel wusste besser als sie, dass der Krieg von langer Dauer sein und die Preise enorme Steigerungen erfahren würden.“[21]

Wie hat Sigmund Bosel die Textilien aber nach Wien gebracht? Er deklarierte die Kleidungstücke und die Wäsche als Übersiedelungsgüter und schmuggelte die Textilien auf der Donau flussaufwärts in die Hauptstadt. Dieses Husarenstück ist vermutlich ganz nach dem Geschmack seiner Auftraggeber gewesen. Denn die österreichische Seite war der Meinung, dass sich Ungarn nicht ausreichend an der Flüchtlingsversorgung beteiligen würde. Bosels Aktion hat zwischen den Behörden der beiden Reichsteile auch für Reibereien gesorgt, wie das *Prager Tagblatt* im Oktober 1918 in einem Artikel vermerkt. „Es dürfte noch erinnerlich sein, dass ... die ungarische Regierung erheblich jammerte, als die Firma Bosel & Rosenbaum kleidergefüllte Möbelwagen in Zillen donauaufwärts schleppen ließ.“[22]

Den Beamten in Wien imponiert die Kaltschnäuzigkeit, mit der Bosel den Spezialauftrag ausgeführt hat. „Von diesem Augenblick an gab es für ihn keine Hindernisse mehr. Überall hin hatte er Zutritt, überall Freunde und Protektoren“, schreibt Karl Franz. „Offen gestanden, hat er sich seinen Erfolg verdient.“ Bosel hat keine Gewissensbisse damit, dass er es im stillschweigenden Einverständnis mit den Behörden gesetzlich nicht so genau nimmt. „Aber eben deshalb ist der anstellige junge Mann ja so beliebt bei den hohen Amtsstellen, weil er ohne viel Aufhebens auf sein Konto nimmt, was sie selbst nicht riskieren.“[23]

In der Öffentlichkeit will die Obrigkeit freilich mit Bosel nicht viel am Hut haben. Der Staat durfte nicht in den Geruch von Gesetzesübertretungen kommen. Folglich arbeiten die Behörden im Jänner 1917 mit Tiefstapelei und einer medialen Vernebelungstaktik: „Die Behauptung, dass die Wiener Firma Bosel und Rosenbaum General-Lieferantin der k. k. niederösterreichischen Statthalterei für Einrichtung und Versorgung der niederösterreichischen Flüchtlingslager war, entspricht nicht den Tatsachen.“[24]

In der *Wiener Zeitung* konnte man sogar lesen, dass Bosel im Jänner 1917 per Runderlass eine Strafe aufgebrummt bekommen hatte. Weil er verbotenerweise 5000 Meter Flanellstoff einkaufte, wurde er zu fünf Wochen Arrest verurteilt, und zwar pikanterweise von der niederösterreichischen Statthalterei, die in Wahrheit große Stücke auf ihren eigenen Haus- und Hoflieferanten hält! Es gibt allerdings keine Hinweise, dass Bosel auch nur einen einzigen Tag hinter Gittern verbracht hat. Wäre das der Fall gewesen, so hätten Bosels Gegner den Gefängnisaufenthalt später mit Sicherheit publizistisch ausgeschlachtet.[25]

1917 gehen Bosel und sein Partner Rosenbaum bereits getrennte Wege. Bosel macht den längst fälligen Schritt vom Textilkaufmann zum Gemischtwaren-Großhändler. Im Mai gibt er seine Tätigkeit für das Innenministerium auf, im Juni wird die neue Firma mit dem Namen „S. Bosel" im Handelsregister eingetragen. Als „Schmuggler von Kaisers Gnaden" hat er ein Anerkennungsschreiben der niederösterreichischen Statthalterei in der Tasche, in dem seine Verdienste gewürdigt werden, per Dekret vom 17. Mai 1917 – für seine „loyale und ... ehrende Haltung im Interesse der staatlichen Flüchtlingsfürsorge".[26]

Mit dem Erfolg waren freilich auch die Neider nicht weit. Bosel wird von Konkurrenten angeschwärzt, bei der Staatsanwaltschaft trudeln Anzeigen ein. Bosel soll damals sogar mit seiner Verhaftung gerechnet haben. Man hat ihm vorgeworfen – und diese Anschuldigung gab es auch noch Jahre später –, dass er sich durch gefälschte Rechnungen, fingierte Liefermengen und einen illegalen Handel mit Kleidervorräten finanziell bereichert hätte. 1926 ist Bosel deswegen sogar verklagt worden, von Lotte Seidmann, der Gattin des ehemaligen Oberbuchhalters der niederösterreichischen Statthalterei. Sie gab an, Sigmund Bosel habe ihren Ehemann Max unter Drohungen gezwungen, während des Krieges die Geschäftsbücher zu fälschen. Dadurch sei ihr Mann letztlich in der Psychiatrie gelandet, behauptete Frau Seidmann, die von Bosel eine lebenslängliche Rente und den Ersatz der Behandlungskosten forderte, die für ihren Gatten im Wiener Sanatorium „Baumgartnerhöhe" angefallen waren.[27]

Am Tag der zweiten Verhandlung konnte Seidmanns Rechtsanwalt die angekündigten Belastungszeugen allerdings nicht aufbieten. Außerdem ließ sich der bekannte Psychiatrieprofessor Julius Wagner-Jauregg, der über den Zustand des Patienten Auskunft geben hätte sollen, wegen einer beruflichen Verpflichtung entschuldigen.

Als dann auch noch der Gerichtspsychiater zu dem Schluss kam, dass Bosel – selbst wenn er den Buchhalter wirklich psychisch unter Druck gesetzt hätte – unmöglich der Auslöser für Seidmanns Irresein gewesen sein konnte, brach die Klage inhaltlich zusammen. Der Richter handelte daraufhin eine salomonische Lösung aus: Geld von Bosel aus Mitleid für Lotte Seidmann, wenn diese ihre Vorwürfe gegen Bosel fallen lässt. Als Seidmann zögerte, redete ihr der Richter gut zu: „Sie sind eine arme, bedürftige Frau, es ist besser, Sie ziehen die Klage zurück und nehmen von Bosel das Geld, das er Ihnen als Almosen freiwillig gibt." Schlussendlich nahm Lotte Seidmann ihre Klage weinend zurück und Bosel war durch den Fall Seidmann nicht länger angepatzt.[28]
Eine weiße Weste hat Bosel auch 1918 behalten, als die kaiserlichen Justizbehörden der niederösterreichischen Statthalterei wegen mutmaßlicher Verdachtsmomente gegen Bosel auf den Zahn fühlen. Böse Zungen behaupten etwa, dass die Schuhe, die er während des Krieges lieferte, nur Pappendeckelsohlen gehabt hätten. Nach einer Überprüfung der Geschäftsunterlagen werden die Voruntersuchungen aber bald wieder eingestellt. Auch die Kriegswirtschaftliche Kommission findet keine Anhaltspunkte für schmutzige Geschäftspraktiken oder unredliche Abrechnungen: „Gegen Herrn Bosel sind wohl eine Menge Anschuldigungen erhoben worden, konkreter Art aber keine. Jede Anzeige sei zum Gegenstande der Untersuchung gemacht worden. Die Erhebungen haben aber zu dem Abschluss geführt, dass die Tätigkeit des Genannten eine verdienstliche war."[29]
Bis heute liest man da und dort, dass Sigmund Bosel einer der größten österreichischen Heereslieferanten gewesen sei. Handfeste Belege gibt es dafür keine. Es kann allerdings gut sein, dass Bosel neben seinen Flüchtlingslager-Lieferungen auch Bekleidungsartikel für Soldaten herbeigeschafft hat – und zwar Rucksäcke und sogenannte „Stiefelfetzen", die anstelle von Strümpfen oder Socken in der kämpfenden Truppe gängig waren. Diese Stiefelfetzen waren leicht waschbare Stofflappen, mit denen sich die Soldaten die Füße eingewickelt haben, bevor sie in die Stiefel geschlüpft sind.[30]
Angeblich hat Bosel sogar Kasernenkantinen mit Lebensmitteln und Getränken versorgt. Bosel „beschränkte sich … keineswegs auf Lieferungen, die in seine ursprüngliche Branche fielen, sondern lieferte schlechthin alles", wusste der Bankfachmann Egon Scheffer

zu berichten. „Den Gegenwert ließ er sich damals schon, mitten im Kriege, auf auswärtige Konti namentlich bei Schweizer Banken gutschreiben."[31]

Dass Sigmund Bosel seine gesamten Gewinne in die Schweiz gebracht haben soll, hört sich übertrieben an. Denn er hat schon während des Krieges angefangen, in Wien Immobilien und Wertpapiere zu kaufen. Es ist aber durchaus möglich, dass er einen Teil seiner Profite in Schweizer Franken angehäuft hat, die später wegen der Inflation in Österreich Gold wert waren. Wie viel Sigmund Bosel durch seine Flüchtlingslager-Geschäfte verdient hat, lässt sich nicht mehr sagen. Einen Anhaltspunkt haben wir jedoch: Bosel hat sich 1926 vor einem Parlamentsausschuss damit gebrüstet, dass er im letzten Kriegsjahr knapp 12 Millionen Kronen an Steuern gezahlt habe. Zieht man die damals geltenden Steuersätze in Betracht, lässt sich Bosels Einkommen zu Kriegszeiten grob geschätzt auf mehr als 100 Millionen Kronen veranschlagen. Sigmund Bosel ist mit Sicherheit bereits zu Kaisers Zeiten ein Multimillionär gewesen. Der Erste Weltkrieg und die damit verbundene Flüchtlingskrise waren sein Sprungbrett zum Reichtum.[32]

Ein voller Bauch macht keine Revolution

Im Juni 1918 bäumt sich die schwer angezählte Monarchie an der italienischen Front ein letztes Mal militärisch auf. Doch die Offensive scheitert. Ab diesem Moment geht es mit der Kampfmoral der Armee bergab, die Wirtschaft hat für den Nachschub keine Kraft mehr. Das Habsburgerreich hat den Untergang vor Augen.[33]

In Wien und anderen Großstädten ist die Versorgung der Bevölkerung schon seit Monaten katastrophal. Weil es zu wenig Brotgetreide gibt, wird das fehlende Mehl aus Kastanien oder Bohnen gewonnen und mit Sägespänen gestreckt. Die kriegsbedingte Misere ist längst ideologisch aufgeladen. Schuld an der Teuerung seien die „Kapitalisten", wettert die *Arbeiter-Zeitung*, weil diese durch Heereslieferungen, gehortete Warenvorräte und Importgeschäfte während des Krieges Wuchergewinne eingefahren hätten. „Hätte uns jemand vor drei Jahren gesagt, was wir heute für Fleisch oder für Gemüse, für ein Gewand oder für ein Paar Schuhe bezahlen werden, hätten wir ihn für einen Wahnsinnigen gehalten."[34]

Hohe Preise und verdorbene Lebensmittel sind immer wieder der Zündfunke für Hungerkrawalle und Streiks. Während der Schwarzmarkt blüht, erleben die hungrigen Städter eine böse Überraschung. Mitte Juni 1918 wird in Wien die Brotration von einem Tag auf den anderen um die Hälfte gekürzt. Um die ohnehin karge Ration von 200 Gramm Fleisch pro Woche zu ergattern, haben sich die Menschen bereits nächtelang anstellen müssen. Mehr als ein Ei pro Woche war sowieso nicht mehr drinnen. Und nun soll es nur mehr halb so viel Brot geben wie bisher? Die Bevölkerung kocht vor Wut auf die Obrigkeit.[35]

Während sich eine explosive und teils revolutionäre Stimmung breitmacht, kommt es im Juni 1918 in der Wiener Polizeidirektion zu einem Sesselrücken. Kaiser Karl bestellt Johann Schober zum neuen Befehlshaber über die Exekutive in der Hauptstadt. Der gelernte Jurist aus Perg in Oberösterreich soll als kaisertreuer Ordnungsmacher notfalls hart durchgreifen. Seit sich die Bevölkerung aber für Lebensmittel stundenlang anstellen muss, hat auch die Exekutive ein Problem. Sie kann nicht durchgehen lassen, dass Polizisten einerseits die Lebensmittelausgabe überwachen sollen und andererseits selbst vor Geschäften Schlange stehen müssen. Schober will daher vom Innenministerium die Erlaubnis für einen eigenen Polizeiversorgungsbetrieb. In seinem Antrag lässt der junge Polizeichef keinen Zweifel an seiner Lagebeurteilung: Polizisten mit einem leeren Magen sind ein Sicherheitsrisiko, weil sie bei Straßenschlachten gegen streikende Arbeiter, Plünderer oder Unruhestifter und in emotional aufreibenden Einsätzen gegen aufgebrachte Hausfrauen versagen könnten. Nur wenn die Polizei rundum bestens versorgt sei, könne die Exekutive „ihren aufreibenden Dienst weiter voll und ganz versehen, mögen auch noch so schwere Zeiten kommen“.[36]

Was Schober jedoch fehlt, ist ein Mann, der den gewünschten Lebensmittellager-Betrieb auf die Beine stellen kann. Schober erkundigt sich beim niederösterreichischen Statthalter Bleyleben, der ihm prompt Sigmund Bosel ans Herz legt. Schober beauftragt daraufhin seinen Vertrauensmann Franz Brandl, Bosels Hintergrund zu überprüfen. Als Brandl grünes Licht gibt, bekommt Bosel in der Polizeidirektion einen Termin. Es dauert nicht lange, und Johann Schober ist überzeugt, dass er mit dem jungen Geschäftsmann einen guten Griff gemacht hat: „Bosel hat tatsächlich binnen weniger

Wochen eine für die damaligen Verhältnisse unerwartete Versorgung der Polizeiorgane mit aus dem Auslande herbeigeschafften Lebensmitteln in die Wege geleitet." Auch beim Startkapital für den Polizeiversorgungsbetrieb fackelt Bosel nicht lange. Er nimmt kurzerhand einen Kredit bei der Verkehrsbank auf, für den er persönlich bürgt. Dadurch kann der Lebensmittellagerbetrieb gleich im Juli 1918 gegründet werden.[37]

Er nutzt den Krieg als Sprungbrett zum Reichtum: Selfmademan Sigmund Bosel. Foto: Max Fenichel, 1926.

Der Organisationsjob für die Polizei ist für Bosel jedoch kein Honiglecken. Er muss die Auflage akzeptieren, dass er „als kommerzieller Direktor des Lebensmittellagerbetriebes der Polizeidirektion ehrenamtlich und unentgeltlich fungieren soll". Der befristete Posten hat sogar noch einen Haken. Schober verlangt, dass Bosel keinerlei Privatgeschäfte macht, solange er Leiter des Versorgungsdepots ist. „Ich wollte dadurch vorbeugen, dass dieses Ehrenamt irgendwie für private Geschäftszwecke missbraucht werde oder dass auch nur die Vermutung entstehen könnte, es gäbe eine Verquickung zwischen den Lebensmittellieferungen für die Polizei und Geschäften irgendwelcher Art." In der Praxis dürfte es dennoch eine gewisse Verfilzung zwischen Bosels eigenen Geschäften und dem Polizeiwohlfahrtsbetrieb gegeben haben, wie der Historiker Rainer Hubert meint.[38]

Vermutlich hat Bosel sehr wohl neben seiner „ehrenamtlichen" Tätigkeit auf eigene Rechnung weitergearbeitet. In einem Brief an den „hochwohlgeborenen und hochverehrten Herrn Präsidenten" weist Bosel sogar selbst darauf hin, dass er der Polizei mit Leinen und anderen Waren aus seinen eigenen Beständen ausgeholfen hat.[39]
Was hat sich Bosel aber davon versprochen, dass er der Exekutive seine Arbeitskraft so großzügig zur Verfügung stellt? Der aufstrebende Geschäftsmann ringt nach seinen Husarenstücken um gesellschaftliches Prestige. Mithilfe seiner Polizeitätigkeit will er sich die Meriten für einen Titel verdienen. Er sei reich genug, tönt Bosel, um sich das Ehrenamt und die damit verbundene geschäftliche Untätigkeit leisten zu können. Schober wird später sagen, dass es Bosel darum gegangen sei, „sich in der Kaufmannschaft eine entsprechende soziale Stellung zu verschaffen".[40]
Die Gegenleistung, die Bosel 1918 dafür haben will, dass er für den morschen Staat den Wohltäter spielt, ist der Ehrentitel eines Kaiserlichen Rates. Insgeheim wird Bosel sicher auf einen Adelstitel gespitzt haben. Im Umgang mit der Staatsgewalt gibt er sich aber untertänig und genügsam. Schober hält den Titelwunsch für „äußerst bescheiden" und fühlt wegen der Ernennung bei Innenminister Gayer vor. Der meint jedoch, dass der 25-jährige Bosel für die Auszeichnung „Kaiserlicher Rat" noch zu jung sei. Die betroffenen Dienststellen raufen sich auf einen Kompromiss zusammen: Bosel soll ungeachtet seines Alters „Kaiserlicher Rat" werden, wenn er seine Aufgabe als „Versorgungsdirektor" der Polizei zwei Jahre tadellos erledigt.

Der Freund und Helfer des Polizeipräsidenten

Im Sommer 1918 macht sich Sigmund Bosel ans Werk. Er muss im Kompetenz-Dschungel der Kriegswirtschaft Lebensmittel und Textilien zusammenkaufen und den verschiedensten Abgabestellen spezielle Zuteilungen für die Exekutive abtrotzen. Um der Polizei Kosten zu ersparen, stellt Bosel sein Büro in der Heinrichsgasse samt Personal und zwei „Fernsprecher-Anschlüssen" unentgeltlich zur Verfügung. Anfangs verwendet Bosel für die Geschäftskorrespondenz im Namen der Polizei sogar noch sein eigenes Briefpapier. Erst im Herbst 1918 wird dem „Lebensmittellagerbetrieb der kaiserlich-königlichen Polizei-Direktion Wien" eigenes Schreibmaschinenpapier zur Verfügung gestellt.

Als Organisationsgenie ist Bosel ganz in seinem Element. Über alle möglichen Kanäle treibt er große Vorratsmengen auf, die er vor allem aus Ungarn nach Wien dirigiert. In verschiedenen Stadtbezirken entstehen insgesamt 13 Filialen der Polizei-Versorgungseinrichtung. Bosel deckt auf sechs Monate hinaus den Lebensmittelbedarf von 20.000 Personen. „Wiewohl diese Mengen im regulären Handel nicht zu beschaffen waren", wie Schober vermerkt.[41] Das heißt im Umkehrschluss, dass Bosel für die Polizei am Schwarzmarkt eingekauft hat.

Bald karren Bosels Leute nicht mehr nur Lebensmittel heran, sondern auch Bekleidung, Schuhe und Haushaltsgeräte, die in einem improvisierten Warenhaus angeboten werden. Bosel schafft auch eine Brennholz-Zerkleinerungsanlage an, damit die Beamten für ihr Zuhause billiges Heizmaterial bekommen und die Bezirkspolizeikommissariate und Wachstuben Holz für ihre Kanonenöfen haben. Für verderbliche Lebensmittel wird ein Kühlhaus eingerichtet, zwei Gemeinschaftsküchen liefern regelmäßige Mittagsmahlzeiten für über 2000 Personen. Polizisten im Außendienst werden mittels fliegender Küchen verköstigt. Die Polizei kann sich alle Finger abschlecken, dass Sigmund Bosel ihr Freund und Helfer geworden ist.

Die enge Zusammenarbeit geht anderen Kaufleuten, die gerne selbst ins Geschäft gekommen wären, gegen den Strich. Wieder wird Bosel vernadert, die Anzeigen gehen aber ins Leere. Polizeichef Schober lobt seinen kommerziellen Direktor über den grünen Klee. „Sicher ist, dass er, wie die Kontrolle durch den ihm beigegebenen äußerst misstrauischen Ausschuss bewiesen hat, bei der Polizei nicht nur nichts verdient hat, sondern sicher auch eigenes Geld zugesetzt hat."[42]

Bosel kauft Gemüse, Heringe und Rosinen genauso wie Wollstoffe und Innereien zur Wursterzeugung. Alles nicht per Kilo, sondern waggonweise. „Das Lebensmittelmagazin und die Bekleidungsstelle Herrn Bosels leisteten ganz Hervorragendes", so Schober. „Die Wache hatte gute auskömmliche Kost, ich selbst überzeugte mich wiederholt in Kommissariaten von der Güte des gebotenen Rindfleisches, warme Mäntel und gute Schuhe wurden von der Bekleidungsstelle zu denkbar mäßigen Preisen zur Verfügung gestellt,

auch die Beamtenschaft der Polizeidirektion Wien konnte diese entsetzliche Zeit nur durch diese Hilfe durchhalten."[43]
In den letzten Tage der Monarchie und den Anfangstagen der Ersten Republik bestimmt Bosel, welche Rationen an Bohnen, Fleisch oder Fett die Polizisten in den Wochen des Umbruchs kaufen und ihre Frauen daheim verkochen können. Für Weihnachten 1918 waren als Draufgabe Sonderrationen an Nüssen, Pflaumen und Rindfleisch erhältlich. Bosel und Schober haben gewusst, dass der Sicherheitsapparat bei Laune gehalten werden muss, wenn der Kaltstart in die Demokratie ohne Chaos über die Bühne gehen soll.
Die Polizeibeamten rechnen es ihrem Chef auch hoch an, dass sie günstig einkaufen können und von der Not ringsum verschont bleiben. Schober hat gleichzeitig den erforderlichen Machtinstinkt, um sich als Garant der öffentlichen Ordnung in Szene zu setzen. Im Dezember 1918 wird Schober für die gesamte öffentliche Sicherheit zuständig, damit untersteht ihm auch die Exekutive in den Bundesländern. Schober mausert sich zu einer Führerfigur im Sicherheitsapparat. „Er verbesserte die materiellen Verhältnisse seiner Polizisten … und deutete gleichzeitig seinen Präsidenten-Posten in eine Vaterrolle um, wodurch er psychologisch effektvoll seine Leute beeinflussen konnte", schreibt Rainer Hubert in seiner Schober-Biografie.[44]
Ein Glanzpunkt der Inszenierung ist die erste Weihnachtsfeier nach der Kriegsniederlage, die der 44 Jahre alte Polizeichef mit seinem Monokel auf der Nase in der Wiener Marokkaner-Kaserne organisiert. Die Exekutive präsentiert sich als eine Sippe rechtschaffener Staatsdienerfamilien, in der sich der oberste Kommandeur sogar ums Christkind kümmert. Weil die Versorgung der Beamtenschaft mit Bosels tatkräftiger Hilfe klappt, werden dem Polizeichef Macherqualitäten zugeschrieben. Und Sigmund Bosel? Er war für Schober nicht nur ein wichtiger Steigbügelhalter, sondern auch eine Art „Troubleshooter", der in heiklen Angelegenheiten die Lage sondieren und dem Polizeichef diskret den Boden bereiten konnte.
Das kommt Schober zugute, als sich 1919 die Stimmung in der Polizei politisch aufheizt. Die im November 1918 ausgerufene Republik „Deutsch-Österreich" durchlebt eine revolutionäre Nachkriegskrise, in der viele Berufsgruppen sozialpolitische Reformen verlangen. Im Sicherheitsapparat kommt die Meinung auf, dass Beamte nicht

länger unpolitische Ordnungshüter sein sollen, sondern durchaus das Recht hätten, sich parteipolitisch zu betätigen. Frei nach der Devise, dass mit dem unsäglichen Kadavergehorsam gegenüber sakrosankten Autoritäten Schluss sein muss. Und zwar auch in der Exekutive.

Einer, der quasi „basisdemokratische" Mitsprache im Sicherheitsapparat verlangt, ist der Polizist und spätere Politiker Hans Schabes. Der damalige Revierinspektor will die Kollegenschaft sozialdemokratisch organisieren und den Polizeibetrieb umkrempeln. Schabes und Genossen wollen auch mitreden, wenn es um Postenbesetzungen geht. Sie verlangen, dass missliebige Vorgesetzte durch ein Misstrauensvotum in einschlägigen Dienstversammlungen abgesetzt werden können. Für Schober ist der Gedanke unerträglich, dass die Schlagkraft der Polizei gelähmt und er als quasi „apolitischer" Präsident von „politisierten" Polizisten zu einer Marionette degradiert werden könnte. Aus dem Konflikt wird ein Fall für Sigmund Bosel, der sich damals und auch später als Vermittler zwischen Schober und Schabes einklinkt. Franz Brandl, der Schober-Vertrauensmann im Polizeipräsidium, hat Bosels Mission später etwas kryptisch wie folgt beschrieben: „In privaten Unterhaltungen hat er Schabes und etlichen seiner Gefolgsleute die Giftzähne gezogen."[45]

Obwohl ihm die Polizeigranden dankbar die Stange halten, wird es für Sigmund Bosel Anfang 1919 ungemütlich. Dass er zum Wohl der Polizei mit seiner Einkaufsmacht den Markt durcheinandergewirbelt hat, während Teile der Bevölkerung hungern, nehmen manche Bosel ziemlich übel. Die linksradikale Zeitung *Der Abend* nennt ihn einen „sattsam bekannten Schleichhändler" und „Preistreiber". Verärgert schreibt der junge Geschäftsmann im Februar 1919 Schober einen Brief, in dem er verlangt, dass er durch eine öffentliche Stellungnahme der Polizeidirektion rehabilitiert wird.[46]

Im März 1919 wird es Bosel schließlich zu bunt. Er bietet dem Verwaltungsratsausschuss seinen Rücktritt an. Die versammelten Behörden-Vertreter wollen den kommerziellen Leiter jedoch nicht gehen lassen. Bosel wird wegen seiner „uneigennützigen und geradezu aufopferungswilligen Tätigkeit" gelobt und gegen Angriffe von außen verteidigt.[47] Doch die Kritik will nicht verstummen. Linke Gruppierungen aus dem Beamtenapparat haben sich auf Bosel eingeschossen. Kapitalismuskritik vermischt sich mit linkem Antisemitismus. Der in Wien geborene Geschäftsmann wird in einer als „Denkschrift" titulierten Beschwerde als „verbrecherischer Kapitalist und Ausbeuter" diffamiert, der als Kriegsflüchtling (!) nach Wien gekommen sei und den die Behörden schon längst des Landes verweisen hätten sollen. Bosel wird zwar zugestanden, dass er „aufgeweckt, intelligent und anerkennenswert geschäftstüchtig" sei. Er habe jedoch mit „ausländischen jüdischen Zwischenhändlern" und anderem „Lumpengesindel" die „Unerfahrenheit der gemütlichen Wiener" betrügerisch ausgenützt.

Der „Beweis" für Bosels krumme Machenschaften: Von den 58 Eiern, die der Beschwerdeführer – ein Familienvater – seit dem Bestehen des Polizei-Lebensmittellagers bekommen hätte, wären 12 Stück schlecht gewesen. „Es geht doch nicht an, dass wir noch im tiefen Frieden das Opfer einer wohl gut organisierten, großkapitalistischen, gewissenlosen Volksräuberbande" werden, poltert der Urheber der Anschuldigungen, bevor er sich zur Bemerkung versteigt, dass für die erwähnte Räuberbande „die Todesstrafe zweifellos zu früh aufgehoben worden sei". Zum Schluss gipfelt die Beschwerde in der „untertänigen Bitte" an den hochwohlgeborenen Polizeichef Schober, Bosel als Leiter des Lebensmittel-Lagerbetriebes seines Amtes zu entheben, widrigenfalls man nach einer Frist von acht Tagen durch einen offenen Brief an die *Arbeiter-Zeitung* die lokalen „Arbeiterräte" und die Staatsanwaltschaft einschalten werde.[48]

Gut informiert waren die Bosel-Gegner in der Exekutive wahrlich nicht. Denn als sie im Oktober 1919 gegen Bosel mobil machen, ist der angefeindete Direktor gar nicht mehr für den Lebensmittel-Diskontladen der Polizei tätig gewesen. Bosel hatte seine Tätigkeit dort schon im Frühjahr 1919 an den Nagel gehängt. Schober zufolge sei Bosel eines Tages vorbeigekommen, um ihm zu erklären, dass er wieder Geld verdienen müsse. Nur ehrenamtlich für die Polizei tätig zu sein, ohne Privatgeschäfte machen zu dürfen, sei finanziell nicht länger drinnen. „Schweren Herzens" habe er Bosel „die Entlassung aus dem Ehrenamt geben müssen", so Schober über die monatelange Zusammenarbeit.[49]

Der mächtige Polizeichef wird sich in späteren Jahren bei Sigmund Bosel erkenntlich zeigen und für ihn den politischen Schutzengel spielen. Bosel revanchiert sich, indem er die Polizei weiterhin gönnerhaft unterstützt. So kommt Schober über das Kriegsende hinaus zu einer loyalen Hausmacht, die eine wichtige Machtbasis für seine Politikerkarriere wird. Der Polizeipräsident und der spätere Bankpräsident werden in der Öffentlichkeit immer betonen, dass ihr Verhältnis rein „amtlich" und bloß geschäftlicher Natur gewesen sei. Alle, die Schobers Terminkalender kannten, haben aber gewusst, dass die beiden Männer eine persönliche Seilschaft begründet hatten. Denn an fast jedem ersten Dienstag im Monat hat Bosel nach seinem Abgang bei der Wiener Polizei bei Schober auf einen Plausch vorbeigeschaut. Und das war auch dann noch so, als Schober schon Bundeskanzler war.

Anmerkungen

1 Die Börse, 6. 12. 1923.
2 Die Börse, 11. 11. 1926; Julie Marks in der TV-Doku „Der Massenmörder und der Trillionär" (ORF, 2013).
3 Hoffmann, Der Fall Sigmund Bosel, 9ff.
4 Berliner Tageblatt, 11. 11. 1926; Franz, Siegmund Bosel, 5f.
5 WStLA, Handelsregister, „Bosel & Rosenbaum", Sign. 2.3.3.B76.29.231; Hoffmann, 10; Franz, 4.
6 Österreichische Industriegeschichte GmbH (Hrsg.): Österreichische Handelsgeschichte, 169.
7 Hoffmann, 8f.; Max Bosel, der Erstgeborene, ist bereits 1908 im Alter von 21 Jahren gestorben.
8 Neues Wiener Tagblatt, 19. 1. 1927.
9 Sandgruber, Traumzeit für Millionäre, 55ff.
10 Rauchensteiner, Der Erste Weltkrieg und das Ende der Habsburgermonarchie, 204ff.
11 Tagblatt, 7. 7. 1937; Hoffmann, 11.
12 Der Abend, 9. 11. 1923.
13 Franz, 6f. – Hinter dem Namen „Karl Franz" stand der Journalist Bruno Frei, der auch für die Zeitung *Der Abend* tätig war und 1926 unter seinem Pseudonym eine frühe Biografie über Bosel herausgebracht hat.
14 Rauchensteiner, 836ff.
15 Prager Tagblatt, 18. 10. 1918.
16 Rauchensteiner, 842f.
17 Franz, 7.
18 SchobA, Zeugenvernehmung Schober, Vr XXXI 4844/23, 25. 10. 1923; Berger, Zur Situation des öst. Bürgertums nach dem 1. WKR, in: Konrad/Maderthaner (Hrsg.), … der Rest ist Österreich, Bd. 2, 78.
19 Rauchensteiner, 588ff.; Wiener Zeitung, 22. 4. 1916.
20 ÖStA – AdR, HBbBuT BMfHuV Präs, Auszeichnungsanträge, Bosel, 2664/1920: Schreiben der Polizeidirektion Wien an das Staatsamt für Handel und Gewerbe, Industrie und Bauten, 21. 6. 1920.
21 Wiener Zeitung, 28. 1. 1917; Franz, 8.

[22] Rauchensteiner, 845f.; Prager Tagblatt, 18. 10. 1918.
[23] Franz, 8; Lewinson, Die Umschichtung der europäischen Vermögen, 251.
[24] Wiener Zeitung, 28. 1. 1917.
[25] Wiener Zeitung, 16. 3. 1917.
[26] Amtsblatt zur Wiener Zeitung, 4. 7. 1917; Tagblatt, 7. 7. 1937, Die Presse, 5. 1. 2014; ÖStA – AdR, HBbBuT BMfHuV Präs, Auszeichnungsanträge, Bosel 2664/1920, 21. 6. 1920.
[27] Frei, 8; Der Abend, 1. 2. 1926.
[28] Der Abend, 12. 4. 1926.
[29] Wiener Zeitung, 11. 9. 1918.
[30] Ufermann, Könige der Inflation, 77.
[31] Scheffer, Bankwesen, 354.
[32] WStLA, Vr 2562/37 3/226C Einvernahme Bosel, 5. 7. 1926; Reichspost, 19. 12. 1926.
[33] Rauchensteiner, 995ff.
[34] Arbeiter-Zeitung, 6. 6. 1918.
[35] Arbeiter-Zeitung, 17. 6. 1918; Reiter, Gustav Harpner, 503.
[36] SchobA 95, Schober: „An das Präsidium des k. k. Ministeriums des Inneren".
[37] ÖStA, AdR, HBbBuT BMfHuV Präs, Auszeichnungsanträge, Bosel, 2664/1920, 21. 6. 1920; SchobA 95, LG Wien Vr XXXI 4844/23, Zeugenaussage Schober, 25. 10. 1923.
[38] Hubert, Schober, 65.
[39] SchobA 95, Schober: „Wie ich … Bosel kennenlernte", SB an Schober, 27. 2. 1919.
[40] ÖStA AdR, HBbBuT BMfHuV Präs, Auszeichnungsanträge, Bosel, 2664/1920, 21. 6. 1920.
[41] Ebenda.
[42] SchobA 95, Zeugenaussage Schober, 25. 10. 1923, LG Wien, Geschäftszahl Vr XXXI 4844/23.
[43] SchobA 95, Schober: „Wie ich Herrn Präsident Siegmund Bosel kennenlernte".
[44] Hubert, 61.
[45] Ebenda, 65ff; Brandl, Kaiser, Politiker und Menschen, 284; SchobA 95, SB an Schober, 18. 12. 1922.
[46] SchobA 95, SB an Schober, 28. 2. 1919.
[47] SchobA 95, Sitzungsprotokoll vom 3. 3. 1919.
[48] SchobA 95, Brief an den Verwaltungsausschuss, 15. 10. 1919.
[49] SchobA 95, Schober: „Wie ich Herrn Präsident Siegmund Bosel kennenlernte".

4 – IM KLUB DER GLÜCKSRITTER

Die Stadt, in der Sigmund Bosel sein Vermögen aus dem Krieg in den Frieden hinübergerettet hatte, war 1919 nur mehr ein Abklatsch ihrer alten Größe. Wien hatte als Metropole einer Großmacht abgedankt. Die Stadt war nun das überdimensionierte Zentrum einer kleinen Alpenrepublik, die in einer kolossalen Identitätskrise steckte. Der Bestseller-Autor Hans Habe, der auch Sigmund Bosel persönlich kannte, hat den Knacks im rot-weiß-roten Selbstwertgefühl später so umrissen: Österreich sei „eine Operette mit tragischem Ausgang" gewesen.[1] Als am 12. November 1918 in Wien die Republik ausgerufen wurde, nannte sich der frischgeborene Staat „Deutsch-Österreich". Gedacht war er als Zwischenstufe bis zum Anschluss an das neue demokratische Deutschland. Doch der Friedensvertrag von Saint-Germain erlaubte der Ersten Republik keinen Zusammenschluss mit der Weimarer Republik. Die Nachkriegsösterreicher mussten also die Suppe alleine auslöffeln, die ihnen der ach so gute alte Kaiser durch seine gemeingefährliche Bereitschaft für den „großen" Krieg eingebrockt hatte.

Das Ende der Monarchie war für die Bevölkerung ein Wechselbad der Gefühle. Für die einen war es ein Untergang, für die anderen ein Umbruch, durch den mit der lästigen Bevormundung durch die Aristokratie endlich Schluss war. Doch dem Staat, den keiner in der Form wollte, wie er Wirklichkeit geworden war, fehlte es an Energie und Selbstsicherheit. Viele Bewohner konnten sich nicht vorstellen, dass ihr neues Staatsgebilde überlebensfähig war. Österreich war ein Armenhaus mit abertausenden Kriegswitwen, Waisenkindern und verkrüppelten Heimkehrern, in dem noch dazu die Spanische Grippe wütete. Die Kriegsgeneration war verbittert, das Bürgertum wirkte orientierungslos, die Arbeiterschaft sehnte sich nach einer sozialen Revolution. Am allermeisten wurde die Katerstimmung im Land aber von der katastrophalen Geldentwertung getragen. Sie war eine gewaltige Vermögensumverteilung und erzeugte einen enormen Politfrust.

Traumatisiert von der Inflation, verloren viele Menschen den Blick darauf, dass es während der rot-schwarzen Koalition von 1918 bis 1920 wichtige sozialpolitische Errungenschaften gab – wie das Allgemeine Wahlrecht auch für Frauen, das Arbeitslosengeld oder den Acht-Stunden-Arbeitstag. Im Tollhaus der Inflation ging der staatsbürgerlich-emanzipatorische Wert dieser Reformen unter, wie der Schriftsteller Hugo Bettauer 1922 in seinem Roman *Der Kampf um Wien* beklagt hat: „Die Bürger waren nie so frei, wussten aber nichts Rechtes damit anzufangen, und sehnten sich zurück nach der Monarchie mit ihren Orden und Titeln."[2]

Um eine republikanische Ersatzbefriedigung für die althergebrachte Titelsucht zu schaffen, haben auch die Würdenträger der Ersten Republik munter Ehrungen verteilt. Was der inflationär vergebene Hofratstitel für die Beamtenschaft war, sollte in der Welt der Wirtschaftstreibenden der „Kommerzialrat" werden. Diesen Titel hatte es so wie den „Hofrat" in der Monarchie auch schon gegeben. Als Anerkennung für kommerzielle Leistungen hatte man den prestigeträchtigen „Kommerzialrat" zu Kaisers Zeiten allerdings nicht vergeben. Ihn bekamen nur Mitglieder einer berufsständischen Kommission, die mit der Export-Statistik zu tun hatte. War die Funktionsperiode um, war die Auszeichnung wieder weg. Außer der Kaiser „geruhte", den Titel in speziellen Fällen auf Lebenszeit zu verlängern. Nach Kriegsende hing die Kommerzialratswürde eine Zeit lang in der Luft. Die erwähnte Kommission gab es zwar weiterhin, aber die Republik hatte Wichtigeres zu tun, als dieses Gremium zu erneuern.[3]

Im Juni 1920 flattert dann im Handelsministerium, genauer gesagt, im damaligen „Österreichischen Staatsamt für Handel und Gewerbe, Industrie und Bauten" ein Antrag der Wiener Polizei auf den Tisch. Sigmund Bosel möge doch für seine Verdienste mit dem Kommerzialratstitel belohnt werden, heißt es darin. Die mitgelieferte Begründung kommt von Polizeipräsident Schober höchstpersönlich: „Ich erlaube mir, die Aufmerksamkeit auf die verdienstvolle Betätigung zu lenken, welche Sigmund Bosel als kommerzieller Leiter des Lebensmittellagerbetriebes der Polizeidirektion in Wien im Interesse der mir unterstehenden Behörde, wie auch unmittelbar im Interesse der Republik Österreich entfaltet hat und bitte, für ihn eine Auszeichnung zu erwirken."[4]

Den Beamten fällt auf, dass für den jungen Kaufmann parteipolitische Schwergewichte intervenieren. Allen voran der Hausherr und amtierende Ressortchef, der Sozialdemokrat Wilhelm Ellenbogen. Auch Matthias Eldersch, der sozialdemokratische „Staatssekretär für Inneres", unterstützt den Antrag. Und zwar „wärmstens", wie Eldersch in einem Begleitbrief meint.[5] Befürwortet wird die Angelegenheit gleichfalls vom christlichsozialen Spitzenpolitiker Eduard Heinl. „Nachdrücklichst", wie Heinl wissen lässt. Sigmund Bosel hat gewichtige Fürsprecher aus der roten und schwarzen „Reichshälfte", die sich für einen Kommerzialratstitel ins Zeug legen.

Die großkoalitionäre Politikerphalanx holt sich vom Beamtenapparat jedoch eine Abfuhr. Die Republik könne funktionsgebundene Kommerzialratstitel nicht freihändig verleihen, erklärt das Präsidialbüro. Die beiläufige Anregung der Politiker, Bosel doch in die neu zu gründende Statistik-Kommission zu entsenden, damit er „auf diesem Weg des Kommerzialratstitels teilhaftig" werde, blocken die zuständigen Stellen bockig ab. Man brauche kein extra bestelltes Mitglied und schon gar keinen 27-Jährigen mit Protektion. Die Beamten bekommen den politischen Willen aber recht bald zu spüren. Im November 1920 wird Bosel zum Mitglied des Beirates für Handelsstatistik ernannt. Damit darf er während der Dauer seiner Mitgliedschaft den Titel „Kommerzialrat" führen.[6]

Einige Monate später bekommt Bosel den heiß ersehnten Titel ein zweites Mal verliehen, diesmal aber auf Lebenszeit. Die Republik hat auf Empfehlung des Handelsministeriums, in dem mittlerweile Eduard Heinl das Kommando führt, den „Kommerzialrat" neu eingeführt, und zwar explizit für Wirtschaftstreibende, die sich besondere Verdienste erworben haben. Im März 1921 verlautbart die Präsidentschaftskanzlei, wer zur Riege der Auserwählten gehört. Bosel steht ganz oben auf der Liste, er ist der erste und mit Abstand jüngste Kommerzialrat der Ersten Republik.[7]

Hätte die Monarchie überlebt, wäre Bosel wie vereinbart mit dem Titel „Kaiserlicher Rat" belohnt worden. Früher oder später hätte man ihn dann wohl auch in den Adelsstand erhoben. Nachdem Adelstitel bereits vor dem Ersten Weltkrieg käuflich zu haben waren, hätte der junge Bosel für eine Nobilitierung sicher freudig in die Tasche gegriffen.[8] Nach dem Krieg waren solche Gedankenspielereien jedoch Schnee von gestern. Das Parlament hatte den Adel per Gesetz abgeschafft. Damit war die gesellschaftliche Zugehörigkeit nun mehr denn je eine Frage des Geldes.

Das Gespenst der Nachkriegsinflation

Doch mit dem Geld war das in der Ersten Republik so eine Sache. Viele Menschen hatten den Glauben ans Geld komplett verloren. Stefan Zweig schrieb über das Jahr 1919 in seinem Roman *Rausch der Verwandlung:* „Ein ganzer Winter von Banknoten und Nullen schneit vom Himmel. Hundertausende, Millionen, aber jede Flocke, jeder Tausender schmilzt dir in der Hand.“[9]

Es gab Tage, an denen die Preise stündlich in die Höhe kletterten und verzweifelte Konsumenten die Geschäfte stürmten. Hausfrauen investierten ihr Geld auf Teufel komm‘ raus in unverderbliche Erzeugnisse wie Kaffee oder Kristallzucker. Und das bei immer monströser anmutenden Preisen. Anfang 1914 hatte ein Kilo Kristallzucker noch weniger als eine Krone gekostet. Im Jänner 1921 waren es schon 96 Kronen, im Oktober 1923 absurde 12.400 Kronen pro Kilo. Durch die horrende Inflation ist den Menschen damals das Geld buchstäblich zwischen den Fingern zerronnen. Wien war „bevölkert von notleidenden Millionären“, die sich nichts mehr leisten konnten.[10]

Die Geldentwertung war freilich schon mit der Mobilmachung im August 1914 losgetreten worden. Stolz und blindwütig war die Monarchie in einen Waffengang gestolpert, für den sie weder militärisch noch finanziell vorgesorgt hatte. Als sich der schnelle Sieg als eine grauenhafte Illusion erwiesen hatte und die Kriegskosten explodierten, brachte das Kaiserreich eine Reihe von Kriegsanleihen unters Volk. Mit dem Geld, das dadurch hereinkam, konnte die Finanzverwaltung immerhin 60 Prozent der Kriegskosten bis 1918 decken. Die restlichen 40 Prozent „bezahlte“ der Staat, indem er sich immer größere Kredite bei der k. u. k. Notenbank genehmigte, die für die notwendige Geldschwemme sorgte. Für das viele Papiergeld gab es im Lauf des Krieges aber immer weniger zu kaufen. Für die verbliebenen Waren und Lebensmittel sind die Preise daher in den Himmel geschossen. Im November 1918 musste man für einen typischen Einkaufskorb 16-mal so viel zahlen wie im Juli 1914.[11]

Nach der kriegsbedingten Inflation wurde Österreich Ende 1918 von einer Nachkriegsinflation erfasst, die sich an den Versorgungsengpässen in vielen Bereichen der Wirtschaft entzündete. Ab September 1919 verschärften sich die Preissteigerungen, weil der

Friedensvertrag von Saint-Germain für Österreich herbe Enttäuschungen brachte. Die Teuerung fing an zu galoppieren, bevor sie im Herbst 1921 komplett ausuferte und den Staat bis Oktober 1922 durch einen hyperinflationären Würgegriff beinahe in den Ruin trieb. Darüber hinaus war der Wechselkurs der österreichischen Krone nach dem Zusammenbruch der Donaumonarchie in den Keller gerasselt. Dadurch explodierten die Importpreise für Kohle, Rohstoffe und Lebensmittel, was die Inflation zusätzlich anheizte. Die Erste Republik kam budgetär nur über die Runden, indem sie auf Teufel komm' raus das benötigte Geld ungeniert drucken ließ. Oder wie der Kaffeehaus-Literat Anton Kuh ironisch gemeint hat: „Der Staat lebte nur noch vom Banknotenfälschen."[12]

Der Glaube ans Geld wurde vom Glauben ans Glück abgelöst. Um den erlösenden Tipp für die Flucht aus dem Alltag zu erheischen, boomte das Geschäft mit der Hellseherei. Aus der „Alles ist hin"-Stimmung wurde die „Alles oder nichts"-Stimmung, die zu einer Spielleidenschaft führte, die breite Schichten wie eine Epidemie erfasste.[13]

Der Mittelstand war auch demoralisiert genug, um leichtlebigen Verdrängungsmechanismen zu verfallen. Viele hatten ihre Ersparnisse in festverzinslichen Kriegsanleihen angelegt, die wertlos geworden waren. Vor allem die Beamten und ehemaligen Offiziere konnten von ihrem früheren Leben nur mehr träumen. Viele mussten den Familienschmuck ins Pfandhaus tragen. Andere halfen sich damit, dass Untermieter aufgenommen oder private Spielsalons mit Bewirtung aufgezogen wurden oder – Ehefrauen und Töchter der Prostitution nachgingen, um das karge Haushaltsbudget aufzubessern. Nicht umsonst wird in den „Inflationsromanen" der Zwischenkriegszeit häufig die Armutsgefährdung thematisiert, die viele Frauen schichtenübergreifend dazu gezwungen habe, sich zu verkaufen.[14]

Aber auch dort, wo die Finanznöte nicht so dramatische Auswirkungen hatten, war der Mittelstand von Abstiegsängsten geplagt. Einfache Industriearbeiter kamen nämlich mit ihren Löhnen, die periodisch an die Geldentwertung angepasst wurden, immer näher an das Einkommensniveau der bürgerlichen Mittelschichten heran. Schwer angeknackst war das Selbstwertgefühl des Beamtenbürgertums durch das Erscheinen wirtschaftskundiger Newcomer mit kleinbürgerlichem Hintergrund. Ihr Erfolg ließ standesbewusste

Inflationsverlierer als Versager dastehen. Die wirren Nachkriegsjahre waren eben eine Zeit, in der sich talentierte Aufsteiger und erfolgshungrige Zuwanderer durchschlängeln und hinaufarbeiten konnten.[15]

Man darf auch nicht glauben, dass die Geldentwertung damals ganz Österreich in ein ruinöses Flimmerlicht tauchte und überall nur Jammerstimmung geherrscht hat. Im Gegenteil: 1921 gab es eine kurze Hochkonjunktur mit Vollbeschäftigung. Die Baubranche erlebte durch den Siegeszug der E-Wirtschaft einen Aufschwung. In bestimmten Branchen konnten innovationsfreudige Firmen dem üblen Wirtschaftsklima durchaus Paroli bieten.[16]

Die Tricks der Inflationsgewinnler

Die Inflation, die ganz Wien elektrisiert hat, war für Sigmund Bosel keine Tragödie. Der junge Kommerzialrat kann sich 1920 glücklich schätzen, dass er zu Kriegszeiten seine Gewinne teilweise ins Ausland transferiert hat. Während die inländischen Sparguthaben durch die Geldentwertung ausradiert werden, hat Bosel Fremdwährungen in der Hinterhand. Damit entwickelt der Millionär, der sich inflationsbedingt schnell zum Milliardär mausert, eine gewaltige Kaufkraft.

Überhaupt sind damals all jene fein heraus gewesen, denen der Wunderglaube gefehlt hat, dass die Monarchie den Krieg gewinnt und überlebt. Manche haben schon vor 1918 ihr Vermögen in die Schweiz und andere neutrale Staaten verfrachtet. Als im Frühjahr 1919 die Angst umgeht, dass mit dem ungarischen Kommunisten Béla Kun der Funke der Revolution auf Wien überspringt, nimmt die Kapitalflucht aus Österreich enorme Dimensionen an. Der Wert der „Krone" stürzt in den Keller. In Wien und anderswo wollen auf einmal alle ihre Kronen-Banknoten loswerden, so als würden die Scheine einen schädlichen Virus übertragen. Der ständige Währungsverfall wird zu einer Begleiterscheinung der Inflation.[17]

Der ökonomische Hausverstand sagt damals, dass man durchs Schuldenmachen reich werden kann. Indem man vorzugsweise auf Pump Wertpapiere oder Wertsachen kauft und sich mit den Kreditraten Zeit lässt. Bis 1922 ist dieses Geschäftsprinzip mit etwas Glück und Nervenstärke deppensicher gewesen. Man hat nur jemanden finden

müssen, der einem Geld borgt. Denn wegen der horrenden Inflation rechnet sich praktisch jede Investition. Während die ausgeborgte Darlehenssumme gleich bleibt, steigen die erzielbaren Erlöse wie das Amen im Gebet. Damit wird jede Kredit-Rückzahlung ein Kinderspiel. Der 1999 verstorbene Börsen-Guru André Kostolany hat das Wesen der Nachkriegsinflation daher so umrissen: „Die Inflation ist die Hölle der Gläubiger und das Paradies der Schuldner."[18]
Zu den Tricks der Inflationsgewinnler gehört auch eine andere Methode – nämlich Rechnungen, die auf einen fixen Kronen-Betrag lauten, so spät wie möglich zu begleichen. Einkäufer mit einer laxen Zahlungsmoral haben mit dieser Masche de facto Zusatzrabatte einstreichen können. Irgendwann hat wohl auch Sigmund Bosel damit angefangen, seine Zahlungsfristen zu strecken. Gleichzeitig nimmt sich der Finanzjongleur bei seinen Hausbanken in großem Stil Kredite, mit denen er neben Aktien und Schmuck auch Immobilien und Firmenübernahmen finanziert. „Bosel verstand am frühesten von allen die Melodie der Zeit, die einfach wie ein Gassenhauer war: Kronen schuldig bleiben und Sachwerte auftürmen. Da er diese Parole am zügigsten aufgriff, galt er eben als genial."[19]

In den Geschäften der Luxuswarenhersteller und Schmuckhändler sind die neureichen Inflationsgewinnler gerne gesehen.

Sigmund Bosel ist damals nicht mehr der Bittsteller von einst, der die Hinterstiegen hinaufeilt, um devot in Empfangszimmern vorzusprechen. Der schmächtige Mann mit der lässigen Haltung und den scheuen, dunklen Augen beschäftigt mittlerweile selbst einen Empfangsdiener, der Geschäftspartner anmeldet oder unliebsame Kunden hinauskomplimentiert. Mit Hilfe der Verkehrsbank, die zu den führenden Wiener Finanzhäusern gehört, und dem Buchhalter Karl Rosenberg hat Bosel auch seine Buchführung in Ordnung gebracht, die lange Zeit recht salopp geführt wurde.[20] So etwas kann sich der angehende Finanzkrösus nicht mehr leisten. Er ist im *Big Business* angekommen.

Bosel spürt jedoch, dass er für seinen Expansionsdrang mehr *Knowhow* und Kontakte braucht. Der nimmermüde Geschäftsmann wirbt daher von staatlichen Einrichtungen wie der Volksbekleidungsstelle oder der Devisenzentrale Mitarbeiter ab. Diese Leute versprechen sich im Windschatten des Aufsteigers höhere Gehälter als im karg entlohnten Staatsdienst. Neben dem Diplomaten Richard Oppenheimer-Marnholm holt Bosel auch zwei Sektionschefs in seinen wachsenden „Hofstaat". Einer der beiden Herren wird der Majordomus für alle Diener, Referenten und Sekretäre in der Bosel'schen Firmenkanzlei. Der andere Sektionschef wird als Spezialberater und Deutschlehrer eingestellt. Er soll Bosel, der Hemmungen hat, in einem größeren Kreis vor anderen zu sprechen, den rhetorischen Schliff verpassen.[21]

Seinen wichtigsten Vertrauensmann hat Bosel bereits 1917 kennengelernt. Es ist dies der Anwalt Wolfgang Dawid, den es als Kriegsflüchtling aus der ukrainischen Stadt Czernowitz nach Wien verschlagen hat. Dawid wird Bosels engster Rechtsberater, sein Generalbevollmächtigter in Firmen und Aufsichtsräten sowie sein Mittelsmann bei heiklen Verhandlungen. Dass sein Kumpan mit dem christlich-sozialen Handelsminister Eduard Heinl befreundet ist, hat Bosel bei der Erlangung des Kommerzialratstitels geholfen. Zwei Jahrzehnte lang werden Bosel und Dawid beruflich durch dick und dünn gehen.[22]

Nach seinem Rückzug aus den Versorgungsbetrieben der Polizei baut Bosel still und leise seine Geschäfte aus. Mitte 1919 tritt der Kronen-Milliardär erneut als Unternehmensgründer in Erscheinung. Die Firma, die er bis dahin hatte, war noch der Gemischtwaren-Großhandel aus Kriegszeiten. Nun macht Bosel ein richtiges Handelshaus auf – mit dem vielsagenden Namen „Omnia". Geschäftszweck des Unternehmens sind Import-Export-Geschäfte aller Art mit Waren quer durch den Gemüsegarten. Geschäftsführer und Mitgesellschafter ist der Wiener Karl Landeis, der viele Jahre später im Leben von Bosels Freundin Ilona Schulz noch eine wichtige Rolle spielen wird.

Bosel bringt mit der Omnia einträgliche Deals im staatsnahen Bereich zustande, indem er bei der Verwertung übrig gebliebener Armeebestände mitmischt und gehortete Textilien verkauft. Als das erste Geschaftsjahr vorbei ist, steigt Bosel von der Verkehrsbank auf die Länderbank als Kreditgeber um, bevor sein Handelshaus in eine Aktiengesellschaft umgewandelt wird. Kritische Beobachter sagen später, dass Bosel nicht als „Schieber" gelten wollte und sich daher hinter der Omnia versteckt hätte.[23]

Über das Handelsunternehmen, das sich am Friedrich-Schmidt-Platz Nummer 5 unweit vom Wiener Rathaus einquartiert, dringt nur wenig nach außen. Länderbank-Generaldirektor Markus Rotter und der christlich-soziale Minister Heinrich Mataja mischen im Hintergrund mit. Gehandelt wird nicht nur mit Textilien, sondern auch mit Nahrungsmitteln, Kohle und Naphtalin. Dieser Stoff wird damals zur Herstellung von Treibstoffzusätzen und Mottenkugeln verwendet.[24]

Zu einer unheimlichen Geldmaschine entwickelt sich die Omnia aber durch ihre Tabakimporte. Ende 1921 sichert sich Bosel Lieferverträge mit der staatlichen österreichischen Tabakregie, dem Vorläuferunternehmen der Austria Tabak. Es geht um die Einfuhr von 2.000 Tonnen bulgarischem Rohtabak. Zur Relation: Österreich verbraucht damals in etwa 14.000 Tonnen Rohtabak pro Jahr. Die Omnia fädelt einen großangelegten Vertrag ein, wodurch andere Tabakhändler das Nachsehen haben. Österreich wird für Bulgarien der wichtigste Tabak-Abnehmer. Bosel bekommt dafür 1923 einen bulgarischen Orden verliehen – das Komturkreuz mit dem Stern.[25]

Die Affäre um das „Hortensia-Diadem"

Schon früh reichen die wirtschaftlichen Verbindungen der Omnia weit über die Staatsgrenzen hinaus. Bei einem Deal mit spanischen Geschäftspartnern verstrickt sich Bosel in einen Kriminalfall um ein mysteriöses Schmuckstück. Diese Affäre wird ihn schwer in Bedrängnis bringen und 17 Jahre später sogar ein Fall für den Staatsanwalt sein. Die Rede ist vom geheimnisvollen „Hortensia-Diadem", das 1920 unter merkwürdigen Umständen im Wiener Auktionshaus „Dorotheum" versteigert worden ist.

Das Hortensia-Diadem war ein legendäres Schmuckstück, das der französische Kaiser Napoleon Bonaparte in einer Pariser Juwelierwerkstätte als Hochzeitsgeschenk für seine Stieftochter Hortense de Beauharnais anfertigen ließ. Hortense war die Tochter des auf der Guillotine hingerichteten französischen Revolutionsgenerals Alexandre de Beauharnais. Dieser hatte sich schon relativ früh von seiner Frau Joséphine getrennt, die 1796 in zweiter Ehe Napoleon heiratete und acht Jahre später neben ihrem Mann in Paris zur Kaiserin gekrönt wurde. Auch nach seiner Scheidung von Joséphine hatte Napoleon viel für seine Stieftochter übrig. Hortense heiratete Bonapartes Bruder Ludwig und wurde so von 1806 bis 1810 Königin von Holland. Damit erlangte das Hortensia-Diadem in Holland Kronjuwelen-Status.[26]

Nachdem Hortense 1837 in der Schweiz gestorben war, kam das berühmte Diadem in den Besitz der italienischen Linie des Hauses Habsburg-Lothringen. Das prächtige Geschmeide bestand aus 300 Karat schweren Brillanten, die in Goldblätter und Hortensia-Blumen eingefasst waren. Vor dem Ersten Weltkrieg gehörte das Diadem Erzherzog Leopold Salvator von Österreich-Toskana, der mit der spanischen Prinzessin Blanca de Borbón verheiratet war.

1919 verlagert Leopold Salvator seinen Wohnsitz nach Barcelona. Weil das Hortensia-Diadem bei einem Hauslehrer in Österreich versteckt war, damit es nicht von der Republik konfisziert werden konnte, sollte es der ehemalige Marineoffizier Josef Korwin unbemerkt nach Spanien holen. Korwin und ein Geschäftspartner kommen dabei auf die Idee, sich den Familienschmuck zur Finanzierung von Export-Import-Geschäften mit Sigmund Bosels Omnia „auszuborgen". Das Diadem wird für einen Kredit im Wiener Dorotheum verpfändet, die Omnia bekommt den Pfandschein in die Hand.[27]

Als der Schwindel auffliegt, schrillen bei den rechtmäßigen Eigentümern des Diadems in Spanien die Alarmglocken. Der Familienschmuck liegt schutzlos in einem Pfandleihhaus in Österreich. Nun zählt jeder Tag. Leopold Salvators Sohn Rainer schaltet Polizeipräsident Schober ein und macht ihm klar, dass sich das Diadem unrechtmäßigerweise im Dorotheum befindet. Schober sorgt dafür, dass das Schmuckstück gesperrt wird und nicht versteigert werden darf. In der Zwischenzeit versucht die Adelsfamilie, das nötige Geld zusammenzukratzen, um das Diadem auszulösen. Als der damalige Dorotheum-Direktor Hallama aber auf Sommerurlaub geht, wird das Diadem am 7. Juli 1920 „unabsichtlich" in eine Versteigerung eingebracht und günstig einem Unbekannten zugewiesen. Die Polizei leitet Ermittlungen ein, die zur Vermutung führen, dass Bosel das Schmuckstück über einen Strohmann ersteigert hat. Den Beweis dafür findet man aber nicht, die Affäre verschwindet in der Versenkung. Das Hortensia-Diadem bleibt wie vom Erdboden verschluckt.

Die große Stunde der Schnäppchenjäger

Die Omnia ist für Sigmund Bosel während der Inflationszeit nicht nur ein Gewinnbringer, sondern eine sprudelnde Devisenquelle. Das ausländische Geld verschafft ihm eine immer größere Hebelwirkung bei Krediten, mit denen er in verschiedenen Wiener Stadtteilen Zinshäuser in guten Lagen erwirbt. Bosel hat auch Übernahmegelüste am österreichischen Kaufhaus-Sektor. Man kann sich gut vorstellen, dass er innerlich darauf brennt, sich eines der großen Modehäuser einzuverleiben, zu denen er einst als unbedeutender Wäschehändler neidvoll aufgeblickt hat. Die Traditionsfirmen, die er aufkaufen will, sind das Modehaus Zwieback und das Warenhaus Gerngroß, das vor dem Ersten Weltkrieg der größte Shoppingtempel der Monarchie gewesen war. Beim ersten Übernahmeversuch zeigen ihm Gerngroß und Zwieback noch die kalte Schulter, ein paar Jahre später wird Bosel einer der Gerngroß-Haupteigentümer.[28]
Die Wiener müssen indes mitansehen, wie sich ihre inflationsgeplagte Stadt ab 1920 zu einem Einkaufsparadies für reich gewordene Inländer und zahlungskräftige Ausländer entwickelt. Sogar arbeitslose Briten fahren scharenweise nach Wien und Salzburg, weil sie hier in den feinen Hotels mit ihrem Arbeitslosengeld fürstlich absteigen können. Wer damals als Tourist oder Spekulant nach Österreich kommt, erlebt schnell, „dass man ja in diesem armseligen Wien umsonst leben kann".[29]
Durch den lächerlichen Umrechnungskurs der Krone gibt es auch Immobilien und Luxuswaren zum Diskontpreis. Hellmut Andics

hat den Räumungsverkauf in den verarmten bürgerlichen Haushalten so beschrieben: „Man musste leben, musste essen – wozu noch Biedermeierkommoden, wozu noch echte Perser, wenn der Suppentopf leer war! Wahre Hyänen der Not überschwemmten Wien. Der große Ausverkauf lockte Interessenten aus aller Welt nach Österreich. Die Aufkäufer durchstreiften die Stadtpaläste der Aristokraten ebenso wie die Fünfzimmerwohnungen der pensionierten Hofräte.“[30]

Wien wird zu einem Durchhaus für Geschäfte zwischen Glanz und Elend. Viele geißeln den moralischen Verfall der Nachkriegsgesellschaft und mokieren sich wie Hugo Bettauer über den Geltungsdrang protziger Erfolgsmenschen am Pferderennplatz. „Schöne Frauen in Hülle und Fülle, rassig und schlank die jungen Weiber aus den uralten Familien, schön auch oft genug die Frauen und Töchter der Parvenus, die mit wienerischer Geschmeidigkeit rasch die Manieren der wirklich vornehmen Welt annahmen und kraft ihres Reichtums demnächst ihr rotes Blut mit dem blauen der enttitelten, depossedierten Hocharistokraten von 1918 mischen.“[31]

Wirklich gern gesehen sind die Neureichen nur in den Geschäften der Maßschneider, Luxuswarenhersteller und Schmuckhändler, die mithilfe der betuchten Kundschaft anstandslos durch die Krise kommen. Ansonsten stehen die Emporkömmlinge unter Pauschalverdacht, wie das der Komponist Ernst Krenek in seiner Autobiografie anklingen lässt. „Viele ehemals reiche oder wohlhabende Leute verarmten, oder stürzten gar ins Elend, und eine neue Schicht von Profitjägern und Gaunern wurde nach oben geschwemmt.“[32]

Die Bevölkerung war freilich mitverantwortlich für die Situation, die allseits verflucht worden ist. Wo immer möglich, haben die Österreicher ihr Geld in ausländische Banknoten umgewechselt. Die Währungskrise machte aus kreuzbraven Bürgern notgedrungen „Valuten-Hamsterer“. Viele Kleinanleger wurden so zu Mini-Spekulanten, die Fremdwährungen gehortet haben, um sie später bei erhöhten Kursen wieder abzustoßen. Was viele Otto-Normalverbraucher damals im Kleinen tun, machen die Banken und Spekulanten in großem Stil. Die Finanzbranche versucht, vom Niedergang der österreichischen Krone zu profitieren.[33]

Wie hat man aber damit Geld verdienen können, wenn so viele das gleiche Ziel hatten? Die Antwort ist, dass es beim Wechselkursver-

fall der Krone mehrfach Ansätze zu einer Trendumkehr gegeben hat. Und zwar immer dann, wenn eine ausländische Finanzhilfe durch den Völkerbund oder die Siegermächte greifbar schien.[34]
Weil aber letztlich bis Herbst 1922 nichts daraus wird, können die Wiener Geldhäuser lange Zeit Spekulationsgewinne einstreifen. Die Bankenkenner Egon Scheffer und Paul Ufermann berichten, dass auch Sigmund Bosel auf den Niedergang der Krone gesetzt hat. „Während die gemütlichen ‚Weaner' traurig bei einer Tasse schlechten Tees hockten und der guten Zeit gedachten, handelte Bosel Devisen gegen österreichische Kronen."[35]
Bosel ist damit im Fahrwasser der Wiener Großbanken unterwegs, die nicht nur selbst spekulieren, sondern munter Kredite für Währungsspekulationen hergeben. Zwischen 1920 und 1922 sind solche Devisengeschäfte ganz legal möglich gewesen. Schluss mit den Spekulationen gegen die Krone ist erst im Juli 1922. Die Regierung errichtet die staatliche Devisenzentrale. Die Republik reglementiert damit den Devisenhandel aufs Neue und nimmt den Baisse-Spekulanten die Luft aus den Segeln – was aber viel zu spät war, wie kritische Beobachter gemeint haben.

Emporkömmlinge am gesellschaftlichen Firmament

Im Vergleich zu den anderen Inflationsgrößen seiner Zeit ist Sigmund Bosel eher ein Spätzünder gewesen. Anfänglich steht Bosel komplett im Schatten von Camillo Castiglioni, der sich schon im Ersten Weltkrieg als Auto-, Flugzeug- und Motorenhersteller einen Namen gemacht hat. Derweil Bosel noch ein kleiner Kaufmann ist, macht der Industrielle Castiglioni als k. u. k. Kriegsgerätelieferant bereits das große Geschäft. Die Firmen des Technikpioniers fertigen mehrere tausend Flugzeuge für den Luftkampf der kaiserlichen Doppeldecker-Maschinen. Als der Krieg zu Ende geht, ist Castiglioni ein schwerreicher Mann. Noch reicher wird er dadurch, dass er auch beim Abverkauf der Rüstungsgüter nach Kriegsende mitmischt. Nachdem Castiglioni die k. u. k. Armee zuerst aufgerüstet hat, verdient er nun an ihrer Demontage. Schnell schlägt sich der aus Triest stammende Castiglioni auf die Seite der Sieger. Der umstrittene Industrie-Tycoon wird italienischer Staatsbürger und kann sich als Geldgeber der Regierung von Benito Mussolini später in

Österreich auch krumme Geschäfte erlauben, weil die heimischen Behörden gegenüber dem Mussolini-Protegé an auffälliger Beißhemmung leiden.[36]
Während Sigmund Bosel seine Engagements noch ganz im Stillen anhäuft, ist Castiglioni ein wirtschaftlicher Trendsetter. Auch Bosel eifert ihm mit zeitlicher Verzögerung nach. Castiglioni war schon vor dem Ersten Weltkrieg ein Kommerzialrat. Bosel bekommt den Titel erst 1921. Beide hatten ein Faible für Bahnfahrten im Salonwagen. Den imperialen Eisenbahnwaggon von Kaiser Franz Joseph schnappt sich aber Castiglioni. Dieser setzt auch früher zu einem aufsehenerregenden Immobiliencoup an: Bereits im Sommer 1918 kauft Castiglioni vom 83-jährigen Eugen von Miller zu Aichholz ein feudales Palais inklusive einer riesigen Kunstsammlung. Bosel bezieht seine schlossartige Villa erst 1920. Man sieht: Beim Anhäufen der für Inflationskönige typischen Insignien war Bosel ein Nachzügler. Dennoch hat es nicht lange gedauert, bis Bosel in einem Atemzug mit Castiglioni genannt wurde und davon die Rede war, dass neben den beiden Ausnahmeerscheinungen alle übrigen neureichen Finanzjongleure verblassen würden.[37]
Eine gemeinsame Anekdote über Bosel und Castiglioni unterstreicht ihre Ausnahmestellung im Klub der Glücksritter. *Das heitere Lexikon der Österreicher* führt dazu folgende Begebenheit an: „Castiglioni spazierte einmal mit dem Bankier Sigmund Bosel über die Wiener Ringstraße. In der Nähe der Staatsoper packte ein junger Mann Bosels Aktenkoffer und eilte mit schnellem Schritt davon. Bosel wollte ihm nachlaufen, doch Castiglioni hielt ihn zurück: ‚Was wollen Sie?', sagte er. ‚Wir haben doch alle einmal klein angefangen.'"[38]
Auch mit der Gründung seiner Privatbank ist Sigmund Bosel kein Vorreiter gewesen. Bevor er im April 1922 das „Bankhaus S. Bosel" mit 27 Mitarbeitern aufmacht, sind in Wien schon hunderte Geldinstitute wie Schwammerln aus dem Boden geschossen. Zum Devisenhandel an der Wiener Börse waren im September 1921 bereits 360 Banken zugelassen. Bosel ist nur einer von vielen, die in der Finanzbranche Fuß fassen wollen. Das Bankhaus Bosel schlägt seine Zelte im Rathausviertel auf, und zwar in genau dem Haus, wo bereits die „Handelsgesellschaft Omnia" ihre Büros hat. Bosel gründet seine Privatbank deshalb, weil er einen professionellen Apparat zur Verwaltung seines Vermögens braucht und große Aktiengesellschaf-

ten unter seine Kontrolle bringen möchte. Nachdem er die Gewinne aus seinen Devisengeschäften und den Handelsaktivitäten der Omnia schon seit geraumer Zeit in Aktien gesteckt und sein Wertpapier-Portfolio auf Pump erweitert hat, zieht es Sigmund Bosel an die Börse. Wahrscheinlich rechnet er damit, dass früher oder später eine Sanierung der Währung kommen wird und die Aktienkurse erwachen werden. Diesen Zug will Bosel nicht verpassen.[39]

1922 ist aber nicht nur das Jahr, in dem Bosel seine Privatbank gründet. Es ist auch das Jahr, in dem Hugo Bettauer seinen erfolgreichsten Roman schreibt und Sigmund Bosel dabei literarisch verewigt. *Stadt ohne Juden* heißt das Buch, das zwei Jahre später auch als Film in die Kinos kommt. Bettauer nennt sein Werk einen „Zukunftsroman", in dem er sich den alltäglichen Antisemitismus seiner Zeit vorknöpft. Eine Satire soll vor Augen führen, wie dumm und abstrus die Judenfeindlichkeit ist, für die viele damals anfällig sind. Dazu konzipiert Bettauer eine Handlung, die später bisweilen als visionäre Vorahnung der Judenverfolgung nach dem „Anschluss" gedeutet worden ist: Das inflationsgeplagte Österreich beschließt, unter Führung des fiktiven Bundeskanzlers Schwertfeger, dass alle Juden Österreich verlassen müssen. Der anfängliche Jubel verfliegt jedoch bald, weil Wirtschaft und Kultur den Bach hinuntergehen. Ohne seine Juden schlittert Wien noch tiefer in die Krise. Schließlich kapieren auch die einfachen Menschen auf der Straße, dass die Vertreibung einer wichtigen Bevölkerungsgruppe ein Schuss ins Knie gewesen ist. Die judenfeindliche Hetze des aufkommenden Nazitums wird als realitätsferne Propaganda demaskiert.[40]

Um diesen Gedanken zu veranschaulichen, bringt Bettauer in seinem Roman unvermutet den Namen Bosel ins Spiel. Ein Beleg dafür, dass Sigmund Bosel 1922 bereits derart bekannt gewesen sein muss, dass ihn Bettauer selbstredend in den Text einbaut: „Elend, Teuerung, Arbeitslosigkeit wuchsen, und die Führer waren in Verlegenheit, weil sie nicht wussten, wem sie die Schuld daran geben sollten ... Früher hatten die Hakenkreuzler mit ihren Plakaten Aufsehen erregt, die Massen aufgehetzt. Bosel und andere jüdische Plutokraten waren als Beherrscher Österreichs, als Blutsauger und Volksbedrücker ausgerufen worden. Nun aber lebte Bosel in London, und die Plakate der Hakenkreuzler waren so inhaltslos geworden, dass sie niemand mehr las."[41]

Schlussendlich werden die Juden wieder nach Wien heimgeholt, und das Happy End zwischen der Katholikentochter Lotte Linder und dem von ihr getrennten Juden Leo Strakosch, die neuerlich ein Liebespaar sein dürfen, symbolisiert das wiedergefundene friedliche Zusammenleben.

Auffällig ist, dass Bettauer als Sohn eines jüdischen Börsenmaklers für Bosel nur den Begriff „Plutokrat“ übrig hatte. Damit verwendet der sozialdemokratisch eingestellte Bettauer einen ideologischen Kampfbegriff: Plutokraten gelten als demokratiepolitisch gefährliche Turbo-Kapitalisten.[42] Es besteht kein Zweifel: Sigmund Bosel hat durch seinen märchenhaften Reichtum polarisiert.

Der Glücksritter als Feindbild

Der junge Bosel lebt in einer Zeit, in der auf den Erfolg nicht der Applaus folgt, sondern zuerst der Verdacht. Der schnelle Reichtum der Inflationsgewinnler hat einen schalen Beigeschmack. Viele Normalbürger glauben nicht, dass es bei so einer Vermögensexplosion mit rechten Dingen zugegangen sein kann. Für besonderen Argwohn sorgt es, wenn Finanzleute mit ihrem Reichtum, den viele nur für zusammengerafft halten, angeben.

Jemand, der sich dabei den Zorn der Öffentlichkeit zugezogen hat, war Joseph Schumpeter. Der Mann, der heutzutage als großer österreichischer Ökonom gilt, ist nach dem Ersten Weltkrieg zuerst Finanzminister und dann Spekulant gewesen. Als sich Schumpeter als Präsident der Biedermann Bank ein Schloss samt Reitstall zulegt und als Playboy im offenen Fiaker mit zwei Prostituierten durch die Stadt fährt, ist die Wiener Gesellschaft entsetzt über das Großmannsgehabe des katholischen Ex-Politikers, dem man eine Mitschuld an der Inflationsmisere zuschreibt – und der mit der Biedermann Bank auch 1924 pleitegeht. Die bloße Existenz enormer Vermögen ist von der finanziell ausgepowerten Mittelschicht damals als Affront empfunden worden. Der Historiker Felix Butschek meint dazu: „Die Profiteure der Inflation frönten eines luxuriösen Lebensstils, der angesichts der bedrückenden Lebensverhältnisse der Bevölkerungsmehrheit besonders provokant wirken musste. In Figuren wie Camillo Castiglioni und Sigmund Bosel fand diese Atmosphäre geradezu symbolhaften Ausdruck.“[43]

Manche haben den jüdischen Aufsteigern in der Finanzbranche später unterstellt, dass sie den vorhandenen Antisemitismus durch ihr Auftreten zusätzlich angestachelt hätten. „Viele dieser Neureichen verfielen in den Fehler der Parvenüs aller Zeiten“, meinte Richard Coudenhove-Kalergi in seiner bekannten Antisemitismus-Studie, „ihren neugewonnen Reichtum geschmacklos zur Schau zu stellen“, wodurch die Bevölkerung eine falsche Vorstellung von den wahren Einkommensverhältnissen der jüdischen Bevölkerung gewonnen hätte.[44] Otto Bauer wiederum äußerte sich abfällig über die „neue Bourgeoisie“ der Inflationsgewinnler, „die zum großen Teil aus landfremden, kulturell tiefstehenden Elementen“ zusammengesetzt war, die ihren Erfolg ihrer „geschäftlichen Findigkeit und ihrer moralischen Skrupellosigkeit“ verdankt hätten. „Der kulturlose Luxus der an der Not bereicherten neuen Bourgeoisie erbitterte die Volksmasse. Eine Welle des Antisemitismus ergoss sich über das Land.“[45] Vom Neid auf die Reichen und Neureichen war es nur ein kleiner Schritt zum Neid auf die reichen Juden. Die zeitgenössische Debatte offenbart auch den schmalen Grat, den es zwischen der Kritik an den Allüren so mancher Glücksritter und der Verunglimpfung von Geschäftsleuten aufgrund ihrer jüdischen Herkunft gegeben hat. Alle Parteien haben damals antijüdische Ressentiments bedient, auch die Sozialdemokraten, die reiche „jüdische Kapitalisten“ aufs Korn genommen und gegen „Schieber“ und „Schleichhändler“ gewettert haben. Weil Bosel einer der reichsten Österreicher war und dabei sein Judentum nie verhehlt hat, war er ein häufiger Bezugspunkt im antisemitisch gefärbten Polithader. Man hat ihn als

Im April 1922 eröffnet Sigmund Bosel mit 27 Mitarbeitern sein Bankhaus am Friedrich-Schmidt-Platz.

hochgekommenen Schieber anfeinden können, als kapitalistischen Ausbeuter, als Frontmann der „Finanzjuden“ und später auch als „Skandalbankier“. Ein Mann wie Sigmund Bosel ist für Antisemiten ein willkommenes Feindbild gewesen.[46]

Im Jänner 1924 ist es für jedermann ersichtlich gewesen, dass nun die Nazis Bosel als ihr Hassobjekt auserkoren hatten. Zwischen großen Hakenkreuzen hat man auf Plakaten den Namen Bosel als Schlagwort der „kapitalistischen Versklavung“ Österreichs angeprangert: „Bosel kauft alles. Ein neuer Kulturkampf entbrennt. Arier! Christen! Besinnt euch und kommt zu den acht Abwehrversammlungen der Nationalsozialistischen Deutschen Arbeiter-Partei.“ Stattgefunden haben diese abendlichen Veranstaltungen in verschiedenen Wiener Stadtbezirken. Die NSDAP war damals noch eine Partei, die ihre Anhänger in einschlägigen Gasthäusern und Hinterzimmern mobilisiert hat. Die Teilnehmer mussten ein kleines Eintrittsgeld zahlen, und am Plakat ist der obligate Satz gestanden: „Juden ist der Eintritt verboten!“[47]

Sigmund Bosel ist am Höhepunkt seiner Karriere mit 31 Jahren in einem außergewöhnlichen Spannungsfeld gestanden. Der jüdische Glücksritter wird angefeindet von Antisemiten, von Antikapitalisten sowie darüber hinaus noch von Moralisten wie Karl Kraus, der aufgrund seiner Antipathie gegen Weltkriegsprofiteure Bosel und Castiglioni als „Kronen-Mörder“ attackiert hat – in Anspielung darauf, dass beide auf den Niedergang der Landeswährung gesetzt haben.

Im Oktober 1923 bringt Kraus in seiner Zeitschrift *Die Fackel* eine Polemik mit der Überschrift „Metaphysik der Haifische“. Sie entspringt der Überzeugung, dass sich das politisch korrumpierte Österreich gegen die Allmacht von neureichen Kriegsgewinnlern nicht mehr zu wehren wisse und kapituliert habe. Infolgedessen werden Bosel und Castiglioni, „deren Genie darin besteht, reicher zu sein als man noch vor einer Stunde geglaubt hat, von allen jenen, denen eine solche Begabung fehlt, aber erstrebenswert erscheint, als Titanen verehrt […].“[48]

Der „Zauber“ der beiden Männer, schreibt Kraus, sei sogar größer als der von Hugo Stinnes, dem legendären deutschen Industrietycoon, der Anfang der 1920er Jahre ein gigantisches weltweites Firmen-Imperium kontrollierte. Diesen Vergleich kann Kraus nicht ernst gemeint haben, denn an Stinnes kommt damals niemand heran. Der Jahrhundert-Unternehmer ist der Chef von über 1500 Firmen-Beteiligungen im In- und Ausland gewesen, unter denen Bergwerke, Erzgruben, Fabriken, E-Werke von Deutschland bis Kuba, Ölgesellschaften, Eisenbahnen und sogar Kokosplantagen in Neuguinea hervorstechen.[49] Nachdem aber Castiglioni mit Stinnes bei BMW gemeinsame Sache gemacht hat und Bosel im August 1923 mit Stinnes über Möglichkeiten der Zusammenarbeit verhandelt, bekommt die Öffentlichkeit das Gefühl, dass die Austro-Glücksritter international mitspielen.

Die drei Inflationskapazunder entfalten auch eine ähnliche Außenwirkung. Stinnes sei „umweht" gewesen von einer „Aura des Geheimnisvollen und Unergründlichen", schreibt der Historiker Gerald Feldman in seiner großen Stinnes-Biografie. Bei Sigmund Bosel war es nicht viel anders. Ihm ist nachgesagt worden, dass er Menschen in seinen Bann ziehen und auch durch „aufsässige Unterwürfigkeit" beeinflussen konnte. Dass der echte Stinnes wenig Wert auf seine Garderobe gelegt hat und sich angeblich geistesgegenwärtig in ein menschliches Kraftfeld verwandeln konnte, erinnert an Porträts, die über Sigmund Bosel geschrieben worden sind. Auch ihm, dem „Panther im Schaffell", wurde eine „geniale Spürnase" zugeschrieben, die „immer die richtigen Dinge bei den richtigen Menschen wittert". Wenig überraschend ist Bosel daher bisweilen als der „österreichische Stinnes" bezeichnet worden.[50]

Es lässt sich freilich nicht jeder vom unorthodoxen Managementstil der Selfmade-Milliardäre beeindrucken, die mit scheinbar genialer Schaffenskraft ihrer Zeit den Stempel aufgedrückt haben. Alle „Kometen des Geldes", wie der deutsche Journalist Paul Elbogen die großen Spekulanten genannt hat, seien letztlich in gleicher Weise dem Geld verfallen gewesen. „Sie schillern in oft rätselhaft gleichartigen Farben" und auch „ihre Balance am Rande des Abgrundes ist sonderbar ähnlich. Und dennoch ist jedes einzelne Dasein dieser Bewunderten voll einer abenteuerlichen Romantik, deren Ursachen oft nicht in der Persönlichkeit, sondern in der durch das Geld bedingten Macht allein verborgen sind." Schon Machiavelli hat den Herrschenden von Florenz das Rezept vorgekaut, das zum Nimbus überdimensionaler Erfolgsmenschen führt: Die Kraft der Macht liegt im Geheimnis.[51]

Anmerkungen

[1] Habe, Ich stelle mich, 60.

[2] Bettauer, Der Kampf um Wien, 201.

[3] Sandgruber, Ökonomie und Politik, 360f.; Meixner, Aspekte zur Mentalität eines öst. Unternehmertums im 19. und frühen 20. Jhdt., http://www.iv-wien.at/iv-all/dokumente/518.html (2. 2. 2015).

[4] ÖStA, AdR HBbBuT BMfHuV Präs, Auszeichnungsanträge Bosel, 2664/1920, Brief d. Wr. Polizei, 21. 6. 1920.

[5] ÖStA, Auszeichnungsanträge Bosel, 2664/1920: Schreiben Matthias Eldersch, 27. 6. 1920. Von 1918 bis 1920 hießen Minister vorübergehend „Staatssekretäre".

[6] ÖStA, Auszeichnungsanträge Bosel, 2664/1920, St.A.f.Hu.G.,I.u.B. an die Polizeidirektion, 7. 11. 1920.

[7] ÖStA, Auszeichnungsanträge Bosel, 2664/1921: Präsidentschaftskanzlei an Handelsministerium, 7. 3. 1921.

[8] Sandgruber, Traumzeit für Millionäre, 177f.; Franz, Bosel, 8.

[9] Zweig, Rausch der Verwandlung, 31.

[10] Walré de Bordes, The Austrian Crown, 163 u. 240; Matis, „Notleidende Millionäre bevölkerten damals Österreich", in: Konrad/Maderthaner (Hrsg.), … der Rest ist Österreich, 34f.

[11] Weber, Zusammenbruch, Inflation und Hyperinflation, in: Konrad/Maderthaner, 8.

[12] Matis, „Notleidende Millionäre bevölkerten damals Österreich", in: Konrad/Maderthaner, 44; Sandgruber, Ökonomie und Politik, 354; www.zitate.eu/autor/8560/anton-kuh.

[13] Zollinger, Geschichte des Glücksspiels, 260ff.; Zollinger, Banquiers und Pointeurs, 223ff.

[14] Andics, Der Staat, den keiner wollte, 120; Weber, Hauptprobleme der … Entwicklung Österreichs in der Zwischenkriegszeit, in: Kadrnoska (Hrsg.), Aufbruch und Untergang, 602ff.; Rabl, Hugo Bettauers Wien, 44ff.

[15] Stekl, Bürgertumsforschung und Familiengeschichte, in: Stekl (Hrsg.), Bürgerliche Familien, 19; Scheffer, Bankwesen, 354ff.

[16] Sandgruber, Ökonomie und Politik, 357; Berger, Zur Situation des öster. Bürgertums, in: Konrad/Maderthaner (Hrsg.), …der Rest ist Österreich, 75.

[17] Walré de Bordes, The Austrian Crown, 19ff.; Weber, Hauptprobleme, 593.

[18] Kostolanys Börse-Seminar, gutzitiert.de.

[19] Weber, Hauptprobleme, 605; Die Börse, 11. 11. 1926.

[20] Scheffer, Bankwesen in Österreich, 354f.

[21] Franz, Bosel, 38; Die Börse, 17. 11. 1922.

[22] Tagblatt, 7. 7. 1937; Franz, Bosel, 9; Die Börse, 15. 3. 1923.

[23] Lewinsohn, Die Umschichtung der europäischen Vermögen, 252; Ufermann, Könige der Inflation, 78; ÖStA, AdR HBbBuT BMfHuV Präs Auszeichnungsanträge Bosel, 2664/1920; Franz, Bosel, 10, 27.

[24] WStLA, Vr 2562/37 3/226C, Einvernahme Wolfgang Dawid, 12. 2. 1937; Österreichische Industriegeschichte GmbH, Österr. Handelsgeschichte, 142, Hoffmann, Der Fall Sigmund Bosel, 34.

[25] WStLA, Vr 2562/37 3/226C, Einvernahme SB, 5. 7. 1936 und 30. 9. 1936; Neue Freie Presse, 5. 6. 1923; Franz, Bosel, 12f.; Hoffmann, 34; Neues Wiener Journal, 1. 1. 1924.
[26] Algemeen Handelsblad, 23. 4. 1937; Reichspost, 11. 4. 1937.
[27] Reichspost, 17. 4. 1937.
[28] Hoffmann, Der Fall Sigmund Bosel, 30; Franz, 18, Sandgruber, Traumzeit für Millionäre, 57; Industriegeschichte GmbH, 174; Der Abend, 19. 11. 1924; HANB, Effektenstände Bosel, 655/1925.
[29] Walré de Bordes, Austrian Crown, 185; FAZ, 28. 6. 2005; Dörmann, Jazz, 96.
[30] Andics, Der Staat, den keiner wollte, 120.
[31] Bettauer, Hemmungslos, 25; Rabl, Hugo Bettauers Wien, 35.
[32] Krenek, Im Atem der Zeit, 200.
[33] Walré de Bordes, 191; Kahr, Die Österreichischen Banken zwischen 1913 und 1926, 30ff.
[34] Die Neue Wirtschaft, 4. 1. 1924; Walré de Bordes, 22ff.; Ausch, Als die Banken fielen, 20ff.
[35] Ufermann, Könige der Inflation, 78; Scheffer, Bankwesen in Österreich, 356.
[36] Stiefel, Camillo Castiglioni, 36; Schlüter, Der Haifisch, 60ff.; Pollner, Camillo Castiglioni, 118f.
[37] Die Stunde, 22. 7. 1923.
[38] Markus, Das heitere Lexikon der Österreicher, 69.
[39] Hoffmann, 35; Sandgruber, Ökonomie u. Politik, 357; Hoffmann, 35; Franz, 18.
[40] Hall, Abend f. Hugo Bettauer, www.murrayhall.com; Marx, Stadt ohne Juden, IASL Online; Kurier, 13. 5. 2011.
[41] Bettauer, Die Stadt ohne Juden, 70.
[42] Arbeiter-Zeitung, 8. 2. 1924 und 21. 12. 1923.
[43] Sandgruber, Ökonomie u. Politik, 360; Butschek, CA-Krise 1931, in: Wirtschaft u. Gesellschaft, 2009/1, 66.
[44] Coudenhove-Kalergie, Der Judenhass von heute, 22f.
[45] Bauer, Die Österreichische Revolution, 219.
[46] Pauley, Politischer Antisemitismus im Wien der Zwischenkriegszeit. In: Botz/Oxaal/Pollak/Scholz (Hrsg.), Eine zerstörte Kultur, 248f.; Wahl, Kaffeehäuser zu Bankfilialen, in: Konrad/Maderthaner (Hrsg.), … der Rest ist Österreich, 60.
[47] Wienbibliothek, Plakat (1924) „Bosel – in Deinem Lager ist Österreich", P 225767.
[48] Kraus, Die Fackel Nr. 632, 151f.; Wahl, Kaffeehäuser zu Bankfilialen, 57.
[49] Elbogen, Kometen des Geldes, 55f.
[50] Feldman, Stinnes, 777f., Die Stunde, 22. 7. 1923, Die Börse, 11. 11. 1926, Die Stunde, 21. 8. 1924.
[51] Elbogen, Kometen des Geldes, Einleitung; Machiavelli, The Prince, 76; Die Presse, 27. 11. 2014.

5 – DER BENJAMIN DER MILLIARDÄRE

Die verrückten Inflationsjahre nach dem Krieg fahren den Großstadtmenschen in die Knochen. Wer es sich irgendwie leisten kann, stürzt sich in den Unterhaltungstaumel, um den Alltag zu verdrängen. Die aufgestaute Lebenslust findet ihr Ventil im Nachtleben und in der Mode, wo Tabus gebrochen werden. Das „schöne Frauenbein" wird entdeckt und in Seidenstrümpfen zur Schau gestellt. Mit den sexuellen Reizen wird nun offener gespielt. Die Röcke der Damen rutschen hinauf bis zum Knie, Kleider werden schulterfrei. Die Nachkriegserotik rückt bisher verborgene Körperzonen ins Blickfeld. Dem neuen Schönheitsideal entsprechen Frauen, die in losen Gewändern einen durchaus sportlichen Auftritt haben und im Pelzmantel zart und zerbrechlich wirken.[1]
Die „gute alte Zeit" ist in Styling-Fragen überholt. Die emanzipierten *It-Girls* der Inflationsepoche kommen aus dem Frisurensalon mit einem Pagenschnitt heraus. Der Entertainer und Klavierhumorist Hermann Leopoldi verarbeitet diesen Trend zu einem Foxtrott: „Jede Gnädige, jede Ledige trägt den Bubi-Kopf so gern, weil's bequem ist, angenehm und modern." Sigmund Bosel taucht abends gern im „Kabarett Leopoldi-Wiesenthal" auf, wo auch andere Finanzgrößen ausspannen, wenn Leopoldi oder der spätere Filmstar Hans Moser auftreten. „Die Familie Rothschild", heißt es in einer Leopoldi-Biografie, „kam mindestens einmal pro Woche, auch Bankpräsident Bosel, einer der reichsten Männer Wiens, war ständiger Gast in unserem Kabarett."[2]
In Wien und Berlin boomen überdies Etablissements und Nachtlokale, in denen leichtgeschürzte Damen auftreten, die den damaligen Gepflogenheiten zufolge als „Nacktkünstlerinnen" bezeichnet werden. Meistens erscheinen diese *Revuegirls* und Sängerinnen dann doch nicht „oben ohne", sondern mit kleinen, schmuckartigen Verhüllungen. Damit wirken sie im Vergleich zu herkömmlichen Balletteusen aber so, als wären sie splitternackt, und verdrehen auf diese Weise vielen Nachtschwärmern den Kopf.
Als Kompensation für die wirtschaftliche Trübsal wird getanzt, dass sich die Bretter biegen. Ein – unter Moralaposteln verrufener – Modetanz der Inflationszeit ist der „Shimmy". Bei diesem schnellen

Wackeltanz schütteln Tänzer ohne strenge Haltungsvorgabe ihren Körper, während das Saxophon die Melodie vorgibt. Flotte Rhythmen drängen die Walzerseligkeit zurück. Die Musik der Stunde ist der Jazz, der zum „Soundtrack der Zwanziger Jahre" wird.[3]
Bis 1923 macht die Gastronomie rauschende Geschäfte. In Wien tummeln sich viele Diplomaten, die die Einhaltung der Friedensbedingungen zu überwachen haben und ihre Posten im Preisparadies Österreich in vollen Zügen genießen. Die tausenden „kleinen Castiglionis" – wie Hellmut Andics das Heer der Finanzabenteurer genannt hat – geben ihre Gewinne in Nachtlokalen, Bars und geheimen Spielsalons fleißig aus. Mit dem Siegeszug der Börse verschwimmen die Grenzen zwischen Arbeit und Nachtleben. Viele drehen in verschiedenen Zeitzonen am Glücksrad, in einschlägigen Lokalen werden Telefonzellen errichtet. Man hat das schnelle Geld im Kopf – und den Zusatzkick durch flüchtige Flirts. „Die Gäste warteten, nervös an ihren Zigarren kauend, auf Gespräche mit ihren Maklern in Zürich, London und Paris, während sich ihre Frauen in den Armen junger Gigolos und verarmter Aristokraten zur Jazzmusik wiegten. Man tanzte Shimmy und sang: und ist die eine Frau 'ne Pleite, nimm' 'ne zweite, nimm' 'ne zweite."[4]
Diese grellen Seiten tragen den frühen 1920er Jahren den Ruf einer hemmungslosen, anmaßenden Ära ein. Ein leuchtendes Beispiel dafür war, dass ein paar „Finanzgenies" in wenigen Jahren all das nachholen wollten, „wozu die Großbürger des 19. Jahrhunderts Jahrzehnte, die Aristokraten der Feudalzeit Jahrhunderte gebraucht haben".[5]
Beseelt von diesem Ehrgeiz wollen Sigmund Bosel und Camillo Castiglioni 1922 die Besitzverhältnisse in der österreichischen Hochfinanz aufmischen. Beide haben es auf die altehrwürdige Unionbank abgesehen. Die zwei Inflationszampanos wollen sich an die Spitze des Traditionshauses stellen und so ihren Aufstieg krönen.

Der Poker um die Unionbank

Im Präsidentenstuhl der Unionbank thront damals ein Mann, der fast ein halbes Jahrhundert lang die Geschicke der Bank geprägt hatte: Eugen Minkus. Der mehr als 80-jährige Generaldirektor mit dem schlohweißen Bart und dem champagnerseligen Gesichtsausdruck

ist gebieterisch und statusbewusst. Minkus ist der Doyen der Wiener Bankwelt, als Bosel und Castiglioni unabhängig voneinander einen Übernahmeangriff auf sein Institut ins Auge fassen.
Den beiden Finanzakrobaten ist nicht verborgen geblieben, dass sich die Unionbank auf dem absteigenden Ast befindet. Am Vorabend des Ersten Weltkrieges war die Bank in der Rangliste der altösterreichischen Banken auf Platz sieben gelegen. Die Bank erwirtschaftete ihr Geld durch Kreditgeschäfte mit wichtigen Industriekonzernen und durch Infrastruktur-Anleihen für staatsnahe Projekte, angefangen von der Regulierung der Donau über die Wiener Stadtbahn, die ersten Strom- und Telefonnetze bis hin zur imperialistischen Erschließung Bosniens und der ersten k. u. k. Bankfiliale in Sarajewo.
Nach dem Untergang der Monarchie kommt die kapitalmäßig gut ausgestattete Unionbank aber so wie die anderen österreichischen Finanzhäuser unter Druck. Weil Minkus die Bank noch dazu mit „ängstlicher Vorsicht" führt, kann sie das Geschäft, das etwa in Triest verloren gegangen ist, nicht kompensieren. Die hauseigenen Bankbeamten sind unzufrieden, wichtige Aktionäre murren. Zynische Beobachter halten die Bank für ein „verknöchertes" Institut, das an „Arterienverkalkung leidet".[6]
Solche Kommentare sind es, mit denen *Die Börse* eine Neuausrichtung der Unionbank fordert. Das auflagenstarke Finanzblatt gehört dem umstrittenen Herausgeber Imre Békessy. Der aus Budapest stammende Zeitungsmacher hasst das Wiener Establishment und steht auf der Seite der Neureichen. Békessy hat es zu seiner redaktionellen Linie gemacht, dass die Inflation zu einer Epoche stilisiert wird, in der wirtschaftliches Talent über soziale Herkunft triumphiert – frei nach dem Motto, dass tüchtige Zuwanderer und clevere Aufsteiger

Sieht die Inflation als „eine Form der sozialen Revolution": Zeitungsmacher Imre Békessy um 1925.

Beifall verdienen, wenn sie dem saturierten Großbürgertum beruflich einheizen. Békessys Sohn, der Journalist Hans Habe, wird die Moral seines Vaters später so umreißen: „Alle seine Freunde, die neuen Millionäre, waren von unten gekommen, und weil sie nun reich und angesehen waren, nahm er an, die Inflation sei wirklich eine Form der sozialen Revolution ... Aber es war ein eigenartiger Sozialismus, der die ausgleichende Gerechtigkeit darin sah, ein Regiment von Geizhälsen durch ein Regiment von Bravados zu ersetzen.“[7]

Es gibt aber noch einen anderen Grund, warum Békessy den Inflationsgewinnlern die Treue hält. Die Geldgeber, die ihm 1919 das Startkapital für seine Finanzzeitung vorgestreckt haben, waren – erraten – Sigmund Bosel und Camillo Castiglioni. Wen wundert es daher, dass *Die Börse* den greisen Eugen Minkus alles andere als schmeichelhaft behandelt hat.[8]

Der honorige Bankboss, der 41 Dienstjahre gebraucht hat, um 1911 in den Chefsessel der Unionbank zu gelangen, hat jedoch eine dicke Haut. Denn Minkus war schon 1873 im Dienst, als die Monarchie von einem Börsencrash erschüttert wurde. Der junge Unionbank-Direktor verdient sich damals seine Sporen mit einem Rettungsfonds für pleitebedrohte Aktiengesellschaften, als es dem Finanzplatz Wien fast an den Kragen geht. So jemand lässt sich von kühnen Senkrechtstartern und publizistischen Breitseiten nicht so leicht beeindrucken.[9]

Abgesehen davon spürt Minkus sehr wohl, dass seine Bank auf Partnersuche gehen muss. Im April 1921 überlässt die Unionbank daher der zweitgrößten Wiener Bank – der Boden-Credit-Anstalt – ein großes Aktienpaket, damit ein Zusammenschluss in die Wege geleitet wird.[10] Doch die gewünschte Bankenheirat geht nach einem Jahr wieder in die Brüche. Übrig bleibt der Eindruck, dass Minkus durch sein ungebrochenes Machtbewusstsein ein selbstherrlicher Investorenschreck ist.

Eine Großaktionärin der Unionbank, die deutsche Dresdner Bank, lässt sich nicht ins Boxhorn jagen. Nach der geplatzten Fusion bildet sie im Frühjahr 1922 eine Allianz mit Camillo Castiglioni, der mehrere ausländische Banken im Schlepptau hat und sein Geld aus einer anderen Bankbeteiligung in die Unionbank umschichten will. Im Mai 1922 ist es so weit: Castiglioni und die Dresdner Bank haben sich durch gemeinsame Aktienzukäufe die Kontrolle der Unionbank gesichert. Doch der 82-jährige Minkus denkt nicht an einen Abgang. Er will der Herr im Haus bleiben und branchenfremde Quereinsteiger wie Castiglioni auf Distanz halten.

Im Oktober 1922 klingeln in der Unionbank plötzlich mehrere Alarmglocken gleichzeitig. Minkus und das internationale Bankenkonsortium rund um Castiglioni müssen feststellen, dass auch Sigmund Bosel in den Ring gestiegen ist. Still und heimlich hat er über sein Bankhaus die Hälfte der Unionbank-Aktien zusammengekauft. Aus dem Duell Minkus gegen Castiglioni ist ein Dreikampf um die Unionbank geworden.

So ein Konflikt ist genau nach dem Geschmack des Verlegers Békessy, der den Übernahmepoker zu einer Schlacht zwischen dem alten und dem neuen Reichtum stilisiert. Seine Leserschaft erfährt, dass Minkus Sigmund Bosel für ein ungeduldiges und unartiges „Wunderkind" hält und es den alten Bankier nervt, wenn ständig von der nötigen Modernisierung der Unionbank die Rede ist. „In solchen Zeiten verlässt man aber nicht die sicheren Pfade und schlägt neue Wege ein", poltert Minkus. „Oder will vielleicht Herr Bosel, dass der Verwaltungsrat durchbrochene Seidenstrümpfe trägt?"[11]

Mit diesem Seitenhieb auf gemusterte Männerstutzen will Minkus sagen, dass Bosel als hochgekommener Textil-Verkäufer vom Bankgeschäft zu wenig Ahnung hat. Genüsslich walzen die Reporter die Auseinandersetzung publizistisch aus. Um die Übernahmegefahr zu entschärfen, zieht die umkämpfte Unionbank eine Kapitalerhöhung durch. Das dadurch entstehende Extrapaket an Aktien wird dem Castiglioni-Konsortium zugeschanzt, damit sich die Machtverteilung zum Nachteil Bosels verschiebt. Der lässt sich diesen faulen Trick aber nicht gefallen.[12]

Schon im Vorfeld der Auseinandersetzung hat Bosel seine „patriotische Trumpfkarte" ausgespielt. Durch die Blume erinnert er daran, dass in anderen Großbanken ausländische Großaktionäre mitreden und Camillo Castiglioni auch kein Österreicher mehr sei. „Nichts drängt mich, nicht einmal die Nervosität und Ungeduld der gegenwärtigen Machthaber der Unionbank", sagt Bosel. „Ich frage nur: Hat nur ein ausländischer Kapitalist das Recht, eine österreichische Bank zu beeinflussen und zu führen? Darf ich als Österreicher und Wiener nicht die Ambition haben, eine österreichische Bank in den Dienst österreichischer Schaffungsgedanken zu stellen?"[13]

Um nicht noch mehr Porzellan zu zerschlagen, verständigen sich die Verhandlungsgegner darauf, dass ein Vermittler eingeschaltet wird. Kurz vor Weihnachten 1922 hört man dann auf einmal, dass sich Bosel und Castiglioni arrangieren könnten und Eugen Minkus ehrenhalber Bankchef bleibt. Békessy ist enttäuscht und wirft den beiden Finanzjongleuren Feigheit vor, weil sie Minkus nicht gänzlich abmontieren wollen: „Für Herrn Bosel, den Benjamin der Milliardäre, ergibt sich zum ersten Mal die peinliche Notwendigkeit, seinen Erfolg durch eine persönliche Rücksichtslosigkeit zu bekräftigen."[14] Die angepeilte Machbalance zwischen Bosel und Castiglioni zerschlägt sich jedoch wieder, weil die Dresdner Bank ausschert. Die beiden Großinvestoren erkennen, dass in der Unionbank für zwei Alpha-Tiere, wie sie es sind, nicht genug Platz ist. Die Nervenschlacht um das Finanzhaus geht weiter.[15]

Die Wienerstadt im Wertpapiertaumel

Während Sigmund Bosel an seinem bis dahin größten Coup arbeitet, geht es der Hyperinflation an den Kragen. Die Regierung Seipel hat endlich das rettende Hilfspaket aus dem Ausland aufgestellt. Die Alliierten haben erkannt, dass Österreich aufgepäppelt werden muss, weil das Land sonst ganz Mitteleuropa gefährlich destabilisieren könnte. Die Republik erhält eine Finanzspritze von 650 Millionen Goldkronen. Und zwar über eine „Völkerbund-Anleihe", die von mehreren ausländischen Regierungen garantiert wird und Österreich die horrende Last einer zehnprozentigen Verzinsung aufbürdet.[16]
Schon allein die Ankündigung der Anleihe genügt, um den Verfall der Krone zu stoppen. Der Inflationsspuk ist wie weggeblasen. Doch die „Genfer Sanierung" hat ihren Preis. Die Regierung bekommt einen ausländischen Polit-Aufpasser zugeteilt. Der Holländer Alfred Zimmermann überwacht als Völkerbund-Kommissar, dass Österreich die verlangten Reformen und Sparauflagen einhält. Und die sind wahrlich hart: 80.000 österreichische Beamte müssen entlassen werden, jeder dritte Staatsdiener verliert seinen Job. Die bestehenden Steuern werden hinaufgeschraubt, obendrein wird die Umsatzsteuer eingeführt. Nach den fiebrigen Inflationsjahren steht die Wirtschaft nun unter einer eiskalten Dusche. Die Konjunktur erstarrt, die Arbeitslosigkeit explodiert. Österreich schlittert in eine Stabilisierungskrise.[17]

Die Kehrseite der Krise ist eine sagenhafte Kursrallye an der Wiener Börse. Weil die Kurse mit dem Tempo der Inflation nicht mitgehalten hatten, waren Aktien im Vergleich zu vielen Gebrauchsgütern spottbillig geblieben. Wegen der Gefahr einer österreichischen Staatspleite hatten viele Investoren keine Lust gehabt zuzugreifen. Diese Gefahr war mit der Genfer Sanierung aber nun abgewendet. Und siehe da, die österreichische Krone wird ab November 1922, gemessen am Dollar, plötzlich eine der stabilsten Währungen Europas, obwohl die Österreichische Nationalbank kaum Goldreserven hat.[18]

Damit winken an der Wiener Börse sensationelle Spekulationsgewinne ohne Währungsrisiko. Ausländische Anleger kaufen massenhaft österreichische Aktien und es strömt viel Kapital nach Österreich zurück, das im Ausland gebunkert war. Auch viele heimische Banken buttern Geld in die Börsenkonjunktur, nachdem sie seit Juli 1922 keine Devisengeschäfte mehr machen durften. Im Sog der Kronenstabilisierung verlagert sich der Spekulationsboom von den Fremdwährungen zu den Aktien. Zwischen September 1922 und Oktober 1923 steigen die Kurse um durchschnittlich 400 Prozent. Die Kaffeehäuser rund um die Wiener Börse werden von zockenden Kleinanlegern bevölkert. Das Spekulationsfieber erfasst weite Teile der Wiener Bevölkerung, die sich in den Mittagsstunden vor den Auslagen der Wechselstuben drängen.[19]

Wieder ist es der Schriftsteller Hugo Bettauer, der den Zeitgeist nach der Genfer Sanierung in einem seiner Inflationsromane einfängt – dem schon erwähnten Buch *Der Kampf um Wien.* Held der Geschichte ist der amerikanische Multi-Milliardär Ralph O'Flanagan, der Ende 1922 nach Wien kommt, um in der Heimatstadt seiner Mutter nach förderungswürdigen Wiederaufbauprojekten Ausschau zu halten. Dabei verschlägt es den Dollar-Krösus auf eine politische und soziale Entdeckungsreise durch die „sterbende Märchenstadt", bis er nach einer amourösen Odyssee mit den entsprechenden Herzensverwirrungen vier Monate später die tugendhafte Hilde Wehningen ehelicht und dem engstirnigen Wien Lebewohl sagt.

Anfang Dezember erscheint der Text von *Der Kampf um Wien* als täglicher Fortsetzungsroman in der neuen Boulevardzeitung *Der Tag.* Für Furore sorgt Bettauer, weil er in seine Romanhandlung tagespolitische Bezüge hineinmontiert und etliche reale Persönlichkeiten als namentlich verschlüsselte Figuren einbaut. Dadurch bekommen die Leser das Gefühl, dass ihre Lebenswelt mit der Handlung verschwimmt.[20]

Einmal mehr lässt Bettauer kein gutes Haar an den Spekulanten und Kriegsgewinnlern, die er als Mitverursacher der Wirtschaftsmisere hinstellt. Anders als im Buch *Die Stadt ohne Juden* wird der „Plutokrat" Bosel in *Der Kampf um Wien* mit keiner Silbe erwähnt und auch nicht in verklausulierter Form eingebettet. Warum wohl? Die Zeitung, die Bettauers Roman fortsetzungsweise herausbringt, hat Sigmund Bosel gehört. Deshalb hat Bettauer vermutlich auf literarische Mätzchen über den Geldgeber verzichtet.

Ein Billionär wird „Trillionär"

Im Jänner 1923 feiert Bosel seinen 30. Geburtstag, an dem er auf eine atemberaubende Laufbahn zurückblicken kann. Gleichzeitig wird sein Image als Inflationskrösus zusehends zu einem Selbstläufer. Nachdem man ihn 1922 in Österreich schon als „Billionär" bezeichnet hat, verleiht ihm die *Berliner Zeitung am Mittag* nun finanzielle Weihen, die noch keinem zuteil geworden sind. Stolz und wohl etwas belustigt schreibt Bosel an Johann Schober: „Euer Hochwohlgeboren! Hochverehrter Herr Präsident! Die B. Z. am Mittag hat mich in ihrer Nummer von 24. Jänner 1923 zum Trillionär ernannt." Den Artikel schickt er beleghalber gleich mit.[21]

Wenige Wochen später kommt Bewegung in den Kampf um die Unionbank. Camillo Castiglioni zieht überraschend die Reißleine. Er hat in Wien eine Spezialbank gegründet, die sich auf die Finanzierung seines Firmenimperiums konzentrieren soll. Deswegen will oder muss Castiglioni seine Unionbank-Aktien nun abstoßen. Für Bosel ist das die willkommene Gelegenheit für ein neues Übernahmeangebot. Fünf Tage lang wird intensiv verhandelt, dann ist man sich handelseins. Bosel kauft rund 82 Prozent der Unionbank-Aktien und zahlt pro Stück 85.000 Kronen. Genüsslich zieht *Die Börse* nachher journalistisch Bilanz: „Sechs Monate lang währte dieser Kampf und er entwickelte sich … zu einem richtigen Stellungskrieg, in dem es weniger auf die Stärke der Munition als auf die Widerstandskraft der Nerven ankam."[22]

Am 19. April 1923 wird Bosel zum Präsidenten der Unionbank gekürt. Im Ringen mit Castiglioni hat er den längeren Atem bewiesen. Eugen Minkus zieht sich endgültig in den Ruhestand zurück. Mit der Eroberung der Unionbank, seinem „großen Fischzug“, steht Bosel am Zenit seiner wirtschaftlichen Macht. Er ist nicht mehr der „Herr Kommerzialrat“, sondern nun der „Herr Präsident“.[23]

Die Momentaufnahme zum Bosel'schen Karrierehöhepunkt entsteht im Studio von „Madame D'Ora“, der bekannten Wiener Mode- und Porträtfotografin Dora Kallmus. Als Bosel zu ihr ins Atelier kommt, hat die Fotokünstlerin schon viele Prominente abgelichtet – darunter Gustav Klimt, Arthur Schnitzler oder Kaiser Karl samt Familie beim Thronantritt im Jahr 1916. Später wird Kallmus in Paris auch internationale Berühmtheiten wie Marlene Dietrich oder Coco Chanel fotografieren.[24] Sigmund Bosel ist daher 1923 im Atelier bei „Madame d'Ora“ in besten Händen. Die entstandenen Aufnahmen zeigen einen lässig-eleganten Mann mit einem Gesichtsausdruck, der kühl, souverän und letztlich undurchdringlich wirkt. Bosel geht in die Nachwelt ein mit einem Porträtbild der ersten Star-Fotografin, die das neue Österreich hervorgebracht hat.

Welchen Eindruck die Übernahme der Unionbank auf die mitteleuropäische Finanzszene gemacht haben muss, wird nachvollziehbar, wenn man Bosels Aufstieg auf moderne Verhältnisse umlegt. Man stelle sich nur vor – ein geheimnisvoller Nobody mit der Finanzkraft eines Oligarchen taucht auf und bringt binnen weniger Monate eine börsennotierte Bank unter seine Kontrolle! Noch dazu war die Unionbank zum Jahreswechsel 1922/23 – als Bosel bereits ihr größter Einzelaktionär gewesen ist – maßgeblich an der Gründung der Österreichischen Nationalbank beteiligt. Mit mehr als einer Million Goldkronen hat die Unionbank damals hinter der PSK, dem Bankhaus Rothschild und dem „Österreichischen Credit-Institut für öffentliche Unternehmungen“ den viertgrößten Anteil am finanziellen Grundstock der frisch aufgestellten Notenbank geschultert.[25]

Die Übernahme der staatstragend agierenden Unionbank ist für Bosel daher in jeder Hinsicht ein enormer Prestige-Erfolg gewesen. „Ganz Österreich klatschte dem Sieger Bosel Beifall. Denn der war ebenso beliebt wie sein Gegner Castiglioni verhasst, dem man seine skrupellosen Methoden ebenso nachtrug wie seine Filzigkeit in Wohltätigkeitssachen und seine Drückebergerei bei der Zeichnung des Goldkapitals der neuen österreichischen Nationalbank, die er, der ‚Blutsauger' Österreichs, mit seiner neuen italienischen Staatsangehörigkeit zu entschuldigen geschmacklos genug gewesen war."[26]

Auch wenn die eine oder andere Würdigung etwas dick aufgetragen wirkt: In der Öffentlichkeit hat Bosel Pluspunkte sammeln können. Der Senkrechtstarter sei vom Gelderwerb „noch nicht zu dem Snobismus verleitet worden, sich in die Gesellschaft einzudrängen, zu der er nach Herkunft und Bildungsgang nicht gehört", befindet das renommierte Wirtschaftsmagazin *Der Volkswirt*. Sigmund Bosel gilt damals als superreicher Außenseiter, der seinen Platz in der High Society noch nicht gefunden hat.[27]

Im April 1923 gibt es kurz nach der hochdramatischen Minkus-Wachablöse die nächste Schlagzeile zur Unionbank. Eugen Minkus stirbt nur vier Tage, nachdem er als Chef der Unionbank abgedankt hat. Ist dem betagten Finanzmann der Gram ob seiner Entmachtung gar zu viel geworden? Der zeitliche Zusammenhang zieht sich wie ein roter Faden durch den Reigen der Nachrufe. „Ein tragisches Geschick hat den greisen früheren Präsidenten der Unionbank, Eugen Minkus, dahingerafft. Am letzten Donnerstag war sein Rücktritt in der Generalversammlung der Unionbank mitgeteilt worden. Den Ruhestand nach einer 63-jährigen Tätigkeit hat Minkus kaum zwei Tage genossen", meldet am Tag nach seinem Tod die *Neue Freie Presse*.

Wie damals unter Nachruf-Schreibern üblich, wird *post mortem* ausgebreitet, woran der Doyen der Wiener Bankwelt gestorben ist: an einer Furunkel, die eine Operation notwendig gemacht hatte, zu der sich aber „eine Sepsis mit hohem Fieber und raschem Kräfteverfall gesellte". Die Würdigung des Toten klingt wie ein Abgesang auf ein Zeitalter: Minkus sei eine der letzten Persönlichkeiten aus einer großen finanziellen Vergangenheit gewesen. „An seinen Namen knüpfte sich nicht der geringste Makel, und die Verbindung zur Unionbank galt stets als besonders fein."[28]

Zeilen wie diese lassen keinen Zweifel daran, dass Sigmund Bosel in große Fußstapfen getreten ist. Eine Woche später findet in der Wiener Schottenkirche der Trauergottesdienst für Minkus statt. Der junge Bank-Präsident trägt bei den Begräbnisfeierlichkeiten zum ersten Mal einen Zylinderhut.

Der Donau-Oligarch auf der Erfolgswelle

Viele denken sich damals: Wer die nötige Finanzkraft aufbringt, um Camillo Castiglioni zu übertrumpfen, der muss der kommende Fixstern am Finanzhimmel sein. Es hat aber auch warnende Stimmen gegeben. Bosel habe für die Übernahme der Unionbank viel gezahlt, wenn nicht sogar zu viel. Durch den Boom an der Wiener Börse ist aber bald jede Analyse Schnee von gestern. Bosel hat zwar zum Zeitpunkt der Übernahme der Unionbank-Aktien einen Stückpreis von 85.000 Kronen gezahlt. Doch zwischen dem 3. Jänner und dem 18. Juli 1923 schießt der Kurs von 50.000 auf 500.000 Kronen hinauf. Auf beeindruckende Weise kann Bosel unter Beweis stellen, was er doch für ein Teufelskerl ist.[29]

Auch abseits des Bankgeschäfts sorgt die Erfolgswelle, auf der Bosel unterwegs ist, für Staunen. Bis dahin war stets Castiglioni derjenige gewesen, der in der österreichischen Schwerindustrie medienwirksam umgerührt und dabei die Mehrheit am steirischen Stahlkocher Alpine Montan an den deutschen Industrie- und Bergbautycoon Hugo Stinnes verkauft hatte. Nun wird bekannt, dass der vergleichsweise zurückhaltende Bosel mit dem tschechischen Kohlebaron Fritz Weinmann ein Bergbau-Syndikat anpeilen würde. Der Plan sorgt in Finanzkreisen für Gesprächsstoff, weil der 30-jährige Shootingstar aus der Spekulanten-Ecke nunmehr geostrategisches Kalkül aufblitzen lässt. Weinmann und Bosel wollen im Frühjahr 1923 im polnischen Oberschlesien einen riesigen Montan-Konzern aus drei großen Kohlebergwerken schmieden. Bosel möchte zu einem großen Teil die Kohleversorgung Österreichs an sich ziehen und über seine Industriebeteiligungen hinaus das Filialnetz der Unionbank in Polen ausweiten. Bei einem riesigen Bergwerk, der Vereinigten Königs- und Laurahütte, klappt die Übernahme, bei zwei anderen werden Bosel und Weinmann jedoch von Hugo Stinnes ausgestochen.[30]

Neben der Kohleindustrie nimmt Bosel auch die aufstrebende Petroleumbranche ins Visier. Gemeinsam mit dem amerikanischen Rockefeller-Konzern und französischen Investoren pumpt er Geld in polnische Erdölprojekte. Bosel investiert aber nicht nur zu Lande, sondern auch zu Wasser. Im Oktober 1923 gründet der Wirtschaftskapitän in Triest die „S. Bosel – Schifffahrtsgesellschaft“, an der auch der „Lloyd Triestino“ beteiligt ist. Das Vorgängerunternehmen die-

ser Gesellschaft ist der Österreichische Lloyd gewesen, die einst größte Reederei des Mittelmeeres.[31]
1914 bestand die Flotte des weltbekannten Passagier- und Frachtschiffkonzerns aus 65 Dampfern. Seine Linienschiffe liefen nicht nur die wichtigsten Häfen in der Adria und im Schwarzen Meer an. Einmal pro Monat konnte man von Triest aus auch nach Indien, China und Japan in See stechen. Auf der Asien-Route waren oft viele britische Passagiere unterwegs, die mit dem Zug nach Triest kamen und sich so die Schiffsreise via Gibraltar ersparten. Nach Kriegsende kam der Österreichische Lloyd unter italienische Kontrolle. Zahlreiche Schiffe waren gesunken oder beschlagnahmt worden. Den Großaktionären der Gesellschaft, der Unionbank und der Reederei-Familie Cosulich, blieb nichts anderes übrig, als ihre Anteile zu verkaufen.[32]
Dass ausgerechnet Sigmund Bosel wieder ein österreichisches Schifffahrtsunternehmen aufziehen wollte, hat damals Erinnerungen an die maritime Tradition der Monarchie wachgerufen. Für den Anfang bestellt Bosel zwei Dampfer mit Dieselmotoren-Antrieb. Beobachter konnten den Eindruck gewinnen, dass der Unionbank-Chef an die Zeiten unter dem Doppeladler anknüpfen wollte.[33]
Ende 1923 wird Bosel der Herr über die Veitscher Magnesitwerke in der Steiermark, aus denen der heutige österreichische ATX-Konzern RHI hervorgegangen ist. Bosel war bereits monatelang der „Veitscher"-Hauptaktionär, ehe er im Dezember 1923 von der Aktionärsversammlung zum Verwaltungsratschef der Magnesitwerke bestellt wurde. Vermutlich ist an diesem Tag der junge Veitscher-Firmensekretär Hans Lauda, der Großvater von Formel-1-Legende Niki Lauda, mit den Vorbereitungen der Sitzung befasst gewesen.[34]
Sigmund Bosel herrscht damit zum Jahreswechsel 1923/24 nicht nur über eine bedeutende Bank, sondern auch über einen Konzern von Weltrang. Bosels Veitscher-Anteile sind viel wert gewesen, weil die Gesellschaft eine der weltgrößten Lieferfirmen für Magnesit war, aus dem damals feuerfeste Innenauskleidungen für Hochöfen hergestellt werden. Die Veitscher Werke dominieren zu Bosels Zeiten auch das europäische Magnesit-Kartell. Obwohl das Geschäft seit 1919 nicht mehr so gelaufen ist wie früher, hat der steirische Konzern satte Gewinne ausgespuckt.[35]
Konnte man bei so viel Betriebsamkeit Bosels noch davon ausgehen, dass Camillo Castiglioni der reichste Mann der Republik war? Bei

einer Budgetdebatte im Juni 1923 beschäftigt diese Frage den österreichischen Nationalrat. Der Sozialdemokrat Robert Danneberg meint in seiner Rede: „Der Bosel wird wahrscheinlich der Zweitreichste sein oder vielleicht ist er schon der Reichste.“[36] Für die *Berliner Zeitung am Mittag* stand fest, dass vermögenstechnisch der Kronen-Trillionär die Nummer eins im Land sein musste: „Wer ist Bosel? Es gibt viele Antworten auf diese Frage. Die richtige jedoch wird die sein: Der Mann, der es aufgrund seines Reichtums wagen konnte, mit Herrn Castiglioni, den man bisher als den reichsten Mann Wiens eingeschätzt hatte, ein Börsenduell aufzunehmen und siegreich zu bestehen.“[37]
Was bedeutet das? Unter dem Eindruck der inflationären Zustände hat man die Mitglieder der Bankiersfamilie Rothschild nicht mehr als die Bestverdiener im Land eingestuft. Dabei war 1910 nicht nur in Wien, sondern in ganz Europa keiner reicher gewesen als Albert Freiherr von Rothschild.[38] Nach Alberts Tod im Februar 1911 hatte man sein Vermögen auf die Söhne Alfons, Louis und Eugène aufgeteilt. Ein vierter Sohn befand sich im Irrenhaus. Letztlich wurde Louis zum neuen Oberhaupt der Wiener Rothschilds bestimmt. Als Bankier aus noblem Hause hat er sich 1923 in der öffentlichen Wahrnehmung mit Emporkömmlingen wie Sigmund Bosel um die Spitzenplätze im rot-weiß-roten Reichtumsranking raufen müssen. Die Inflation war für Bosel das Trampolin in die monetäre Stratosphäre gewesen.

Anmerkungen

1 Ostwald, Sittengeschichte der Inflation,151ff.
2 Sandgruber, Frauensachen Männerdinge, 203; Leopoldi/Möslein, In einem kleinen Café in Hernals, hgg. v. Hans Weiss u. Ronald Leopoldi, 32.
3 Kluy, Die Welt war Jazz geworden, Nachwort zu: Dörmann, Jazz, Wien 2012 (1925), 270; Sandgruber, Ökonomie und Politik, 359; Wikipedia; www.charleston-formation.de;
4 Krenek, Im Atem der Zeit, 202; Habe, Ich stelle mich, 83f.
5 Andics, Der Staat, den keiner wollte, 123.
6 Natmeßnig, Britische Finanzinteressen in Österreich, 156; Scheffer, Bankwesen, Faltblatt nach S. 408; Die Börse, 17. 11. 1922; Volkswirt, 26. 6. 1926, 304f.
7 Habe, Ich stelle mich, 85.
8 Die Börse, 30. 11. 1922; Die Börse 21. 12. 1922.
9 Neue Fr. Presse, 24. 4. 1923; Die Börse, 17. 11. 1922; Die Börse, 21. 12. 1922.
10 Stiefel, Camillo Castiglioni, 129ff.
11 Die Börse, 30. 11. 1922, Die Börse, 17. 11. 1922.

[12] Lewinsohn, Die Umschichtung der europäischen Vermögen, 252.
[13] Die Börse, 17. 11. 1922.
[14] Die Börse, 21. 12. 1922.
[15] Die Börse, 8. 3. 1923.
[16] Sandgruber, Ökonomie und Politik, 361.
[17] Hanisch, Der lange Schatten des Staates, 283.
[18] Walré de Bordes, The Austrian Crown, 219.
[19] Kriechbaumer, Dieses Österreich retten, 212; Dörmann, Jazz, 106; Wahl, Kaffeehäuser zu Bankfilialen, in: Konrad/Maderthaner (Hsg.), 49; Sandgruber, Ökonomie und Politik, 362.
[20] Nachwort von Murray G. Hall zu Hugo Bettauers Der Kampf um Wien, 288ff.; Rabl, Hugo Bettauers Wien, 30 und 89f.
[21] Neues Wiener Journal, 12. 11. 1922; SchobA 95, „Bosel an Schober", 26. 1. 1923; Zentral- und Landesbibliothek Berlin, B.Z. am Mittag, 24. 1. 1923.
[22] Stiefel, Castiglioni, 124; Kinnen, Die Entwicklung der Banken, 47; Die Börse, 8. März 1923.
[23] Die Börse, 19. 4. 1923; Stiefel, Castiglioni,132; Lewinsohn, 252.
[24] Wegen ihrer jüdischen Herkunft musste Dora Kallmus (1881–1963) 1940 aus Paris fliehen, als die Nazis einmarschiert sind. Kallmus überlebte den 2. Weltkrieg in Südfrankreich, wo sie sich in einem Kloster und auf einem Bauernhof verstecken konnte. Quelle: Jewish Women's Archive.
[25] Kernbauer, Währungspolitik in der Zwischenkriegszeit, 3. Teil, Bd. 1, 74ff.
[26] Felix Pinner, Deutsche Wirtschaftsführer, 293; zitiert nach: Stiefel, 132.
[27] Volkswirt, 29. 12. 1923, 372.
[28] NFP, 24. 4. 1923.
[29] Volkswirt, 6. 1. 1923, Die Bilanzen, 104 und 342; Volkswirt 21. 7. 23.
[30] Stiefel, Castiglioni, 58ff.; Neue Freie Presse, 18. 4. 1923. Ufermann, Könige der Inflation, 79f.
[31] Ufermann, 82.
[32] März, Bankenpolitik, 348; Wikipedia.
[33] Volkswirt, 20. 10. 1923, 75; Ufermann, 82.
[34] Kainz, Magnesitwerk Veitsch, 30. Hans Lauda war von 1946–1960 der Generaldirektor der Veitscher Magnesitwerke AG und der erste Präsident der Österreichischen Industriellen-Vereinigung nach 1945. Seine Karriere begann Hans Lauda 1923 als kommerzieller Sekretär der Veitscher Werke.
[35] Wessels, Economic Performance and Micro-Economic Development in Austria, in: Bischof/Pelinka/Lasser, The Dollfuss/Schuschnigg Era in Austria, 99ff.
[36] Neues Wiener Journal, 2. 6. 1923.
[37] Zentral- und Landesbibliothek Berlin, BZ am Mittag, 24. 1. 1923.
[38] Sandgruber, Traumzeit für Millionäre, 24ff.

6 – DAS NETZWERK DER MACHT

Im Oktober 1922 hat Sigmund Bosel die Steuerfahndung am Hals. Vier Finanzbeamte sind vorstellig geworden, um seine Geschäfte zu durchleuchten. Bosel ist verärgert und greift zum Telefon, um Polizeichef Schober einzuschalten. Schober macht seinen Einfluss auch umgehend geltend – bei Sektionschef Ferdinand Grimm. Dieser Spitzenbeamte ist ein Jahr davor während der ersten Amtsperiode Schobers als Bundeskanzler noch Finanzminister gewesen. Nun ist Grimm die graue Eminenz im Ministerium. Und von ihm erfährt Schober auf dem kurzen Dienstweg, warum die Amtshandlung im Bankhaus Bosel durchgeführt wird. Es seien Anzeigen eingetrudelt, wonach die Bank vorschriftswidrige Devisengeschäfte macht.[1] Geht es am Ende also gar nicht so sehr um die Steuern, sondern um geheime Fremdwährungsdeals?

Weil die Behörden die Finanzprüfung nach einigen Tagen noch immer nicht abgeblasen haben, platzt Bosel der Kragen. Er schickt Schober einen formellen Beschwerdebrief: „Euer Hochwohlgeboren! Gestützt auf das Wohlwollen, das mir Herr Präsident seit vielen Jahren zuwenden, erlaube ich mir, eine rein persönliche Angelegenheit zur Sprache zu bringen." Bitter beklagt sich Bosel darüber, dass er schon während des Krieges „wie ein Wild von den Steuerbehörden gehetzt" worden sei und nun erneut als „Prügelknabe" herhalten müsse. Und das nur, weil er sich bereit erklärt habe, für die Gründung der Nationalbank einen namhaften Betrag springen zu lassen, jammert Bosel. „Gerade diese Tatsache gibt wieder den Anlass zu einer Schnüffelei und zu einem Denunziantentum über die Provenienz meines Vermögens."[2]

Bosel legt noch ein Schäuflein nach: „Sie wissen, hochverehrter Herr Präsident, dass ich eine Reihe von Geschäften im Auftrage einer staatlichen Stelle für die Hebung unserer Währung unternommen habe, und ich muss nunmehr, da ich diese Geschäfte vor meinem Personal geheim halten musste, immer wieder hören, dass die löbliche Kommission von den Auskünften, die ihr erteilt werden, nicht befriedigt ist." Bosel hat die Nase voll. Trotzig kündigt er an, wegen der „Vexationen" der Steuerbehörden Österreich den Rücken zu kehren.

Diese Drohung wirkt, die Prüfer werden zurückgepfiffen. Ferdinand Grimm, der Minister außer Dienst, entschärft die für Bosel „hochnotpeinliche Untersuchung“ mithilfe einer „österreichischen Lösung“. Die Finanzprüfung wird nicht sofort abgebrochen, sondern weitergeführt – aber, wie man Polizeichef Schober versichert, „unter Bedachtnahme auf die Interessen der Regierung und des Bankhauses Bosel“. Erst 1926 hört man, dass die staatliche Devisenzentrale Bosel 1922 damit beauftragt hatte, unter der Hand für die Republik allerhand Devisen und Wertpapiere einzukaufen. Damals bleiben diese Finanzdienstleistungen noch im Dunkeln – wie so vieles, was Sigmund Bosel im Schatten der Macht unternimmt.[3]
Zwei Wochen nach dem Interventionskarussel rund um seine Finanzprüfung zeigt sich Bosel im November 1922 erkenntlich – mit einer 300-Millionen-Kronen-Spende an das Wiener „Polizeispital“. Das Geld fließt an den Erhaltungsfonds der „Krankenabteilung für Polizeibeamte“, die zum Wiener Krankenhaus Rudolfstiftung dazugehört. 75 Betten hat die Abteilung, die von Johann Schober in einer ehemaligen Militärschule in unmittelbarer Nachbarschaft der Rudolfstiftung 1920 eingerichtet worden ist. Die nötigen Mittel für die „Schober-Stiftung“ hat man durch „eine Sammlung unter persönlichen Bekannten des Präsidenten und Freunden der Wiener Polizei“ aufgebracht. Sigmund Bosel soll den Löwenanteil der Ausstattungskosten für die Abteilung beigesteuert haben.[4]

Der Strippenzieher im Hinterzimmer

Die frühen 1920er Jahre sind eine Zeit, in der es zu den heutigen Compliance-Vorschriften und Anfütterungsverboten kein Gegenstück gibt. Die Republik steckt in einer allumfassenden Finanzkrise, Inflationsgewinnler wie Sigmund Bosel werden als willkommene Geldgeber hofiert. Bosel lässt sich auch nicht lange bitten. Er nützt die Gelegenheit, um die Mächtigen für sich einzunehmen und sich mit Parteileuten wie dem christlichsozialen Ernährungs- und späteren Handelsminister Alfred Grünberger anzufreunden.[5] Die daraus entstehenden Verbindungen wollen die Politiker und Spitzenbürokraten allerdings nicht sonderlich breittreten. Dies führt zu einem verlogenen Doppelspiel im Umgang mit den neureichen Aufsteigern. Auch Polizeipräsident Schober sieht es gern, dass der junge Bosel die Sozialprojekte der Polizei großzügig unterstützt. In der Öffentlichkeit bleibt Schober jedoch auf Distanz. Bis heute ist kein einziges Foto aufgetaucht, auf dem die beiden zu sehen sind. Warum wohl? Vermutlich weil Schober als parteiloser Politiker auf die Unterstützung der antisemitisch gesinnten Großdeutschen Volkspartei angewiesen war. Ein Lichtbild mit dem „jüdischen Schieberkönig" hätte Schober in der GDVP kompromittiert.

Persönlich hält Schober allerdings große Stücke auf seinen Sponsor mit dem prallen Bankkonto. Ein Beleg dafür ist eine Tagebucheintragung des Juristen Josef Redlich. Der liberale Politiker aus einer jüdischen Fabrikantenfamilie war mit Schober befreundet. Wir befinden uns im Herbst 1920, die Christlichsozialen sind bei den Nationalratswahlen stärkste Partei geworden. Redlich erfährt von Schober, dass die Christlichsozialen bei ihm wegen einer Regierung sondieren, die auch den Großdeutschen passt. Der Polizeipräsident stellt deswegen eine „Beamten-Regierung" zusammen, in der er für den Posten des Finanzministers Josef Redlich haben möchte. Dieser lebt im noblen Grinzing in der Armbrustergasse Nr. 15 – also in jenem Haus, das Jahrzehnte später als die „Kreisky-Villa" bekannt werden sollte, weil der österreichische Bundeskanzler Bruno Kreisky hier als Mieter einzieht.[6]

Redlich schreibt, dass Schober im November 1920 mehrmals bei ihm in der Armbrustergasse gewesen sei, um mögliche Ministerkandidaten durchzugehen. Für das Amt des Ernährungsministers hat Schober jemanden im Auge, den ihm Sigmund Bosel empfohlen hat, was Redlich in seinem Tagebuch mit einem eingeklammerten Rufzeichen quittiert – und dem Satz: „Das macht mich nicht gerade glücklich!" Offenbar fühlt sich Redlich auf den Schlips getreten, weil Schober nicht nur ihn, den großen Staatsrechtler, als Partner und Stichwortgeber für die geplante Regierung betrachtet, sondern auch den politisch unbedarften Sigmund Bosel. Letztlich ist Schobers Beamtenkabinett daran gescheitert, dass die Großdeutschen Josef Redlich aufgrund seiner jüdischen Herkunft abgelehnt haben und Schober auf seinen Freund nicht verzichten wollte.[7]

Im Juni 1921 bringt Schober dann doch seine erste Regierung als Kanzler zustande. Ernährungsminister ist der Mann geworden, der wahrscheinlich schon im Herbst auf Schobers Ministerliste gestanden war: Alfred Grünberger. Auf jeden Fall wissen wir anhand von

Josef Redlichs Tagebuch, dass Schober und Bosel bei ihren regelmäßigen Plauderstündchen in der Polizeidirektion nicht nur übers Wetter gesprochen haben. Bosel pflegt die Bekanntschaft mit Schober, indem er gegenüber dem eitlen Polizeiboss einen devoten Umgang an den Tag legt. Selbstverständlich schickt Bosel zu bevorstehenden Feiertagen seine besten Wünsche samt Blumen für die Frau Gemahlin. So auch zu Ostern 1923. Kleine Aufmerksamkeiten erhalten die Freundschaft. Schober notiert sich zur Erinnerung: „Prachtvoller Fliederstrauß".[8]

Die Bevölkerung tuschelt über das enge Verhältnis zwischen Bosel und der Exekutive. Dass man in den Hungermonaten nach dem Krieg in den Reihen der Polizei gut aufgehoben war, während die einfachen Leute kaum etwas zu essen hatten, ist in Erinnerung geblieben. Bosel wird insgeheim unterstellt, dass er die Polizei zum Nachteil der Allgemeinheit aufgepäppelt hat. Daher kommt es, dass die Ordnungshüter im Volksmund bisweilen als „Bosel-Dragoner" gehänselt werden und der Polizeipräsident 1922 auf einem Adressumschlag als „Häuptling der Boselgarde" tituliert wird.[9]

Ende Juni 1923 gehen die österreichischen Kommunisten in ihrer Parteizeitung frontal auf Johann Schober los. Ihn verbinde eine „sehr

Hält große Stücke auf seinen jüdischen Sponsor: Polizeipräsident Johann Schober, „Häuptling der Boselgarde", hier bei der Inspizierung seiner Truppe (um 1929).

intime Freundschaft“ mit Sigmund Bosel, berichtet *Die Rote Fahne*, die zu wissen glaubt, dass diese Freundschaft den Bankchef nicht nur „vor dem Kriminal bewahrt“ hat, sondern für den Polizeichef auch „einträglich“ gewesen sei. Die Kooperation zwischen Bosel und der Polizei wird offen als Korruption angeprangert. Schober und Bosel müssen reagieren. Solche Vorwürfe können die beiden Herren nicht auf sich sitzen lassen. Ein Dementi wird aufgesetzt, wonach ihr Verhältnis rein dienstlicher Natur sei. Schober spielt seine Beziehungen zum Inflationsbillionär herunter: „Von einer Freundschaft meinerseits mit Herrn Bosel kann nicht die Rede sein … Ich habe nie von ihm den geringsten materiellen Vorteil gehabt.“[10]

Das Christkind für die Polizei

Mit Bosel-Geldern, die nicht an ihn persönlich gehen, hat Schober moralisch kein Problem. Schon gar nicht, wenn es um die alljährliche Weihnachtsfeier im Festsaal der Polizeidirektion geht. Bosel bezahlt auch 1922 für die Geschenke, die im Rahmen von zwei Feiern an 500 Polizistenkinder verteilt werden. Die eingeladenen Kinder bekommen jeweils ein Wäschepaket und ein süßes Paket mit einem Mohnstrudel, einem Milchbrot sowie Bonbons, Äpfeln und Nüssen. Als Draufgabe hat Bosel 2000 Stück Zigaretten und 150 Stück Virginier-Zigarren liefern lassen. Damit die Erwachsenen auch ihre Freude haben. 1923 übernimmt Bosel ebenfalls die Bescherung. Das Wäschepaket für die größeren Mädchen und Buben besteht aus einem Hemd, einer Hose, zwei Paar Strümpfen, einem Paar Handschuhe und einer Strickhaube. Jedes Kind bekommt sogar ein Kuvert mit 7.000 Kronen für die Straßenbahnfahrt. Bosel meint es dieses Mal besonders gut, weil Bundeskanzler Seipel der Feierstunde beiwohnt.[11]
Wie der Festsaal bei den Weihnachtsfeiern dekoriert war, zeigen alte Lichtbilder aus der Foto-Datenbank der Wiener Polizei. In einer Ecke ist ein mächtiger Christbaum mit elektrischen Kerzenlampen gestanden. An der Wand war ein lebensgroßer Engel mit mächtigen Flügeln aufgehängt. In der Mitte sind Schober und sein Frau Helene gesessen, flankiert von den Ehrengästen, zwischen denen staunende Kinder Aufstellung genommen haben. Karl Kraus wird diese arrangierte Harmonie in einem Theaterstück literarisch verteufeln.

Die Unüberwindlichen heißt das satirische Stück, mit dem Kraus seinen Hass auf den Zeitungszaren Imre Békessy und seinen Zorn auf Johann Schober verarbeitet. Die abgrundtiefe Antipathie rührt daher, dass Schober Kraus bei dessen gerichtlicher Auseinandersetzung mit Békessy in den Rücken gefallen war. Auf subtile Weise rächt sich Kraus in den „Unüberwindlichen" aber auch an Camillo Castiglioni – und an Sigmund Bosel. Denn dieser ist – wie wir noch sehen werden – an den Zeitungen von Kraus-Erzfeind Békessy beteiligt gewesen.[12]

„Stille Nacht, Heilige Nacht" heißt der 4. Akt des Dramas, in dem Kraus eine bitterböse Persiflage auf die Polizeiweihnachtsfeiern entfacht. Die auf Schober gemünzte Figur ist „Polizeipräsident Wacker", Castiglioni läuft unter „Camillioni", und Bosel kommt als „Bankpräsident Lobes" zu Ehren. Die Szene, in der Lobes „schmächtig, geschmeidig und schmunzelnd" auftaucht, beginnt mit mehreren Ansprachen, an deren Ende sich Polizeipräsident Wacker voller Rührung die Tränen aus den Augen wischt, einem jungen Mädchen – der kleinen Strohal – übers Haar streicht und sich vor der Bescherung beim „hochverehrten Präsidenten Lobes" ergriffen für dessen Gönnerschaft bedankt.[13]

Daraufhin kippt die Handlung völlig ins Groteske, als Polizeichef Wacker der kleinen Strohal ein Maschinengewehr schenkt. Und es dauert nicht lange, bis die Schober-Mitarbeiter „Hinsicht" und „Rücksichtl" in einem vorübergehenden Zustand der Verwirrung vor versammelter Runde nur mehr von den Opfern der Juli-Revolte vom 15. Juli 1927 reden. Johann Schober bekommt die Abrechnung für seine Rolle präsentiert, die er an diesem Tag bei einem Polizeieinsatz in Wien gespielt hat. Schober lässt Unruhen, die nach dem Skandalurteil im „Prozess von Schattendorf" ausbrechen und zum Brand des Justizpalastes führen, gewaltsam niederschlagen. Wenig überraschend erlebt die angriffige Satire ihre Uraufführung nicht in Wien, sondern im Mai 1929 in Dresden.[14]

Der Mäzen in seinen Spendierhosen

Kehren wir zurück zu Sigmund Bosel. Im August 1924 will ein Reporter der *New York Times* von Sigmund Bosel wissen, welche Pflichten den Besitzenden zukommen. Bosel macht deutlich, wie sein

politisches Credo in Vermögensfragen aussieht: „Vom Gesichtspunkt der Gerechtigkeit muss ererbter Reichtum zugunsten der Allgemeinheit besteuert werden; aber die Möglichkeit, neuen Reichtum zu erwerben, dürfe auf keine Weise gehindert oder eingeschränkt werden", erklärt der junge Finanzmagnat – weil das unternehmerische Ambitionen hemmen würde. Es sei jedoch „selbstverständlich, dass die Reichen in erster Reihe die Pflicht haben, Wohltätigkeit zu üben".[15]
Diese vollmundige Ansage hat Bosel einige Monate zuvor auf spektakuläre Weise in die Tat umgesetzt. Mit einer Milliardenspende für die Universität Wien im Dezember 1923. Der Finanzierungszusage ist ein Vortrag von Bundeskanzler Seipel vorangegangen. Seipel hat die wohlhabenden Schichten Österreichs dazu aufgerufen, aufgrund der Budgetnöte doch für Kultur und Wissenschaft zu spenden.
Und siehe da, Sigmund Bosel ist der erste superreiche Promi, der sich meldet: Er verspricht zum Entzücken des Uni-Rektors, für den jährlichen Sachaufwand der Universität und die Materialkosten wichtiger Forschungsprojekte so lange aufzukommen, bis sich die Republik das frühere Ausgabenniveau für die Universität wieder leisten kann. Am Tag nach der Spendenzusage rechnet die *Neue Freie Presse* munter vor, worauf sich Bosel mit seiner Opferbereitschaft ohne Vorbehalt eingelassen hat – auf jährliche Kosten zwischen 120 bis 150 Milliarden Kronen.[16]
Während Sigmund Bosel die Öffentlichkeit mit seiner Uni-Spende verblüfft, wirbelt Camillo Castiglioni durch die österreichische Kulturszene. Castiglioni engagiert sich als Kunstmäzen für die Salzburger Festspiele und das heruntergekommene Wiener Theater in der Josefstadt, das er 1923 großzügig renovieren lässt. Der italienische Finanzzampano spendet überdies für die Wiener Universität und so wie Bosel für die „Wiener Freiwillige Rettungsgesellschaft". Obmann dieses privaten Rettungsdienstes ist niemand anderer als Polizeipräsident Schober.[17]
Doch mit der öffentlichen Anerkennung tut sich Castiglioni schwerer als Sigmund Bosel. Das hat damit zu tun, dass Castiglioni für seine Eitelkeit bekannt ist und bei rauschenden Partys in seinem Palais sogar prominente Gäste mitten im Gespräch stehen lässt, um Telegramme an seine Sekretärinnen zu diktieren, die um ihn herumschwirren. Auch der Finanzjongleur Richard Kola sorgt für Argwohn, als er 1922 das Wiener Palais Palffy als Firmensitz für seine

„Britisch-Österreichische Bank" kauft und eine opulente *House-warming-Party* schmeißt. Die feudalen Möbel lässt Kola versteigern. Am kostbarsten soll ein Schreibtisch von Napoleon Bonaparte gewesen sein, den dieser seinerzeit dem Grafen Palffy geschenkt hatte.[18]

Aus dem traditionellen Großbürgertum sei in den frühen 1920er Jahren immer wieder bissige Kritik an den Aufsteigern der Kriegs- und Inflationszeit gekommen, schreibt der Historiker Peter Berger. „Erstens, weil sie ohne Scheu Firmen, Wohnpalais und Kunstgegenstände verarmter Wirtschaftsbürger zusammenkauften, und zweitens, weil ihre Bestrebungen dahin gingen, sich durch großzügige Förderung von Kunst und Wissenschaft Respektabilität zu verschaffen ... Solcherlei wurde als Einbruch in die Domäne der guten Gesellschaft verstanden und zähneknirschend zur Kenntnis genommen."[19]

Die Politik findet sich schneller damit ab, dass die „Inflationskönige" ein Machtfaktor geworden sind. Und so wird Sigmund Bosel im Dezember 1923 von den Christlichsozialen als Mediendarling auserkoren. Die parteinahe *Reichspost* huldigt dem großen Mäzen: „Ehre, wem Ehre gebührt! Der Name Bosel ist in den letzten Jahren, vom Meinungsstreit umwittert, wohl öfter genannt worden, als der irgend eines anderen Großfinanziers, aber nennt man ihn heute im Zusammenhang mit der Verpflichtung, die sein Träger eben gegenüber der Wiener Universität eingegangen hat, so kann das Urteil aller billig und objektiv Denkenden nur lauten: ‚Nobel!'" Dass die Christlichsozialen seit den Zeiten des Wiener Bürgermeisters Karl Lueger eine antisemitische Grundierung haben und sogenannte „Finanzjuden" wirtschaftlich zurückdrängen wollen, wird in der politischen Praxis ausgeblendet. Die Partei braucht das Geld der jüdischen Bankiers, zu denen auch Sigmund Bosel gehört.[20]

Das „Boseleum" am Ballhausplatz

1923 schlägt Sigmund Bosel der christlichsozial-großdeutschen Koalition ein hochfliegendes Bau-Projekt vor. Er will in einem neuen Bankpalast seine Firmenzentrale errichten. Und zwar auf einem Grundstück der Republik am Ballhausplatz beim Bundeskanzleramt. Der verwegene Plan sorgt für hitzige Debatten. Kann man es durchgehen lassen, dass sich ein Bankpräsident in der Baulücke breitmacht, die es damals zwischen dem Minoritenplatz, der Schauflergasse und dem Ballhausplatz gab? Und ist es nicht ein Armutszeichen für die Republik, wenn sich ein „Finanzaristokrat" in unmittelbarer Nachbarschaft des Bundeskanzlers – dort, wo heute beim Bruno-Kreisky-Platz das Innenministerium steht – einfach so einkaufen kann?

Nun ja, Bosels Angebot ist verlockend und konjunkturbelebend. Er möchte auf den „Ballhausgründen" nicht nur ein Verwaltungsgebäude für seinen Konzern hochziehen, sondern im selben Gebäude auch ein großes Archiv einrichten, das er dem Staat als Dankeschön vermachen will. Der Deal sieht außerdem vor, dass Bosel 6,5 Milliarden Kronen hinblättert, wenn ihm die Republik den Baugrund mit den entsprechenden Parzellen überlässt. Zu so einem PPP-Projekt, wie man heutzutage sagen würde, kann die Regierung Seipel schwer Nein sagen.[21]

Im November 1923 segnet der Ministerrat den Plan ab. Die erforderliche Grundstücksübertragung soll in ein entsprechendes Gesetz gegossen werden. In der Öffentlichkeit kommt das Vorhaben weniger gut an. Das umstrittene Bauprojekt läuft bald unter dem Schlagwort „Boseleum". Auch innerhalb der Regierungskoalition rumort es, in der Großdeutschen Volkspartei rebellieren Teile der antisemitischen Parteibasis. Parteichef Dinghofer bringt seine Mannen aber rechtzeitig auf Linie. Der vormalige Linzer Bürgermeister will keine Koalitionskrise riskieren. Bosel sei zwar „ein berüchtigter Schieber", meint Dinghofer, „doch „rein sachlich gesehen" sei das Bosel-Projekt „im Interesse des Staates".[22]

Bis zur entscheidenden Abstimmung sorgt das Bauvorhaben für eine mediale Schlammschlacht. Die Sozialdemokraten wettern gegen das Projekt: „Wie wird der Herr Finanzminister so einem Finanzmagnaten irgendeinen Wunsch abschlagen können, wenn er ihm gerade vorher für seine großherzige Gabe gedankt hat", entrüstet sich die *Arbeiter-Zeitung*. Im April 1924 wird die „Lex Bosel" im Parlament beschlossen. Gegen die Stimmen des Landbundes und der Sozialdemokratischen Partei.[23]

Obwohl die Sozialdemokraten das Bosel-Archiv ablehnen, wirkt ihre Empörung über Sigmund Bosel einigermaßen gekünstelt. Denn die Sozialdemokraten haben aus der Hand des angeblichen

Klassenfeindes ebenfalls finanzielle Samariterdienste in Anspruch genommen. Und zwar bei den Hammerbrotwerken – der damals zweitgrößten Wiener Brotfabrik, die der sozialdemokratischen Partei gehört hat.
Wie viele andere Unternehmen haben auch die Hammerbrotwerke während des Krieges gut verdient – in ihrem Fall durch die Erzeugung von „Militär-Zwieback". Ende 1921 befindet sich der SDAP-eigene Großbetrieb jedoch ziemlich in Bedrängnis. Die größte Wiener Brotfabrik, die Firma Ankerbrot, kann kostengünstiger produzieren als die Hammerbrotwerke. Wirklich prekär ist aber der holländische Fremdwährungskredit gewesen, den die Hammerbrot-Fabrik nicht mehr stemmen kann. In dieser Situation aktivieren die Parteigranden eine alte Verbindung zwischen Bosel und dem sozialdemokratischen Nationalrat Matthias Eldersch. Er soll Bosel zu einer Finanzspritze überreden. „Eldersch, der im Auftrag der Partei erschien, bat Bosel, der Partei zuliebe die Hammerbrotwerke zu retten und so der Partei ein Debakel zu ersparen."[24]
Bosel tut den Sozialdemokraten den Gefallen. Im Jänner 1922 zahlt er 800.000 Holländische Gulden, damit die Fabrik ihren Fremdwährungskredit abschütteln kann. Das Geld borgt sich Bosel bei der PSK und der Nationalbank. Der Deal bringt ihm 40 Prozent der Hammerbrotwerke ein, die ein Viertel des Brotverbrauchs von Wien abdecken.[25]
Durch den neuen Miteigentümer kommt es in der Brotfabrik zu einem Sesselrücken. Eldersch übernimmt neben seinem Job als Nationalrat den Direktorsposten. Bosel zieht in den Verwaltungsrat ein, wo er nun als Großaktionär neben dem späteren Wiener Bürgermeister Karl Seitz und anderen sozialdemokratischen Parteigrößen gesessen ist.
Bosels Hammerbrot-Einstieg führt 1923 zu einem kuriosen Nachspiel. Schober verlangt vor der Polizeiweihnachtsfeier, dass Bosel als Sponsor das Gebäck von mehreren Bäckereien einkauft und nicht nur von den Hammerbrotwerken. Will Schober vermeiden, dass es Semmeln und Milchbrot aus einer „roten" Großbäckerei gibt, wenn Prälat Seipel, der schwarze Kanzler, zur Bescherung kommt? Bosel verspricht Schober, dass die Bestellung geändert wird. Am nächsten Tag teilt Bosel aber „zu seinem großen Bedauern" mit, dass keine andere Bäckerei den Großauftrag wegen der bevorstehenden Fei-

ertage übernehmen konnte und daher Hammerbrot-Gebäck verwendet werden muss. Somit war bei der Polizeiweihnacht 1923 höhere Gewalt im Spiel, dass die Lieferung aus einer „antiklerikalen“ Backstube gekommen ist.[26]
Auffällig ist, wie allergisch die Sozialdemokraten reagiert haben, wenn ihnen die Kommunisten ein Naheverhältnis zu Sigmund Bosel nachgesagt haben. Im Juni 1923 behaupten die linkslinken Genossen, dass SP-Funktionäre in Bosel-Autos unterwegs wären. Die Sozialdemokraten schäumen und sprechen von „kommunistischen Lumpereien“ und Verleumdungen auf „ordinärstem Hakenkreuzlerniveau“.[27]
Im Jänner 1925 ist die Sozialdemokratische Partei freilich für die nächste Überraschung gut. In einer Blitzaktion verkauft die Partei auch die restlichen 60 Prozent der Hammerbrotwerke an den zwischendurch vielgeschmähten Sigmund Bosel. Der Kaufpreis beträgt 20 Milliarden Kronen in mehreren Barzahlungsraten. Eldersch tritt als Direktor ab, die Pensionsabfindung, die ihm ausgezahlt wird, spendet er der roten Parteikasse. Sang- und klanglos trennen sich die Sozialdemokraten von einem Betrieb mit 1.400 Mitarbeitern, auf den das Rote Wien jahrelang stolz gewesen war. Mit der unsicheren Zukunft der Brotfabrik soll sich nun Sigmund Bosel abstrudeln.[28]
Beim renommierten Berliner Wochenmagazin *Die Weltbühne* wundert man sich, warum die Wiener Sozialdemokratie den Verkauf der Brotfabrik nicht als eine innersozialistische Angelegenheit darstellt. „Da hat die Parteileitung sich nicht darauf berufen, dass der Multimillionär Sigmund Bosel eingeschriebener Sozialdemokrat ist und immer hübsch pünktlich seinen Mitgliedsbeitrag entrichtet hat, sondern man hat rundheraus erklärt: Als Brotfabrikanten sind wir Sozialdemokraten nicht konkurrenzfähig, und deshalb haben wir unser Eigentum leider, leider einem Kapitalisten überlassen müssen.“[29]
Wie bitte – ist der Mann, den die *Arbeiter-Zeitung* als Erzkapitalist verrissen hat, ein Parteimitglied gewesen? In einem anderen Artikel der Weltbühne wird Bosel 1925 als „Anhänger und Förderer“ der rot-weiß-roten Sozialdemokratie bezeichnet. Beide Male behauptet das der deutsche Journalist Richard Lewinsohn, der unter dem Pseudonym „Morus“ häufig über Österreich geschrieben hat. Ein Jahr darauf findet sich in den *Hamburger Nachrichten* sogar der folgende Satz: „Sigmund Bosel ist trotz seinem fabelhaften Aufstieg zum vielfachen Milliardär bis zum heutigen Tage eingeschriebenes

Mitglied der Sozialdemokratischen Partei geblieben." 1923 haben bereits die *Innsbrucker Nachrichten* Bosel als einen „werktätigen Förderer der österreichischen Sozialdemokratie" bezeichnet, der „mit den sozialdemokratischen Führern befreundet" sei.[30]
Bei meinen Recherchen kommen mir aber auch Schriften unter, in denen von einer „Freundschaft" zwischen Bosel und den Roten nichts zu spüren ist. „Ein Heer von Verleumdern hat unserer Partei gerade zu Bosel enge Beziehungen nachgesagt", entrüstet sich die *Arbeiter-Zeitung* Ende 1923. Anderswo konnte man lesen: „Es ist eine Lüge, dass Bosel ein Sozialdemokrat ist oder war."[31]
Ende April 2015 telefoniere ich daher mit Julie Marks, um sie nach der politischen Einstellung ihres Vaters zu fragen. Und siehe da, die Bosel-Tochter ist sich sicher: „My father was a social democrate". War das der Grund, dass Bosel als Gründer einer linksliberalen Zeitung in Erscheinung getreten ist, dass er den Sozialdemokraten die defizitären Hammerbrotwerke abgelöst hat und dass er dem US-Historiker Charles Gulick zufolge „mysteriöse Verbindungen zu den Sozialdemokraten" unterhielt?[32] Ob Bosel ein rotes Parteibuch hatte, lässt sich anhand des „Alten Parteiarchivs" der Sozialdemokraten im Wiener Verein für Geschichte der Arbeiterbewegung nicht mehr klären. Ich erfahre, dass die Parteiführung die Mitgliederlisten zur Zeit des Austrofaschismus weggeschafft hat, damit sie dem politischen Gegner nicht in die Hände fallen. Die Kartei sei dabei letztlich verschwunden.[33] Man kann also nicht mehr feststellen, ob Sigmund Bosel je ein Parteimitglied war oder nur ein verkappter Anhänger aus den Tagen der rot-schwarzen Nachkriegskoalition. Möglich ist es aber allemal, dass Bosel in den 1920er Jahren eine unsichtbare rote Nelke im Knopfloch getragen hat.

Im Rückblick zeigt sich, dass die großen Parteien die großen Finanzjongleure in mehr oder minder großem Ausmaß angepumpt haben, solange das politisch opportun war. Solange Männer wie Bosel, Castiglioni oder Kola gut bei Kasse gewesen sind, war jeder von ihnen als Zahlemann gefragt. Oder wie Peter Berger zusammenfassend schreibt: „Man wundert sich, mit welcher Leichtigkeit weltanschauliche Grundsätze von allen in Österreich vertretenen Lagern über Bord geworfen wurden, sobald ihnen das Klinkenputzen beim neuen Geldadel Vorteile versprach. Christlichsoziale und

Sozialdemokraten sahen geflissentlich über den rüden Sozialdarwinismus der Inflationsgewinner hinweg." Auch Antisemiten hätten den Umstand beiseitegelassen, dass neureiche Finanzleute wie Bosel Juden waren.[34]

Die radikal-antisemitische *Deutsch-Österreichische Tageszeitung*, die später zum Presseorgan der österreichischen Nazis wird, hat deswegen der Großdeutschen Volkspartei 1924 die „Preisgabe deutscher Volksinteressen" vorgeworfen. Weil sich die Partei über das, wie es hieß, „richtige völkische Empfinden" der Parteibasis hinweggesetzt hätte und „einer der unsympathischesten Kriegsgewinner-Erscheinungen, Sigi Bosel, die Erbauung seiner jüdischen Trutzburg" auf einem Platz genehmigt habe, der „jedem Wiener heilig" sei. „Nie und nimmer dürfen staatliche Notwendigkeiten durch Almosenspenden jüdischer Emporkömmlinge gedeckt werden", geifert die *DÖTZ*. Inserate von den Hammerbrot-Werken hat die Zeitung trotzdem genommen.[35]

Ein Wohltäter und seine „Haberer"

Heutzutage würde man sagen, dass Sigmund Bosel ein begnadeter Netzwerker war. 1929 hat es das *Jahrbuch der Wiener Gesellschaft* noch so formuliert: „In meisterhafter Weise verstand es Sigmund Bosel, sich in allen Lagern Freunde zu machen." Eine salbungsvolle Einschätzung. Hat Bosel finanziell nachgeholfen, wenn er mit seiner Überzeugungskunst nicht mehr weitergekommen ist? Wahrscheinlich, wenn man an die notorische Bestechungsanfälligkeit der Ersten Republik denkt und sich das folgende Zitat auf der Zunge zergehen lässt, das *Die Börse* über Bosel in Umlauf brachte: „Er hatte immer Naschwerk, um die Eitelkeit und Habgier der Menschen zu streicheln."[36]

Bosels Spezialität war es, sich für erwiesene Dienste geschickt auf Umwegen mit Gefälligkeiten, Parteispenden und Presseförderungen zu revanchieren. Sieht man von Bosels skandalumwitterten Verbindungen zum späteren Bundeskanzler Karl Buresch ab, so ist über viele Jahre hin nur die ehrenwerte Seite seiner Spendierfreudigkeit greifbar gewesen. Der Vermerk dazu im Jahrbuch: „Sigmund Bosel war nicht hartherzig: alle humanitären Bestrebungen konnten seiner reichlich bemessenen Förderung sicher sein."

Der Vater, nobel in Szene gesetzt: Leopold Bosel. Porträt von John Quincy Adams. (Privatbesitz Julie Bosel)

Links oben: Ilona Schulz mit ihren Kindern Julie und Alfons, 1929.
Links Mitte: Das Ehepaar Julie und Leopold Bosel mit Alfred Bosel, Markus Neumann und Sigmund Bosel (v.l.n.r.) in Bad Gleichenberg, vor 1914.
Links unten: Der Autor mit Julie Marks in ihrer New Yorker Wohnung (2016).

Seiete 97: Der geheimnisvolle Star-Investor mit dem „verträumten“ Blick, 1922.

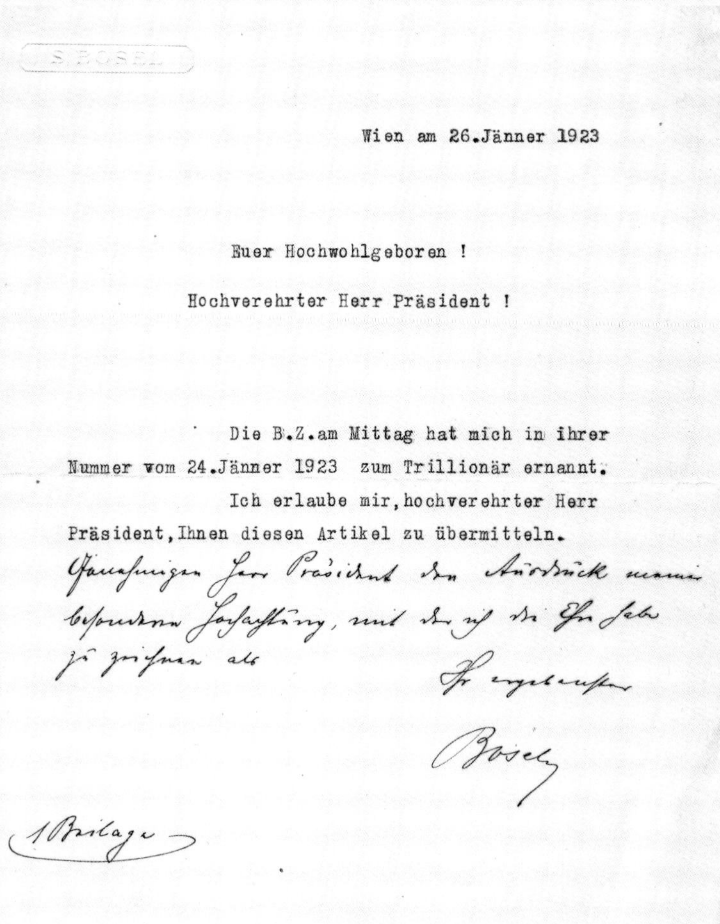

S. BOSEL

Wien am 26.Jänner 1923

Euer Hochwohlgeboren !

Hochverehrter Herr Präsident !

Die B.Z.am Mittag hat mich in ihrer Nummer vom 24.Jänner 1923 zum Trillionär ernannt.

Ich erlaube mir, hochverehrter Herr Präsident, Ihnen diesen Artikel zu übermitteln.

Genehmigen Herr Präsident den Ausdruck meiner besonderen Hochachtung, mit der ich die Ehre habe zu zeichnen als

Ihr ergebenster

Bosel

1 Beilage

Ein Billionär wird zum „Trillionär" ernannt: Schreiben Bosels an den Polizeipräsidenten Johann Schober.

Linke Seite: Privates Glück – Sigmund Bosel mit seiner sudetendeutschen Lebensgefährtin Ilona „Ilka" Schulz auf einer Gartenbank. Foto: Bosel-Schulz (1929).

Unter dem Schutze des Schieberkönigs

wollen die Sozialdemokraten siegen!

Wähler, besinnet euch!

Wählet christlichsozial!

Verleger und für den Inhalt verantwortlich: Franz Schäfer, Wien VIII., Blindengasse 25. — Druck der Verlagsanstalt „Herold“, Komm.-Ges. auf Aktien, Wien VIII., Strozzigasse 8.

Die Nazis entdecken Bosel als Hassobjekt: Plakat der NSDAP mit der Einladung zu „8 Abwehrversammlungen" gegen die „kapitalistische Versklavung Österreichs", 1924.

Linke Seite: Bosel wird als „Schieberkönig" instrumentalisiert: Christlichsoziales Wahlplakat aus dem Jahre 1923.

„Wär ich Bosel ...!“, Heinrich Strecker komponiert 1924 zum Text von Jo Gribitz den „Pleite-Shimmy“.

Außerdem ist Bosel im persönlichen Umgang als Spekulant mit Herz und Familiensinn ohne Millionärsgehabe aufgetreten. Das berichtet die amerikanische Historikerin Gertrude Schneider, deren Vater einst im Wiener Café Brillantengrund mit Bosel Karten gespielt hat. „Wenn jemand Geld gebraucht hat oder wenn ein armer Jud‘ auf ihn zugekommen ist – wer immer es war –, dann hat der Herr Bosel einen Griff in die Tasche gemacht und gesagt, hier!“ Dazu gibt es eine humorvolle Anekdote aus der Kleinkunst-Szene, die mir Frau Schneider aus dem Gedächtnis heraus erzählt hat, weil sie ein bezeichnendes Licht auf Sigmund Bosel wirft. Ausgangspunkt der Anekdote ist, dass der Kaffeehaus-Literat Anton Kuh wieder einmal unter chronischem Geldmangel leidet und Bosel im Kabarett „Leopoldi-Wiesenthal“ anschnorrt. Schneider zufolge ist „der Kuh hingegangen zum Bosel und hat gesagt: ‚Herr Bosel, ich bin so ‚stier‘, ich brauch‘ etwas Geld!‘ ‚Na, wie viel soll's denn sein?‘, fragt der Bosel. Der Kuh sagte: ‚Na, 6.000 Schilling.‘ Und der Bosel sagte: ‚Ich hab‘ nur 3.000 bei mir, aber wenn Sie vielleicht nach ein paar Tagen immer noch was brauchen, dann lassen Sie es mich wissen.‘ Nach ein paar Tagen ist der Kuh wieder zum Bosel hingegangen und hat gesagt: ‚Herr Bosel, ich weiß jetzt net‘, schulden Sie mir 3.000 oder ich Ihnen 3.000?‘ – Das waren so Geschichten, die man sich erzählt hat.“[37]

Der medienscheue Zeitungszar

Sein persönliches Netzwerk knüpft Bosel aber nicht nur mit finanziellen *Goodwill*-Aktionen und Spenden an öffentliche Einrichtungen. Er spürt auch, dass man es mit guter Publicity weit bringen kann. Bosel stürzt sich daher ins Mediengeschäft, indem er 1922 gemeinsam mit dem arrivierten Herausgeber Maximilian Schreier die linksliberale Tageszeitung *Der Tag* aus der Taufe holt, von der schon die Rede war.

Ein leitender Redakteur wird später sagen, dass Bosel seinem Kompagnon Schreier in der Gründungsphase mehrmals einen Blankoscheck in die Hand gedrückt habe. Mit den Worten: „Füllen Sie ihn nach Bedarf aus!“ Schreier lässt sich das nicht zweimal sagen und bastelt mit dem Geld eine elitäre Redaktion. Drei Milliarden Kronen stellt Bosel bereit, damit Edelfedern wie Hugo Bettauer, Anton

Kuh, Alfred Polgar oder der Wirtschaftspublizist Gustav Stolper mitschreiben. Bosel hat auch für den Berufswunsch des Sohnes von Hammerbrot-Generaldirektor Matthias Eldersch ein offenes Ohr. Eldersch junior darf im Redaktionsteam unter dem Pseudonym „Elauer" mitmachen.[38]

Der Tag war ein neuartiges Zeitungsprodukt. Der Nachrichtenteil hatte die Aufmachung eines reißerischen Boulevardblattes, während die politischen Feuilletons und der Kultur-Teil niveauvoll gestaltet waren. 1924 war das Blatt mit einer Auflage von durchschnittlich 55.000 Stück bereits halb so groß wie die *Arbeiter-Zeitung*. Bosel und Schreier ist damals ein echter Erfolg gelungen.[39]

Nur eine Zeitung zu kontrollieren, hat Bosel aber nicht gereicht. Der junge Wirtschaftstycoon will seine Medienmacht ausbauen. Zwei Presse-Konzerne dominieren damals die Zeitungslandschaft – der Vernay-Konzern und die Nummer eins im Land, der Steyrermühl-Konzern. Dieses Verlagshaus hatte sich der Bankboss Rudolf Sieghart zur Brust genommen. Der Chef der Boden-Credit-Anstalt kontrollierte über den Steyrermühl-Konzern sein Sprachrohr, das auflagenstarke *Neue Wiener Tagblatt*, und zwei weitere Zeitungen. Unter dem Dach des Vernay-Konzerns mit dessen Druckerei waren hingegen verschiedenartige Zeitungsverlage mit bekannten Printprodukten angesiedelt, wo es für Sigmund Bosel, Camillo Castiglioni und Richard Kola Einstiegsmöglichkeiten gegeben hat, um Meinungsmache in eigener Sache betreiben zu können.[40]

Um die Leserschaft und die Deutungshoheit wird damals mit harten Bandagen gekämpft. Vertikal aufgebaute Print-Konzerne ringen mit etablierten Herausgeberfamilien, Parteizeitungen und aufstrebenden Zeitungsbaronen um Macht und Einfluss. Gerüchte werden gestreut, Wertpapiere hochgejubelt, Konkurrenten angeschwärzt. Besonders skrupellos geht der findige Medienmacher Emmerich Békessy vor. Békessy ist ein Vollblutjournalist, der Zeitungen auf den Markt bringt, die man in Wien so vorher nicht gekannt hat. Neben der Finanzzeitung *Die Börse*, die er als „Zeitung für das gesamte Wirtschaftsleben" positioniert, und einer Theaterzeitung hat Békessy auch die Boulevardzeitung *Die Stunde* gegründet. Um mit seinem neuen Massenblatt Kasse zu machen, holt sich der Herausgeber bekannte Leute wie Egon Friedell und talentierte Anfänger. Der spätere Hollywood-Starregisseur Billy Wilder lernt unter Békessy das Reporterhandwerk.[41]

Die dunkle Seite des „Revolverjournalisten“ ist, dass er Prominenten damit droht, sie mit „Enthüllungsgeschichten“ fertig zu machen, wenn sie nicht Annoncen schalten oder sich anderweitig freikaufen. Békessys Zeitungen gehören zum „Kronos-Verlag“, an dem sich Bosel, Castiglioni und Kola vorsorglich beteiligt haben. Sigmund Bosel setzte noch eins drauf, indem er sich überhaupt gleich einen Teil vom ganzen Vernay-Konzern kaufte, der über den verschiedenen Zeitungen stand. Im Rahmen der Vernay-Gruppe ist Bosel dann 1925 noch Mitbesitzer der linksradikalen Tageszeitung *Der Abend* geworden, die ihm schon in Kriegstagen hart zugesetzt hatte. Das Engagement erwies sich jedoch als Flop. *Der Abend* war zu widerspenstig, um sich von Bosel dauerhaft zähmen zu lassen.[42]

Im Gegensatz zu anderen Machtmenschen im Printbereich ist Sigmund Bosel persönlich nicht mediengeil gewesen. Der spätere *Guardian*-Journalist Willi Frischauer hat in seinen Memoiren vermerkt, dass Bosel viel Geld aufgewendet habe, damit ihn Reporter aus der Berichterstattung draußen halten. Mehrere Jahre hindurch muss der pressescheue Zeitungszar aber wahrhaft mächtig gewesen sein. Sonst hätte ihn die linksliberale *Fremden-Presse* nicht 1924 einen „Diktator der öffentlichen Meinung“ genannt. Bosel würde über seine eigene Zeitung hinaus fein gesponnene Fäden in rechts- und linksgerichtete Blätter unterhalten, meinte das Blatt mit zwiespältiger Ehrfurcht. „Und geschickt wird daraus Kapital geschlagen … Man ist der Schützling des Polizeipräsidenten, der Retter der Christlich-Sozialen, der gerne Tolerierte der rassenantisemitischen Großdeutschen, der politische Genosse der Sozialdemokraten.“ Kurz: „Man ist alles und jedes: Man ist Österreich.“[43]

Die Freunderlwirtschaft bei der Polizei

In seinem Firmengeflecht hatte Bosel natürlich auch Versorgungsjobs anzubieten. Damit konnte er sich zusätzliche Freunde machen, die für das Standing seiner Unternehmen nützlich gewesen sind. So soll Bosel den Sohn von PSK-Boss Schuster in der Unionbank und Schusters Schwiegersohn bei den Veitscher Magnesitwerken untergebracht haben. Für den Verwaltungsrat der Omnia angelt sich Bosel den langgedienten Polizeiveteranen Rudolf Walldorf, der im Mai 1923 als Stellvertreter von Johann Schober in Pension gegangen ist und während der ersten beiden Amtszeiten Schobers als Bundeskanzler die Wiener Polizei geführt hat.[44]

Als es Anfang 1926 um Bosels Finanzen nicht mehr gut bestellt ist, werden Schober Gerüchte zugetragen, die ihn hellhörig machen. Sigmund Bosel soll folgende Bemerkung gemacht haben: „Mir kann nichts gescheh'n, ich hab' *Die Stunde* und den Schober." Prahlt Bosel mit seinen Polizeikontakten und seiner Zeitungsmacht, weil er mit dem Rücken zur Wand steht? Der Polizeipräsident lässt die Sache überprüfen, im März 1926 werden die Erhebungen ad acta gelegt.[45]

Im selben Monat kommen verschiedene Gefälligkeiten auf, die im Unterschied zu früher die Polizei in Erklärungsnot bringen. Hohe Polizeibeamte haben in St. Gilgen am Mondsee günstig Urlaub gemacht. Und zwar im idyllisch gelegenen Waldhotel Kreuzstein, welches Bosel eigenen Angaben zufolge 1924 auf Ersuchen der christlichsozialen Partei übernommen hat.

Korruption? Aber nein, wiegelt die Polizeidirektion ab. Bosel habe alljährlich einen Teil der Plätze zur Verfügung gestellt, „und der Polizeipräsident habe dieses Anerbieten auch nur in einem beschränkten Umfang angenommen". *Der Abend* nimmt sich zu den Polizei-Erholungsaufenthalten im Waldhotel kein Blatt vor den Mund. Ein erstes Anzeichen, dass die Beteiligung an der Zeitung Bosel keine Schonung bringt: „Herr Schober hat sein G'frett mit diesem Bosel. Der lässt nicht locker, und wenn er noch so viel Geld verloren hat, er will unbedingt dem Polizeipräsidium seine Spenden aufdrängen", lästert das Blatt.[46]

Im Schober-Archiv finden sich nach 1926 keine Briefe mehr, in denen von Bosel-Spenden und diversen Aufmerksamkeiten die Rede wäre. Geschweige denn von Geschenken wie dem Hundewelpen, den Bosel vom Ehepaar Schober seinerzeit bekommen hat. Formvollendet bedankt sich Bosel im August 1924 in einem Brief „mit respektvollem Handkuss" bei Helene Schober: „Gestatten Sie mir, hochverehrte gnädige Frau, Ihnen meinen herzlichsten Dank für die große Liebenswürdigkeit zum Ausdruck zu bringen, mit der Sie mir einen so schönen Sprössling Ihrer Alda zum Geschenk gemacht haben."[47]

Bosel besitzt damals schon einen Hund namens Fafner, den er vom Ehepaar Schober erhalten hat. Nun bekommt er einen zweiten geschenkt: Fasolt. Wieder ein Tier mit einem wagnerianischen Namen. Denn Fafner und Fasolt heißen die zwei riesenhaften Brüder in Richard Wagners Oper *Das Rheingold*, die im Auftrag Wotans die Götterburg Walhalla errichtet haben. In der Bosel-Villa waren Fafner und Fasolt die beiden Wachhunde, an die sich Julie Marks noch erinnern kann. „Die beiden großen Hunde, die mein Vater vom Polizeipräsidenten bekommen hat, die waren wirklich scharf. Wenn ich denen zu nahe gekommen wäre, hätten sie mich sofort gebissen.“[48]

Sigmund Bosel verspricht, Schobers Ratschläge genau zu befolgen, damit aus Fasolt ein stattliches Tier wird. Das Netzwerk der Macht lebt eben auch vom richtigen Smalltalk, selbst wenn es dabei nur um einen Kuttelfleck geht.

Anmerkungen

1 SchobA, Amtsnotiz ad Telefonat Grimm-Schober, 27. 10. 1922.
2 SchobA, Bosel an Schober, 30. 10. 1922.
3 SchobA, Amtsnotiz, 27. 10. 1922; PA, Bosel am 18. 12. 1926 im PSK-Ausschuss u. Danneberg vs. Reisch am 2. 12. 1926 im PSK-Ausschuss; Arbeiter-Zeitung und Neue Freie Presse am 19. 12. 1926. Beim Kaufauftrag soll es sich um Staatsbahn-Aktien und Goldpapiere gehandelt haben, die der Bund aufgrund einer Klausel im Friedensvertrag von St. Germain gebraucht hat.
4 SchobA, Bosel an Schober, 12. 11. 1922; Archiv der BPD Wien, „Öffentliche Sicherheit“ 1930, Nr. 4, Akten „Polizeispital 1+2“.
5 WStLA, LG für Strafsachen I Vr 2562/37, Einvernahme Bosel am 24. 2. 1937. Grünberger ist von 1922 bis 1924 auch Außenminister und ein Vertrauter von Kanzler Ignaz Seipel gewesen.
6 Riedl, Am äußersten Rande des Abgrundes, Die Zeit, 16. 6. 2011.
7 Redlich, Schicksalsjahre Österreichs (hgg. v. Fellner/Corradini), Bd. 2, 535; Fritz Mayerhofer, Franz Dinghofer – Leben und Wirken, in: Historisches Jahrbuch der Stadt Linz 1969, 107.
8 Hubert, Schober, 181; SchobA, Bosel an Schober, 31. 3. 1923.
9 Wahl, „Kaffeehäuser zu Bankfilialen“, in: Konrad/Maderthaner, ... der Rest ist Österreich, 60; Riedl, Wien – Stadt der Juden, 245.
10 Die Rote Fahne, 30. 6. 1923; LG Wien, VR XXXI 4844/23, Zeugenaussage Schober 25. 10. 1923.
11 SchobA 95, Bosel an Schober, 19. 12. 1922, Bosel an Schober, 20. 12. 1923; Reichspost, 23. 12. 1923.
12 Hubert, Schober, 186ff.

[13] Karl Kraus: Die Unüberwindlichen. Nachkriegsdrama in 4 Akten. Wien-Leipzig 1928, 117ff.;
Hubert, Schober, 182. Kraus hat die Buchstaben des Familiennamens „Bosel“ in eine andere Reihenfolge gebracht und auf diese Weise anagrammatisch den Namen „Lobes“ geformt.

[14] Wiener Neueste Nachrichten, 5. 5. 1929; Schlüter, Der Haifisch, 226f. Castiglioni hat damals mittels einstweiliger Verfügung erreicht, dass bei der Uraufführung der 3. Akt nicht gezeigt werden durfte, weil er sich von diesem Teil des Stücks verunglimpft gesehen hat.

[15] Die Stunde, 21. 8. 1924 (Zitat gekürzt).

[16] Reichspost, 21. 12. 1923; Neue Freie Presse, 23. 12. 1923; Volkswirt, 29. 12. 1923, 372.

[17] Stiefel, Castiglioni, 307 und 333ff.; Wien Geschichte Wiki (online): „Rettungswesen“; Die Wahrheit, 11. 6. 1926; SchobA 95, Bosel an Schober, 5. 6. 1926.

[18] Stiefel, Castiglioni, 315f.; Kola, Rückblick ins Gestrige, 289f; Riedl, Wien, Stadt der Juden, 249f.

[19] Berger, Zur Situation des österreichischen Bürgertums, 79.

[20] Reichspost, 22. 12. 1923; Benz, Organisationen, Institutionen, Bewegungen, 106ff.; Pauley, Politischer Antisemitismus, in: Botz/Oxaal/Pollak/Scholz (Hrsg.), Eine zerstörte Kultur, 248f.

[21] Bundespressedienst, Wien Ballhausplatz 2, 15; Neue Freie Presse, 21. 12. 1923.

[22] OeStA/AdR, BKA Parteiarchive, GDVP, Kt. 46 (Mappe RI-82), „Bosel“.

[23] Arbeiter-Zeitung, 23. 12. 1923.

[24] Weblexikon der Wr. Sozialdemokratie, „Hammerbrotwerke“, www.dasrotewien.at (9. 3. 2015); Franz, 18f.

[25] Gulick, Austria. From Habsburg to Hitler, Vol. 1, 324ff; Die Weltbühne, Bd. 1/1925, 954f.

[26] SchobA 95, Bosel an Schober, 21. 12. 1922.

[27] Die Rote Fahne, 30. 6. 1923; Arbeiter-Zeitung, 29. 6. 1923.

[28] VGA, 6/23, Hammerbrotwerke: „Brief an Bosel“, Jänner 1925; VGA, 25/23, „Bosel u. die Christlichsozialen“.

[29] Die Weltbühne, Bd. 1/1925, 139f.

[30] Weltbühne, Bd. 2/1925, 619; Hamburger Nachrichten, 12. 2. 1926; Innsbrucker Nachrichten, 11. 5. 1923.

[31] AZ, 23. 12. 1923; Philipp, Schandwirtschaft mit Steuern und Spargeldern, 18.

[32] Telefonat des Autors mit Julie Marks, 27.4.2015; Gulick, Austria from Habsburg to Hitler, 707. 1936 hat Bosel vor einem Untersuchungsrichter angegeben, dass unter dem Dach seiner Handelsfirma Omnia ein „sozialdemokratisches Unternehmen“ angesiedelt war – die Metallwarenfabrik Fried & Co. Er habe für diese Firma bzw. ihre Prokuristen, die teils Bosel-Vertraute waren, Steuern bezahlt bzw. Steuerschulden in Raten abgetragen (WStLA, Vr 2562/37, Einvernahme Bosel, 30.9.1936).

[33] Archiv-Besuch des Autors im Verein für Geschichte der ArbeiterInnenbewegung, 12. 1. 2016.

[34] Berger, Zur Situation des österreichischen Bürgertums, 79.
[35] DöTZ, 12. 4. 1924, Franz, 31.
[36] Planer, Jahrbuch der Wiener Gesellschaft, 70; Die Börse, 11. 11. 1926.
[37] Interview mit Gertrude Schneider, 16. 11. 2011. Die erwähnte Anekdote findet sich auch in der Leopoldi-Bildbiografie „In einem kleinen Café in Hernals …" auf Seite 32. In der dort abgedruckten Version ist dagegen von Kronen-Beträgen die Rede. Hier dürfte jedoch größenordnungsmäßig ein Irrtum passiert sein, denn um 6.000 Kronen hat man sich zwischen 1922 und 1925, als das Kabarett Leopoldi-Wiesenthal in Wien bestanden hat, nicht viel mehr als einige Tageszeitungen kaufen können.
[38] ÖBL (Bd. 11), „Schreier Maximilian", 201f.; Franz, 28f.; Schaber, B. F. Dolbin, 32f.
[39] Paupié, Handbuch der österr. Pressegeschichte, Bd. 1, 88 bzw. 187.
[40] Eigner/Resch, Steyrermühl und Vernay: Die zwei größten Wiener Zeitungskonzerne der Zwischenkriegszeit, in: Unternehmertum im Spannungsfeld von Politik und Gesellschaft, 143ff.
[41] Hutter, Vom Tages- zum Filmschriftsteller: Der junge Billy Wilder, 129f.
[42] Schlüter, Der Haifisch, 140f.; Wien Geschichte Wiki; Bojankin, Eine Geschichte des Kompass-Verlages (www.zedhia.at); BANB 655/1925, Bankhaus Bosel: „Rekapitulation der Effektenstände"; Paupié, Handbuch der österreichischen Pressegeschichte, 179ff.; ÖBL, Innovator und Revolverjournalist: Imre Békessy (www.oeaw.ac.at); Hoffmann, 40.
[43] Frischauer, European Commuter, 99; Fremden-Presse, 3. 5. 1924.
[44] Oberhummer, Diensteslaufbahn …, PD Wien 1929; Franz, 27 u. 33; Der Abend, 5. 3. 1925.
[45] SchobA, Info an Schober am 9. 2. 1926 und Aktenvermerke vom 12. 2. 1926.
[46] Hubert, 182; Der Abend, 3. 3. 1926.
[47] SchobA, Korrespondenz Helene Schober 1932/1, Bosel an Helene Schober, 7. 8. 1924. Auch der Bankdirektor und spätere Nationalökonom Joseph Schumpeter hat 1924 von den Schobers einen Hundewelpen bekommen, für den sich Schumpeter handschriftlich bei Frau Schober bedankt hat. Das Hündchen hieß Freya und war somit wie die Hunde für Sigmund Bosel nach Figuren aus Wagners *Ring der Nibelungen* benannt.
[48] Gespräch mit Julie Marks am 25. 3. 2016, Interview am 17. 2. 2012.

7 – CHRONIK EINES SKANDALS

Ende Februar 1924 pflügt eines Abends ein großer Daimler durch den Schnee auf der Wiener Ringstraße. Der Zeitungsmagnat Imre Békessy und sein Sohn sind mit dem Chauffeur unterwegs zum Westbahnhof. Békessy will unbedingt noch Sigmund Bosel treffen, bevor dieser mit anderen Spekulanten den Nachtzug nach Paris nimmt. Während der Fahrt sagt Békessy zu seinem Sohn, dem späteren Bestseller-Autor Hans Habe: „Was Du heute sehen wirst, ist ein Zug von Selbstmördern. Menschen, die ins sichere Verderben fahren.“[1]

Békessy senior ist erst wenige Tage davor selbst von einer Recherche-Reise nach London und Paris zurückgekehrt. Er war dort hingefahren, um besser einschätzen zu können, wie es um die Spekulation gegen den Franc bestellt war, bei der in Wien damals viele Kopf und Kragen riskierten. Am 21. Februar 1924 bringt *Die Börse* die Lagebeurteilung ihres Herausgebers auf der Titelseite. Békessys Resümee von diversen Gesprächen mit französischen Bankdirektoren ist eine Warnung: „Man sagt, dass der Franc weiter fallen wird. Man sagt aber auch, dass die Wiener in Paris ihr Geld verlieren werden.“[2]

Als die Békessys an dem besagten Februar-Abend am Bahnhof eintreffen, stehen die meisten Paris-Reisenden in einer ausgelassenen Stimmung an den Bahnhofbüffets, während Kofferträger das Gepäck zu den Schlafwagen bringen. Der junge Békessy hat – wie er später in seinen Memoiren schildert – den Eindruck, dass die eleganten Schlafwagen im Vergleich zum letzten Wagen wie Viehwaggons wirken. „Ein Salonwagen, in dem einst wohl Könige und Staatsmänner zu reisen pflegten, war an den Pariser D-Zug angekoppelt worden: der Sonderwagen Sigmund Bosels. Die Fenster waren verhängt, neben dem Schaffner bewachten zwei Privatdetektive den Zutritt.“

Bosel steht in einem schwarzen Anzug allein vor den Békessys, als er sie empfängt. Der Blitzbesuch macht auf den Sohn des Herausgebers einen mächtigen Eindruck: „Bosel sprach beinahe flüsternd. Er hatte die Fähigkeit, sich durch Stille Gehör zu verschaffen. Eine Zigarette nach der anderen anzündend, ging er im Salon auf und ab.“

Die Békessys bekommen von Bosel zu hören, wie er die anderen Großbanken mit seinen Spekulationen übertrumpfen werde. Auch von einem Bankbeamten-Streik, den er unter der Hand unterstützt, möchte Bosel profitieren: „Die Großbanken spekulieren à la hausse, wir spekulieren à la baisse. Wir können in unseren Methoden nicht wählerisch sein." Dann hören die Békessys das Rufen der Schaffner, es ist Zeit zu gehen.[3]

Zwei Nächte und einen ganzen Tag lang dauert damals die Eisenbahnreise von Wien nach Paris. „Unerträglich lange 32 Stunden für eine Masse Menschen, die es mit aller lockenden Gewalt, mit allem verführerischen Zauber, mit aller lebendigen Gier nach Paris treibt." Diese Charakteristik der „Valuta-Krieger", die die französische Landeswährung attackieren, findet sich in einem anderen Werk von Hans Habe, dem Buch *Eine Zeit bricht zusammen*. In diesem semibiografischen Roman über Sigmund Bosel ist es der Möchtegern-Weltbankier Clemens Braun, der in Paris das Geschäft seines Lebens machen will.[4] Nicht anders denkt Sigmund Bosel, als er im Februar 1924 am *Gare de l'Est* durch die Bahnhofshalle schreitet. Mit zwei Sekretärinnen und zwei Direktoren aus seiner Privatbank ist er gekommen, um in die Schlacht zu ziehen.

Europaweit ist Bosel damals neben Camillo Castiglioni eine der Speerspitzen unter den vielen „Franc-Kontermineuren". So heißen im Börsianer-Jargon all jene, die mit Termingeschäften gegen die französische Landeswährung spekulieren. Frankreich ächzt unter seinen hohen Kriegsschulden, die in den USA und in Großbritannien abzuzahlen sind. Das Land steckt in der Krise, weil man sich bei den deutschen Reparationen als Einnahmequelle verkalkuliert und die nötige Budgetsanierung zu lange vor sich hergeschoben hat. Die militärische Besetzung des deutschen Ruhrgebietes bringt nicht das, was sich die Franzosen erwartet haben. Für die Staatsfinanzen sieht es düster aus. In dieser Situation wird der französische Franc zur Zielscheibe einer internationalen Spekulationswelle, auf der viele österreichische Finanzakrobaten mitreiten, die im Spätherbst 1923 das flaue Gefühl haben, dass an der Wiener Börse nichts mehr zu holen ist.[5]

Der Währungspoker gegen die „Grande Nation"

Im Kern ist es bei den Devisenspekulationen des Jahres 1924 immer um die Lieferung einer bestimmen Franc-Summe an einen gegnerischen Wettpartner gegangen. Und zwar an einem vereinbarten

Erfüllungstag. Vereinfacht dargestellt, hatten die Termingeschäfte das folgende Strickmuster: Nehmen wir an, Bosel hätte im Februar 1924 eine Million Francs an einen Kontrahenten verkauft – zu einem Kurs von 3.000 Kronen je Franc mit Liefertermin Ende April. In diesem Fall hätte das Geschäft drei mögliche Richtungen nehmen können: Wäre der Wechselkurs bis Ende April gleich geblieben, hätte Bosel drei Milliarden Kronen (3.000 x 1.000.000) aufwenden müssen, um den nötigen Franc-Betrag besorgen und zeitgerecht liefern zu können. Der Erfolg: Außer Spesen nichts gewesen. Anders wäre es gelaufen, wenn der Franc bis Ende April gefallen und nur mehr 2.500 Kronen wert gewesen wäre. Dann hätte sich Bosel die Hände reiben können. Er hätte nämlich die eine Million Francs zum Preis von 2.500.000.000 Kronen einkaufen können. Als Gewinn hätte er 500 Millionen Kronen eingestrichen. Was aber nicht passiert ist, weil der Franc zugelegt hat, in unserem Beispiel auf – sagen wir – 4.000 Kronen. In diesem Fall hätte Bosel die nötigen Francs teurer einkaufen müssen. Er hätte vier Milliarden Kronen (4.000 x 1.000.000) zahlen müssen, um die versprochene Summe zusammenzubringen. Damit wäre ohne Berücksichtigung der Spesen für ihn ein Verlust von einer Milliarde Kronen (3 Mrd. – 4 Mrd. = minus 1 Mrd.) übrig geblieben.[6]

Die Logik der Fremdwährungswetten war also recht simpel: Ist der Franc bis zum Liefertermin gestiegen, war man im Minus. Ist der Franc gefallen, gab es einen Profit. Ordentlich absahnen wollen aber nicht nur die Spekulanten, sondern auch viele Handelsunternehmen. Indem sie mehr französische Waren importieren als sie brauchen und die Bezahlung so lange wie möglich hinauszögern. In der Hoffnung, dass der Franc bis zum Zahltag fällt und die Rechnung so deutlich billiger wird. Banken haben ihre Kunden ebenfalls dazu animiert, französische Wertpapiere zu kaufen und diese erst nachträglich zu bezahlen.

Zum Jahreswechsel 1923/24 ist die Franc-Spekulation in Wien eine gefährliche Modeerscheinung, die Geschäfte werden als eine „todsichere Sache“ hingestellt. Obwohl der reine Devisenhandel zu spekulativen Zwecken eigentlich seit Juli 1922 verboten war, tolerieren die Behörden das Spiel, weil es den Anschein hatte, als ob dadurch riesige Gewinnsummen nach Österreich zurückfließen würden.[7]

Auch in Felix Dörmanns großem Inflationsroman *Jazz* wird für

den Spekulanten Ernö Kalmar der Franc zum Objekt der Begierde. „Die Franc-Psychose ergreift und benebelt alle – Kalmar nicht ausgenommen … Er kauft französischen Papiere … alle mit Termin … Es ist der letzte, der entscheidende Moment – dann wird seine Bank zur Großbank geworden sein und er selbst der neue Rothschild von Wien.“[8]
Kommt einem das nicht irgendwie bekannt vor? Richtig! Aus der Romanfigur des „Ernö Kalmar“ schimmert Sigmund Bosel hervor. Der Schriftsteller Dörmann hat Kalmar mit den Charaktereigenschaften versehen, die Bosel im echten Räderwerk der Franc-Spekulation an den Tag gelegt hat, nämlich Ehrgeiz und Waghalsigkeit. Dörmann hat Sigmund Bosel also zweifach als Vorlage genommen: einerseits für das charakterliche Innenleben des Ernö Kalmar – und andererseits für das äußerliche Erscheinungsbild von „Bankpräsident Wiesel“, dem wir schon in der Einleitung begegnet sind.

Anfang 1924 wird auf Teufel komm‘ raus spekuliert. Und zwar nicht nur in Wien, Paris oder Zürich, sondern vielerorts bis nach New York. Anfangs sieht es so aus, als würden Baisse-Spekulanten wie Bosel, die mit einem anhaltenden Siechtum des Franc gerechnet haben, Recht behalten. Mitte Dezember 1923 waren 100 französische Franc noch 30 Schweizer Franken wert gewesen. Am 10. März 1924, einem Montag, sind es in der Früh nur mehr 20 Franken. In Frankreich macht sich Panik breit. Doch nach einem Wochenend-Krisentreffen mit namhaften Bankern holt die französische Regierung zum Gegenschlag aus. Im Lauf des 10. März beginnt die Franc-Spekulation zu kippen. Am Abend „notiert Paris in Zürich“, wie man damals sagt, plötzlich wieder bei 21,50. Am nächsten Tag klappt das Kartenhaus der Kontermineure zusammen.[9]
Was war passiert? Die französische Regierung hat damals nicht nur die Goldreserven der Grande Nation für Franc-Stützungskäufe hergenommen, sondern auch eine rettende Kredithilfe aus Amerika aufgestellt. Das US-Bankhaus J. P. Morgan greift der Banque de France mit einer 100-Millionen-Dollar-Anleihe unter die Arme. Die Nachricht schlägt ein wie eine Bombe. Der Wechselkurs des Franc macht kehrt und schießt innerhalb von nur zwei Tagen auf fast 25 Schweizer Franken hinauf. Fieberhaft versuchen die geschockten Spekulanten, sich so schnell wie möglich mit Francs einzudecken,

um nicht bei den Lieferterminen leer dazustehen. Doch wo soll man die geschuldeten Devisen herkriegen, wenn alle Spekulanten wie die Irren Francs zusammenkaufen?
Den Spekulanten stehen die Schweißperlen auf der Stirn. Denn wenn der Franc bis zum Sommer weitersteigt, sind die Abrechnungskonten hoffnungslos im Minus. Es sei denn, die Kurserholung ist nur ein Strohfeuer. Doch der Franc steigt unerbittlich. Immer mehr Finanzjongleure bluten bei jedem Zahlungstermin. Bosel und Castiglioni sind auf einem Tanker unterwegs, der nicht mehr abdrehen kann, obwohl die vernichtenden Eisberge sichtbar näher kommen.[10]

Rien ne va plus

Zwischen dem 11. März und dem 23. April 1924 geht der Franc-Wechselkurs in Zürich um mehr als 80 Prozent in die Höhe. Viele Finanzjongleure sind am Ende. In ihrer Gier, beim „internationalen Leichenschmaus in Paris" nicht zu kurz zu kommen, hätten die Wiener Spekulanten „zu denken und zu rechnen aufgehört", tönt Békessys Börsianer-Zeitung.
Wer sind aber die Verlierer der Pariser Deroute? Der große Gewinner steht fest: John Pierpont Morgan jun. hat an der Rettungsaktion prächtig mitverdient. Denn sein Bankhaus hat sich vor der Kredithilfe zu günstigen Kursen mit großen Francs-Beträgen eingedeckt, die innerhalb von zehn Tagen nun einen um 30 Prozent höheren Dollar-Gegenwert hatten. Das Lehrgeld, das die mitteleuropäischen „Valuta-Krieger" zahlen müssen, haben mächtigere Spekulanten in Übersee eingesackt.[11]
Flugs richtet sich der Blick auf die österreichischen Finanzhäuser. Haben die Credit-Anstalt und die Boden-Credit-Anstalt gegen den Franc spekuliert? Beide wiegeln ab. Es müssen also die Privatbanken sein, die es erwischt hat. Doch die Gerüchteküche brodelt. Man hört, die CA und die BCA seien anfangs sehr wohl mit im Boot gewesen. Bis sie gewarnt wurden und sowohl am fallenden als auch am steigenden Franc verdient hätten, wie die französische Botschaft in Wien „vertraulich" nach Paris kabelt.[12]
Bald kursieren erste Schätzungen über die Wiener Verluste. Aus verlässlichen Quellen habe man erfahren, heißt es in dem Papier,

„dass die Verluste der Großbanken auf 5 Millionen Dollar geschätzt werden, jene der Privatanleger und Privatbanken auf 15 Millionen Dollar“.[13]

In Frankreich tauchen Berichte über die mutmaßlichen Hintermänner der Spekulationsattacke auf. Man beschuldigt Friedrich Ehrenfest, einen Vorstandsdirektor der CA, sowie Camillo Castiglioni und Sigmund Bosel. Dieser hat Angst um seinen Ruf und bietet dem französischen Botschafter in Wien, Pierre Lefèvre-Pontalis, die Einsichtnahme in seine Geschäftsbücher an. Darauf geht die französische Seite aber nicht ein.[14]

Bosel hat vorwiegend mit amerikanischen Dollars gegen den Franc gewettet. Noch weiß niemand, dass seine Verluste an die Substanz gehen. Warum hat aber Bosel von der Morgan-Aktion nicht Wind bekommen? Die Boden-Credit-Anstalt hat von J. P. Morgan einen Wink erhalten, weil die US-Bank seit 1922 ein BCA-Großaktionär war und sich nicht ins eigene Fleisch schneiden wollte. Frederic Morton wiederum schreibt in seiner bekannten Rothschild-Familienbiographie, dass die Rothschilds im Rahmen eines „geräuschlosen Syndikats“, das von J. P. Morgan bis zur Credit-Anstalt in Wien gereicht hätte, in das französisch-amerikanische Devisenmanöver eingebunden waren. Bosels Unionbank hatte dagegen von allen Wiener Großbanken den geringsten ausländischen Beteiligungsgrad und anscheinend keine verlässlichen Einflüsterer.[15]

Der Franc steigt unerbittlich, die Krone verliert an Wert: der 500.000-Kronen-Schein.

Im Bankhistorischen Archiv der Österreichischen Nationalbank liegt noch eine Aufstellung zu den Summen, mit denen Bosel bis in den Sommer 1924 hinein gepokert hat. Bei zwei Devisen-Termingeschäften mit New Yorker Bankhäusern sind bis Ende Juli rund 29 Millionen Franc auf dem Spiel gestanden. Zwei dieser Banken waren die Equitable Trust Company und die Guaranty Trust Company. Nach Bosels Abrechnungen zu urteilen, hat eine der beiden Banken auf einen fallenden, die andere auf einen steigenden Franc gesetzt. Dem amerikanischen Wirtschaftshistoriker Charles Kindleberger zufolge sollen aber beide mit J. P. Morgan in Verbindung gestanden sein. Demnach wird das Bankhaus Morgan genau gewusst haben, welche Wetten Bosel laufen hatte, der somit den US-Spekulanten wohl in die Falle gegangen ist.
Sigmund Bosel hat seinerseits aber auch in beide Richtungen spekuliert. Gegenüber ausländischen Kontrahenten setzte er erfolglos auf einen fallenden Franc. Gegenüber österreichischen und deutschen Privatbanken hat er dagegen in einem geringeren Umfang erfolgreich auf einen steigenden Franc gesetzt. Während Bosel im Juni 1924 Gewinne eingefahren hat, sind die Monate Mai und Juli für ihn blutrot gewesen. Unterm Strich war er im Frühjahr 1924 mit rund 16 Millionen Franc bzw. einer Million US-Dollar im Minus.[16]
Eine Überraschung am Rande liefert die Liste der Banken, mit denen das Bankhaus Bosel damals Terminwetten eingegangen ist. Auch das Wiener Bankhaus Ephrussi, das durch Edmund de Waals Beststeller *Der Hase mit den Bernsteinaugen* international ein Begriff geworden ist, hat bei der Franc-Spekulation mitgemischt. Ephrussi und Bosel waren Kontrahenten in einem riskanten Spiel, bei dem Ephrussi & Co. jedoch das glücklichere Händchen bewiesen hat.

Nach dem Zusammenbruch der Franc-Spekulation trauen die Wiener Banken einander nicht mehr über den Weg. Sie geizen mit Darlehen, wodurch es für normale Firmen zu einer Kreditklemme kommt. Viele Finanzleute müssen schnellstens Aktien verscherbeln, um ihre Verluste stemmen zu können. Genau das ist ein Fressen für andere Baisse-Spekulanten, die auf fallende Aktienkurse gesetzt haben und den Abwärtssog verschlimmern. Obendrein ziehen ausländische Geldgeber die Reißleine, um ihr Kapital vor möglichen Bankenzusammenbrüchen in Sicherheit zu bringen. Damit rasseln die Aktien in den Keller. Bosels Unionbank erleidet innerhalb von nur zwei Wochen ein verheerendes Kursminus von 33 Prozent. Wien erlebt Ende März 1924 einen Börsenkrach, der die gesamte österreichische Volkswirtschaft erschüttert.[17]

Der Bankenverband reagiert schnell und bildet ein Interventionskomitee, um mithilfe der Nationalbank den Kursverfall einzudämmen. Es darf aber nicht jede notleidende Bank unter den Rettungsschirm, der einige Monate lang aufgespannt wird. Nur die salonfähigen Finanzhäuser aus der Gruppe der angeschlagenen Banken bekommen Finanzspritzen, damit sie ihren Wertpapierbestand nicht verschleudern müssen. Die Kredithilfe stammt aus einem Finanztopf der Vorläufer-Organisation der UNO, des Völkerbunds in Genf. 300 Milliarden Kronen sollen die Abwärtsspirale in Wien stoppen.[18]

Die Großbanken merken, dass auch Bosel Wertpapiere auf den Markt wirft. Weil er mit seiner „Aktienplantage“ damals alle in den Schatten stellt, packt die Banken die nackte Angst. Was ist, wenn Bosel seine Aktien rücksichtlos versilbert, um seine verlustbringenden Engagements bedienen zu können? Die Banken fürchten, dass ihre eigenen Aktienpakete massiv entwertet werden und die gesamte Stützungsaktion nutzlos verpufft. Die Wiener Hochfinanz hat noch dazu wenig Lust, den finanzmaroden Kommerzialrat aufzupäppeln. Das Signal aus dem Bankenverband ist eindeutig: Nationalbank und Finanzministerium sollen „Mittel und Wege finden“, um Bosel an weiteren Aktienverkäufen zu hindern. Bosel wird ein Überbrückungskredit angetragen, damit er flüssig bleibt.[19]

Bosel hat später behauptet, dass er damals unter Druck gesetzt wurde. Finanzminister Kienböck habe ihn zu sich zitiert und ihm vorgeworfen, dass es „höchst unpatriotisch“ sei, durch den Verkauf von Aktien einen Kurssturz auszulösen. „Sowohl von der Nationalbank als auch vom Finanzminister wurde ich dringendst aufgefordert, den Verkauf von Effekten einzustellen.“ Dagegen habe er sich mit dem Argument gewehrt, dass er liquide bleiben müsse und andere weit mehr Aktien verkaufen würden als er, so Bosel. Hat Kienböck damals unlautere Argumente verwendet, um Bosel mit einem Kredit quasi an die Leine zu legen? Aus einem OeNB-Papier geht hervor, dass man Bosel zu Unrecht als Auslöser für den Kursverfall hingestellt hat. Bei einer Klarstellung der Aktienverkäufe des Bankhauses Bosel „ergab sich, dass ... die Abgaben von dieser Seite lange nicht jenen Umfang hatten, der allgemein angenommen wurde".[20]

Bosel ist letztlich auf den Deal eingegangen, den ihm Minister Kienböck und Nationalbank-Präsident Reisch nahelegen. Im Mai 1924 bekommt er einen Kredit von über drei Millionen Dollar. Bosel verspricht als Gegenleistung, keine Aktien mehr zu verkaufen, und hinterlegt bei der Nationalbank ein entsprechend großes Wertpapierpaket. Mit den drei Millionen Dollar ist Reisch auf der sicheren Seite gewesen, Bosel besitzt im Mai 1924 ein Wertpapiersortiment im Kurswert von mehr als 15 Millionen Dollar.[21]

Weil die Kurse aber fallen, die Zinsen für den Kredit steigen und Bosel viel Geld in die Kapitalaufstockung der Unionbank gebuttert hat, geht es ihm wie einem Boxer, der angezählt und für Schläge unter der Gürtellinie verwundbar ist. Nach 1924 verfasst er mehrere Gedächtnisprotokolle, in denen er die Entstehung seiner Verluste schildert – und die Versuche, seine Schulden in den Griff zu bekommen. Selbstkritik sucht man in den Schriftstücken vergeblich, wo es etwa heißt: „Die in den Monaten Jänner und Februar 1924 günstige normale Entwicklung fand einen jähen Abbruch im März, eingeleitet durch den Bankbeamtenstreik und verschärft durch die plötzliche Kurssteigerung des französischen Franc, der die am Wiener Platze eingegangenen Baisse-Spekulationen nicht standhielten."[22] Aus diesem Satz wird der Euphemismus hörbar, mit dem Banker seit eh und je Verluste in verharmlosende Formulierungen kleiden.

Interessant sind Bosels Gedächtnisprotokolle aber dort, wo es um den Kampf gegen seinen beruflichen Untergang geht. Bosel glaubt offenbar, dass er es mit einer Verschwörung zu tun hat – mit einem, wie er sagt, „systematischen Zusammenwirken von verschiedenen Instanzen, um meinen absoluten Ruin herbeizuführen". Diese Verteidigungshaltung ist der Grund, warum Bosel Abschriften seiner Memoranden an Polizeichef Schober schickt. Ihn zieht er ins Vertrauen, von ihm erhofft er sich Schützenhilfe im wirtschaftspolitischen Infight. Folgt man Bosels Argumentation, dann war der Kredit durch das Interventionskomitee so etwas wie ein vergifteter Apfel. „In der Zwangssituation, in der ich mich befand, musste ich diese Verpflichtung auf mich nehmen, die für mich, wie sich in der Folge herausstellte, äußerst verderblich war. Denn hätte ich zu jener Zeit ohne Rücksicht ... die Realisierung der Effekten fortgesetzt, so hätte ich einen größeren Teil meines Vermögens gerettet."[23]

Im April 1924 sind Bosels Verluste bereits ruchbar geworden. In der *Arbeiter-Zeitung* erscheint eine Karikatur, die das Denkmal eines jungen Reiters im Frack zeigt, der gerade abgeworfen wird, weil sein Pferd erschrocken auf einen Franc-Kurszettel starrt und dabei ins Straucheln kommt. Die unterschwellige Botschaft der Illustration: Für den „Trillionär" hat der Sturz vom Podest begonnen.[24]

Fieberhaft versucht Bosel, die Verfallstermine seiner Kurswetten hinauszuschieben, für den Fall, dass doch noch ein Umschwung beim Franc-Wechselkurs stattfindet. Der angeschlagene Bankchef schickt auch Manager nach Amerika. Sie sollen in der New Yorker Investorengemeinde die Unionbank anpreisen, damit Bosel seine hauseigenen Aktien zu Geld machen kann. Dummerweise muss im Juni 1924 aber die Allgemeine Depositenbank von Camillo Castiglioni zusperren. US-Diplomaten warnen ihre Landsleute davor, sich mit rot-weiß-roten Finanzhäusern die Finger zu verbrennen. Die „Unionbank-Roadshow" wird ein Rohrkrepierer. Damit ist Bosel weiter mit leeren Taschen auf einem Berg von Aktien gesessen, die zu vernünftigen Preisen nicht an den Mann zu bringen waren.[25]

Im Sommer 1924 hat die Öffentlichkeit noch keinen Schimmer, dass Bosel nebenher in gewagte Finanzgeschäfte der staatlichen Postsparkasse verstrickt ist. Nur ganz wenige wissen, dass Bosel auch für die PSK auf fallende Franc-Kurse gewettet und öffentliches Geld in den Sand gesetzt hat.

Der Fremdwährungspoker im Auftrag der PSK

Die Misere reicht zurück ins Jahr 1922. Die Gouverneure der PSK logieren in einer wuchtigen Zentrale am Georg-Coch-Platz nahe der Ringstraße. 1906 ist man in den prachtvollen Bau eingezogen, den der Star-Architekt Otto Wagner geplant hat. Nach dem Ersten Weltkrieg ist das durchgestylte Gebäude aber nur mehr die schicke Hülle für ein rückständiges Geldinstitut. Der Postsparkasse ist durch die Inflation das Geschäftsmodell abhanden gekommen. Keiner will mehr etwas von Staatsanleihen wissen, und die vielen

neuen Kleinbanken bieten ihren Kunden bessere Konditionen. Die PSK hat jedoch hohe Personalkosten und das Problem, dass sich die Nachfolgestaaten der Monarchie nicht einigen können, wie der Einlagenstock der früher supranationalen Bank geteilt werden soll.[26]
Weil PSK-Gouverneur Schuster-Bonnot mit den entsprechenden Verhandlungen eingedeckt ist, überlässt er Vizegouverneur Klimesch das Kerngeschäft. Klimesch kommt 1922 – angeblich ohne jeglichen politischen Auftrag – zur Überzeugung, dass er ins Aktiengeschäft einsteigen muss, um die Bank finanziell über Wasser zu halten. Damit entsteht eine aberwitzige Situation, die fatal an heutige Finanzskandale erinnert: Ein eigenmächtiger Manager riskiert vorbei an jeder Kontrolle das Geld einer systemrelevanten Bank, für die der Staat bis zum letzten Heller haftet.

Sigmund Bosel bekommt schnell mit, dass die Postsparkasse mit Aktien und Devisen handelt. Nachdem er für das Lebensmittellager der Wiener Polizei und für die Hammerbrotwerke schon große PSK-Kredite aufgenommen hat, möchte Bosel im September 1922 mit der Staatsbank über Gegengeschäfte reden. Weil er damit zuerst abblitzt, bittet Bosel im Oktober Polizeichef Schober, bei Vizegouverneur Klimesch zu intervenieren und diesen „über seine persönlichen und kommerziellen Qualitäten günstig zu informieren". Daraufhin wird die Postsparkasse aktiv. Die PSK-Gouverneure Schuster und Klimesch eröffnen Bosel, dass sie mit seiner Hilfe in großem Stil Geld anlegen wollen. Bosel werden riesige Gelder bewilligt, mit denen er auf eigene Rechnung und auf Rechnung der Postsparkasse drauflosspekuliert.[27]

Die Staatsbank mogelt sich mit dieser Vorgangsweise erneut an internen Richtlinien vorbei. Denn das damals noch gültige, aber nicht mehr zeitgemäße PSK-Gesetz von 1882 regelt, dass die Bank nicht spekulieren darf. Deswegen brauchen die PSK-Granden versierte Privatbankiers wie Sigmund Bosel, die für verschwiegene Geld- und Kapitalmarktgeschäfte vorgeschoben wurden. Auch der Bankspekulant Richard Kola hat sich während der Inflationszeit als heimlicher Devisenbeschaffer für die Republik Österreich und für Polen betätigt.[28]

Im Herbst 1922 geht Vizegouverneur Klimesch in der PSK munter ans Werk. Er richtet sich eine inoffizielle Wertpapierabteilung ein, für die er einen verschwiegenen Buchhalter namens Hofrat Scheidl abstellt. Scheidl kapselt sich vom Rest der PSK dadurch ab, dass er sich die Geschäftspost zu den Geheimgeschäften an seine Privatadresse schicken lässt. Später laufen die Spekulationsabenteuer tarnungsweise sogar auf den Namen des Staatsdieners. Der Regierung gehen bald Hinweise zu, dass die PSK ohne bankmäßige Kontrollen große Devisentransaktionen durchzieht. Die Warnungen werden jedoch in den Wind geschlagen. Anfang 1924 lässt sich der Rechnungshof dazu bewegen, dass eine Prüfung der Geschäftsgebarung verschoben wird, damit die von Klimesch gewünschte Diskretion gewahrt bleibt.[29]

In der Postsparkasse ist nicht nur bei den Spekulationsgeschäften Geheimniskrämerei angesagt. Die Staatsbank wickelt auch im Dunstkreis der Politik Millionendeals ab. Die Bank spielt Finanzfeuerwehr für eine Reihe von schwindligen Regionalbanken, die im Politfilz der konservativ-großdeutschen Regierung angesiedelt sind. Viele dieser Institute, darunter die Allgemeine Industriebank, die Treuga AG oder die Verkehrskreditbank, haben großspurige Firmenschilder an der Tür. Meistens sind diese Banken aber Sanierungsfälle. Die PSK muss mit politisch erwünschten Hilfsaktionen einspringen und Beteiligungen eingehen. Klimesch zufolge hat die Bank das auf Geheiß des Finanzministeriums getan.

In dieser Situation kommen der PSK die gewinnbringenden Aktienspekulationen mit Bosel und anderen Finanzleuten gelegen. Zwischen Jänner 1923 und Jänner 1924 geht der Wiener Aktien-Index um 200 Prozent hinauf. Doch die Geschäfte mit Bosel werden auf eine Weise abgewickelt, die auch später undurchsichtig bleibt. Wiederholt kommt es dazu, dass die PSK von Bosel Aktien kauft, die sie ihm dann wieder verkauft und neuerlich von ihm zurückkauft. Außerdem zahlt der „Haus-und-Hof-Spekulant" seine PSK-Kredite nicht mit Geld, sondern mit Aktien zurück. Womit die finanziell ausgehungerte Staatsbank einverstanden war, weil sie wertsteigernde Investments brauchte, um sich über Wasser halten zu können.[30]

Im Jänner 1924 reißt der Höhenflug der Wiener Börse jedoch ab. Klimesch sattelt nach der Kursrallye auf riskante Devisengeschäfte um. Will er nun mit Spekulationen gegen den französischen Franc das Geld hereinholen, das die PSK in die maroden Politbanken gepumpt hat? Am 12. Februar 1924 schließt das Postsparkassenamt mit Bosel ein Übereinkommen, in dem das Bankhaus Bosel Folgendes bestätigt: „Wir verpflichten uns, alle Aufträge zum Kauf bzw. zum Verkauf von Devisen etc. sowohl im Inland als auch im Ausland über Ihren Auftrag durchzuführen."[31]

Einen Monat später ist die Katastrophe perfekt. Die PSK hat so wie Sigmund Bosel in der Pariser Spekulationshölle den Kürzeren gezogen. Bosel und Klimesch haben allerdings vereinbart, dass die Endabrechnung erst 1925 gemacht wird. Man hofft, dass die Kooperation mit dem Börsenguru bis dahin glimpflich ausgeht.

Im April 1924 kommt es bei Kurswetten, die ursprünglich auf Bosel gelaufen sind, zu einer rätselhaften Betriebsamkeit. Die Postsparkasse steigt in verlustreiche Bosel-Termingeschäfte ein und wettet nunmehr in Eigenregie darauf, dass es allen Markterwartungen zum Trotz zu einem neuerlichen Kursverfall des Franc kommt.[32]

Im Historischen Archiv der BAWAG-PSK findet man noch eine ganze Reihe von nie veröffentlichten Dokumenten zu den damaligen Millionengeschäften. Der Weg in das sauber katalogisierte Archiv führt mehr als 80 Stufen tief unter die Erde. Früher hat die alte Postsparkasse hier ihre Aktien gelagert. Der Weg zum Wertpapierschatz der Bank war durch zwei dicke Wertheim-Tresortüren gesichert. Heute dient der „Untere Tresor" als Lagerplatz der „Bosel-Akten", die auf eine höchst sonderbare Abwicklung der Franc-Spekulationsgeschäfte hindeuten. Sigmund Bosels Version ist die gewesen: „Bei den Devisentransaktionen habe ich nur ganz geringfügige Provisionen verrechnet, im Übrigen aber nur Aufträge zur Ausführung gebracht, die mir vom Postsparkassenamt erteilt wurden."[33]

Wenn dem so war, dann müssen die Kommandos telefonisch oder bei speziellen Treffen erfolgt sein. Aus Gründen der Geheimhaltung scheint es nämlich keine schriftlichen Spekulationsaufträge der PSK für Bosel gegeben zu haben. Merkwürdig ist, dass die Postsparkasse im Frühjahr 1924 Kurswetten geschultert hat, die das Bankhaus Bosel ursprünglich gar nicht für die PSK abgeschlossen hatte. Anscheinend hat Vizegouverneur Klimesch in einem verzweifelten Durchhaltemanöver auf einen wiederkehrenden Schwächeanfall des Franc gesetzt.[34] Hat er sich das womöglich von Sigmund Bosel einreden lassen?

Die Vertuschung der Verluste

Im Sommer 1924 lässt sich Bosel nicht anmerken, dass er mit allen Regeln der Kunst gegen die Pleite kämpft. Alle Welt soll glauben, dass er seine Finanzen im Griff hat. Da hilft nun der Millionenkredit der Nationalbank, mit dem Bosel vor allem im Ausland seine Bonität unter Beweis stellen kann. Auch die versprochene Mega-Spende an die Universität Wien hat Bosel überwiesen. Dafür war es auch höchste Zeit, denn die Sozialdemokraten haben sich im Parlament schon neugierig erkundigt, wo denn das Geld eigentlich bleibt.[35]

Bosel muss auch die Aktienkurse seiner Konzernunternehmen über Stützungskäufe hochhalten, damit seine Wertpapiere weiterhin als Pfand taugen. Nebenher hat die Nationalbank den Zinssatz empfindlich hinaufgeschraubt, den Bosel für den rettenden OeNB-Kredit zahlen muss. Bosels Schulden gehen in die Höhe. Ende 1924 und Anfang 1925 wird in Finanzkreisen gemunkelt, dass es um ihn und die Postsparkasse schlecht steht. Mittlerweile haben Bosel und die PSK-Gouverneure Schuster und Klimesch die „Fides Treuhand Bank" gegründet, um die Börsenkurse nach Möglichkeit hinaufzupeitschen.[36]

Im Februar 1925 bleibt nur mehr die Flucht nach vorn. Bosel schickt ein Memorandum an den neuen Finanzminister Jakob Ahrer, der Viktor Kienböck nachgefolgt ist. Drei Monate ist Ahrer im Amt, als er lesen muss, dass Bosel und die PSK bei gemeinsamen Spekulationen ernste Verluste erlitten haben. Bosel behauptet allerdings, dass er für einen Teil der Verluste gar nicht verantwortlich sei. Er gibt an, dass die PSK-Spitze ihre Aktien Ende 1923 nicht verkaufen wollte, obwohl er dazu geraten habe. Und auch bei den Kurswetten gegen den Franc habe er Verluste hinnehmen müssen, die in Wahrheit auf die Postsparkasse zurückgehen würden. Bosel möchte eine Endabrechnung haben und einen mehrjährigen Tilgungsplan, um die ihm zurechenbaren Verluste abstottern zu können.[37]

Ahrer fällt aus allen Wolken. Er informiert Bundeskanzler Ramek und holt Erkundigungen ein. Einige Tage später packt Vizegouverneur Klimesch in kleiner Runde aus. Die Regierungspolitiker wissen nun, dass in der PSK eine tickende Finanzbombe entschärft werden muss. Im Bosel'schen Firmengeflecht zeigen sich erste Auflösungserscheinungen: Die Handelsgesellschaft Omnia wird im März 1925

zugesperrt und auch Bosels Zeitung *Der Tag* gerät in Finanznot. Überleben kann das Blatt nur, weil der tschechoslowakische Pressekonzern Orbis die Lücke füllt und Bosels Anteile übernimmt.[38]
Im April 1925 liegen die Verluste auf dem Tisch. In Form einer Aktennotiz wird am 18. April festgehalten, dass das „Bankhaus S. Bosel“ der Postsparkasse 3,6 Millionen Dollar schuldet und diesen Betrag anerkannt hat.[39] Das Problem ist nur, dass Bosel nicht zahlen kann. Dem finanzmaroden Trillionär kommt jedoch der Umstand zu Hilfe, dass die Republik gerade den Schilling als neue Währung einführt und die staatliche Postsparkasse international in kein schiefes Licht geraten darf. Die PSK-Bilanz wird daher frisiert, um die Verluste gegenüber dem Ausland zu verstecken.[40]
Mit Bosel wird der erste von insgesamt drei Verträgen geschlossen: Er darf die 3,6 Millionen Dollar bis 1929 in Raten abzahlen. Die Aktien, die Bosel zur Besicherung seiner PSK-Kredite in guten Zeiten hergegeben hatte, waren in der Zwischenzeit aber kursmäßig abgestürzt. Sie sollen im Frühjahr 1925 nur mehr eine Million Dollar wert gewesen sein. Die Postsparkasse steckt in einer Zwickmühle. Entweder sie beißt in den sauren Apfel und akzeptiert einen Verlust von rund zweieinhalb Millionen Dollar – oder sie findet einen anderen Weg, um das Bankhaus Bosel zu sanieren. Dieser Umstand bietet Raum für Tricksereien, halbherzige Sanierungsversuche und politische Eigenmächtigkeiten, die schlussendlich den Steuerzahlern in Rechnung gestellt werden.[41]
Sigmund Bosel will mit allen Regeln der Kunst einen Ausweg aus seinem Schulden-Schlamassel finden. Im April 1925 soll es angeblich ein geheimes Banken-Treffen gegeben haben, um einen „Friedensschluss“ zwischen Bosel und den anderen Kreditinstituten auszuhandeln. Die Bedingungen sollen für Bosel aber derart hart gewesen sein, dass er „erregt aufsprang, auf den Tisch schlug und den Herren ein Wort zurief, das mit einem Goethe-Zitat identisch ist. Damit war der verschärfte Kriegszustand eingetreten.“[42] Bosel scheint sich für den Notfall allerdings etwas überlegt zu haben. In einem gefinkelten Schachzug verfrachtet er seinen Wertpapierbesitz in eine verschachtelte Schweizer Holding.
In mehreren Gedächtnisprotokollen hat er seine Vorgangsweise später als wirtschaftliche Notwehr dargestellt. Bosel spricht davon, dass Nationalbank-Chef Reisch und die Großbanken „hinter sei-

nem Rücken" darüber verhandelt hätten, das Bankhaus Bosel abzuwickeln und Bosels Aktien zu verwerten. „Dieser Plan, welcher meinen Ruin bedeutet hätte, war für mich der Anlass, rasch zu handeln." Bosel hat in der Schweiz mehrere Geldgeber aufgetrieben, die Ende Juni 1925 die besagte Holding mit dem Namen „Union Trust AG" gründen und Bosel mit vier Millionen Dollar ausrüsten. Im Gegenzug deponiert der Finanzjongleur in der Union Trust Holding alle seine Aktien, die noch nicht bei der Nationalbank verpfändet waren. „Um den gegen mich beabsichtigten Schlag abzuwehren", wie er sagte.[43]
Der Deal war derart schlau aufgebaut, dass Bosel die Kontrolle über die Holding hatte und somit weiter bestimmen konnte, wie sein Aktienbesitz verwertet wird. Karl Ausch hat rückblickend die Meinung vertreten, dass Sigmund Bosel 1925 „eindeutig eine Unterschlagung zum Schaden der Postsparkasse begangen hat". Die Gründung der Schweizer Holding sei, wie Ausch behauptet, unter Betrugsabsicht geschehen.[44]
Dem steht der Umstand entgegen, dass Bosels Partner in der Schweiz keine Marionetten oder Strohmänner gewesen sind. Geldgeber Nummer eins war die Genfer Bank *Comptoir d'Escompte Bank* aus Genf, der damals 25 Prozent der traditionsreichen Niederösterreichischen Escomptegesellschaft gehören. Bosel zufolge sei der Königsplan gewesen, dass die Escomptegesellschaft – die Hausbank der Gemeinde Wien – Bosels Anteile an der Unionbank und den Veitscher Magnesitwerken vom Union Trust kaufen sollte. Geldgeber Nummer zwei war der schillernde Investor Albert Jossua. Über diesen austro-griechischen Selfmade-Millionär aus Genf – der ein Hüne mit einem kleinen Schnurrbart war – ist damals nicht viel bekannt gewesen. Man wusste nur, dass Jossua der Eigentümer eines Palais in der Wiener Prinz-Eugen-Straße war, wo er sich im Unterschied zu seiner Frau aber nur selten aufhielt, weil er häufig zwischen Genf, der französischen Riviera und den böhmischen Kurbädern hin- und herpendelte.[45] Im Sommer 1925 glauben nun viele, dass sich Bosel mit der Rückendeckung durch Jossua und die Genfer Bank sanieren kann.
Finanzminister Ahrer und andere haben gewusst, dass Bosel in der Schweiz eine Holding-Gesellschaft im Auge hatte. Sie durchkreuzen seinen Plan aber nicht, weil Bosel so an frisches Geld herange-

kommen ist, um seinen Kredit bei der Nationalbank tilgen zu können. Man verhält sich daher still, als Bosel den Schweizern anfangs verheimlicht, dass er bei der PSK tief in der Kreide steht und ein Teil seiner Aktien schon verpfändet ist. Die Parole der Politiker und Sektionschefs habe gelautet: „Zuwarten, nichts verhindern, Diskretion wahren, damit die Gegner des Präsidenten Bosel nichts stören können." Ahrer ist derselben Ansicht: „Ein Krach Bosels wäre für Österreich vernichtend", notiert er in seinem Tagebuch.[46]

Dass er eine Lösung für seine Schulden gefunden habe, erzählt Bosel sogar dem damaligen Bundeskanzler Ramek. Und zwar bei der Eisenbahnfahrt zur großen Völkerbundtagung Anfang September 1925 in Genf. Viele internationale Finanzleute sind Zaungäste, Bosel und Jossua gehören dazu. Während der Anreise pirscht sich Bosel an den Bundeskanzler heran. Ramek sagt später über das Zusammentreffen mit Bosel: „Er hat sich mir vorgestellt und mir mitgeteilt, dass er jetzt in der Lage sei, durch Transaktionen, die er in der Schweiz gemacht hat, sich vollständig zu rangieren ... und seine Schuld sowohl bei der Nationalbank ... als auch der Postsparkasse zu bezahlen. Denn er lege den größten Wert darauf, dass die Welt wisse, dass er ein anständiger Mensch sei."[47]

Zwei Wochen später überschlagen sich die Ereignisse. Bosel informiert das Finanzministerium, dass seine Schweizer Finanzpartner für die Aktien der Unionbank und der Veitscher-Magnesitwerke 6,6 Millionen Dollar geboten hätten. Will man zulassen, dass diese österreichischen Paradefirmen ausländische Eigentümer bekommen und Bosel möglicherweise zu wenig Geld zur Rückzahlung seiner Schulden bleibt?

Ahrer schlägt Ramek am 23. September frühabends zwischen Tür und Angel vor, dass die staatliche PSK alle in der Schweiz liegenden Bosel-Aktienpakete übernimmt. Ahrer und der für die PSK eigentlich zuständige Handelsminister Schürff haben die entsprechende Aktennotiz schon unterzeichnet. Ob Ramek gegen den Plan war oder halbherzig dafür, wird später für heftige Kontroversen sorgen. Eine schriftliche Zustimmung hat er jedenfalls nicht erteilt. Ahrer gibt PSK-Gouverneur Klimesch dennoch grünes Licht. Dieser unterschreibt noch am selben Abend das Abkommen, und die Unterhändler der *Comptoir d'Escompte* fahren mit dem Vertragswerk umgehend zurück nach Genf.

Das besagte Abkommen sieht vor, dass Bosel entschuldet wird und die Nationalbank ihren Bosel-Kredit zurückbezahlt bekommt. Wie? Indem die Postsparkasse dem Union Trust die Filetstücke aus dem Bosel'schen Wertpapierportfolio ablöst. Das sind vor allem zwei umfangreiche Aktienpakete der Unionbank und der Veitscher Magnesitwerke. Der Haken daran: Der Kurswert der Wertpapierpalette, die man dem Union-Trust bzw. Bosel abgenommen hat, liegt bei Vertragsabschluss weit unter dem vereinbarten Kaufpreis. War vorher Bosel 3,6 Millionen Dollar schuldig, so ist nun auf einmal die PSK ihrerseits 11,2 Millionen Dollar schuldig gewesen. Natürlich ist die PSK im Gegenzug auf dem riesigen Bosel-Aktienberg gesessen. Der wäre in guten Zeiten auch einen Betrag in dieser Größenordnung wert gewesen, im September 1925 sind es aber nur mehr 7 Millionen Dollar gewesen.[48]

Ramek hat später gesagt, er sei hintergangen worden. Ahrer wehrt sich, man habe ihn damals im Regen stehen lassen. Bosel hat angegeben, dass die Regierung die Unionbank unter ihre Kontrolle bringen wollte, nachdem man den anvisierten Deal mit der Escomptegesellschaft vereitelt hätte.[49] Wie dem auch sei: Im Glauben, aus der Not eine Tugend zu machen und wichtige Großunternehmen im regierungsnahen Einflussbereich zu halten, hat man der staatlichen PSK zu überhöhten Preisen Aktien aufgehalst. Das Sanierungskonzept lebt total vom Prinzip Hoffnung. Das Risiko liegt bei der Postsparkasse, die in die „Schuldknechtschaft" gegenüber einer Schweizer Gesellschaft rutscht, in der Bosel die Fäden zieht.

Finanzminister Ahrer bleibt nichts übrig, als im Jänner 1926 den Hut zu nehmen. Sein christlichsozialer Nachfolger Josef Kollmann rudert zurück, um Bosel ein geändertes Abkommen abzuringen. Viktor Kienböck, der wieder als Rechtsanwalt tätig ist, hilft ihm dabei. Bosel sagt, man habe ihm einerseits gedroht und andererseits Versprechungen gemacht, dass seine Firmen profitieren werden, falls er nachgibt. Bosel willigt daher ein, dass der Vertrag vom Herbst 1925 teilweise rückgängig gemacht wird und die PSK im Februar 1926 sämtliche Bosel-Aktien erhält, die beim Union Trust verpfändet waren. Obwohl die Regierung später von den angeblichen Zusagen nichts mehr wissen wollte, hat sich das vertragliche Hin-und-Her für Bosel einigermaßen ausgezahlt. Er hat seine Zahlungstermine hinausschieben können und weniger Verzugszinsen zahlen müssen.

Als die drei Bosel-Verträge im Herbst 1926 bekannt werden, gibt es einen Sturm der Entrüstung in der Presse. Die Optik der ursprünglich vorgesehenen Entschuldung ist verheerend, weil sich Finanzminister Ahrer nach seinem Rücktritt inzwischen aus Europa abgesetzt hat. Seine Reise nach Amerika und weiter nach Kuba nennt er später einen „Lebensabschnitt, in dem seine Nerven versagt" hätten. Dass er in einer politisch heißen Phase abgetaucht ist, bringt Ahrer in der *Grazer Tagespost* den Vorwurf ein, er habe von Bosel 500.000 Dollar kassiert – als Prämie für angebliche Vermittlerdienste bei der geplatzten Schuldentilgung für Bosel.[50]

Im September 1926 startet *Der Abend* eine aufsehenerregende Artikel-Serie über die Zustände in der Postsparkasse. Der Aufhänger für die Enthüllungen könnte kaum passender sein: Nationalbankchef Reisch hat in der PSK provisorisch das Ruder übernommen, nun soll ein Kassasturz her. Offen berichtet die Zeitung darüber, dass Bosel der PSK hohe Verluste eingebrockt hat und die Staatsbank verkrachte Provinzbanken subventioniert. Einige Tage später warnt *Der Abend* davor, dass Reisch als Exmanager der Boden-Credit-Anstalt die PSK dem machthungrigen BCA-Chef Sieghart „ausliefern" werde. Das linke Blatt fordert auch einen parlamentarischen Untersuchungsausschuss. Die Regierung schlägt zurück und leitet ein Verfahren gemäß Paragraph 308 des Strafgesetzbuches ein: wegen der „Ausstreuung und Verbreitung beunruhigender Gerüchte, ohne zureichende Gründe, sie für wahr zu halten". Die Katze ist aber aus dem Sack, der PSK-Skandal lässt sich nicht mehr einfangen.[51]

Polizeipräsident Schober hält wenig davon, wie Reisch vorgeht. Er macht seinem Ärger Luft – in einem Brief an seinen alten Politikerfreund Josef Redlich. Dieser lehrt mittlerweile als Jus-Professor an der Universität Harvard. Redlich verfolgt weiterhin genau, was sich in der Heimat abspielt. Die *Neue Freie Presse* lässt er sich über den Ozean nachliefern. Schober schreibt Redlich aus Wien: „Reisch übt sich jetzt in der Postsparkasse meiner Meinung nach mit wenig Geschick und wenig verhüllter Tendenz, die Exekution an Bosel zu vollziehen, gleichgültig, ob der Staat oder die Postsparkasse die Leidtragenden sind. Es ist ein Pfuhl! Brrr!"[52]

Anfang November 1926 sind Bosels Tage als Präsident der Unionbank gezählt. Nationalbank-Präsident Reisch wird von Bundeskanzler Seipel zu einer Ministerratssitzung beigezogen. Reisch möchte genaue Richtlinien haben, „in welchem Ton und in welchem Umfang“ er das Parlament über die Lage in der PSK informieren soll. Die Regierung will ihrerseits wissen, worauf sie sich gefasst machen muss. Reisch referiert über die Spekulationsverluste: „Die PSK machte das, was Bosel wollte“, so Reisch, dem „es peinlich ist, über die Postsparkasse und ihre hoch angesehenen Funktionäre mehr als ein hartes Urteil fällen zu müssen“. Reisch beziffert den Verlust mit 110 Millionen Schilling, bevor er aufhorchen lässt: „Ich lege Gewicht darauf zu betonen, dass die größten Verluste in laufenden Geschäften der Postsparkasse entstanden sind … sodass also die öffentliche Meinung nicht zutrifft, die besagt, dass die Engagements mit Bosel, der Verkehrskreditbank und der Treuga die Postsparkasse ins Verderben gestürzt hätten.“[53]

Am 6. November, einem Samstag, berichtet Reisch dann in einer vertraulichen Sitzung dem „Unterausschuss zum Postsparkassen-Gesetz“. Für Bosel sind die Ausführungen niederschmetternd. Reisch gibt ihm die Schuld an der gesamten Finanzmisere in der PSK. Die Gouverneure Schuster-Bonnot und Klimesch seien zwei „außerordentlich pflichtgetreue Beamte gewesen, die in abnormalen Zeiten leider versagt haben“. Dann kommt es: Er könne sich die Entwicklung der Verhältnisse nur so erklären, dass Klimesch von Bosel geradezu hypnotisiert gewesen sei, urteilt Reisch. „Bosel muss als böser Dämon des Postsparkassenamtes bezeichnet werden.“ Abschließend erklärt der Nationalbank-Boss, „dass der größte Teil der Verluste der Postsparkasse auf die Transaktionen mit Bosel zurückgeführt werden muss“ – womit Reisch genau das Gegenteil von dem behauptet, was er dem Ministerrat am Tag davor mitgeteilt hat.[54]

Noch gibt es aber kein Pressekommuniqué für die Öffentlichkeit. Finanzminister Kienböck zitiert Bosel zu sich. Kienböck will den sofortigen Rücktritt Bosels als Unionbank-Chef. Im Gegenzug würde die Pressemitteilung milder ausfallen, so der Minister – wenn man der Darstellung Bosels glaubt. Der sträubt sich, das Pressekommuniqué geht hinaus. Die PSK-Spitze wird geschont, Bosel niedergemacht.[55]

Nach so einer öffentlichen Demontage bleibt nur mehr der Rücktritt. Am 10. November 1926 wirft Bosel als Unionbank-Präsident das Handtuch. „Wenn er jetzt diese Würde niederlegt, ist das das Anzeichen seines Endes“, befindet die *Arbeiter-Zeitung*, während

Die Stunde den Rückzug ihres einstigen Miteigentümers so kommentiert hat: „Er war ein Kapitalist, aber er verschloss sich niemals den sozialen Forderungen, die von der sozialistischen Partei erhoben wurden … Bosel … bleibt ewig von einem gewissen Nimbus umflossen."[56]

Der Spekulant als Sündenbock

Die Erste Republik wird von ihrem bis dato größten Finanzskandal erschüttert. Die Verluste der Postsparkasse bleiben ein wochenlanges Aufregerthema. Im Lauf der parlamentarischen Ausschuss-Sitzungen kommen jedoch Ungereimtheiten zum Vorschein. Journalisten macht es stutzig, dass die kapitalhungrige PSK bereits 1922 bei Bosel in der Kreide stand und ihm damals viel mehr Geld schuldete als er ihr zwei Jahre später 1924. Obendrein wird bekannt, dass die Postsparkasse nicht nur mit dem „Frankensünder" Bosel gegen den französischen Franc spekuliert hat, sondern auch mit der Dresdner Bank. Die dazugehörigen Belege entdeckt man in einer Schreibtischlade von Hofrat Scheidl. Zehn Monate, nachdem dieser an einem Schlaganfall gestorben war.[57]

Viele staunen auch nicht schlecht, als sie hören, dass sich die PSK die Spekulationsdollars für Bosel einst bei der Nationalbank besorgt hat und das Finanzministerium bis ins Frühjahr 1924 Bosel mit einem Millionenkredit unterstützt hatte. Dass Finanzminister Kienböck und Nationalbank-Präsident Reisch von den Spekulationen nichts gewusst haben wollen, wirkt fadenscheinig und unglaubwürdig. Josef Redlich schimpft in einem Brief an Johann Schober über den Nationalbankchef: Reischs Mission sei es, als „letzter Retter der Postsparkasse die Wünsche derer zu erfüllen, die den letzten der großen Kriegsgewinner zur Strecke bringen wollen".[58]

Der Öffentlichkeit schwant, dass die Zahlen mit Vorsicht zu genießen sind. Im November 1926 ist von knapp 110 Millionen Schilling die Rede: 33 Millionen Schilling sind durch Geldspritzen für marode Provinzbanken in den Sand gesetzt worden. 43 Millionen durch Kursverluste bei Aktiengeschäften mit Bosel und anderen Wertpapiervermittlern sowie 31 Millionen Schilling bei Devisenspekulationen mit Bosel und der Dresdner Bank. Schlussendlich wird ein Verlust von 125 Millionen in die Bilanz der Postsparkasse aufgenommen, der in den Jahren danach mühsam abgebaut werden muss. Wie viel Geld die PSK verloren hat, wenn man nur die Bosel-Deals hernimmt, bleibt im Dunkeln. Nationalbank-Chef Reisch konnte oder wollte die entsprechenden Summen nicht auseinanderdividieren. Der sozialdemokratische Parlamentarier Robert Danneberg hat als Ausschuss-Insider geschätzt, dass die regierungsnahen Krachbanken genauso viel PSK-Geld verschlungen haben wie alle Bosel-Spekulationen. In Summe dürften 20 bis 30 Prozent der PSK-Gesamtverluste auf das Konto von Sigmund Bosel gegangen sein.[59]

An den gewaltigen Verlusten von damals gibt es rückblickend nichts zu beschönigen. Für die Postsparkasse war das Spekulationsabenteuer mit Sigmund Bosel ein Alptraum. Bosel als „Watschenmann" für den Totalschaden hinzustellen, war jedoch eine unfaire Vernebelungstaktik. Die wahre Verantwortung für die zügellose Geschäftspolitik und die verschlampte Neuausrichtung der Staatsbank hatten andere, nämlich die Chefs der Postsparkasse, die spekulieren wollten oder womöglich spekulieren mussten – und die zuständigen Politiker, die ihre Aufsichtsfunktion auf sträfliche Weise vernachlässigt haben.

Nicht umsonst hatte *Die Börse* damals die folgende Einschätzung parat: „Weil die Postsparkasse nicht kontrolliert wurde, als sie die guten Geschäfte machte, drückten alle auch die Augen zu, als man von den schlechten Geschäften zu munkeln begann."[60]

Das regierende Polit-Establishment hat nach dem Skandal kein wirkliches Interesse an einer Aufklärung. Die Regierung Seipel verhindert einen echten Untersuchungsausschuss, wie ihn sich die Sozialdemokraten wünschen. Die verantwortlichen Politiker und PSK-Manager kommen ungeschoren davon. Karl Ausch meinte daher im Rückblick: „Es drängt sich hier der Verdacht auf, dass über eine ganz große Korruption erfolgreich ein dichter Schleier gezogen wurde." Ende Dezember 1926 wird die Postsparkasse organisatorisch umgekrempelt und vom Bund mit 50 Millionen Schilling aufgepäppelt. Um dem Skandal die Spitze zu nehmen, habe die Regierung auf eine schnelle Verabschiedung des neuen Postsparkassengesetzes gedrängt, schreiben Michael Wagner und Peter Tomanek in ihrer PSK-Firmengeschichte: „Die Vergangenheit sollte ruhen; nur Bosel sollte als Sündenbock herhalten."[61]

Der Öffentlichkeit wird der letzte Akt im Postsparkassen-Drama kurz vor Weihnachten präsentiert. Bosel und Klimesch sollen im Parlament Rede und Antwort stehen. Seltsamerweise sind ausgerechnet das stenographische Protokoll dieser nicht-öffentlichen Sitzung und die damalige Parlamentspresseaussendung nicht mehr vorhanden.[62] Die Befragung lässt sich nur mehr anhand der damaligen Zeitungsartikel rekonstruieren. Was sich aber sehr wohl im Parlamentsarchiv findet, ist ein Attest des bekannten Internisten Emil Zak, wonach Bosel unter Herzrasen und Erregungszuständen sowie Schlaflosigkeit und Darmkrämpfen gelitten habe. Der PSK-Skandal hat Bosel zugesetzt, er bittet den Ausschuss-Vorsitzenden Eduard Heinl, dass auf seinen Gesundheitszustand „angemessen" Rücksicht genommen wird.[63]

Am 18. Dezember 1926 wird Sigmund Bosel um zehn Uhr vormittags ins Parlament bestellt. Bevor er und Klimesch drankommen, legt der Ausschuss fest, dass auf eine Befragung von Finanzminister Ahrer vor dem österreichischen Generalkonsul in Havanna verzichtet wird. Dann kommt Bosel an die Reihe. Man will wissen, wie er seinerzeit mit der Postparkasse ins Geschäft gekommen sei. „Damals war mein Haus eben auf einem Höhepunkt. Inzwischen ist das Unglück hereingebrochen und ich habe infolge meines Optimismus mein Vermögen eingebüßt", meint Bosel nachdenklich. „Heute bin ich ein Bettler."[64]

Ist dies das Bekenntnis eines Tiefstaplers oder eine Wortmeldung, mit der Bosel den Skandal im Büßerhemd durchtauchen will? Der sozialdemokratische Redeführer Danneberg bohrt nach, wie der skandalumwitterte Entschuldungsplan zustande kam, durch den Bosel zwischenzeitig beinahe alle Verbindlichkeiten losgeworden wäre: „Es ist in der Öffentlichkeit behauptet worden, dass Sie den Minister Ahrer bestochen hätten!" Bosel kontert: „Gegen diese Bemerkung habe ich schon an gewissen Stellen meine Entrüstung ausgesprochen. Ich habe so viel Respekt vor einem österreichischen Finanzminister, dass ich es nicht wagen würde, mit einem solchen Gedanken an ihn heranzutreten."[65]

Wie ist die Postsparkasse aber auf die schlüpfrige Bahn der Franc-Spekulation gekommen? Danneberg hakt wieder nach: „Ist das eine Anregung gewesen, die Sie der Postsparkasse gegeben haben, oder sind Sie da nur ein Beauftragter der Postsparkasse gewesen, diese Spekulationen durchzuführen?" Bosel flunkert herum und erklärt, dass er und die PSK Verluste aus gemeinsamen Aktiengeschäften wettmachen wollten. Diese Erklärung nehmen ihm Danneberg und der christlichsoziale Abgeordnete Wancura nicht recht ab.

Vizegouverneur Klimesch gibt den beiden Politikern Recht. Er bestätigt, dass die PSK 1923 bei ihren Aktien-Transaktionen mit 54 Milliarden Kronen im Plus gewesen sei. „Wieso ist es dann aber zur Francspekulationen der Postsparkasse gekommen?", möchte Dannenberg wissen. Klimesch antwortet, die PSK habe unter enormen Liquiditätsengpässen gelitten. Daher habe er sich zu den Devisenspekulationen verleiten lassen. „Weil Bosel diese Transaktionen als besonders aussichtsreich hingestellt hat", so Klimesch.

Stimmt das? Bosel gibt zu, dass er Klimesch „bis zu einem gewissen Grad zugeredet" habe, schränkt aber ein, dass er geglaubt habe, der PSK-Manager würde über besondere Informationen verfügen. Denn Klimesch sei „selbst auch bis zu einem gewissen Grad enthusiasmiert" gewesen, so Bosel. „Ich habe ihm gesagt, er soll alles machen, um es durchzuhalten."[66]

Die beiden Oberspekulanten in der Postsparkasse liefern ein seltsames Schauspiel. Kann es sein, dass sich Bosel auf Klimesch und Klimesch auf Bosel verlassen haben, womit die ruinösen Geschäfte ihren Lauf genommen haben? Beide behaupten sogar, dass womöglich ein Gewinn drinnen gewesen wäre, wenn die staatliche Postsparkasse bei den Francspekulationen einen längeren Atem bewiesen hätte. Gemeint waren die Geschäfte mit der Dresdner Bank. Das Argument war gewagt und umstritten, aber nicht völlig von der Hand zu weisen. Denn im Juli 1926 lag nach einem Kurssturz das Umrechnungsverhältnis für 100 Francs nur mehr bei 11 Schweizer Franken, während es im März 1924 im Moment des Genickbruchs für die Baisse-Spekulanten bei 21 Franken gelegen war. Bosel und Klimesch hätten demnach den richtigen Instinkt gehabt. Aber: „Klimesch traute sich nicht zu warten, da er nicht über die Mittel verfügte, um seine großen Engagements zu konservieren", urteilte *Die Börse*.[67]

Was ist nach dem PSK-Schuldenstriptease übrig gewesen von Bosels Ruf, mit Sicherheit ein Billionär, wenn nicht sogar ein Trillionär gewesen zu sein? Es bildet sich damals eine neue Legende, nämlich die vom schamlosen Bluffer, der in Wahrheit immer nur leere Taschen gehabt und die Finanzwelt mit fremdfinanzierten Kunststücken zum Narren gehalten habe. Insider amüsiert das. So wie es nicht gestimmt hat, dass Bosel ein waschechter Trillionär war, so wenig hat es nun gestimmt, dass Bosel arm wie eine Kirchenmaus war. Die Mystik rund um seine Person erlaubt damals aber keinen Mittelweg. „Darum muss er der faszinierende Schaumschläger gewesen sein, der es meisterhaft verstand, mit einer von fremder Hand gefüllten Brieftasche zu jonglieren."[68]

Josef Redlich ist nicht der Typ gewesen, der für Pressekitsch viel übrig hatte. Ihn bekümmert im Dezember 1926 die Außenwirkung Österreichs als Skandalrepublik. In einem Brief an seinen Freund Schober meint er über das PSK-Fiasko: „Ich möchte gerne wissen, welche Rolle einige der noch immer ‚hochmögenden' Parteiführer, aktive und ehemalige Sektionschefs des Finanzministeriums dabei gespielt haben", schreibt Redlich, der 1931 selbst vorübergehend Finanzminister wird. „Die Affäre Bosel – Postsparkasse ist ... ein Unikum in der ganzen Geschichte politisch-finanzieller Räuberromantik. Natürlich wissen wir noch lange nicht die Wahrheit."[69]

Anmerkungen

1 Habe, Ich stelle mich, 100f.
2 Die Börse, 21. 2. 1924; Die Börse, 31. 1. 1924.
3 Habe, Ich stelle mich, 101ff.
4 Die Neue Wirtschaft, 27. 3. 1924; Habe, Eine Zeit bricht zusammen, 105.
5 Mayer, Zwischen Krise und Krieg. Beiheft Bd. 33, HMRG, 10; Schlüter, Der Haifisch, 174ff.; Gsodam, Die Francspekulation von 1924 und ihre Auswirkung auf die Wiener Börse, 48ff.; Kostolany, Mehr als Geld und Gier, 15f.; Stiefel, Castiglioni, 156; Kindleberger, Financial History of Western Europe, 351.
6 Siehe dazu Karl Ausch, Als die Banken fielen, 138f.
7 Die Börse, 20. 3. 1924; Ausch, 137ff.; Die Neue Wirtschaft, 20. 3. 1924.
8 Dörmann, Jazz, 246.
9 Volkswirt, 8. 3. 1924, 689; Kindleberger, 352; Ausch, 137f.; Die Neue Wirtschaft, 27. 3. 1924.
10 Dörmann, Jazz; 247f.
11 Neue Freie Presse, 23. 4. 1924; Die Neue Wirtschaft, 20. 3. 1924; Die Börse, 20. 3. 1924.
12 Service des Archives Économiques et Financières, Ministère de l'Économie, des Finances et du Budget, Paris Bercy B 31549, Confidentiel: Spéculation à la baisse du franc à Vienne, 27. 3. 1924.

[13] Ransmayr, Die Zentraleuropäische Länderbank der Zwischenkriegszeit, 85.
[14] La speculation viennoise contre le franc, Artikel Archiv Paribas, 726; Stiefel, Castiglioni, 159.
[15] März, Bankenpolitik, 443; Morton, The Rothschilds, 218f.; Habe, Eine Zeit bricht zusammen, 451; Die Börse, 20. 3. 1924.
[16] Kindleberger, 351; BANB, Bankhaus Bosel, „Francs-Fälligkeiten im Mai 1924", 655/1925.
[17] Der Morgen, 17. 3. 1924; Die Neue Wirtschaft, 27. 3. 1924
[18] Ausch, 141.
[19] HAPSK, Reisch vor dem PSK-UA, 2. 12. 1926.
[20] SchobA 95, Bosel: „Die Entwicklung meiner Beziehungen zum Postsparkassenamt"; SchobA 95, Bosel: „Memorandum", 22. 10. 1929; BANB 655/1925, „Zur Marktlage", 10. 5. 1924.
[21] BANB, Bankhaus Bosel, „Rekapitulation der Effektenstände", 655/1925
[22] SchobA 95, Bosel: „Pro Memoria", 3.
[23] SchobA 95, Bosel: „Pro Memoria", 12, Bosel: „Die Entwicklung meiner Beziehungen zum Postsparkassenamt", 3.
[24] Arbeiter-Zeitung, 13. 4. 1924.
[25] Der Abend, 8. 4. 1924; Pollner, Camillo Castiglioni, 126; Ausch, Als die Banken fielen, 155ff.; März, Österreichische Bankenpolitik, 368.
[26] Wagner/Tomanek, Bankiers und Beamte, 207ff.
[27] SchobA 95, „Bosel an Schober", 20. 10. 1922; Ausch, 255f.
[28] Katalog, Die Moral der Haifische, 249; Kola, Rückblick ins Gestrige, 288.
[29] PA, Bericht Reisch vor dem PSK-UA, 6. 12. 1926; Wagner/Tomanek, Bankiers und Beamte, 213.
[30] Kernbauer, Währungspolitik, 92; Neue Freie Presse 19. 12. 1926; PA, Reisch vor dem PSK-UA, 6. 11. 1926, 7.
[31] HAPSK, M 36/3, Bankhaus Bosel an PSK, 12. 2. 1924; PA, Reisch vor dem PSK-UA, 9. 11. 1926, 22.
[32] HAPSK, M 36/1, Buzzi an Reisch, 15. 3. 1927.
[33] SchobA 95, Bosel: „Pro Memoria", 3.
[34] HAPSK, M 36/16, M 40/39.
[35] Die Börse, 25. 9. 1924; SchobA 95, Bosel: „Pro Memoria", 4.
[36] SchobA, Abschrift Tagebuch Ahrer, 21. 2. 1925; HAPSK, Bosel-Klimesch-Schuster, 7. 10. 1924, M 2/8,10.
[37] Ahrer, Erlebte Zeitgeschichte, 145ff.
[38] ÖPL, „Schreier, Maximilian", 201; Der Abend, 5. 3. 1925.
[39] Wagner/Tomanek, Bankiers und Beamte, 215; Ahrer, Erlebte Zeitgeschichte, 168ff.; Ausch, 263.
[40] HAPSK, Aussagen Reisch und Schürf vor dem PSK-UA, 9. 11. 1926.
[41] Die Börse, 23. 12. 1926.
[42] Tages-Post, 15. 7. 1925.
[43] SchobA 95, Bosel: „Die Entwicklung meiner Beziehungen zum Postsparkassenamt", S. 5; BANB, Gründungsanzeige Union Trust, 655/1925; SchobA, Bosel: „Memorandum", S. 5.
[44] Ausch, Als die Banken fielen, 266f.

[45] Die Börse, 23. 7. 1925; WStLA, LG f Strafsachen Vr 2562/37, Vernehmung Sigmund Bosel, 5. 7. 1936.
[46] Die Börse, 23. 12. 1926; SchobA 95, „Bosel: Memorandum", „Abschrift Tagebuch Ahrer": 30. 6. 1925.
[47] PA, Ramek vor dem PSK-UA, 2. 12. 1926, 17.
[48] Wagner/Tomanek, Bankiers und Beamte, 216; Die Börse, 23. 12. 1926.
[49] SchobA 95, Bosel: „Memorandum", 22. 10. 1929; WStLA, Vr 2562/37, Vernehmung Bosel 5. 7. 1936.
[50] Ahrer, Erlebte Zeitgeschichte, 264 und 289; Die Stunde, 8. 12. 1926.
[51] Der Abend, 23. 9. 1926; Der Abend, 27. 9. 1926; Der Abend, 19. 10. 1926.
[52] Schober an Redlich, 16. 10. 1926; in: Fellner, Zeitgeschichte 4 (1977); Heft 9/10, 313f.
[53] Ministerratsprotokolle der Ersten Republik, 470. Sitzung, 5. 11. 1926, 30ff.
[54] PA, Reisch vor dem PSK-UA, 6. 11. 1926, S. 13; Vgl. Weber, Vor dem großen Krach, Bd. 1, 283.
[55] SchobA 95, Bosel: „Memorandum, 22. 10. 1929.
[56] Arbeiter-Zeitung, 10. 11. 1926; Die Stunde, 11. 11. 1926.
[57] PA, Reisch vor dem Postparkassen-UA, 22. 11. 1926; Wagner/Tomanek, 217.
[58] Volkswirt, 27. 11. 1926; HAPSK, M 34/16; Die Börse, 23. 12. 1926; AZ, 12. 11. 1926; Neue Freie Presse, 19. 12. 1926; Redlich an Schober, 6. 11. 1926, aus: Fellner, 314f.; Volkswirt, 13. 2. 1932, 471.
[59] Ausch, 294f.; PA, Sitzung PSK-UA am 22. 11. 1926; Weber, 287; Die Börse, 18. 11. 1926.
[60] Die Börse, 23. 12. 1926.
[61] Wagner/Tomanek, 218; Ausch, 258; Weber, 287.
[62] Recherche des Autors im Parlamentsarchiv am 26. 9. 2014.
[63] PA, Attest von Doz. Emil Zak, 17. 12. 1926, Bosel an Heinl, 17. 12. 1926 (Beilagen zur UA-Sitzung v. 18. 12. 1926).
[64] Neue Freie Presse, 19. 12. 1926; Prager Tagblatt, 19. 12. 1926.
[65] Reichspost, 19. 12. 1926.
[66] Neue Freie Presse, 19. 12. 1926.
[67] Ausch, 257; Neue Freie Presse, 20. 7. 1926; Die Börse, 23. 12. 1926.
[68] Die Börse, 16. 12. 1926.
[69] Redlich an Schober, 15. 12. 1926, aus: Fellner, Schober und Redlich, Zeitgeschichte 4 (1977), 315f.

8 - VON DEN FRAUEN UND VOM LIEBEN GELD

Der Sturz vom Finanzhimmel zwingt Sigmund Bosel zu einem totalen Rückzug aus dem Geschäftsleben. Nach dem PSK-Fiasko ist der Bankpräsident für seine Verhältnisse nur mehr ein armer Schlucker gewesen. Nun soll erst einmal Gras über die Sache wachsen.
Das Bankhaus Bosel ist nach den ruinösen Franc-Spekulationsgeschäften am Ende gewesen. Bosel beginnt 1926 frühzeitig damit, seine Privatbank hinunterzufahren und seine verbliebenen Vermögenswerte – darunter das deutsche Bankhaus Fester und die Zeitung *M.M.Morgen* in Berlin – zu versilbern. Keine seiner Firmen sei in den Ausgleich gegangen, beteuert Bosel: „Sämtliche Gesellschaften, die mit meinem Namen in Verbindung gestanden sind, habe ich still liquidiert. Ich habe die Gläubiger dieser Firmen hundertprozentig befriedigt." Schrittweise wird das Personal im Bankhaus Bosel abgebaut, Anfang 1928 wird der Betrieb im Handelsregister gelöscht.[1]
Die Unionbank und ihre Sparer werden vom Zusammenbruch Bosels nicht in Mitleidenschaft gezogen. Offenbar gab es eine strikte Trennlinie zwischen dem normalen Bankgeschäft und den Spekulationsdeals, die Bosel als Präsident der Unionbank nebenher in seiner Privatbank durchgezogen hat. Die Unionbank hat deshalb 1926 die Pleite ihres Haupteigentümers ohne nennenswerte Verluste überstanden. Bosel konnte sich zugutehalten, dass die Unionbank durch seinen Absturz als Privatbankier nicht geschädigt worden war. Auf dem Rücken des gestrandeten Trillionärs lasten aber die gewaltigen Schulden bei der Postsparkasse. Bosel beginnt das Jahr 1927 als Buhmann.[2]
Privat gibt es für ihn nach dem PSK-Desaster allerdings einen Lichtblick. Im Hause Bosel stellt sich neuerlich das Kinderglück ein. Am 13. Jänner 1927 kommt ein Mädchen auf die Welt, das den Namen Julie-Juliette erhält. Julie ist das zweite Kind, das Bosel mit seiner sudetendeutschen Lebensgefährtin Ilona Schulz hat. Die beiden haben damals schon einen kleinen Buben, den knapp zweijährigen Alfons Max. „Mein Bruder ist nach einem Freund meines Vaters benannt worden – nach Alphons Rothschild, der sein Patenonkel war." Ich bin überrascht, als mir Frau Marks das erzählt. Sie weiß

nur, dass sich ihr Vater und Alphons Rothschild gut gekannt hätten. Was hatten die beiden aber miteinander zu tun?
Alphons Rothschild war nämlich kein Bankdirektor, sondern ein Pferdezüchter und Rennstallbesitzer, während sein jüngerer Bruder Louis im Bankhaus Rothschild die Zügel in der Hand hatte. Als schwerreicher Privatier hatte Alphons genug Zeit und Geld, um sich auch als Kunstliebhaber und Philatelist einen Namen zu machen. Rassige Pferde, teure Bilder und exquisite Briefmarken werden aber wohl kaum der Anknüpfungspunkt für die Verbindung zwischen Rothschild und Bosel gewesen sein. Viel eher kommt in Betracht, dass die beiden Grandseigneurs mit ihren jeweiligen Büropalästen Nachbarn gewesen sind. Das Gebäude in der Renngasse 3, in dem das Bankhaus Rothschild seinen Sitz hatte, hat nämlich nicht Louis, sondern Alphons Rothschild gehört. Im Eckhaus daneben, in der Renngasse 1, hatte die Unionbank ihre Zentrale. Und hier war Sigmund Bosel der Hausherr. 1925 – in dem Jahr, in dem Alfons geboren wird – befindet sich Bosel trotz seiner finanziellen Probleme weiter auf Augenhöhe mit der berühmten Familie von nebenan. Er wird es als besondere Ehre empfunden haben, dass ein Rothschild als Patenonkel für seinen Alfons zur Verfügung gestanden ist.
Die familiären Umstände sind im Hause Bosel freilich einigermaßen kompliziert. Als Alfons noch kein Geschwisterchen hat, wohnt Ilona Schulz in einem schönen Appartement in der Wiener Innenstadt, das Bosel von einem hohen Polizeifunktionär gemietet haben soll. Das geht aus einer Aktennotiz an Polizeichef Schober hervor, in der ein Beamter im Februar 1926 „Fräulein Schulz" einigermaßen despektierlich als die „Mätresse des B." bezeichnet. Als Schulz wieder schwanger ist, kauft Bosel 1926 eine prachtvolle 20-Zimmer-Villa im Nobelbezirk Döbling. Das Haus in der Silbergasse 1 kostet 180.000 Schilling. Nach der Geburt der kleinen Julie im Jänner 1927 macht Bosel die Villa seiner Freundin zum Geschenk. Offiziell „kauft" Schulz das Anwesen von ihrem Lebensgefährten, angeblich mit Zustimmung der Postsparkasse.[3]
Obwohl Bosel über beide Ohren verschuldet ist, finanziert er mit einer üppigen Apanage den großbürgerlichen Haushaltsaufwand. Julie und Alfons soll es an nichts fehlen. Abgeschirmt von der Außenwelt erleben die beiden glückliche Zeiten. Jahre später gerät die Villa unter Beobachtung. Die Postsparkasse hat spezielle Ermittler

der Finanzlandesdirektion eingeschaltet, um Bosels Privatleben zu durchleuchten. 1935 stellen die Ermittler fest, dass Ilona Schulz die Villa in der Silbergasse zwar alleine bewohnt, Bosel aber mehrmals in der Woche dort übernachten würde.[4] Warum aber dieses Familienleben auf Distanz in ein und derselben Stadt?

Bosels Herz hängt noch immer an einer dominanten „Nebenfrau", die um fünf Jahre älter ist als er. Es handelt sich hier um Gertrud Reinhardt – seine zweite Lebensgefährtin, die anfangs die Freundin Nummer eins war. Mit Gertrud Reinhardt ist Bosel schon liiert gewesen, als er noch kein Millionär war. Warum die in Deutschland geborene Frau 1910 aus Dresden nach Wien gezogen ist, wissen ihre Nachfahren nicht mehr so recht. 1913 brachte sie jedenfalls ihren Sohn Kurt auf die Welt, ein Jahr später lag die Ehe mit dem Wiener Curt Reinhardt in Scherben. Die junge Mutter mit Kind suchte ihr Glück in den Armen von Sigmund Bosel.

Viele Jahre später wird Frau Reinhardt für sich in Anspruch nehmen, dass sie von 1914 an durchgehend Bosels Lebensgefährtin war. Ab dem Jahr 1919 lebt sie mit Bosel in dessen Hietzinger Villa. Bosel und der kleine Kurt, sein „Stiefkind", haben ein gutes Einvernehmen. Kurt Reinhardt sei als recht verwöhntes Kind aufgewach-

Erhält zur Geburt der gemeinsamen Tochter Julie die 20-Zimmer-Villa in der Silbergasse als Geschenk: Ilona Schulz.

Anfangs die Freundin Nummer eins, dann nur „Nebenfrau": Gertrud Reinhardt.

sen, erzählt mir seine Tochter Ruth Reitter, als wir über das illustre Dauerverhältnis ihrer Großmutter plaudern. „Mein Vater war einer der ersten jungen Burschen in Wien, die ein eigenes Auto gehabt haben. Bezahlt hat es natürlich der Herr Bosel. Auch später, als mein Vater in London ein Musikstudium gemacht hat, hat er dort über ein Auto verfügt."[5] Die Anfänge der wilden Ehe zwischen Bosel und Reinhardt und die weiteren Umstände der Langzeitbeziehung haben in späteren Jahren für Stirnrunzeln gesorgt. Die behördlichen Schnüffler, die auch 1936 noch in Bosels Privatleben herumgestöbert haben, deuten in ihrem Überwachungsdossier ein Familiengeheimnis an: „Gertrude Reinhardt … ist die Freundin des Sigmund Bosel … er soll auch der Vater ihres 22 Jahre alten Sohnes sein." Was denkt aber Frau Reitter über die damaligen Mutmaßungen – glaubt sie, dass Sigmund Bosel vielleicht ihr Großvater gewesen ist? „Ich glaube es nicht", antwortet Frau Reitter, „aber möglich wär's." Ihre Großmutter habe allerdings nie eine diesbezügliche Andeutung gemacht.[6]

Eine „Patchwork-Liebschaft"

Ilona Schulz ist irgendwann um das Jahr 1919 herum in Bosels Leben getreten. Die Tochter eines jüdischen Brauereibesitzers aus dem südmährischen Lundenburg – dem heutigen Břeclav – ist nach dem Tod des Vaters mit ihren Geschwistern im Schlepptau der Mutter nach Wien gezogen. Hier findet Ilona Schulz bei Bosel einen Job als Sekretärin, bis aus einem Büroflirt eine Liebesbeziehung wird. Bosel nennt seine neue Freundin nicht Ilona, sondern Ilka. Sie ist rein äußerlich ein ganz anderer Typ als ihre sieben Jahre ältere Nebenbuh-

lerin Gertrud Reinhardt. Schulz hat blaue Augen und blonde Haare. Bosel ist von ihren hellen Locken angetan, in einem Liebesbrief hat er seine Ilka viele Jahre später als den „Wirklichkeit gewordenen Traum seines Lebens“ bezeichnet.[7]
Mit welchen Reizen Ilka Schulz in jungen Jahren aufwarten kann, lässt eine kokette Aufnahme aus dem Fotostudio erahnen: Mit einem neckischen Blick beißt sich Schulz unschuldig in den Finger. Hübsch und attraktiv ist auch die dunkelhaarige Gertrud Reinhardt gewesen. Sie war im Gegensatz zu Ilona Schulz keine Jüdin und stammte aus einer evangelischen Familie. Bosel schwankt zwischen seiner Ilka und seiner Trude. Er lebt – salopp formuliert – in einem amourösen und gemischtreligiösen Patchwork-Umfeld.
Die beiden Damen hat er elegant als „die mir nahestehenden Frauen“ beschrieben. Eigenartig ist, dass Bosel seine Beziehung zu Gertrud Reinhardt in späteren Jahren heruntergespielt hat, indem er von Ilona Schulz als jener Person gesprochen hat, „die ich für meine Frau halte“. Reinhardt sei dagegen nur seine „Hausdame“ gewesen, behauptet Bosel. „Ich stellte der Gertrude Reinhardt die zur Führung meines Haushaltes notwendigen Beträge zur Verfügung. Es ist möglich, dass sie sich hierbei Ersparnisse machte.“ Bosel hat das vermutlich nur gesagt, um Reinhardt aus den Vermögensstreitigkeiten mit der Postsparkasse herauszuhalten. Seine Lebensgefährtin als eine bessere Haushälterin zu bezeichnen, war dennoch starker Tobak.[8]
1933 ist Gertrud Reinhardt aus der Gloriettegasse ausgezogen. Vermutlich hat sie sich damals endgültig damit abgefunden, dass sie nicht mehr die Nummer eins in Bosels Leben war. Bosel bringt seine Langzeitfreundin dennoch nicht allzu weit von seiner Villa entfernt in Hietzing unter. Anzunehmen ist, dass er einiges von der 155.000 Schilling teuren Villa in der Bernbrunngasse 26 gezahlt hat, die Reinhardt im März 1933 kauft.[9]
Warum hat Bosel aber Ilka Schulz nicht geheiratet, wo er doch zwei Kinder mit ihr hatte? Die Frau, die mir darüber einiges erzählen hat können, war Martha Genée. Mehr als ein halbes Jahr vor ihrem Tod im Sommer 2012 durfte ich zweimal bei ihr zu Gast sein. Julie Marks hatte mir den Tipp gegeben, doch auch ihre Cousine Martha in Wien aufzusuchen, um mehr über die Bosel-Saga zu erfahren. Denn Frau Genées Tante – Elsa Neumann – war Sigmund

Bosels Schwester. Trotz ihrer 89 Jahre hat es sich Frau Genée nicht nehmen lassen, in ihrer kleinen Wohnung Kuchen und Kaffee aufzutischen. Beide Male ist ihr Sohn Pierre, ein pensionierter Arzt und Autor, vorbeigekommen, um seiner Mutter liebevoll zur Hand zu gehen und auch selbst Fragen zu beantworten. Über Sigmund Bosel wusste Frau Genée deshalb einiges zu erzählen, weil die Familie Neumann das wechselvolle Schicksal des anverwandten Millionärs durch die Heirat zwischen Karl Neumann und Elsa Bosel hautnah miterlebt hat.

Bei unseren Treffen liefert Frau Genée pointierte Antworten – in einem gepflegten Wienerisch mit dem Klang einer anderen Zeit. Unverblümt lässt die alte Dame die einstigen Geschehnisse im Familienkreis Revue passieren. „Der Herr Bosel hat sich, was ich so gehört hab', über den französischen Franc, ja – ‚derstessen', wie man so schön sagt, net – da war er dann nicht mehr so reich, das stimmt, aber immer noch wohlhabend genug."[10] Bald reden wir nicht mehr vom Geld, das Sigmund Bosel beschäftigt hat, sondern auch von seinen Frauen. „Die Frau Reinhardt hat einen Sohn gehabt – nicht vom Herrn Bosel", sagt Frau Genée mit einiger Bestimmtheit. „Die Reinhardt hat es dem Bosel aber nicht durchgehen lassen, dass er die Schulz heiratet. Natürlich hat die Reinhardt von den Kindern gewusst. Aber sie hat viel zu reden gehabt. Sie war eine herrschaftliche Frau, und sie konnte sich gegenüber dem Bosel behaupten. Irgendwie hat sie sich quergelegt."

Als ich von Frau Genée wissen wollte, wie Bosels Privatleben in der erweiterten Verwandtschaft angekommen ist, hat mich Frau Genée einen Moment lang mit großen Augen angeschaut, so als würde sie sich über die naive Frage wundern, bevor sie in ihrer herzerfrischend-abgeklärten Art meinte: „Mein Gott, zwei Freundinnen, muss ich das jetzt einem Mann erklären, oder wie ist das?"[12]

Wie Bosels Privatleben in der Öffentlichkeit seinerzeit angekommen ist, lässt sich heute nur mehr schwer sagen. Interessanterweise scheint sein Verhältnis zu Gertrud Reinhardt aufgrund der gemeinsamen Wohnadresse bis 1933 wie eine Ehe gewirkt zu haben. Sonst wäre im Bildarchiv der Austria Presse Agentur das Foto eines Gemäldes von Frau Reinhardt wohl nicht unter dem Titel „Trude Bosel" abgelegt worden. In den alten Akten taucht sogar der ku-

riose Umstand auf, dass Gertrud Reinhardt mit einem Pass auf den Namen „Gertrud Bosel" unterwegs gewesen sein dürfte.[13] Da Bosel und Reinhardt nicht verheiratet waren, kann diese Gaukelei nur den Sinn gehabt haben, dass Reinhardt als zeichnungsberechtigte „Gattin" das eine oder andere delikate Auslandsbankgeschäft für ihren „Ehemann" erledigt hat.
Dass Reinhardt und Bosel als enges Gespann wahrgenommen worden sind, ist auch nicht verwunderlich, wenn man ein Überwachungsprotokoll über Gertrud Reinhardt zur Hand nimmt, in dem es 1935 heißt: „Sie selbst soll ... fast täglich bis in die frühen Morgenstunden zum Teil mit Bosel ... Vergnügungsstätten aufsuchen." Demzufolge war Gertrud Reinhardt eine lebenslustige Person, die das sorgenfreie Leben, das ihr Bosel ermöglichte, in vollen Zügen genoss. Und Sigmund Bosel dürfte sich – auch wenn Ilka Schulz aufgrund der Kinder mittlerweile die zentrale Frau in seinem Leben geworden war – abseits vom Familienleben in der Silbergasse einen Freiraum als Nachtschwärmer erhalten haben. 1935 war er nicht mehr der Workaholic, an dem „die Freuden des Lebens vorbeigegangen sind", wie es noch ein Jahrzehnt davor über ihn geheißen hatte.

„Wär' ich Bosel ...!"

Auch wenn Sigmund Bosel so gar nicht die körperliche Statur eines Schürzenjägers besaß, wurde der milliardenschwere Junggeselle mit Sicherheit als eine „gute Partie" betrachtet. Bosel hatte eine charmante und galante Art, die ihn schon als Stoffverkäufer zum Schwarm der Damenkundschaft werden ließ. So war es wohl nur eine Frage der Zeit, bis 1925 sein Name in einem Schlager aufgetaucht ist. „Wär' ich Bosel ...!" hat das Lied geheißen, in dem der Wiener Volksschauspieler Fritz Imhoff den Sex-Appeal reicher Finanzmagnaten aufs Korn nimmt, die mit ihrem Geld bei den Damen hoch im Kurs stehen.[14]

Stellen wir uns also vor, dass jemand die Schellackplatte aufs Grammophon legt und eine operettenhafte Sängerstimme mit einem knackenden Hintergrundrauschen den folgenden Sprechgesang intoniert:

„In der Bukowina, laßt sich nix verdiena,
drum gibt's so viel neue Wiener", sprach Herr Wolkenstoß,
„das macht die Konkurrenz so groß!"
Das hat ja die Welt noch nicht geseh'n,
was sich heute Leute pleite geh'n!
An ein süßes Mädel, soll an das nicht kränken,
darf man bloß im Schlaf noch denken,
weil am hellen Tage ka Schickse so an Schnorrer mag:

Wär' ich Bosel, ja, dann möcht' es langen,
Mit der Rosel sich was anzufangen,
doch, weil ich nicht der Bosel bin, kommt zu mir ka Rosel hin –
Punkto Geld sind alle Weiber Schlangen!

„Rosel sag' ich immer, schau ich bin kein Schwimmer,
was brauchst Du ein Badezimmer?" sprach Herr Wolkenstoß, „man
macht sich ja darin bloß noß!" Und gekleidet willst du sein modern,
woher nehmen und nicht eing'sperrt werd'n! Wenn dann um mich
tanzen, nachts die Insolwanzen, soll ich noch in Liebe glanzen,
das macht mich nervös und du bist obendrein noch bös:

Wär' ich Bosel, ja, dann möcht' es langen,
[…] Punkto Geld sind alle Weiber Schlangen!

„Nix als wie Passiva, mir hängt immer tiefer schon herab der
Unterkiefer, drum ist sie davon, zum Bankdirektor Leo Kohn!
Der wird krachen geh'n samt seiner Bank, denn wo d'Rosel ist,
steht nix mehr lang! Und ich wird' mich trösten, mit der
Feuerfesten, wer zuletzt kracht, kracht am besten,
drum verleg' ich schlau mich wieder auf mei' eig'ne Frau:

Wär' ich Bosel, ja, dann möcht' es langen,
Mit der Rosel sich was anzufangen,
doch, weil ich nicht der Bosel bin, kommt zu mir ka' Rosel hin –
Punkto Geld sind alle Weiber Schlangen!

Dass Bosel, der stille und vor allem ledige Draufgänger, im echten Leben abgesehen von Ilona Schulz und Gertrud Reinhardt noch andere Frauen umworben hat, ist anzunehmen. 1925 hat die Finanzzeitung *Die Börse* in recht indiskreter Manier geschrieben, Sigmund Bosel sei am Rande einer Völkerbund-Konferenz in Genf sehr viel

„in Gesellschaft einer schönen Frau" gesehen worden und er habe für seinen Aufenthalt in zwei Hotels Zimmer genommen.[15]
Die US-Historikerin Gertrude Schneider berichtet wiederum, dass der Opernsänger Max Lorenz (1901–1975) Bosel ein Verhältnis mit der deutschen Schauspielerin Emmy Sonnemann nachgesagt hat. Wo könnten sich Bosel und Sonnemann aber kennengelernt haben? Am ehesten in Österreich, wo Sonnemann gegen Ende der Monarchie und nach dem Ersten Weltkrieg ein Engagement an der Wiener Volksbühne hatte. Die Schauspielerin war zwar seit 1916 mit dem jüdischen Schauspieler und Regisseur Karl Köstlin verheiratet, doch die Ehe mit dem deutschen Theatermann und späteren Rundfunksprecher soll nach dem Krieg bald nur mehr auf dem Papier bestanden haben. Der Historikerin Anna-Maria Sigmund zufolge ließ sich das getrennt lebende Paar Anfang der 1920er Jahre scheiden. Kurz danach soll Sonnemann eine Zeit lang mit Sigmund Bosel zusammen gewesen sein, wie Max Lorenz im Beisein von Gertrude Schneider und anderen 1946 in Bad Gastein behauptet hat.[16]
Sonnemanns Karriere war damals schon lange vorbei, denn ihr Leben hatte nach einer erfolgreichen Theaterlaufbahn in den frühen 1930er Jahren eine dramatische Wendung genommen. Sonnemann wurde 1935 die Frau von Hitlers Stellvertreter Hermann Göring. Sie hatte aber auch als Frau Göring weiterhin viele Bekannte und auch jüdische Freunde im Künstlermilieu, zu deren Rettung sie fallweise ihren kunstsinnigen Nazi-Gemahl eingespannt hat. Und hier kommt der Helden-Tenor und Bayreuth-Star Max Lorenz ins Spiel, der in der Nazi-Zeit nach einem vorübergehenden Auftrittsverbot wegen seiner Homosexualität tapfer zu seiner jüdischen Ehefrau gestanden ist. Als die SS während seiner Abwesenheit seine Frau und seine Schwiegermutter abholen und deportieren wollte, schaltete sich Göring ein, um Lorenz samt Anhang unter seinen persönlichen Schutz zu stellen.[17] Ein Indiz dafür, dass Emmy Göring und Max Lorenz einander gut gekannt haben dürften und es somit plausibel ist, dass Lorenz über die Bekanntschaften der früheren Emmy Sonnemann informiert war.

Bosel und die Religion

Während Bosel den sozialen Konventionen seiner Zeit trotzte und in den 1920er Jahren so lebte, wie es ihm gefiel, war er in Glaubensfragen kein Freigeist. Nachdem er in einer gemäßigt religiösen Familie aufgewachsen war, ist Bosel selbst auch ein gläubiger Mensch gewesen. Er hat seine jüdische Herkunft nie verhehlt, und im Gegensatz zu etlichen prominenten Bankdirektoren und Journalisten seiner Zeit ist er auch nicht konvertiert. Als er ein junger Geschäftsmann war, soll an seiner Bürotür das bei frommen Juden übliche Gebetsröllchen, die Mesusa, befestigt gewesen sein. Auch auf koschere Küche und die religiösen Gepflogenheiten rund um den Schabbat hat Bosel Wert gelegt.[18]

Ihre Mutter sei dagegen nicht besonders religiös gewesen, erzählt Julie Marks. Deshalb sei sie selbst wohl auch nicht sonderlich religiös erzogen worden. „Aber am Freitag sind wir am Abend immer in den Kindergottesdienst in die Dollingergasse gegangen. Dort war die Synagoge. Und jeden Sonntag sind mein Bruder und ich in die Kirche gegangen. Und zwar mit unserer Gouvernante, die katholisch war und am Sonntag immer ihren Freund getroffen hat. Ich habe die Kirche eigentlich sehr gemocht. Da war es so ruhig und es gab so viele schöne Statuen." Auch die Heiligengeschichten hätten ihr gut gefallen, sagt Julie. Vor allem jene von der heiligen Theresa mit den Blumen in der Schürze. „Wir haben eine recht bunte Kinderstube gehabt."[19]

Weihnachten und Ostern begeht die Familie Bosel-Schulz so, dass die Kinder sowohl die jüdischen als auch die christlichen Festtagstraditionen unter einem Dach erleben. Man feiert Pessach und Ostern genauso wie Weihnachten und Chanukka. Zu „Weihnukka" gibt es Spielzeuggeschenke und Karpfen. Dass in einem Zimmer der Christbaum gestanden ist und in einem anderen Raum die Kinder eine Hebräisch-Stunde gehabt haben, war kein Problem. „Ich denke, meine Eltern wollten das so haben, dass mein Bruder und ich beide Welten kennen."[20]

1922 kauft Sigmund Bosel am Wiener Zentralfriedhof eine Gruft, die er zu einem Mausoleum umbauen lässt. Es entstehen hochfliegende Pläne für ein pompöses Familiengrab, mit denen der beauftragte Architekt seine liebe Not hat. Das Mausoleum steht nämlich nicht irgendwo in der Prominenten-Sektion des Friedhofes, sondern direkt zwischen zwei Gruften der Millionärsfamilie Gutmann. Die Auswahl dieses Grabplatzes war ein gesellschaftliches Statement, mit dem Bosel Standeszugehörigkeit signalisiert hat. Denn die Eisen- und Kohlebarone der Familie Gutmann haben Wiener

Reichtum in Reinkultur verkörpert. 1910 lagen die Gutmanns, die ihrerseits nur wenige Jahrzehnte davor selbst neureiche Aufsteiger gewesen waren, gleich hinter der Bankiersfamilie Rothschild auf Platz zwei im k. u. k. Einkommensranking.[21]

Obwohl Bosel das Establishment eigentlich verachtet hat und für den Sozialismus einiges übrig hatte, zieht es ihn durch seinen verkappten Geltungsdrang und sein Dasein als Milliardär in den Lichtkegel der Reichen und Schönen. Bosel will „in bester Gesellschaft" sein, im Leben wie im Tod. Folglich wird das Mausoleum ein reich verschnörkelter Prunkbau. Das Bosel-Mausoleum soll kein Begräbnisort für eine Familie sein, sondern das Grabmal für eine junge Dynastie.[22]

Genau an dem Tag, als das Mausoleum im April 1925 fertig wird, stirbt Bosels Mutter. Sie sei eine „in allen Kreisen hochgeschätzte Frau" gewesen, heißt es bei Karl Franz: „Das Leichenbegängnis dieser Frau war das einer Fürstin." Viele Politiker und Prominente erweisen der Mutter des Bankpräsidenten die letzte Ehre. Auch die christlich-soziale *Reichspost* widmet der „Beisetzung der Frau Julie Bosel" einen Artikel: „Schon um 10 Uhr hatten sich auf dem Zentralfriedhof derart viele Trauergäste eingefunden, dass die Wache und die Hietzinger Feuerwehr, die die Totenwache hielt, den Verkehr regeln mussten."[23]

Für Bosel ist der Tod seiner Mutter ein schwerer Schlag gewesen. Die Liebe zu ihr soll innig und rührend gewesen sein, täglich habe er ihr Blumen geschickt. Vom Tag der Beerdigung an stellt Bosel seine Garderobe dauerhaft um – was Julie Marks aus ihren Kindertagen im Gedächtnis geblieben ist. „Nach dem Tod seiner Mutter hat mein Vater immer nur dunkle Anzüge und schwarze Krawatten getragen. Das war sein Stil."[24]

Ein enges Verhältnis hatte Bosel auch zu seiner älteren Schwester Elsa. Die gemeinsamen Fotos, die es noch gibt, zeigen eine Frau, die beim Spazieren auf einer gemähten Wiese – nur mit Rock und Strickweste bekleidet – sympathisch in die Kamera lächelt, während Bosel mit Anzug, Mantel, Gehstock und der obligaten schwarzen Krawatte sichtbar „overdressed" neben Elsa bei einem Heuhaufen steht.

Elsas Ehemann Karl Neumann, der nach der geschäftlichen Bruchlandung mit einer eigenen Privatbank zuerst im Bankhaus Bosel Prokurist und später im Teppichhaus Schein Geschäftsführer wurde, hat schon während des Krieges zur Familie gehört. Auch

Markus, der Bruder von Schwager Karl, ist mit von der Partie, als die Familie Bosel im steirischen Kurort Bad Gleichenberg Urlaub macht und Sigmund, sein Bruder Alfred und Markus Neumann – jeder lässig mit der Zigarette im Mundwinkel – stehend hinter dem Ehepaar Bosel senior für ein Postkarten-Andenken posieren (siehe Foto auf S. 98).

Spiegelbilder der Selbstüberhöhung

Wenige Jahre später hat Sigmund Bosel das Geld dazu, sich selbst und andere aus seiner Umgebung nicht nur fotografieren, sondern auch von bekannten Künstlern porträtieren zu lassen. Zwei Bilder sind erhalten geblieben – eines von Gertrud Reinhardt und eines von Leopold Bosel. Für das Bildnis des Vaters, das Bosel in seinem Büro anbringen lässt, wird nicht irgendwer engagiert. Es hat der berühmte Maler John Quincy Adams sein müssen.

Dieser austro-amerikanische Künstler, der ein Nachfahre des gleichnamigen US-Präsidenten war, ist schon während der Monarchie einer der gefragtesten Porträtmaler gewesen. Nach Österreich hat es Adams verschlagen, weil sein Vater in den 1880er Jahren als Helden-Tenor an der Wiener Oper gesungen hatte und die Familie nach einigen Jahren in den USA später wieder nach Wien gezogen war. Hier wird John Quincy Adams durch seine Porträts der feinen Wiener Gesellschaft ein Star. 1914 gibt auch Kaiser Franz Joseph seine Zustimmung zu einem Adams-Porträt. Es war vor allem die feudale Elite mit ihrem konservativen Kunstgeschmack, die seine fürstlichen Honorare bezahlen konnte und sich von ihm malen ließ. Auftraggeber, die es moderner haben wollten, seien eher zu Gustav Klimt gegangen, so der Historiker Roman Sandgruber. Nach dem Ersten Weltkrieg ist John Quincy Adams mit seinem Atelier in der Wiener Theresianumgasse noch immer gut im Geschäft gewesen. Zu seinen Kunden zählen nach den Aristokraten nun die traditionshungrigen Aufsteiger. Camillo Castiglioni etwa wird bei Adams ein überlebensgroßes Ölporträt seiner Frau Iphigenie bestellen.[25]

Dass der Auftrag zu einem Porträt von Vater Bosel an John Quincy Adams ergeht, verrät viel über den Kunstgeschmack im Hause Bosel. Dort hat man mit der Wiener Moderne nichts am Hut. Wofür Bosel ein Faible hatte, ist barocke Kunst. Über die Jahre hinweg kauft er fünf Tapisserien aus dem 17. Jahrhundert an und zumindest elf Gemälde, die von Künstlern wie dem niederländischen Landschaftsmaler Jan van Goyen stammen. In seinem Büro in der Wiener Kramergasse lässt Bosel ein Bild von Johann Michael Rottmayer anbringen – das Gemälde „Der sterbende Cato". Es zeigt in düsteren Farben, wie der römische Staatsmann Cato im Jahr 46 v. Chr. in einem verzweifelten Protest gegen Julius Cäsar einen Selbstmordversuch mit dem Schwert unternommen hat und sich unter den entsetzten Augen eines Mediziners nach der Erstversorgung die Eingeweide aus dem Leib reißt.[26]

Die Auswahl der Bilder, die Bosel an den Wänden hatte, deutet nicht darauf hin, dass aus dem Selfmade-Milliardär ein kunstsinniger Sammler geworden wäre. Er hat Gemälde hauptsächlich als Wertanlage und bewegliche Pfandobjekte betrachtet. Das Van-Goyen-Gemälde ist beispielsweise bis ins Jahr 1930 bei einer Bank in Amsterdam eingelagert gewesen. Bosel wäre freilich nicht Bosel gewesen, wenn er nicht auch bei seinem Kunstbesitz ein Geheimnis gehabt hätte, das erst 1936 nach umfangreichen Nachforschungen der PSK gelüftet worden ist. Der Unternehmer, der mit leeren Taschen durch die Welt spazierte, hatte in einem Londoner Banksafe lange einen echten Rembrandt liegen.

Das Porträt von Leopold Bosel ist das einzige Bild geblieben, das Sigmund Bosel bei John Quincy Adams in Auftrag gegeben hat. Für das Porträt von Gertrud Reinhardt engagierte Bosel den Maler Julius Schmid, der heutzutage vergessen ist, nach dem Ersten Weltkrieg aber für seine historisierenden Bilder von Franz Schubert und anderen Komponisten bekannt war.[27] Das um 1930 entstandene Reinhardt-Porträt war eine große, aber vergleichsweise unauffällige Kohlezeichnung. Reinhardt wirkt auf dem Bild wie eine etwas gesetzte Wiener Geschäftsfrau.

Seltsam ist im Rückblick, dass Bosel Ilka Schulz nicht porträtieren hat lassen. Wahrscheinlich war es so, dass Bosel wegen seiner Beziehung zu Schulz ein schlechtes Gewissen gegenüber Trude Reinhardt hatte, das er durch spezielle Zuwendungen an seine ältere Lebensgefährtin beruhigen wollte. Den passenden Künstler für ein Damenporträt hätte Bosel jedenfalls an der Hand gehabt. Es war dies der österreichisch-bulgarische Zeichner und Karikaturist Alexander Dobrinow, von dem sich Bosel selbst zumindest viermal hat malen lassen. Die Bilder sind leider allesamt verschollen, doch die Titel der Werke finden sich auf einer Liste von Versteigerungsobjekten aus dem Jahr 1937. Ein 61 x 44 cm großes Bild sticht durch seinen Titel heraus: „Herren machen S. Bosel ihre Aufwartung".[28]

Dass Bosel eine Momentaufnahme davon haben wollte, wie er gönnerhaft andere Geschäftspersönlichkeiten empfängt, ist ein weiterer Mosaikstein im Selbstverständnis des Finanzjongleurs. Bosel hatte das Bedürfnis, so etwas wie „fehlende Vornehmheit" zu kompensieren. Die Gemälde von sich selbst, das Porträt seines Vaters, das Mausoleum am Zentralfriedhof und der geplante „Boseleum"-Büropalast neben dem Bundeskanzleramt dokumentieren den Drang, seine Karriere und seine Herkunft mit einem edlen Anstrich zu versehen.

Warum auch nicht? Zu Bosels Zeiten hatten die Großbürger um ihn herum den Umstand längst verdrängt, dass auch in ihren Familien irgendwann jemand klein angefangen hat und der Grundstein für wirklich große Vermögen selten mit Glacéhandschuhen gelegt wird. 1927 musste sich Bosel freilich eingestehen, dass er den Schritt zum „Weltbankier" nicht geschafft hatte. Das wäre auch zu verschmerzen gewesen, wenn die Rückzahlungsforderungen der Postsparkasse nicht so pressiert hätten. Ohne diese Schulden hätte Bosel ein gediegenes Auskommen als Privatier gehabt, weil bei der Liquidation seiner Geschäfte ein ernstzunehmendes Körberlgeld herausgekommen war. „Zusammenfassend kann ich sagen, dass mir nach meinem finanziellen Zusammenbruch Werte in der Höhe von rund einer Million Dollar verblieben." Dieses Geld will sich Bosel nicht mehr nehmen lassen.[29]

Arm und reich zugleich

Zu seinem neuen Businessplan gehört ein Teppichkonzern, der nicht viel abwerfen darf. Nur so kann Bosel für seine Schulden Zahlungsaufschübe erwirken und gleichzeitig demonstrieren, dass sein Rückzahlungswille vorhanden ist. Zur Abwicklung der neuen Geschäfte wird eine unverdächtige Drehscheibe auserkoren – das Teppichhaus „S. Schein". Dieser Teppichhandel am Wiener Bauernmarkt war die einzige Firma in Österreich, die man Bosel nach seinem Zusammenbruch 1927 gelassen hat. Im selben Jahr gründet Bosel in der

Schweiz die „Ortewa AG“, über die er in den folgenden Jahren still und leise Firmenübernahmen und Geschäfte mit dem Investor Albert Jossua durchführt. Dabei stehen ihm treue Angestellte aus dem zugesperrten Bankhaus Bosel zur Seite, die nun vom Teppichhaus Schein beschäftigt werden.[30]

Allzu viel soll die Postsparkasse von den frischen Investments aber nicht mitkriegen, damit sie nicht in Versuchung kommt, die entstandenen Gewinne einzukassieren. Aus diesem Grund lässt Bosel seiner Lebensgefährtin Ilona Schulz Geld zukommen, damit sie stellvertretend für ihn in Grund und Boden investiert. Da trifft es sich gut, dass Bosel die Realitätenfirma Reveg an der Hand hat, die sich schon länger um die Verwaltung seiner Zinshäuser gekümmert hat und deren alleinige Gesellschafterin nunmehr Ilka Schulz wird. Durch diesen Schachzug kann fortan die Firma seiner Lebensgefährtin bestimmte Geschäfte abschließen.

Das geschieht 1932 bei einem wunderschönen Landgut in Niederösterreich. Die Realitätengesellschaft von Ilka Schulz kauft das Gut „Hermannswörth“ in Prein an der Rax in der Nähe von Reichenau. Der Kaufpreis: 175.000 Schilling.[31] Vorbesitzer der Landhausvilla war der bekannte Wiener Industrielle Emmanuel Grab. Der aus Prag stammende Wachstuch- und Kunstlederfabrikant hatte sich das Gut im Jahr 1916 als Nebenwohnsitz zugelegt. 1929 war Grab, der noch zu Kaisers Zeiten den Adelstitel „Ritter von Hermannswörth“ erhalten hatte, in Reichenau gestorben.[32]

Die Villa Grab wird über mehrere Jahre hin an so manchen Winter-Feiertagswochenenden und in der Ferienzeit der Treffpunkt für den Bosel-Clan. Wenn die großen Ferien kommen, packen auch die Hausangestellten ihre Koffer, um für etliche Wochen zu übersiedeln. Das Gut in der Prein ist der perfekte Ort für die voralpine Sommerfrische. Die Berge sind nicht weit, und die rustikale Luxusabsteige ist geräumig genug, um die Verwandtschaft unterzubringen. Julie Marks kann sich noch gut erinnern, dass ihr Großvater bis zu seinem Tod Anfang 1933 auf Gut Hermannswörth zu Gast war. Auch Martha Genée hat hier als Kind einmal bei ihrer Cousine Julie Urlaub gemacht.[33]

Vor allem auf die Kinder hat das Anwesen eine große Anziehungskraft. Im Herrenhaus stehen Bauernmöbel und Kredenzen mit Holzkrügen, an den Wänden hängen ausgestopfte Birkhähne und

Geweihe – die typischen Dekorelemente für einen beschaulichen Rückzugsort in der Provinz. „Wir hatten auf dem Gelände auch einen großen Teich", erinnert sich Julie Marks. „Wenn der Teich zugefroren war, konnten wir hier im Winter Schlittschuh laufen. Und im Sommer konnten wir Karpfen aus dem Teich fischen. Es hat auch einen Bach gegeben auf dem Gelände, wo Forellen drinnen waren, die manchmal von Schwarzfischern herausgeholt worden sind."[34]

Wer hat sich aber eigentlich abseits der Ferien und Feiertage umgeschaut, damit der Landsitz in Schuss bleibt? Das „Gut Hermannswörth" ist das ganze Jahr über von einem Pächter bewirtschaftet worden, der in einem eigenen Gebäudetrakt gewohnt hat und sich neben einem Sägewerk, einem Tennisplatz, einem Blockhaus (der „Gretlhütte"), einem beheizbaren Swimmingpool und einem kleinen E-Werk auch um einen Kuhstall zu kümmern hatte. In der Prein war alles da für den Abenteuerurlaub samt Streichelzoo fernab der Großstadt.[35]

Dass er kein Inflationskönig mehr war, sondern nur mehr ein Schuldenkaiser, dem die Gläubiger auf die Finger klopfen, hat sich Bosel nach dem PSK-Desaster nicht anmerken lassen. Im Gegenteil: Bosel hat mit einigem Augenzwinkern von sich behaupten können, dass er ab 1924 unter die Land- und Forstwirte gegangen war. Ihm hat nicht nur das Gut Latzelhof im niederösterreichischen Rohrbach an der Gölsen gehört, sondern auch das Grauwitz-Gut in Verbindung mit dem Waldhotel Kreuzstein am südöstlichen Ausläufer des Mondsees im Salzkammergut. Was die Zeit angeht, in der Bosel der Gutsherr von Grauwitz, Latzelhof und *de facto* auch von Hermannswörth gewesen ist, kann man leicht erraten, wie es um den Ertrag der Betriebe bestellt war. Der Hietzinger Großgrundbesitzer hat nur über Landgüter verfügt, die defizitär waren. Auf dem Landgut in der Prein lastete obendrein eine Hypothek. Auch als „Nebenerwerbslandwirt" hat Bosel in der Postsparkasse keine schlafenden Hunde wecken wollen.[36]

Wenn es in die Landluft in der Prein an der Rax abging, dann sind Bosel und Ilka Schulz nicht selbst am Steuer gesessen. Längere Überlandfahrten wurden von den zwei Chauffeuren übernommen, die Anfang der 1930er Jahre noch im Dienst der Familie standen. Den Aufwand, den er früher getrieben hat, kann und will sich Bosel jedoch nicht mehr leisten. Bis 1935 schrumpft seine einstige Fuhrparkflotte auf zwei Autos zusammen. Und zwar auf einen „Hispano“ – das war eine bekannte Edelkarosse aus spanischer Fertigung mit einem fliegenden Storch als Kühlerfigur – und auf einen Mercedes-Benz.[37]

Ein ständiger Begleiter ist über viele Jahre hin der treue Hans „Schurl“ Brehm gewesen, den Bosel, Ilka und die Kinder auch 1934 bei ihrer Italien-Reise im Schlepptau hatten. Der großgewachsene Mann mit dem freundlichen Gesicht und dem buschigen Schnauzer war in der Silbergasse so etwas wie der Hausbesorger, Butler und Sicherheitsmann in Personalunion. Bei so einer Aufgabenvielfalt ist es mitunter vorkommen, dass Brehm die Kastanien aus dem Feuer holen musste, wie aus einer Geschichte hervorgeht, die Julie Marks liebend gern erzählt. Und das ist die Anekdote, dass es in der Silbergasse im Garten tatsächlich Ferkel gegeben hat, die eines Tages kurz vor dem Eintreffen des Religionslehrers aus ihrem Stall ausgebrochen waren. „Brehm, Breeehm“, habe ihr Mutter gerufen. „Sperrn's die Schweindl'n ein, der Rabbiner kommt!“ Und so musste der gute Brehm den ausgebüxten Tieren nachhechten, damit sie den frommen Besuch nicht stören.[38]

Anmerkungen

1 WStLA, Vr 2562/37 Einvernahme Bosel, 30. 9. 1936, HG B 76 67 210, „Bankhaus S. Bosel“.

2 März, Bankenpolitik, 465; Neue Fr. Presse, 18. 4. 1923; Die Börse, 7. 12. 1922

3 HAPSK, Mappe 16/18-7, Nachrichtendienst Wien, Sp.N. 70.747/1; SchobA, „Herr Präsident!“, Aktennotiz vom 9. 2. 1926; ÖStA, AVA FHKA Justiz, „Bosel Siegmund u.a.“, StA Wien, Anklageschrift vom 20. 3. 1937, 2 St 379/3626 26 Vr 6050/36, S. 26; WStLA, Vr 2562/37 Einvernahme Bosel, 8. 7. 1936“.

4 HAPSK, Bosel-Akten, Mappe 16/18-7e.

5 Antrag Reinhart Opferfürsorge-Rente, 1. 8. 1962; Interview mit Ruth Reitter, 11. 1. 2016.

6 HAPSK, Bosel-Akten, Mappe 16/18-7e; Interview mit Ruth Reitter, 11. 1. 2016.

7 Brief von Sigmund Bosel an Ilka Schulz, 4. 6. 1939.

8 WStLA, Vr 2562/37 Einvernahme Bosel, 8. 7. 1936.

9 ÖStA, Anklageschrift, 45; BG Hietzing, Grundbuch 01209 Ober St. Veit EZ 1467; HAPSK, Mappe 16/18 7e. Die „Bernbrunngasse“ gibt es heute nicht mehr. Sie heißt seit 1946 „Münichreiterstraße“ – in Erinnerung an den 1934 hingerichteten sozialdemokratischen Februarkämpfer Karl Münichreiter aus Hietzing.

10 Martha Genée in der TV-Doku „Der Massenmörder und der Trillionär“, ORF 2 (2013).

[12] Interview mit Martha Genée, 14. 12. 2011.
[13] WStLA, Vr 2562/37 Einvernahme Bosel, 12. 12. 1936.
[14] Excelsior Verlag, Wär' ich Bosel …! (Heinrich Strecker/Jo Griebitz), Interpret Fritz Imhoff, Aufnahme 1925.
[15] Die Börse, 17. 9. 1925.
[16] Information von Gertrude Schneider an den Autor, 1. 2. und 7. 5. 2016; Sigmund, Die Frauen der Nazis, 75.
[17] Wyllie, Albert Göring, 171; Wikipedia.
[18] Wahl, Kaffeehäuser zu Bankfilialen, in: Konrad/Maderthaner, … und der Rest ist Österreich, 60; Franz, Bosel, 10.
[19] Interview mit Julie Marks, 17. 2. 2012.
[20] Telefonat mit Julie Marks, 21. 12. 2014.
[21] Franz, Bosel, 35; Sandgruber, Traumzeit für Millionäre, 50.
[22] Mausoleum der Fam. Bosel, Wr. Zentralfriedhof, Tor 1, Gruppe 5b, Reihe 1.
[23] Reichspost, 14. 4. 1925.
[24] Franz, 35; Interview mit Julie Marks, 17. 2. 2012.
[25] Poch-Kalous: John Quincy Adams, In: Alte und moderne Kunst, Heft 138, 33; Sandgruber, Traumzeit für Millionäre, 10. Neue Freie Presse, 16. 3. 1933; Stiefel, Castiglioni, 271f.
[26] ÖStA, Anklageschrift gegen Bosel, 28; HAPSK, Bosel-Akten, „Zusammenstellung", Mappe XXX/13
[27] ÖPL (Bd. 10), „Julius Schmid", 279.
[28] HAPSK, Bosel-Akten, „Zusammenstellung", Mappe XXX/13.
[29] Tagblatt, 16. 7. 1937; Reichspost, 16. 7. 1937; WStLA, Vr 2562/37 Einvernahme Bosel, 1. 10. 1936.
[30] HAPSK, Mappe 16/18-7a; Hoffmann, Der Fall Sigmund Bosel, 89.
[31] HAPSK, „Aus einer Information", M16/18-7b.
[32] Sandgruber, Traumzeit für Millionäre, 351; www.landhaus-rax.at.
[33] Interview des Autors mit Martha Genée, 14. 12. 2011.
[34] Interview mit Julie Marks, 17. 2. 2012.
[35] HAPSK, „Inventuraufnahme auf dem Gute Hermannswörth in der Prein", M XXII/30.
[36] WStLA, Vr 2562/37 Einvernahme Bosel, 8. 7. 1936.
[37] HAPSK, „Laut neuerlicher Erhebung", M 16/18-7d, 4. 1. 1936.
[38] Gespräch des Autors mit Julie Marks, 25. 3. 2016; Telefonat mit Julie Marks, 21. 12. 2014.

9 - KATZ UND MAUS

Bis heute sind in keinem österreichischen Archiv Filmaufnahmen von Sigmund Bosel aufgetaucht. Obwohl Bosel ein äußerst bekannter Mann war, ist von ihm persönlich keine einzige Sekunde Zelluloid erhalten. Anders verhält es sich mit Louis und Alphons Rothschild. Sie hat man im Juni 1933 auf der Galopp-Rennbahn beim Österreichischen Derby gefilmt. Viele Herren sind an diesem Tag im Cutaway und mit Zylinder erschienen, die Damen haben elegante Kleider und feine Hüte getragen. Die Atmosphäre – ein Hauch von Ascot in der Wiener Freudenau. „Die Anwesenheit prominentester Persönlichkeiten, eine Fülle schöner Frauen und eine ungeheure Menschenmenge boten ein Bild, das an die besten Tage der Vorkriegszeit erinnerte", schallt es in den Tagen danach in der Wochenschau durch die „Lichtspieltheater". Das Rennen war mit einem österreichischen Triumph zu Ende gegangen. Stolz konnte Alphons Rothschild sein Siegerpferd – den Hengst „Suntime" – an der Zuschauermenge vorbeiführen.[1]
Sigmund Bosel ist in keiner Wochenschau der Zwischenkriegszeit vorgekommen. Er wollte sich in der Öffentlichkeit wenn möglich von niemandem mit einer Kamera erwischen lassen. Aus seinem Faible für Verschwiegenheit ist nach dem PSK-Finanzcrash Methode geworden. Bosel tauchte damals komplett ab und wurde für die Außenwelt zu einem Phantom.[2]
Somit hatten all jene, die ihre früheren Verbindungen zu ihm lieber vergessen hätten, keine zufällige Begegnung zu fürchten. Im Hintergrund hat der verfemte Bankier seine alten Kontakte jedoch weiter in die Waagschale geworfen. Gekonnt hat er Gesprächspartnern das Gefühl vermittelt, dass sie es weiterhin mit einem wichtigen Strippenzieher zu tun hatten. Der spätere *Guardian*-Journalist Willi Frischauer hat in seinen Memoiren erzählt, wie er Ende der 1920er Jahre von Sigmund Bosel an einem Sonntag in der Früh unerwartet angerufen wurde. Frischauer arbeitet damals in der Redaktion der *Wiener Sonntags- und Montagszeitung* in der Berggasse 31, nicht weit von Sigmund Freuds Wohnung. Die Zeitung gehört Frischauers Onkel Ernst Klebinder, der bis zu seinem Tod im Jahr 1936 versuchen wird, den Nazis und dem zunehmenden Antisemitismus publizistisch die Stirn zu bieten.[3] Als Willi Frischauer an dem besagten

Sonntag Sigmund Bosel am Hörer hat, ist der Reporter einigermaßen perplex. Das sei so gewesen, als hätte man in den 1960er Jahren „Rothschild, Krupp, Rockefeller und Onassis in einer Person am anderen Ende der Leitung gehabt".[4]

Weil er Bosel bis dahin noch nie gesehen hat, lässt Frischauer in der Redaktion alles liegen und stehen und fährt zu ihm ins Büro. Dort wird er von einem Diener empfangen, der ihn durch einen langen Gang mit etlichen Seitentüren in einen schmucken Besprechungsraum schleust. Kurz darauf sei Bosel geräuschlos ins Zimmer geschlüpft. Sein durchdringender Blick habe einen „freundlichen Magnetismus" ausgestrahlt, und gesprochen habe Bosel so leise, dass seine Stimme fast nicht zu hören war. Frischauer bekommt ein dickes Kuvert in die Hand gedrückt. „Als Auftakt für eine gute Zusammenarbeit", sagt Bosel, der dem verblüfften Journalisten mitteilt, dass er sich an der *Sonntags- und Montagszeitung* beteiligt habe. Kurz darauf ist Frischauer mit drei Monatsgehältern wieder auf der Straße gestanden. Ein Beispiel dafür, dass sich Bosel über die Jahre hin zu einem Schattenmann entwickelt hat, der mit der Aura eines Paten im Hintergrund die Fäden zieht.

Die Folgen des PSK-Skandals haben Bosel jedoch nervlich zugesetzt. Er steht auf dem Standpunkt, dass man ihm 1927 die weitgehende Streichung seiner Schulden versprochen hat, wenn er gegenüber der Postsparkasse alle Aktien herausrückt. In mehreren Gedächtnisprotokollen, die er Polizeipräsident Schober zukommen lässt, um seine Version der Ereignisse zu untermauern, macht Bosel klar, wen er für seinen größten Gegenspieler hält: Finanzminister Viktor Kienböck. Dieser habe ihn verfolgt und mit unsauberen Tricks wirtschaftlich geschädigt. Als Revanche liefert Bosel der Postsparkasse ein Katz-und-Maus-Spiel, um die Reste seines Vermögens zu retten. Daraus entsteht ein jahreslanges Tauziehen um Tilgungsfristen und einen Schuldenerlass. Hier bekommt es Bosel aber mit gleichermaßen gerissenen Gegenspielern zu tun, die seine Pläne durchkreuzen wollen.

Kienböck, Reisch und Sieghart

Bosel liegt mit seiner Einschätzung richtig, dass Finanzminister Kienböck in den Reihen der Christlichsozialen Partei ihm gegenüber der Scharfmacher ist. Im April 1927 drängt Kienböck zwei

Wochen vor den Nationalratswahlen im Ministerrat auf eine Entscheidung, ob Bosel wegen der PSK-Misere gerichtlich verfolgt werden soll. Erhalten geblieben ist die Debatte durch ein Stenogramm der Besprechung, im offiziellen Protokoll hat man den Meinungsaustausch verschwiegen.[5]

Als Bankier verfemt: „Schattenmann" Sigmund Bosel mit seinem Chauffeur.

Als Grundlage für seinen Vorstoß führt Kienböck einen Bericht von Nationalbank-Präsident Reisch ins Treffen, der untersuchen ließ, ob Bosel gegenüber der PSK strafbare Handlungen begangen hat. Reisch zufolge komme Betrug in Frage, erklärt der Finanzminister, der die Frage aufwirft, „ob eine Anzeige gemacht werden soll, was von großer politischer Bedeutung ist". Was ist in dem Reisch-Bericht aber wirklich drinnen gestanden? Da heißt es etwa an einer Stelle, dass es bedenkliche Transaktionen zwischen Bosel und der Postsparkasse gegeben habe und dass es unbegreiflich sei, wie die PSK solche Geschäfte abschließen konnte. Viele Geschäftsfälle seien jedoch strafrechtlich ohne Belang, so der Bericht, und von Betrug könne kaum geredet werden, weil die Organe der Postsparkasse ungeheuer fahrlässig und völlig unverantwortlich agiert hätten.[6]

Wahrscheinlich war das der Grund, warum sich Kienböck selbst skeptisch gezeigt hat, dass ein Betrugsvorwurf vor Gericht halten wird. Eine Anklage wegen fahrlässiger Krida müsste aber zu einer

Verurteilung Bosels führen, meint er gegenüber seinen Regierungskollegen. „Dafür, dass man die Anzeige macht, spricht, dass … es einen guten Eindruck machen würde, wenn die Regierung zeigen würde, dass man sich nicht scheut, ihn der kriminalistischen Behandlung zuzuführen."

Bundeskanzler Ignaz Seipel gibt seinem Finanzminister in diesem Punkt zwar Recht, aber dem Regierungschef ist das Prozessrisiko zu hoch. Seipel möchte nicht, dass die PSK durch ein Gerichtsverfahren mit unsicherem Ausgang ins Gerede kommt. Und er fürchtet, dass sich Bosel vor einem Prozess ins Ausland absetzen könnte. „Er scheint einen guten Spionagedienst zu haben", meint Seipel. Daher müsse man entsprechende Vorkehrungen treffen. Kienböck sagt: „Die Anzeige wäre in ein paar Stunden gemacht!" Daraufhin Seipel: „Der Ministerrat wird der PSK und dem Finanzminister nichts in den Weg legen."[7]

Diese Bemerkung war koalitionsintern freilich nicht das letzte Wort in der Causa Bosel. Sigmund Bosel ist wegen der Spekulationsverluste mit der Postsparkasse nicht angezeigt und auch nie angeklagt worden. Die Regierung Seipel wird ihre Gründe gehabt haben, warum sie im April 1927 und auch später keinen Prozess riskiert hat.[8]

Beim Umgang mit Bosels Unionbank haben die Regierung und Nationalbank-Präsident Reisch dagegen nicht lange gefackelt. Kurz bevor das neue PSK-Gesetz greift und die Staatsbank ein frisch bestelltes Führungsgremium erhält, verkauft Reisch in einer Nacht-und-Nebel-Aktion die Unionbank Anfang 1927 an die Boden-Credit-Anstalt. Obwohl Bosel das Besitz- und Stimmrecht über die entsprechenden Aktien nach wie vor innehatte, ist hinter seinem Rücken über den Verkauf verhandelt worden, bis er sich eigenen Angaben zufolge nicht mehr dagegen wehren konnte. Die ausgehandelte Übernahme der Unionbank sorgt für großen Wirbel und heftige Auseinandersetzungen im Parlament. Die Sozialdemokraten haben den Verdacht, dass man die Unionbank billig an die Boden-Credit-Anstalt verhökert und die Republik dadurch finanziell geschädigt hat.[9]

Auch Josef Redlich ist überzeugt gewesen, dass Reisch und Kienböck die Unionbank an BCA-Boss Rudolf Sieghart verschachert haben. In einem Brief an Polizeipräsident Schober wettert Redlich, dass Reisch „doch nur die Geschäfte des elenden Herrn Sieghart

besorgt“ und diesem „die Unionbank tief unter ihrem Wert zugeschanzt hat“.[10]
Der Deal stinkt damals mächtig gegen den Wind. Denn die Unionbank ist ausgerechnet an jene Bank verkauft worden, für die Reisch früher tätig war und die ihm neben seinem Nationalbank-Gehalt eine sehr hohe Pension gezahlt hat.[11] Auch Viktor Kienböck hatte zur Boden-Credit-Anstalt ein Naheverhältnis. In den Phasen, in denen er in den 1920er Jahren nicht Finanzminister war, ist der Wirtschaftsanwalt mit seiner gutgehenden Kanzlei für die Boden-Credit-Anstalt tätig gewesen.[12] Haben Kienböck und Reisch – die Männer, die Bosel als seine Hauptfeinde betrachtet hat – die Unionbank gezielt an Rudolf Sieghart verschachert und die Gespräche mit anderen Interessenten abgewürgt?
Für Sigmund Bosel wäre es von Vorteil gewesen, wenn das Mehrheitspaket an der Unionbank zu einem guten Preis verkauft worden wäre, weil seine Riesenschuld bei der Postsparkasse dadurch geschrumpft wäre. Eine Bank, die sich für die Unionbank interessiert und angeblich mehr gezahlt hätte als die BCA, war die Niederösterreichische Escompte-Gesellschaft. Kienböck und Reisch sollen jedoch die entsprechenden Verhandlungen hintertrieben haben, weil die Escompte-Gesellschaft als Bank der Gemeinde Wien als „rote“ Bank gegolten hat.[13]
Bosel hat später behauptet, dass ihm Nationalbank-Präsident Reisch und Finanzminister Kienböck sogar einen kompletten Schuldennachlass schmackhaft gemacht hätten. Für den Fall, dass Bosel sämtliche Wertpapiere aus seinem Besitz dem Postsparkassenamt vermachen und Österreich für immer verlassen würde. „Wiewohl an Pressionen gewöhnt, empfand ich diese Forderung, meine Heimat zu verlassen, als den schwersten Druck, der auf mich ausgeübt wurde“, schreibt Bosel in einem seiner Gedächtnisprotokolle. „Ich lehnte diese Forderung ab.“[14]
Der komplette Schuldenerlass ist daraufhin vom Tisch. Kienböck soll stattdessen Anfang 1927 etwas anderes in Aussicht gestellt haben – dass es nach den Wahlen die Gelegenheit für Bosel geben werde, nach einer Abrechnung der Wertpapierverkäufe seine Schulden bei der PSK „mit einem Butterbrot“ zu erledigen. Ende März 1927 schließt Bosel mit der Postsparkasse einen Vertrag, wonach die Bank seine gesamten Aktien zu bestimmten Mindestpreisen zur Verwer-

tung übernimmt und ihm allfällige Nettomehrerlöse gutgeschrieben werden.[15] Bosel glaubt offenbar, dass die Postsparkasse seine Aktien optimal verwerten wird.

Der Pleitier als politischer Spielball

1927 muss Sigmund Bosel feststellen, dass er nach dem PSK-Fiasko wieder politisch instrumentalisiert wird. Dabei ist es noch gar nicht lange her, dass die Christlichsozialen über das Boseleum-Bauprojekt erfreut waren und die Sozialdemokraten froh sein konnten, dass ihnen Bosel die Hammerbrot-Werke komplett abgekauft hatte. Dankbarkeit ist aber bekanntlich keine politische Kategorie. Dass die Regierungskoalition und die Opposition Bosel zwischenzeitlich als patriotischen Wohltäter und rettenden Investor hofiert haben, spielt keine Rolle mehr. Die Parteien werfen einander ihr Naheverhältnis zu Bosel an den Kopf. Bosel muss auf Nationalratswahl-Plakaten wieder als Feindbild herhalten.

Für den verrufenen Finanzjongleur sind Plakate, auf denen gegen ihn polemisiert wird, ein Déjà-vu-Erlebnis. 1923 – ein Jahr nach seinem Einstieg bei den roten Hammerbrot-Werken und nur wenige Monate, bevor er vorübergehend zum Polit-Darling des Seipel-Lagers avanciert – ist Bosel in seiner Rolle als wortkarger Medienzar eine Feindfigur für die christlich-soziale Wahlkampfmaschinerie gewesen. Auf dem entsprechenden Plakat sieht man vier Journalisten an einem Schreibtisch, von denen jeder für eine der linksgerichteten Zeitungen werkt, an denen Bosel beteiligt war. Auf dem Rücken der büttelhaft wirkenden Artikel-Schreiber lastet ein überdimensionaler Geldsack, auf dem der Name „Bosel“ steht und ein Betrag mit einer schier unendlichen Anzahl von Nullen prangt. Ganz oben sitzt Sigmund Bosel – mit Anzug, Stecktuch und einer distanziert-gebieterischen Miene. „Unter dem Schutz des Schieberkönigs wollen die Sozialdemokraten siegen!“, lautet der Kommentar. Daher die Parole: „Wähler besinnet Euch! Wählet Christlichsozial.“[16]

Nach dem PSK-Skandal finden im Frühjahr 1927 wieder Nationalratswahlen statt. Diesmal affichieren die Sozialdemokraten ein Plakat, auf dem Kanzler Seipel mit der rechten Hand einen Mann niederdrückt und mit der Linken hinter seinem Rücken einen Sack mit

„2173 Milliarden" den „Schwindelbanken und Bosel" aushändigt. Die Botschaft, die sich an Gewerbetreibende und Kaufleute richtet: „So ist Euch zum zweiten Male geholfen worden … Darum wählt nur sozialdemokratisch!"[17]
Die Christlichsozialen reagieren, indem sie das Plakat als „Exzess der Verlogenheit" brandmarken und den Sozialdemokraten unterstellen, dass ihr Wahlkampffonds aus Bosel-Spenden besteht.[18] Genauer gesagt aus Geldern der Postsparkasse, die Bosel über den Kauf der gesamten roten Hammerbrotwerke quasi einfach an die Sozialdemokraten weitergereicht hätte. Der verfemte Spekulant wird von Rot und Schwarz als Spielball verwendet, durch sein grandioses Scheitern bleibt er als Person ein Politikum.[19]

Fressen und gefressen werden

1927 haben viele geglaubt, dass die Übernahme der Unionbank von Sigmund Bosel der Schlusspunkt im Konzentrationsprozess der österreichischen Bankenszene gewesen sei. „Das österreichische Finanzwesen ist wieder gesund", meinten anerkannte Fachleute. Eine Reihe von Kreditinstituten war nach 1923 entweder von der Bildfläche verschwunden oder von noch größeren Finanzhäusern geschluckt worden. Bei der Boden-Credit-Anstalt war es so, dass sie nicht nur die Unionbank, sondern auch die Verkehrsbank und mehrere Provinzbanken übernommen hatte.
Die Bank von Rudolf Sieghart hat damit zwar 1927 mit einem Schlag zusätzliche Filialen und Firmenbeteiligungen besessen. Durch die Fusionen muss sich die BCA aber auch mit vielen zusätzlichen Krediten und verlustreichen Industriebetrieben herumschlagen, die ihr Kapital aufzehren. Um die eigene Finanznot zu verschleiern und die Aktionäre zu beruhigen, schüttet die Bank nach 1927 überhöhte Dividenden aus. Im September 1929 ist die Boden-Credit-Anstalt, die für ihre üppigen Managergehälter bekannt war, nach „schweren bankpolitischen Fehlern" pleite.[20]
Rudolf Sieghart – auch er ein großer Bosel-Widersacher – steht mit der BCA vor dem Bankrott. Die Manager der Bank sind drauf und dran, das ganze Land ins Unglück zu stürzen. Volkswirtschaftlich war es damals allerdings undenkbar, dass man die Bank untergehen lässt. Denn die Boden-Credit-Anstalt ist, wie man heute sagen wür-

de, „systemrelevant“ gewesen. Weil keine andere Wiener Bank mit der BCA zusammengehen will, kann nur mehr eine Fusion mit der Credit-Anstalt die Katastrophe verhindern.
Am 6. Oktober 1929 – es ist ein Sonntag – muss eine Entscheidung her. Sonst kann die Boden-Credit-Anstalt am Montag ihre Schalter nicht mehr aufsperren. Die Regierung muss deshalb CA-Mehrheitsaktionär Louis Rothschild die Zustimmung abringen, dass sein Konzern die marode Konkurrenzbank übernimmt. Doch der Bankier befindet sich auf einer Herbstjagd. Daraufhin setzt Johann Schober, der gerade zum dritten Mal Bundeskanzler geworden ist, die Gendarmerie in Marsch, um den Baron aufzuspüren. Glücklicherweise ist Rothschild nicht weit weg von Wien mit seiner Jagdgesellschaft unterwegs, sodass er schnell in die Hauptstadt zurückgeholt werden kann. Schober setzt Rothschild unter Druck, bis dieser der Zwangsheirat von Credit-Anstalt und Boden-Credit-Anstalt widerwillig seinen Sanktus erteilt. Man habe Rothschild „nicht eine Pistole, sondern ein Maschinengewehr an die Brust setzen müssen“, soll Schober später gesagt haben.[21]
Die unrühmlichen Geschäfte der Boden-Credit-Anstalt sind auch für Sigmund Bosel eine bittere Pille gewesen. Er ist überzeugt, dass die Postsparkasse und die BCA auf seine Kosten Geschäfte gemacht haben, indem die PSK die von Bosel zur Verwertung erhaltenen Wertpapiere günstig an die Boden-Credit-Anstalt abgegeben hatte, die später einzelne Aktienpakete gewinnbringend ins Ausland weiterverkaufen konnte. Bosel glaubt, dass er auf diese Weise vor allem im Fall der Veitscher Magnesitwerke um erhoffte Mehrerlöse umgefallen ist, die zum Abzahlen seiner Schulden herhalten hätten sollen.

Setzt Bosel im Skandal um die Postsparkasse schwer unter Druck: Finanzminister Viktor Kienböck (um 1930).

Der mangelhafte Abverkauf der Bosel'schen Aktien bleibt Beobachtern nicht verborgen. *Der Abend* – eine gut informierte Zeitung, die schon mit Bosel im PSK-Skandal hart umgesprungen ist – attackiert nun Finanzminister Kienböck. Dieser habe seinen Einfluss missbraucht, um die Postsparkasse zu zwingen, „alles das, was sie von Bosel zur Wiedergutmachung des Schadens bekam, an die Boden-Credit-Anstalt auszuliefern".[22]

Bosel ist konsterniert. Der schwer angezählte Geschäftsmann steht auf dem Standpunkt, dass die Aktienpakete, die er der Postsparkasse vermacht hat, und die gesamten Anteile an den Hammerbrotwerken, die er bereits 1926 auf Druck der Regierung zu einem Bruchteil ihres Wertes abgeben hatte müssen, mehr wert gewesen sind als der Betrag, mit dem er bei der PSK verschuldet war.[23]

Mit dieser Ansicht stößt Bosel jedoch auf taube Ohren. Der für 1930 vereinbarte Rückzahlungstermin für seine Schulden kommt mit Riesenschritten immer näher. Wieder pokert Bosel um einen Zahlungsaufschub. Und er hofft darauf, dass sein Politikerfreund Johann Schober für ihn ein gutes Wort einlegen kann. Wohl auch deshalb, weil er Schober 1927 eine Wahlkampfspende zukommen hat lassen.[24]

1929 ist Schober allerdings der amtierende Bundeskanzler gewesen. Das Protektionsgesuch hat deshalb Takt und Raffinesse erfordert. Folglich hat zuerst ein Emissär, der langjährige k. u. k. Diplomat Richard Oppenheimer-Marholm, untertänig bei Schober antichambrieren müssen. Der frühere Vatikan-Botschafter und ehemalige Gesandte am Hof des Schahs von Persien verwendet sich mit viel brieflicher Umschweife dafür, dass Schober in der staatlichen Postsparkasse für Bosel ein gutes Wort einlegt. „Ein diesbezüglicher Wink würde gewiss die Beschleunigung der Angelegenheit herbeiführen", schreibt Oppenheimer-Marnholm im November 1929. „Auf diese Beschleunigung legt Präsident Bosel das größte Gewicht, denn ich erlaube mir nochmals zu versichern, dass er sich seit drei Jahren infolge des ihm zugefügten Unrechtes in einer tiefen seelischen Depression befindet."[25]

Oppenheimer-Marnholm steht damals schon lange in Bosels Diensten. Wie etliche andere Hoheitsbeamte ist auch der einstige Ritter von Marnholm in den frühen 1920er Jahren in die Privatwirtschaft hinübergewechselt. Er gehört zur Riege der abgetretenen oder pensionierten Staatssekretäre, Sektionschefs, Diplomaten und Hofräte, die den Kreditinstituten der jungen Republik während der Inflationszeit einen noblen und soliden Anstrich verleihen sollten.

Oppenheimer-Marnholm findet offenbar den richtigen Ton, weil sich Schober einige Wochen später telefonisch bei Bosel meldet. Als wochenlang trotzdem nichts weitergeht, droht Bosel mit einer Klage gegen die PSK. „Ich will, wie gesagt, an die Führung eines Rechtsstreites gegen den Staat in einem Zeitpunkte, in dem Herr Bundeskanzler an der Spitze der Regierung stehen, nicht denken, obwohl im Falle meines Zusammenbruches dies die einzige Möglichkeit meiner moralischen Rehabilitierung wäre ... Gewohnt, in Ihnen den Beschützer des Rechtes zu sehen, wende ich mich in dieser ernsten Lage an Sie, mit der Bitte, helfen Sie mir, wenn Sie können."[26]

Der Regierungschef lässt Bosel nicht im Stich. Auf einmal findet Finanzminister Juch in seinem Kalender doch einen Gesprächstermin für Bosel, der um seine geschäftliche Existenz rauft. Nach einer weiteren Verhandlungsrunde mit dem Postsparkassenamt bekommt Bosel im März 1930 einen Zahlungsaufschub um ein weiteres Jahr bis Ende Juni 1931.

Anmerkungen

1 „Österreich in Bild und Ton", 06/1933: Eindrucksvoller Sieg des österreichischen Pferdes „Suntime".
2 Frischauer, Twilight in Vienna, 199.
3 Prutsch/Zeyringer, Die Welten des Paul Frischauer, 22ff.; Hamann, Hitlers Wien, 68f. Habe und Frischauer haben 1932 enthüllt, dass Adolf Hitlers Vater „Schücklgruber" geheißen habe. Den Schicklgruber-Tipp hat Frischauer zufolge Engelbert Dollfuß geliefert.
4 Frischauer, European Commuter, 95.
5 Protokolle des Ministerrates, Kabinett Seipel IV, Bd. 1, S. 400.
6 HAPSK, Bosel-Akten M 16/35. „Bosel war bei seinen Effektentransaktionen ..."
7 Protokolle des Ministerrates, Kabinett Seipel IV, Bd. 1, S. 400.
8 Detail am Rande zu den Nachwehen des Postsparkassenskandals: Vizegouverneur Klimesch ist 1931 von einer Disziplinarkommission freigesprochen worden. Der Volkswirt über das „Geheimerkenntnis": „Entweder [die Kommission] hat ihn als unzurechnungsfähig erkannt oder nachweisen können, dass er die gesetzwidrigen und verlustreichen Geschäfte über höheren Auftrag abgeschlossen hat (21. 3. 1931).
9 Ausch, 299ff.; Arbeiterzeitung, 26. 1. 1927; SchobA, Bosel: Memorandum, 22. 10. 1929.
10 Fellner: Johannes Schober u. Josef Redlich, In: Zeitgeschichte 4 (1977), 367.

[11] Ausch, 323.
[12] Eigner, Sieghart u. die ... Boden-Credit-Anstalt, in: Berghoff, Wirtschaft im Zeitalter d. Extreme, 220f.
[13] Volkswirt, 6. 2. 1932, 454 bzw. 13. 2. 1932, 471; Mattl, Stagnation und gesellschaftliche Krise, 29.
[14] SchobA 95, Bosel: „Memorandum", 22. 10. 1929, 15.
[15] AEF, Schiedsinstanz 724/2010, 13–59.
[16] Wienbibliothek, Plakat (1923) „Unter dem Schutze ..." P 315.
[17] Wienbibliothek, Plakat, P 233163.
[18] Neues Montagsblatt, 11. 4. 1927; Reichspost, 11. 4. 1927.
[19] 1932 war Bosel erneut auf einem sozialdemokratischen Wahlplakat abgebildet: „Wollt Ihr die wieder wählen?" lautete die Überschrift. Gemeint waren die karikaturenhaft abgebildeten Politiker Buresch, Kollmann und Schürff, denen auf dem Plakat durch fliegende Geldscheine sowie volle und leere Geldkoffer Misswirtschaft unterstellt wurde. In der Mitte des Plakats war ein praller Sack abgebildet, aus dem Bosels Kopf herausragte und auf dem „Postsparkassen-Milliarden für Bosel" gestanden ist. Die Botschaft: „Wählt Sozialdemokratisch!" (Quelle: Nationalbibliothek, Plakat SP 1932, Sign. 16304546).
[20] Kernbauer, Währungspolitik in der Zwischenkriegszeit, 273ff.; Eigner/Melichar, Das Ende der Boden-Credit-Anstalt 1929 und die Rolle Rudolf Sieghartts, in: ÖZG 19.2008.3, 78ff.
[21] Kurt Bauer, Wie frisiert man einen Eisberg? – Die Presse, 14. 11. 2008; Ausch, Als die Banken fielen, 307f.
[22] Der Abend, 13. 11. 1929.
[23] AEF, Schiedsinstanz 724/2010, 14-61; HAPSK, Bosel-Akten, M 14/5, Vorstandssitzung, 6. 1. 1929.
[24] WStLA, Vr 2562/37 Einvernahme Bosel, 22. 2. 1937.
[25] SchobA 95, Oppenheimer-Marnholm an Schober, 19. 11. 1929.
[26] SchobA 95, Bosel an Schober, 2. 1. 1930, 26. 1. 1930, 17. 2. 1930.

10 – DEM BARON ZU DIENSTEN

Für alle, die geglaubt haben, dass die österreichische Bankenlandschaft die Weltwirtschaftskrise von 1929 ohne gröbere Ansteckung überstanden habe, gibt es im Frühjahr 1931 ein böses Erwachen. Die altehrwürdige Credit-Anstalt, die stets als Fels in der Brandung gegolten hat, steht vor dem Bankrott. Am 8. Mai beichten die CA-Direktoren einen Mega-Verlust von 140 Millionen Schilling für das Geschäftsjahr 1930. Nun droht erst recht der Kollaps der heimischen Wirtschaft, denn zwei von drei Industriebetrieben sind nach landläufiger Meinung damals von der Rothschild-Bank finanziell abhängig gewesen. Es ist aber keine andere Bank mehr da, die nun die Credit-Anstalt auffangen könnte. Hektisch zimmert die Regierung ein Sanierungspaket zusammen. Als eine der größten Banken Mitteleuropas war die CA – wie man heutzutage sagen würde – *too big to fail.*[1] Einspringen müssen die Nationalbank und der Bund, sprich die Steuerzahler, um die Bank durch eine Notverstaatlichung vor dem Ruin zu bewahren. Auch Bankpräsident Louis Rothschild hilft als CA-Großaktionär dabei mit, die fehlenden 140 Millionen abzudecken und die Bank mit frischem Kapital auszustatten. Rothschilds Beitrag von 30 Millionen Schilling sei ein „wahrhaft ritterlicher Akt“ gewesen, meint der Historiker Fritz Weber, mit dem der „unerschütterliche Grandseigneur“ seine persönliche Mitverantwortung für die Credit-Anstalt unter Beweis gestellt habe.[2]

Mit dem ersten Sanierungspaket war es allerdings nicht getan. Die Credit-Anstalt hat der Regierung bei den Verlustzahlen keinen reinen Wein eingeschenkt, und die Politik hat sich mit der Verstaatlichung in den Sack gelogen. In den Wochen nach dem ersten Bilanzschock kommt allmählich das wahre Finanzloch ans Licht. Nachdem anfangs von 140 Millionen die Rede war, muss der Bund letztlich fast 990 Millionen Schilling in die CA-Rettung pumpen. Mehr als die Hälfte des Bundesbudgets von 1932 geht für die Credit-Anstalt drauf.[3]

Das wäre in etwa so, als würde man beim Hypo-Alpe-Adria-Fiasko nicht größenordnungsmäßig über einen Gesamtschaden von schätzungsweise 12 Milliarden, sondern über einen Finanzbedarf von rund 40 Milliarden Euro reden. Dieses Gedankenspiel zeigt, welche ungeheuren Ausmaße die CA-Katastrophe im Jahr 1931 hatte.

Wollt Ihr die wieder wählen?
Kollmann
Buresch
Schürff
Frank
Genossenschafts Kassen
Postsparkassen Milliarden für Bosel
Bauern-Bank Gelder für Jesaias Aberbach
Wählt Sozialdemokratisch!
DRUCK WALDHEIM-EBERLE A.G.
VERLAG U VERANTWORTUNG: KONRAD REIF, PURK

Werbeplakat des Teppichhauses Schein (1925–1930). Diese Firma war der einzige Betrieb, den Bosel nach dem PSK-Skandal offiziell weiterführen konnte.

Linke Seite: Der Postsparkassenskandal wird zum Wahlkampfthema.

Seite 169: Sigmund Bosel als CA-Troubleshooter für Louis Rothschild, um 1932.

Ilka Schulz überlebt in Paris als „U-Boot" unter ihrem falschen Namen Yvonne Moreau, um 1942/43.

Links: Die Geschwister Traude und Rita Hirschhorn (1936). Sie werden sechs Jahre später im gleichen Zug wie Sigmund Bosel nach Riga deportiert.

Rechts: Bosels Tochter Julie als Schülerin, um 1939.

Vier Bundeskanzler der Ersten Republik beim Festakt „60 Jahre Wiener Sicherheitswache“ im Juni 1929 (v. l. n. r.): Karl Buresch, Ignaz Seipel, Johann Schober und Ernst Streeruwitz. (Buresch war damals noch NÖ-Landeshauptmann.)

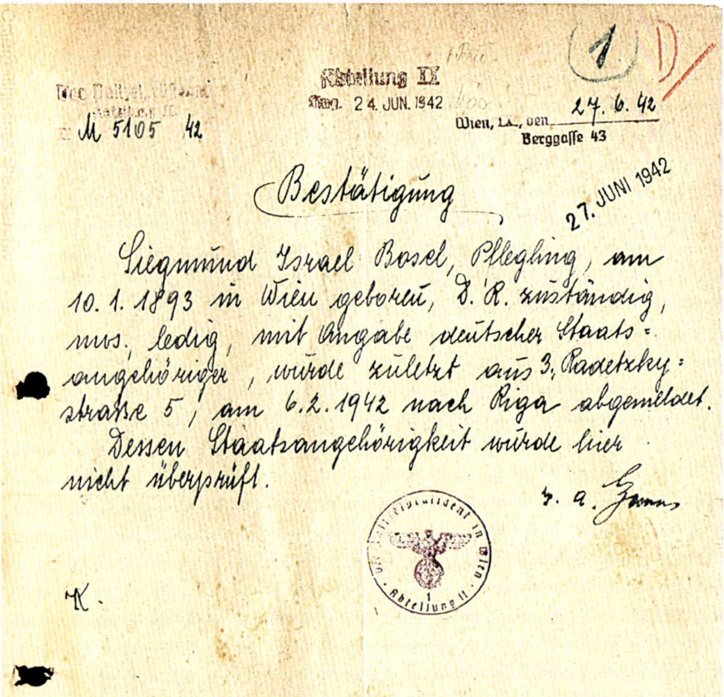

M 5105 42

Abteilung II
Eing. 24. JUN. 1942

Wien, IX., den 27. 6. 42
Berggasse 43

Bestätigung

27. JUNI 1942

Siegmund Israel Bosel, Pflegling, am 10. 1. 1893 in Wien geboren, D. R. zuständig, mos. ledig, mit Angabe deutscher Staatsangehöriger, wurde zuletzt aus 3. Radetzkystrasse 5, am 6. 2. 1942 nach Riga abgemeldet.

Dessen Staatsangehörigkeit wurde hier nicht überprüft.

I. A.

K.

Eine letzte Spur: die Bestätigung der „Abmeldung“ nach Riga, 24. Juni 1942.

Gertrude Schneider wurde Zeugin des Mordes an Sigmund Bosel (ORF, 2013).

Der Mörder überlebt: Alois Brunner im syrischen Exil, nach einem Bombenattentat auf ihn ist die linke Hand verkrüppelt. (Aufnahme Deschner, 1985.)

Das Mausoleum der Familie Bosel am Wiener Zentralfriedhof, 2016.

Die Ursachenforschung nach der Megapleite liefert haarsträubende Ergebnisse. Die Credit-Anstalt war nach der Übernahme der maroden Boden-Credit-Anstalt ein derartiger Moloch geworden, dass die CA-Manager keinen Überblick mehr hatten, wie es um die Bank und ihre Industriebeteiligungen finanziell bestellt war. Wirtschaftsprüfer bringen ans Licht, dass die CA so wie vor ihr die BCA mit frisierten Bilanzen operiert und in Osteuropa in fahrlässiger Weise hohe Kredite vergeben hat.[4] In Wahrheit hätte die CA die BCA nie und nimmer übernehmen dürfen.

Damit ist man auch vor der Frage gestanden, wie Rudolf Sieghart die Boden-Credit-Anstalt derart herunterwirtschaften konnte. Eine Untersuchungskommission hat sich daher damit befasst, mögliche Schadenersatz-Ansprüche gegen ehemalige Manager der BCA und der CA zu prüfen. Um sich zu verteidigen, greift Sieghart zur Feder. Er schreibt ein autobiografisch verbrämtes Werk über die Monarchie, in dem er seine eigene Verantwortung herunterspielt und Sigmund Bosel eine Mitschuld am Zusammenbruch seiner Bank gibt.[5]

Der Hintergrund dieser Männerfeindschaft: Bosel unternahm 1923 einen Übernahmeangriff auf den Zeitungs- und Verlagskonzern Steyrermühl, der die Basis für Siegharts Medienmacht war. Darüber hinaus kaufte Bosel noch Aktienpakete der Boden-Credit-Anstalt, womit er Sieghart ins Gehege kam, der daraufhin im Bankenverband vermutlich auf Rache aus war. Wollte sich Bosel nach der Unionbank auch noch die BCA schnappen? Um den angeblichen Übernahmeangriff abzuwehren, habe die Boden-Credit-Anstalt eine Kapitalerhöhung durchführen müssen, wie Sieghart nunmehr 1932 behauptet. Dieses Verteidigungsmanöver sei – so Sieghart – finanziell verhängnisvoll gewesen.[6]

Bosel kontert in einer Gegendarstellung, dass er vor der Kapitalerhöhung viel weniger Aktien besessen habe, als behauptet wurde, und mitsamt der Kundschaft seiner Privatbank nie auf mehr als 12 bis 14 Prozent der BCA-Aktien gekommen sei. Besonders ärgert sich Bosel über Siegharts Behauptung, die Fusion mit der Unionbank sei für die BCA eine schwere Belastung gewesen: „Sicher ist, dass im Gegensatz zur Boden-Credit-Anstalt die Unionbank ein durchaus gesundes Unternehmen darstellte und dass kein sachlicher

Grund gegeben war, dieses alte, in sich gefestigte Institut gerade der Boden-Credit-Anstalt in den Rachen zu werfen." So wie die Dinge im Rückblick liegen, hat Sieghart mit seinem Ablenkungsmanöver versucht, Bosel zu Unrecht als „Banken-Totengräber" hinzustellen.[7]

Als im Mai 1931 die CA vor dem Zusammenbruch gestanden ist, glaubt die Regierung, dass sie das Debakel durch eine „österreichische Lösung" bereinigen kann. Die Existenzkrise der wichtigsten Bank im Land schweißt die zuständigen Politiker und verantwortlichen Banker vorerst einmal zusammen. Die Sanierungsaktion habe „eine unnennbare, gar nicht zu schildernde Finanzkatastrophe" abgewendet, attestiert die *Neue Freie Presse*, die – nebenbei gesagt – bei der CA schwer verschuldet war. „Die Rettung, dies sei vorweg betont, ist gelungen."[8]

Auf das Fiasko folgt ein verpfuschtes Krisenmanagement, das vieles noch schlimmer macht. Die Bank-Manager bleiben in Amt und Würden, die CA soll die weiteren Reorganisationsmaßnahmen selbst erledigen. In der Öffentlichkeit hat die Finanzschwäche der „Rothschild-Bank" aber wie eine Bombe eingeschlagen. Sparer ziehen ihre Guthaben ab, es kommt zu einem Ansturm auf die CA und andere Banken. Die Folge ist eine massive Kapitalflucht ins Ausland, die den Schilling in ernste Gefahr bringt. Damit sie nicht untergeht, wird die CA von der Republik mit einer Staatshaftung ausgerüstet.[9]

Die Bank versucht ihrerseits, die Berichterstattung über die Sanierung zu manipulieren. Die Regierung weiß davon, sogar der staatliche Bundespressedienst wird fürs Verteilen von „Zuwendungen" an Journalisten und Verleger im In- und Ausland eingespannt, damit beschwichtigende Artikel in Umlauf kommen.[10]

Brisant daran war, dass hier de facto Steuergeld verteilt wurde, weil sich die CA schon mehrheitlich im Staatseigentum befand. Der *Volkswirt* war entrüstet: „Dass die Mitglieder der alten Bankleitung das Gefühl hatten, auf Selbstschutz bedacht sein zu müssen, ist begreiflich. Dass sie die Kosten dieses Selbstschutzes nicht aus der eigenen Tasche, sondern aus der Bank bestritten, erschwert noch ihre strafbare Handlungsweise." Augenfällig wird der unwürdige Eiertanz, als Ende 1931 die österreichische Journalisten-Gewerkschaft dem Parlament einen Untersuchungsbericht vorlegt. Genüsslich berichtet die *Arbeiter-Zeitung* von einem weitreichenden Korrupti-

Beauftragt Bosel mit geheimer Lobbying-Mission: Louis Rothschild (um 1930).

onsnetzwerk und davon, dass die „ganze reaktionäre" Presse von der CA bestochen worden sei.[11]

Bei den Christlichsozialen ist nach dem Bankenkrach politisch Feuer am Dach. Man steht vor einem großen Wahljahr mit mehreren Landtagswahlen. Die führende Regierungspartei hat Angst, dass sie für den Scherbenhaufen einen Denkzettel verpasst bekommt. Viele Wähler sind wütend, dass man die CA-Verluste der Allgemeinheit aufgebürdet hat, während die Auslandsgläubiger verschont werden und die Bankmanager scheinbar ungeschoren davonspazieren. Die Kanzlerpartei schlägt daher einen populistischen Kurs ein. Engelbert Dollfuß, damals Landwirtschaftsminister, will die Bankfunktionäre zur Verantwortung gezogen wissen.

Die Mitglieder der alten CA-Führungsriege müssen sich auch von Experten den Vorwurf gefallen lassen, dass sie auf Basis von frisierten Bilanzen hohe Gewinnbeteiligungen kassiert haben. Bei ihren Ermittlungen findet die Staatsanwaltschaft noch einen zweiten Hebel – das Bankhaftungsgesetz aus dem Jahr 1924. Dieses Gesetz sah Schadenersatz-Ansprüche für den Fall vor, dass Bankmanager gegen das Prinzip der „Sorgfalt eines ordentlichen Kaufmannes" verstoßen. Der neu ins Amt gekommene Bundeskanzler Karl Buresch will aus der Krise politisches Kapital schlagen. Er startet eine antisemitische Kampagne gegen die „schuldigen jüdischen Bankdirektoren". Demonstrativ krempelt Buresch die CA-Vorstandsetage um. Der Bankfachmann und Expolitiker Alexander Spitzmüller, der bis 1915 CA-Generaldirektor war, wird aus der Pension zurückgeholt. Die frei werdenden Führungsjobs werden mit nichtjüdischen Finanzmanagern besetzt.[12]

Die Geheimmission nach der CA-Pleite

Louis Rothschild dürfte sich Sorgen gemacht haben, dass ihm als Verwaltungsratspräsident das Finanzfiasko rechtlich auf den Kopf fallen könnte. Denn der Rothschild-Familienclan beauftragt im Juli 1931 Sigmund Bosel mit einer geheimen Lobbying-Mission. Bosel soll sich nicht nur um eine bessere Publicity kümmern, sondern die „gesamte Kreditanstaltsangelegenheit ordnen", wie es ein Rothschild-Prokurist später vielsagend formuliert hat. Man hat also Bosel dafür bezahlt, dass er Louis Rothschild aus der Schusslinie holt. Als Mittelsmann zwischen Rothschild und Bosel fungiert Hans von Mauthner, der Rechtsberater und Generalbevollmächtigte des Hauses Rothschild, der als einer der beiden Stellvertreter des Barons im 47-köpfigen CA-Verwaltungsrat sitzt. Mauthner war der ideale Querverbinder, weil er nicht nur mit Rothschild befreundet war, sondern auch mit Bosel. Beim Verteilen der „Lobbying-Gelder" bekommt Mauthner freie Hand. Mitglieder der Familie Rothschild aus Wien und Paris haben einen Finanztopf bereitgestellt, den der Anwalt durch zusätzliche Mittel aus holländischen und Schweizer Geldquellen auffettet.[13]
Welche Summen Mauthner auszahlen durfte, ist nie genau ans Licht gekommen. Louis Rothschild und sein Bruder Eugène haben dazu nur vage Angaben gemacht. Ungefähr eine Million Schilling habe er „in die Hände des Herrn Mauthner gezahlt", sagt Eugen Rothschild, als man ihn 1936 in Paris dazu befragt.Louis Rothschild macht seinerseits in Wien folgende Angaben: Die Summen, die Mauthner für das Haus Rothschild ausgegeben habe, hätten von 1931 bis 1933 „sicherlich einige Millionen Schilling" ausgemacht. „Welche Beträge Mauthner von meinen Verwandten im Ausland bekommen hat, weiß ich nicht. Über manche Sachen bin ich vom Mauthner nicht informiert worden und zwar über solche Sachen, von denen er annahm,

es sei besser, ich wisse davon nichts."[14] Nach dem Tod Mauthners im Sommer 1933 ist dann Louis Rothschild derjenige gewesen, der Bosel mit Geld versorgt hat. Und da dürfte dann, wie der Baron einräumt, nochmals „gegen eine Million Schilling" an Bosel geflossen sein.[15]
Die Gelder werden an Bosel über verschlungene Wege oder bar auf die Hand weitergereicht. Der Auftrag hat nämlich eine brisante Zusatzkomponente: Bosel soll einen Prozess und mögliche Schadenersatzklagen gegen den Bankpräsidenten abwenden.[16]
So eine Aufgabe konnte man nur einem Profi übertragen, der mit bekanntermaßen „guten Beziehungen zu allen möglichen Kreisen" in einer Grauzone tätig werden musste, in der sich weder Mauthner noch Rothschild die Finger schmutzig machen wollten. Bosel hatte wiederum für Aufträge von hoher Stelle schon immer eine gewisse Schwäche. Der Pleitier fühlt sich als Geheimnisträger geschmeichelt, und er rechnet damit, dass sich frische Geschäfte anbahnen lassen, wenn er die Erwartungen erfüllt. Seine Mission ist aber heikel, weil die Regierung der Justiz im Nacken sitzt und die CA-Affäre politisch ausschlachten will.

Der „Fall Ehrenfest"

Anfänglich richten sich die Ermittlungen gegen den ehemaligen CA-Vorstandsdirektor Fritz Ehrenfest. Dem Devisenhändler wird angekreidet, dass er die Pleite mitverschuldet hat. Von den 140 Millionen Schilling Verlust im Jahr 1930 sollen rund 45 Millionen auf seine Kappe gehen. Die Wirtschaftspolizei findet heraus, dass Ehrenfest bis 1928 auch bei privaten Börsenspekulationen viel Geld in den Sand gesetzt und dabei die CA und das holländische Tochterinstitut „Amstelbank" um mehr als vier Millionen Schilling geschädigt hat. Die Medien stürzen sich auf den Fall, weil die Ehrenfest-Misere ursprünglich vertuscht werden sollte. Man hatte Ehrenfest nicht gefeuert, sondern still und leise pensioniert und mit einer üppigen Rente als Auslandsrepräsentant nach Paris versetzt.[17]
Der Justiz fehlt jedoch die rechtliche Handhabe gegen Ehrenfest. Seine Spekulationsgeschäfte waren dem Gesetz nach weder als Betrug noch als Veruntreuung einzustufen. Im Dezember 1931 kommt daher mit der sogenannten „Lex Ehrenfest" erstmals das Delikt der Untreue ins österreichische Strafgesetzbuch. In Expertenkrei-

sen sorgt der Vorstoß für gehörige Aufregung, denn der neue Untreue-Paragraph ist rückwirkend in Kraft gesetzt worden.[18]

So eine Vorgangsweise wäre heutzutage völlig unmöglich, weil die rückwirkende Einführung einer neuen Rechtsnorm laut Artikel 7 der Europäischen Menschenrechtskonvention strengstens verboten ist. 1931 hat die Justiz aber wenig Hemmungen. Durch den Untreue-Tatbestand sind Bankmanager plötzlich rückwirkend im Kriminal gestanden, wenn sie gegen krumme Touren von Vorstandskollegen nicht rasch genug etwas unternommen haben. Bei Fritz Ehrenfest scheint das so gewesen zu sein. Der CA-Vorstandsdirektor durfte, obwohl er die Bank finanziell geschädigt hatte, bis Juli 1931 im Verwaltungsrat sitzen.

Die Behörden nehmen aber nicht nur Ehrenfest unter die Lupe. Sie leiten auch gegen vier weitere Bankdirektoren Vorerhebungen ein. Der Verdacht lautet auf fahrlässige Krida, später wird der Vorwurf der Untreue dazukommen. Eng wird es im Herbst 1931 auch für Bankpräsident Louis Rothschild und seinen Stellvertreter Hans Mauthner im Verwaltungsrat. Beide haben nun ebenfalls ein Verfahren wegen möglicher fahrlässiger Krida am Hals.[19]

Welchen Vorwurf hätte man Louis Rothschild aber machen können? Dass sich der passionierte Jäger und Polo-Spieler als Verwaltungsratspräsident zu wenig um seine Aufsichtspflichten gekümmert und Ehrenfest zu spät von seinem Posten entfernt hat? Oder ist es in Wahrheit um die verlustgebeutelte Amstelbank gegangen – sprich um den geheimnisvollen CA-Ableger in Amsterdam, wo Rothschild und Mauthner mit Ehrenfest einstmals auch im Verwaltungsrat gesessen sind?[20]

Die Sozialdemokraten verlangen damals lauthals, dass es für die CA-Führungsriege Konsequenzen gibt: „Das Getue mit diesem Herrn Ehrenfest“ sei nur dazu da, wettert der Parlamentarier Robert Danneberg, um die „Aufmerksamkeit von den Rothschilds“ abzulenken. „Die Creditanstalt ist ein namenloses Unglück für Österreich geworden und die ‚Wirtschaftsführer‘, die dort alles in Grund und Boden gewirtschaftet haben, müssten mit ihrem ganzen Vermögen zur Verantwortung gezogen werden“, fordert Danneberg.[21]

Louis Rothschild und Hans Mauthner haben 1931 wegen des laufenden Strafverfahrens und der bankenfeindlichen Stimmung offensichtlich ernste Verwicklungen befürchtet. Sonst hätten die beiden Banker wohl nicht so hohe Summen bereitgestellt, um Politiker kaltzustellen und die Presse zu besänftigen. Die Beträge seien „auch für das Haus Rothschild erheblich gewesen", so ein Prokurist mehrere Jahre danach.[22] Sigmund Bosel hat die Größenordnung der Gelder, mit denen er hantieren durfte, so umschrieben: „Von Ende 1931 bis Ende 1934 sind zwischen fünf und sechs Millionen durch meine Hände geflossen."[23]

Die Politiker, die Bosel ab 1931 mit Parteispenden bearbeitet, sind die Schlüsselfiguren der damaligen Innenpolitik. Wir reden hier von Karl Buresch und Engelbert Dollfuß von den Christlichsozialen – die nacheinander Bundeskanzler waren – sowie von Innenminister Franz Winkler vom rechtskatholischen Landbund. Auch Anton Rintelen, damals Unterrichtsminister, befindet sich auf der Liste der Geldempfänger. Rintelen fungiert als Chef-Verhandler der österreichischen Regierung mit dem Komitee der ausländischen CA-Gläubiger.[24]

Welche Summen er den einzelnen Politikern zukommen ließ, hat Bosel erst 1937 verraten. Mehrmals ist er in diesem Jahr dazu von einem Untersuchungsrichter befragt worden. Ungeniert hat Bosel die Geldübergaben in diversen Privatdomizilen geschildert und dabei anklingen lassen, mit welcher Selbstverständlichkeit die Spitzenpolitiker Dollfuß und Buresch die Hand aufgehalten hätten. Glaubt man den Angaben Bosels, dann hat Bundeskanzler Buresch bereits Ende 1931 zwischen 150.000 und 200.000 Schilling erhalten. 1932 streift Buresch weitere 300.000 Schilling aus dem Rothschild-Geldtopf ein. Vizekanzler Winkler und sein Landbund sind in den Jahren 1932 und 1933 mit bis zu 500.000 Schilling bedacht worden.[25]

Dass Bosel vor allem 1932 große Summen in die Waagschale wirft, hat damit zu tun, dass es in diesem Wahljahr wegen der CA besonders turbulent zugeht. Fritz Ehrenfest hat sich nach Portugal absetzen können, bevor der sogenannte „Ehrenfest-Prozess" gegen ihn und andere CA-Manager beginnen konnte. Was war passiert?

Im Oktober 1931 drückten sich die Behörden eine ganze Woche lang um Ehrenfests Verhaftung in Wien herum, bis der gesuchte Banker nach Paris und später nach Portugal verschwunden war. Österreich hat daraufhin verlangt, dass Ehrenfest ausgeliefert wird. Wegen der rückwirkend eingeführten Untreue hat die portugiesische Justiz dem Antrag aber eine Abfuhr erteilt, Anfang Februar 1932 wird Ehrenfest in Lissabon wieder auf freien Fuß gesetzt. Ehrenfest hat nachträglich behauptet, dass sein Erscheinen im Gerichtssaal gar nicht erwünscht gewesen sei. „Im Zuge meiner Verteidigung wäre ich gezwungen gewesen, so viele Tatsachen aufzudecken, die genügt hätten, verschiedene Persönlichkeiten ohne Zuhilfenahme rückwirkender Gesetze unter Anklage zu stellen.“[26]

Sigmund Bosel wäre nicht Sigmund Bosel gewesen, wenn er nicht auch bei Ehrenfest seine Finger im Spiel gehabt hätte. In einem Dokument im Wiener Stadt- und Landesarchiv findet sind der kryptische Hinweis, dass Bosel „Ehrenfests Flucht begünstigt“ und dem Banker „die Staatsbürgerschaft in Portugal verschafft“ haben soll. Auf jeden Fall hat Bosel eigenen Angaben zufolge in Mauthners und nicht in Rothschilds Auftrag Fritz Ehrenfest im Ausland mit hohen Geldbeträgen versorgt. Der Kommentar von Bosels Rechtsberater Wolfgang Dawid: „Ich nehme an, dass Ehrenfest diese Beträge als Schweigegelder bekommen hat.“[27]

Nach der rätselhaften Blamage mit Ehrenfest verschärft die Regierung 1932 ihre Gangart gegenüber den alten CA-Direktoren. Den von der Regierung eingesetzten Generaldirektor Spitzmüller bringt das auf die Palme. Ihn stört, dass die ehemaligen Manager als Sündenböcke herhalten sollen und das Versagen früherer Regierungen nicht zur Sprache kommt. Die Taktik der Regierung Buresch sei gewesen, schreibt Spitzmüller, „sich selbst zu entlasten und bei der Bevölkerung durch die Bloßstellung der jüdischen Bankgewaltigen populäre Effekte zu erzielen“.[28]

Ein Ministerratsprotokoll belegt, dass die Regierung im Juni 1932 um jeden Preis in der Öffentlichkeit punkten hat wollen. Der damalige Justizminister Schuschnigg regt sogar an, den während der CA-Krise zurückgetretenen Finanzminister Juch zu verhaften. In Wahrheit hatte man wegen der altmodischen Bankengesetzgebung wenig Handhabe. Bilanzfälschung ist zum Beispiel nur im Konkursfall strafbar gewesen. Dass die Gutachten über die Schuldfrage in der CA-Causa daher auf sich warten lassen, weil der Fall enorm kompliziert ist, und dass es nach Auffassung der Staatsanwaltschaft zu keiner Anklage kommt, geht den Ministern gegen den Strich – wie aus einer Bemerkung Schuschniggs hervorgeht: „Wir müssen darauf hinarbeiten, auf einen Verbrechenstatbestand zu kommen.“[29]

Als Alexander Spitzmüller nach seiner Ablöse durch den holländischen Bankmanager Adrian van Hengel Justizminister Schuschnigg darlegt, dass es seiner Meinung nach kein strafrechtliches Verschul-

den der CA-Direktoren gegeben habe, soll Schuschnigg gesagt haben: „Sie mögen Recht haben, aber es sprechen politische Gründe dafür, die Untersuchung fortzusetzen.“[30]
Vor den Landtagswahlen in Wien und Niederösterreich erfährt die Öffentlichkeit, dass der Untersuchungsrichter Louis Rothschild bereits einvernommen hat. Solche Hinweise können den Absturz der Regierung in der Wählergunst aber nicht aufhalten. Die Bevölkerung leidet nach dem CA-Fiasko unter einem schmerzhaften Sparpaket. Die wirtschaftliche Depression ist allgegenwärtig, die Arbeitslosigkeit explodiert. Und so bringen die Landtagswahlen im April 1932 ein politisches Erdbeben. Die Nationalsozialisten schaffen spektakuläre Stimmengewinne auf Kosten der Christlichsozialen und der Großdeutschen, die aufgerieben werden. Nachdem die NSDAP in Wien auf 17 und in Salzburg auf 29 Prozent der Stimmen kommt, schwenkt der neue Kanzler Dollfuß auf einen autoritären Kurs mit Notverordnungen ein. Die erste Verordnung von der Art, mit der Engelbert Dollfuß im März 1933 das Parlament ausschalten wird, ist im Oktober 1932 gegen die ehemalige CA-Führungsriege gerichtet gewesen. Per Verordnung ist der Finanzminister ermächtigt worden, das Vermögen der Banker zu beschlagnahmen, falls Entschädigungsansprüche abgesichert werden müssen.[31]
Während sich Dollfuß öffentlich als starker Mann und Bankenschreck in Szene setzt, hat er allem Anschein nach schon die erste Parteispende von Bosel eingesteckt. Und zwar noch als Landwirtschaftsminister Anfang 1932. Gewesen sind es 100.000 Schilling, für „Bauernzwecke“, so Bosel. Nachdem Dollfuß im Mai 1932 Kanzler geworden ist, bekommt er bis Mitte 1933 weitere 300.000 Schilling. Das Geld, sagt Bosel, habe er Dollfuß anfangs an verschiedenen Orten bar auf die Hand gegeben, einmal sei das Geld für Dollfuß auch bei Buresch deponiert worden. Dollfuß habe die Gelder „natürlich nicht für eigene Zwecke, sondern für politische Zwecke bekommen“.[32]
Was hat sich inzwischen im Verfahren gegen Louis Rothschild getan? Mitte September 1933 gibt die Regierung bekannt, dass Louis und Alphons Rothschild den Bundesforsten ihren Großgrundbesitz samt der Jagd in Niederösterreich übertragen. Die beiden Rothschild-Brüder schenken der Republik land- und forstwirtschaftliche Besitztümer im Umfang von insgesamt 13.500 Hektar. Als „freiwillige Beitragsleistung zur Deckung der entstanden CA-Verluste“,

wie es im entsprechenden Kommuniqué heißt – und obwohl Louis Rothschild keinerlei Schadenersatzpflichten gehabt hätte.[33]
Karl Buresch, der mittlerweile unter Dollfuß als Finanzminister dient, lässt sich in der Presse feiern. Den Deal mit den Rothschilds hat im Hintergrund – erraten – Sigmund Bosel mit eingefädelt. Angeblich hat man sogar daran gedacht, Bosel als Belohnung für seine Vermittlerdienste das niederösterreichische Schloss Hollenstein zu vermachen. Weil Bosel damals aber gerade erst mit der staatlichen PSK um einen Schuldennachlass gepokert hat, sollen Dollfuß und Buresch einen Rückzieher gemacht haben.[34]
Die *Arbeiter-Zeitung* hat das „Geschenk" der Rothschilds an den Staat als juristischen Kuhhandel eingestuft. „Damit scheint die peinliche Haftungsfrage für die beiden Herren endgültig erledigt", schreibt das SP-Parteiblatt im September 1933. Der Deal hat für Louis Rothschild, der sich nach dem Krach der Credit-Anstalt in seinem Luxusleben einschränken muss, einen günstigen Nebeneffekt: Er kann die Last der Betriebskosten für seine niederösterreichischen Ländereien und die Pensionen für seine Forstangestellten auf den Bund abwälzen. Sigmund Bosel hat 1937 bestätigt, dass die Übertragung der Landgüter in Niederösterreich mit dem Schlussstrich unter die Haftungsfrage für Louis Rothschild verkettet war. Die „zivilrechtliche Haftung wurde zugunsten des Barons restlos erledigt", indem „die Hingabe der Güter an den Staat nach außen hin als Geschenk hingestellt" worden sei, so Bosel.[35]
Die Strafsache gegen die Verwaltungsratsspitzen Louis Rothschild und Hans Mauthner dürfte schon Anfang 1933 eingestellt worden sein. Was ist für Rothschild die ganze Zeit über auf dem Spiel gestanden? Die Pariser Rothschilds sollen Bosel zufolge damit gedroht haben, Louis Rothschild in Wien den Geldhahn abzudrehen, wenn die Strafsache gegen ihn nicht eingestellt wird. Ganz zu schweigen vom Reputationsschaden, der für den Bankkonzern entstanden wäre, wenn man Rothschilds Vermögen beschlagnahmt hätte. Ob das Verhalten von Louis Rothschild und Hans Mauthner vor der CA-Katastrophe nun strafbar war oder nicht – die beiden CA-Verwaltungsräte haben sich mit Bosels Hilfe offenbar aus der Affäre ziehen können. Und die maßgeblichen Regierungspolitiker haben sich nach dem Schall und Rauch ihrer rhetorischen Attacken den guten Willen zu einem Ablasshandel versilbern lassen.

Das Verfahren gegen die CA-Vorstandsdirektoren ist hingegen 1933 weitergelaufen. Im September 1935 hat die Justiz sogar vorgehabt, auf Basis eines 25-bändigen Gutachtens gegen die ehemaligen CA-Vorstandsmitglieder Ehrenfest, Löwy, Neurath und Deutsch wegen Krida und Untreue Anklage zu erheben. Letztlich ist dieses Verfahren aber 1937 eingestellt worden – nach einer Vergleichszahlung der Beschuldigten von 720.000 Schilling.[36]

Interessant ist, wie sich die Sozialdemokraten in der CA-Krise verhalten haben. Die mächtige rote Opposition im Parlament hat vehement die Bestrafung von Louis Rothschild verlangt und die Christlichsozialen als „Lakaien des Großkapitals" gegeißelt. Kritische Beobachter bemerken jedoch, dass die Sozialdemokraten die Finanzgesetze zur Entschärfung der CA-Krise mit einer gewissen Dienstfertigkeit mitgetragen haben. Bosel könnte auch hier Regie geführt haben, indem er eigenen Angaben zufolge dafür gesorgt hat, dass die Sozialdemokraten und andere Parteien „bei der Erledigung der Kreditanstalt-Gesetze keine Schwierigkeiten bereiten". Der Trick dabei: Verschiedene sozialdemokratische und landbündlerische Nationalräte hätten sich vor bestimmten Abstimmungen absentiert, so Bosel, damit ein Gesetz durchgeht.[37]
Bei seiner Geheimmission scheint Bosel überhaupt vor gar nichts zurückgeschreckt zu haben. Seinen Angaben zufolge hat er 1933 sogar dem Nazi-Politiker und Wiener Gemeinderat Alfred Frauenfeld 20.000 Schilling übergeben. „Für Zeitungszwecke", so Bosel: „Wie bereits gesagt, bestand meine Tätigkeit in der Kreditanstaltsangelegenheit darin, auf die Inlandspresse beruhigend einzuwirken und die einzelnen politischen Parteien, die Nationalsozialisten unter Führung Frauenfelds nicht ausgenommen, dahin zu beeinflussen, dass sie der Erledigung der Kreditanstaltsgesetze keine Schwierigkeiten bereiten."[38] Bosel ist demnach als Lobbyist ungeheuer kaltblütig vorgegangen, wenngleich offen bleibt, ob er Frauenfelds Pressepropaganda vorübergehend dämpfen konnte.
Verwunderlich ist, dass Bosel trotz seiner jüdischen Herkunft bereit war, mit erklärten Antisemiten Geschäfte zu machen. Das war vor allem beim dubiosen Minister und steirischen Langzeit-Landeshauptmann Anton Rintelen der Fall. Rintelen und andere hatten in den frühen 1920er Jahren mit Unterstützung der Postsparkasse

eine christlichsoziale Bank gegründet, die judenfeindlich sein wollte – die Steirerbank. Diese Bank war finanziell aber eine wackelige Angelegenheit. Bis ihr 1924 die Unionbank bei einer Kapitalerhöhung aushalf und Bosel der jüdische Großaktionär der antijüdischen Steirerbank wurde.[39] War das eine Gefälligkeit, die Bosel als Haus-und-Hof-Spekulant der staatlichen PSK den steirischen Kreisen in der Christlichsozialen Partei erweisen musste?

Im Jahr 1933 gehört auch Rintelen zu denen, die von Bosel Geld erhalten. Rintelen und sein Freund, der Journalist Walter Nagelstock, kassieren 80.000 Schilling. Offiziell geht das Geld an die Steiermärkischen Milchgenossenschaften.[40] Bosel hat nachträglich für sich in Anspruch genommen, dass er unter Zuhilfenahme der Rothschild-Mauthner-Gelder gemeinsam mit Rintelen zahlreiche Artikel in der Auslandspresse platzieren konnte. „Während ich auf die Inlandspresse beruhigend einzuwirken hatte, musste die Auslandspresse beunruhigt werden, um ein Nachgeben der Gläubiger zu erreichen." Auf diese Weise habe er Rintelen die Verhandlungen mit den CA-Auslandsgläubigern „geebnet", so Bosel. Diese Verhandlungen führten zum letzten Akt im CA-Insolvenzdrama, dem „Londoner Abkommen" über die langfristigen Abfindungen, die der österreichische Staat den Gläubigern zu überweisen hatte.[41]

Im Beraterkreis von Louis Rothschild hat es damals Leute gegeben, die nicht haben wollten, dass sich das Haus Rothschild der Dienste Sigmund Bosels bedient. Diese Herren müssen aber zähneknirschend anerkennen, dass dem Ex-Bankier beneidenswerte Interventionen gelungen waren. Dazu Rothschild-Anwalt Walter Konirsch: „Dr. Hans von Mauthner hat sich meinem Vater und auch dem Baron Louis Rothschild gegenüber wiederholt geäußert, dass man sich Bosel gegenüber erkenntlich zeigen müsse, da er in der Kreditanstaltsangelegenheit erfolgreich tätig war."[42]

Das Armutsgelübde im PSK-Schuldenstreit

Während Bosel im Rahmen seiner CA-Mission als Geldbote unterwegs ist, erkrankt Alt-Kanzler Schober an einem Herzleiden. Im August 1932 stirbt der Polizeipräsident mit 57 Jahren in einem Sanatorium in Baden. Bosel muss den Schuldenstreit mit der Postsparkasse nun ohne seinen politischen Schutzengel führen. Für den gewitzten Finanzjongleur ist das aber kein Drama, weil Kanzler Buresch für seine Anliegen wegen der Rothschild-Parteispenden längst ein offenes Ohr entwickelt hat. Einige Monate ist auch noch Schobers Freund Josef Redlich als Finanzminister in der Regierung gesessen. Bosel nützt dieses Zeitfenster, um bei Redlich ein Schiedsgericht zu beantragen, das nach einigem Hin und Her auf Wunsch von Kanzler Buresch im Februar 1932 eingesetzt wird, um den Dauerstreit „Bosel versus PSK" aus der Welt zu schaffen.[43]

Im Lauf der Verhandlungen kristallisiert sich heraus, dass Bosel nur zu solchen Rückzahlungen an die Postsparkasse verurteilt werden kann, die seine Existenz als Kaufmann nicht zerstören. Grundlage dafür ist eine Klausel, die man Bosel noch während Schobers Kanzlerschaft eingeräumt hat. Schober ist der Meinung gewesen, dass seinem Schützling bei der Abrechnung mit der Postsparkasse Unrecht geschehen war.[44]

Bosel hat durch die Klausel nun eine Art „berufliche Lebensversicherung", die ihm bei den weiteren Verhandlungen Rückhalt gibt. Er muss seine Bilanzen und Einkommensverhältnisse vorlegen und im Juli 1933 vor Gericht schwören, dass seine Auslandsschulden echt sind. Die Bewertung seiner Besitztümer ergibt ein Vermögen von rund 500.000 Schilling, während der fällige Teil der Schulden gegenüber der PSK zu diesem Zeitpunkt 28 Millionen Schilling ausmacht. Die beteiligten Anwälte handeln vor dem Schiedsgericht einen Vergleich aus, der mit dem Wohlwollen von Kanzler Dollfuß vom Ministerrat abgesegnet wird und für Bosel extrem günstig ist. Der PSK-Vorstand lehnt den Vergleich jedoch ab, weil sich Viktor Kienböck, mittlerweile Nationalbank-Präsident und Berater der PSK, querlegt.

Das Schiedsgericht spricht deshalb im Oktober 1933 ein Machtwort. Bosel wird zu einer Abschlagszahlung von 360.000 Schilling verurteilt, die er in vier Raten bis Ende 1935 begleichen kann. Dafür werden von seinen gesamten Altschulden, die 36 Millionen Schilling ausgemacht haben, die fälligen 28 Millionen gestrichen. Somit war Bosel der PSK nur mehr 8 Millionen Schilling schuldig, und die hat er der PSK so lange nicht zurückzahlen müssen, wie er mittelos war und keine freien Vermögenswerte hatte.[45]

Das Schiedsgericht weiß freilich nicht, dass Bosel neben seinen Einkünften als Wohnungsvermieter auch geheime Honorare als Parteispenden-Austräger kassiert hat, die sich auf mehrere hunderttausend Schilling belaufen haben. Sigmund Bosel wird später noch etwas erzählen: Kanzler Dollfuß habe ihm vor seiner Ermordung die „endgültige Bereinigung der Postsparkassenangelegenheit" versprochen. Angeblich war daran gedacht, dass Bosel mehrere Häuser herausrückt und im Gegenzug seine offenen Millionenschulden bei der Postsparkasse getilgt werden.[46]

Als Dankeschön noch eine Zeitung

Für seine Dienste in Rothschilds Auftrag hat Sigmund Bosel neben diversen Honorarzahlungen noch eine weitere Abgeltung erhalten. Er bekommt Zugriff auf ein Aktienpaket, mit dem er die traditionsreiche *Neue Freie Presse* übernehmen kann. Diese Wiener Tageszeitung ist während der k. u. k. Monarchie das deutschsprachige Gegenstück von dem gewesen, was die Londoner *Times* für die englischsprachige Welt war.[47] Der Mediendeal bringt Bosel einen Millionengewinn ein, weil er die *Neue Freie Presse* geschickt an die Republik Österreich weiterverkaufen kann.

Die Chance zu diesem großen Geschäft ergibt sich im Frühjahr 1932. Das Blatt mit der großen Vergangenheit ist schwer defizitär, es braucht dringend rettende Geldgeber. Als die schwer gebeutelte CA verlangt, dass die Zeitung einen längst fälligen Bankkredit abzahlt, steht dem Herausgeber Ernst Benedikt das Wasser bis zum Hals. Sigmund Bosel und sein Finanzier Hans Mauthner packen die Gelegenheit beim Schopf und machen sich daran, das Paradeblatt zu übernehmen. Um, wie Bosel später erklärt hat, „bei der Bereinigung der Kreditanstaltsangelegenheit die öffentliche Meinung entsprechend bearbeiten zu können".[48]

Bosel bekommt von Mauthner den Auftrag, in der Schweiz eine Beteiligungsgesellschaft namens „Portus" zu gründen und über Mittelsmänner die Verhandlungen mit Benedikt anzubahnen. Das Portus-Konsortium bietet an, die *Neue Freie Presse* finanziell aufzupäppeln und die Schulden der Zeitung, für die Ernst Benedikt teilweise haftet, aus dem Weg zu räumen. Im Gegenzug verlangt die Portus AG eine 50-prozentige Beteiligung – sprich die Hälfte der Journal AG, die als Familienholdung über die Zeitung gestülpt war. Eine maßgebliche Figur auf dem Übernahme-Schachbrett ist Stephan Müller gewesen, der Wirtschaftsressort-Chef und ein enger

Bekannter Bosels war. Müller wird als Strohmann vorgeschoben, um die Altschulden der Journal AG in Wien abzutragen. Einen prominenten Geldgeber der *Neuen Freien Presse*, den US-Kaufhauskönig Edward Filene, zahlt Sigmund Bosel selbst aus.[49]

Im September 1932 ist das Geschäft perfekt, wie vereinbart gehört die *Neue Freie Presse* nun zu 50 Prozent der Portus AG. Stephan Müller soll etwa 15 Prozent der Journal-AG-Anteile übernommen haben, die restlichen 35 Prozent behält Ernst Benedikt. Im Zuge einer Kapitalerhöhung dürfte die Portus AG wenige Monate später dann Müllers Aktien ebenfalls übernommen haben, denn im Sommer 1933 gehört die Zeitung dem Schweizer Konsortium schon zu 65 Prozent. Aus alten Gerichtsunterlagen geht hervor, dass auch Engelbert Dollfuß und Franz Winkler versucht haben, die *Neue Freie Presse* unter ihre Kontrolle zu bringen. Dollfuß und Winkler sind aber nicht zum Zug gekommen, weil Bosel und Co. schneller waren.[50]

Für seine Dienste für die Rothschild-Banker wird Bosel schließlich mit dem Mehrheitsanteil an der *Neuen Freien Presse* belohnt. „Als man nach Erledigung der Kreditanstaltsangelegenheit die *Neue Freie Presse* nicht mehr brauchte, hat (...) Dr. Mauthner mir die Portus AG sozusagen als Abfertigung für meine Tätigkeit gegeben."[51]

Anfang August 1933 – also wenige Tage nach seinem Armutsgelübde vor dem Bezirksgericht – erhält Bosel von Hans Mauthner alle Aktien der Portus AG. Bosels Vermögen schnellt schlagartig in die Höhe, weil die *Neue Freie Presse* nun zu 65 Prozent ihm gehört.[52]

Im Mai 1934 kauft Bosel dann Benedikt die restlichen 35 Prozent der Zeitung um 420.000 Schilling ab. Anfangs bleibt Benedikt noch der Herausgeber, der wahre Herr über die renommierteste Zeitung des Landes ist aber Sigmund Bosel. Er wittert die Chance, mit dem aufgemöbelten Paradeblatt Kasse zu machen. Argwöhnisch beobachtet die österreichische Staatspolizei, dass inzwischen auch deutsche Investoren als Interessenten anklopfen.[53]

Bosel und der Juli-Putsch

Während Bosel auf einen Sanierungsgewinn mit seiner Zeitung hofft, hat Engelbert Dollfuß die Macht an sich gerissen. Seit März 1933 ist Österreich keine Demokratie mehr. Aus der Republik ist eine Diktatur geworden. Das Jahr 1934 bringt eine Welle der Gewalt: zuerst

den Bürgerkrieg im Februar, dann den Putschversuch der Nazis am 25. Juli, bei dem Dollfuß im Bundeskanzleramt ermordet wird.
Bosel gerät durch den braunen Umsturzversuch in arge Bedrängnis. Denn Anton Rintelen – einer der Männer, an die Bosel in der CA-Causa Geld weitergereicht hat – ist in den Umsturzplan verstrickt gewesen. Der dubiose steirische Landeshauptmann und vormalige Unterrichtsminister hätte in der Putschisten-Regierung Bundeskanzler werden sollen, Landbund-Chef Franz Winkler neuer Landwirtschaftsminister. Weil Bosel zu den beiden Politikern enge Beziehungen hatte, befürchtet er, dass ihn die Behörden für einen Geldgeber der Verschwörer halten. „Man stellte mich als denjenigen hin“, so Bosel später, „der diese Persönlichkeiten und somit den Putsch finanziert hatte und stempelte mich auf diese Weise zum Hochverräter.“[54]

Fünf Tage nach dem Dollfuß-Mord fährt Bosel der Schreck in alle Glieder. Ohne ihn beim Namen zu nennen, drängt die *Neue Zürcher Zeitung* Bosel ins Eck der Nazi-Putschisten. In einem Artikel heißt es zum Stand der Ermittlungen: „In diesem Zusammenhang gilt auch ein Bankier, der sich früher immer um eine schwarz-rote Koalition bemüht hat, aber in den letzten Jahren völlig in den Hintergrund getreten ist, als schwer kompromittiert.“ Wer weiß, was passiert wäre, wenn Bosel damals Karl Buresch nicht als Schutzpatron gehabt hätte. Der Minister dazu in einem Schreiben, das allem Anschein nach an Louis Rothschild gerichtet war: „Ich habe meinen ganzen Einfluss geltend gemacht, um ein Einschreiten gegen ihn zu verhindern.“[55]

Bosel hat selbst auch alle Hände voll zu tun gehabt, um die Gerüchte über seine angebliche Komplizenschaft mit den Putschisten „abzudrehen“, ohne dass Details seiner Tätigkeit für Louis Rothschild bekannt wurden. Der kühne Finanzjongleur war mit seiner CA-Geheimmission in Teufels Küche geraten und vom Sog der politischen Radikalisierung erfasst worden.

Anfang 1935 wird Anton Rintelen, der nach dem versuchten Staatsstreich einen Selbstmordversuch unternommen hatte, wegen Hochverrats der Prozess gemacht. Dem Aushängeschild der Juli-Verschwörer droht die Todesstrafe. Hinter den Kulissen sorgt jedoch der neue Kanzler Kurt Schuschnigg dafür, dass Rintelen nur zu lebenslänglicher Haft verurteilt wird. Den mutmaßlichen Doll-

fuß-Mörder Otto Planetta und andere Mitverschwörer hat man hingegen wenige Tage nach dem Überfall auf das Bundeskanzleramt standgerichtlich abgeurteilt und noch im Juli 1934 hingerichtet.
Bosel lebt nach den Juli-Ereignissen in ständiger Angst, dass man ihm wegen seiner Kontakte zu Rintelen etwas anhängen könnte. Gleichzeitig muss sich der kühne Investor darum kümmern, dass sich das Investment in die *Neue Freie Presse* endlich rentiert. Bosel versucht, das Blatt nach Italien zu verkaufen, doch es klopfen auch andere Investoren aus dem Ausland an. Die Schuschnigg-Regierung bekommt von der Portus AG zu hören, dass sich eine deutsche Finanzgruppe für die Aktienmehrheit der Zeitung interessiert.[56]
In Regierungskreisen ist man hochgradig nervös. Die „publizistische Visitenkarte Österreichs" darf keinesfalls in hitlerdeutsche Hände geraten. Der Preis, zu dem Bosel verkaufen will, ist jedoch stolz. Anfangs fordert er 4,8 Millionen Schilling. Bundespressedienst-Chef Ludwig bremst daher, denn man könne seiner Auffassung nach ja per Gesetz verhindern, dass die *Neue Freie Presse* deutsche Eigentümer bekommt. Karl Buresch – nun der Finanzminister – macht allerdings Druck. Er warnt davor, „dass die deutschen Nationalsozialisten das Blatt wegschnappen wollen".[57]
Schuschnigg lässt sich überzeugen und gibt grünes Licht für Verhandlungen. Hat Bosel ernsthaft über deutsche Kaufangebote nachgedacht – oder hat er hier nur geblufft, um die *Neue Freie Presse* der Regierung noch vor dem Hochverratsprozess gegen Rintelen anzudienen? Möglich wäre es, denn Bosel hat sicher vermeiden wollen, dass ihm böse Gerüchte aus dem Gerichtssaal einen Strich durch die Rechnung machen.
Im Dezember 1934 raufen sich die Verhandler auf einen Kaufpreis von 2,4 Millionen Schilling zusammen. Um das Geld für die Zeitung zusammenzubringen, greift die Regierung auf die Politspende eines Erdölkonzerns zurück. Buresch ringt Bosel schlussendlich noch einen Preisnachlass von 50.000 öS ab. Den Rabatt erklärt Bosel später so: Er habe Buresch die Möglichkeit geben wollen, Schuschnigg für Subventionen an diverse Zeitungen „eine Freude zu machen".[58]
Der Transfer der 2,35 Millionen in die Schweiz ist zwischen Dezember 1934 und Mai 1935 über die Bühne gegangen. Unter strenger Geheimhaltung sind die Kaufpreis-Raten in Kisten versiegelt worden. Das Bundeskanzleramt hat einen Bosel-Treuhänder mit einem

Kurierpass ausgestattet, damit dieser das Geld unter Umgehung der Devisenvorschriften unbehelligt in die Schweiz bringen konnte. Wie viel hat Bosel durch seinen Printmedien-Deal mit dem „Ständestaat" eigentlich verdient? Aus Akten im PSK-Archiv geht hervor, dass ihm unterm Strich an die 1,2 Millionen Schilling geblieben sein sollen, die er zum Abbau privater Schulden verwendet hat.[59] Merkwürdig ist im Rückblick, dass die Regierung Schuschnigg mit Sigmund Bosel verschwiegene Millionengeschäfte abgewickelt hat, obwohl dieser nach seinem „Armutsgelübde" unter strenger Beobachtung durch die staatliche Postsparkasse gestanden ist. Im Katz- und Mausspiel mit der Postsparkasse hat sich Bosel jedenfalls als Sieger fühlen können. Im Inland hatte er nun einen weit leichteren Schuldenrucksack am Buckel. Und im Ausland ist für ihn sicher da und dort ein Notgroschen auf diskreten Konten gebunkert gewesen.

Anmerkungen

1 Stiefel, Die Sanierung und Konsolidierung der österreichischen Banken 1931 bis 1934. In: Rathkolb/Venus/Zimmerl (Hrsg.), Bank Austria Credit-Anstalt, 197ff.; Kurt Bauer, Wie frisiert man einen Eisberg? – Die Presse, 14. 11. 2008.

2 Weber, Vor dem großen Krach, Bd. 2, 590; Weber, Der letzte Kapitalist. In: Sotriffer (Hrsg.), Das Größere Österreich, 351.

3 Sandgruber, Ökonomie und Politik, 389.

4 Kernbauer, 294, Ausch, 349ff.

5 Sieghart, Die letzten Jahrzehnte einer Großmacht, 196; Gulick, Austria, 857.

6 Eigner/Melichar, Das Ende der Boden-Credit-Anstalt ..., 66; Scheffer, Bankwesen, 374; Der Volkswirt, 23. 6. 1923.

7 HAPSK, Bosel-Akten M C/47, Bosel an Mayer-Mallenau, 21. 10. 1932; Eigner/Melichar, Das Ende der BCA, 93ff.; Die Börse, 16. 10. 1924. Sieghart konnte unbehelligt in Pension gehen. Schadenersatz wegen der BCA-Pleite musste er nicht leisten. Seinen Lebensabend verbrachte er in Paris, gestorben ist er 1934 in Luzern.

8 Neue Freie Presse, 12. 5. 1931.

9 Stiefel, Die Sanierung und Konsolidierung der österreichischen Banken, in: Rathkolb/Venus/Zimmerl, Bank Austria Credit-Anstalt, 200ff.; Butschek, Die CA-Krise 1931, 71ff.

10 Melichar, „Verteilungskämpfe", in: Bruckmüller (Hrsg.), Korruption in Ö., 98ff.; MRP 751 und 757 Regierung Buresch I, 30. 11. 1931/16. 12. 1931.

11 ÖVW, 28. 11. 1931, 207 und ÖVW, 6. 2. 1932, 447; Venus, Freiheit und Vereinnahmung, in: Rathkolb/Venus/ Zimmerl, Bank Austria Credit-Anstalt, 283; Arbeiterzeitung, 4. 2. 1932.

12 Weber, Vor dem großen Krach, Bd. 2, 589; ÖVW, 23. 4. 1932, 715; Ausch, 379; Kurt Bauer, Wie frisiert man einen Eisberg? – Die Presse, 15. 11. 2008.

13 WStLA, Vr 2562/37 3/226C Einvernahme Otto Fuchs u. Walter Konirsch, 31. 7. 1936; Einvernahme Bosel, 11. 9. 1936.
14 WStLA, Vr 2562/37 3/226C Befragung von Eugène de Rothschild, Polizeipräfektur Paris, 3. 11. 1936.
15 WStLA, Vr 2562/37 3/226C Einvernahme Louis Rothschild, 8. 8. 1936.
16 AEF, Schiedsinstanz 724/2010, 17–69.
17 Stiefel, Finanzdiplomatie und Weltwirtschaftskrise, 120ff.; Reichspost, 28. 10. 1931; NFP, 28. 10. 1931; AZ 28. 10. 1931, Ausch, 363ff.
18 Wess, Entwicklung des Untreuestraftatbestandes in Österreich, in: CFO aktuell, 09/2015, Nr. 5; Kalss, Organhaftung in Österreich – einige rechtspolitische Anmerkungen, in: Der Gesellschafter 03/2014.
19 Weber, Vor dem großen Krach, 635; Datum, Die Schuld der Retter, 04/2005. Das Verfahren wurde auch auf Sigmund Brosche, den zweiten Rothschild-Stellvertreter im Verwaltungsrat, ausgedehnt.
20 HAPSK, Bosel-Akten, M „Strafgericht" 9/83; März, Österreichische Bankenpolitik, 449.
21 Arbeiter-Zeitung, 28. 10. 1931.
22 WStLA, Vr 2562/37 3/226C Einvernahme Otto Fuchs", 31. 7. 1936; März, Österreichische Bankenpolitik, 449; AEF, Schiedsinstanz 724/2010, 17–70.
23 WStLA, Vr 2562/37 3/226C Einvernahme Bosel, 11. 9. 1936.
24 AEF, Schiedsinstanz 724/2010, 17–69.
25 HAPSK, Bosel-Akten, Mappe 9/31; WStLA, Vr 2562/37 3/226C Einvernahme SB, 22./26. 2. 1937.
26 Ausch, 364ff.; Reichspost, 28. 10. 1931; AZ, 4. 2. 1932.
27 WStLA, Vr 2562/37 – 1/226A Buresch an Rothschild, „Ich habe B. zu mir gebeten …", Vr 2562/37 – 3/226C Einvernahme SB, 24. 1./28. 1./30. 1. 1937 – Einvernahme Rosenberg, 14. 2. 1937 – Einvernahme Dawid, 12. 2. 1937.
28 Spitzmüller, Und hat auch Ursach', es zu lieben, 358.
29 Volkswirt, 23. 4. 1932; Weber, Vor dem großen Krach, 638; MRP 803, 10. 6. 1932.
30 Spitzmüller, 374.
31 März, Die große Depression in Österreich 1930–1933, WUG 1990 Heft 3; Mattl, Stagnation und gesellschaftliche Krise, in: Maderthaner/Gruber (Hrsg.), Chance und Illusion, 56f.; Arbeiter-Zeitung, 15. 9. 1933.
32 WStLA, Vr 2562/37 3/226C Einvernahme SB, 22. 2. 1937 – 26. 2. 1937 – 31. 3. 1937.
33 Neues Wochenblatt Wien, 16. 9. 1933; Die Stunde, 15. 9. 1933.
34 WStLA, Vr 2562/37 3/226C Einvernahme SB, 24. 1. 1937.
35 AZ, 15. 9. 1933; ÖVW, 16. 9. 1933, 1219; Weber, Der letzte große Kapitalist, 351; WStLA, Vr 2562/37 1/226A, Brief von SB an Karl Buresch: „Sehr geehrter Herr Doktor! …", 29. 2. 1936.
36 Weber, Vor dem großen Krach, 640; MRP 1009, 25. 9. 1935; Eigner/Melichar, Das Ende der BCA, 98 und FN 275 auf S. 114.
37 ÖVW, 22. 4. 1932, 642 und 9. 4. 1932, 676; Wagner, Bildatlas zur Zeitgeschichte Österreichs, 160f.; WStLA, Vr 2562/37 3/226C Einvernahme SB, 11. 9. 1936.

[38] WStLA, Vr 2562/37 3/226C Einvernahme SB, 22. 2. 1937 und 11. 9. 1936.

[39] Wahl, Kaffeehäuser zu Bankfilialen, 66; Ausch, 227, HANB, 655/1925, Effektenstände Bosel, S. VII.

[40] WStLA, Vr 2562/37 3/226C Einvernahme SB, 22. 2. 1937.

[41] WStLA, Vr 2562/37 3/226C Einvernahme SB, 24. 7. und 11. 9. 1936; Stiefel, Die Sanierung ..., 204 ff.

[42] WStLA, Vr 2562/37 3/226C Einvernahme Walter Konirsch, 31. 7. 1936.

[43] AEF, Schiedsinstanz 724/2010, 14–61.

[44] HAPSK, M 14/5, Sitzung 6. 11. 1929; MRP 893, 26. 7. 1933 – Beilage K „Gegenwärtiger Stand der Angelegenheit Bosel", 264f.; WStLA, Vr 2562/37 3/226C Einvernahme Buresch, 27. 7. 1936.

[45] ÖStA, Anklageschrift, 10f.; HAPSK, M 9 „Strafgericht"/9 „Schreiben der PSK an die StA", 1. 7. 1936.

[46] AEF, Schiedsinstanz 724/2010, 17; WStLA, Vr 2562/37 Einvernahme SB, 8. 9. und 1. 10. 1936".

[47] Zweig, Die Welt von Gestern, 122ff.

[48] Venus, Die dunklen Jahre, in: 150 Jahre Die Presse, 138f.; WStLA, Vr 2562/37 3/226C Einvernahme SB, 11. 9. 1936.

[49] WStLA, Vr 2562/37 3/226C Einvernahme Stefan Müller, 12. 9. 1936; Einvernahme SB, 12. 12./14. 12. 1936.

[50] WStLA, Vr 2562/37 3/226C „Amtsvermerk", 14. 9. 1936, Einvernahme SB, 2. 9. 1936 und 10. 9. 1936; Venus, 139. Bosel hat vor dem U-Richter behauptet, dass Dollfuß kurz vor seiner Ermordung einen zweiten Anlauf zum Kauf der *Neuen Freien Presse* unternommen und es dazu Verhandlungen gegeben habe.

[51] WStLA, Vr 2562/37 3/226C Einvernahme SB, 11. 9. 1936.

[52] HAPSK, Hecht-Akten, A 76.

[53] HAPSK, Bosel-Akten M 9 „Strafgericht"/31; AEF, Schiedsinstanz 724/2010, 17–71; WStLA, Vr 2562/37 3/226C Einvernahme Stefan Müller, 12. 9. 1936.

[54] WStLA, Vr 2562/37 1/226A, Bosel an Buresch; AEF, Schiedsinstanz 724/2010, 19–80.

[55] NZZ, 30. 7. 1934; WStLA Vr 2562/37 1/226A, Buresch an Rothschild, „Ich habe B. zu mir gebeten ..."

[56] Venus, 140.

[57] HAPSK, Bosel-Akten, M 9 „Strafgericht" /61.

[58] WStLA, Vr 2562/37 3/226A Einvernahme SB, 14. 12. 1936.

[59] HAPSK, Hecht-Akten 76A, 2; WStLA, Vr 2562/37 3/226C Einvernahme SB, 21. 9. 1936.

11 – DER MANN IM SCHATTEN

1936 holt sich die Postsparkasse den einstmaligen k. u. k. Militärgeheimdienst-Chef Maximilian Ronge als Berater. Der skrupellose Spionageabwehr-Haudegen soll mithelfen, Sigmund Bosel hinter Gitter zu bringen. Offiziell hat man Ronge zwar längst pensioniert, aber im Ständestaat ist der schillernde Major ein vielbeschäftigter Ruheständler. Viele im Sicherheitsapparat begegnen Ronge nach wie vor mit einer gewissen Ehrfurcht, weil dieser am 25. Mai 1913 an der Enttarnung des Spions Alfred Redl beteiligt war. Ronge legte Oberst Redl damals die Browning-Pistole auf den Tisch, mit der sich der Maulwurf in den Reihen des österreichisch-ungarischen Generalstabs in der darauffolgenden Nacht erschoss.[1]

Nun, mehr als zwei Jahrzehnte danach, bedient sich die österreichische Staatspolizei noch immer der Dienste Ronges. Der Geheimdienstmann packt seine Expertise auch für andere Auftraggeber aus. Einer von ihnen ist Robert Hecht, der Erste Vizegouverneur der PSK. Er vermutet, dass Bosel das ihn betreffende Schiedsgericht im Sommer 1933 angeschwindelt hat und in Wahrheit ein Millionenvermögen vor der Postsparkasse versteckt hält. Dieses Geld will der profilierungshungrige PSK-Führungsmann Bosel wieder abjagen.

In der Postsparkasse gelandet ist Hecht im Dezember 1933. Der langgediente Spitzenbeamte und Sonderberater von Bundeskanzler Dollfuß sitzt auf einem gut dotierten Versorgungsposten. Mit dem laufenden Bankgeschäft hat der ehemalige Sektionschef aber nichts zu schaffen. Hecht soll hinter der Fassade der Staatsbank weiter als Einflüsterer für Dollfuß agieren, der große Stücke auf seinen „Kronjuristen" hält. Hecht war nämlich derjenige, der den Kanzler auf den Trick mit dem „Kriegswirtschaftlichen Ermächtigungsgesetz" von 1917 hingewiesen hat, um das Parlament im März 1933 auszuschalten.[2]

Für Hechts Karriere ist der Mord an Dollfuß im Juli 1934 ein schwerer Dämpfer gewesen. Ab diesem Zeitpunkt hatte der umstrittene Verfassungsjurist keinen exklusiven Draht mehr zur Staatsspitze. Hecht ringt daher um Aufmerksamkeit, damit die neuen politischen Zirkel nicht auf ihn vergessen. Aus diesem Grund nimmt er den gerichtlich besiegelten Waffenstillstand zwischen Sigmund Bosel und der Postsparkasse kritisch unter die Lupe.

In die Details der Causa Bosel hat sich Hecht schon kurz nach seinem Amtsantritt einweihen lassen. Und zwar von der Finanzprokuratur, die auch heute noch die Rechtsvertretung der Republik wahrnimmt. Im Februar 1934 holt sich Hecht – *nota bene* – von Finanzminister Buresch das Pouvoir für eigene Nachforschungen. Doch die Angelegenheit schläft über den Sommer hin wieder ein. Bundeskanzler Schuschnigg hat Hecht zu verstehen gegeben, dass alte Skandale nicht erneut an die Öffentlichkeit gezerrt werden sollen.[3]

Hecht lässt aber nicht locker. Anfang 1935 macht er die Finanz darauf aufmerksam, dass Bosels Lebensgefährtinnen auf großem Fuß leben. Als sich dann im Teppichhaus Schein – der einzigen Firma, die man Bosel gelassen hat – die Besitzverhältnisse verschieben, schickt der Sektionschef Privatdetektive los, um den abgehalfterten Millionär und seinen Anhang zu überwachen.[4]

Einige Zeit später liefern die Detektive vom „Informationsverein Vindobona" ihren ersten Bericht ab. Daraufhin stellen die beamteten Spürnasen vom „Nachrichtendienst" der Finanzprokuratur fest, dass Bosel auf großzügige Weise für den Lebensunterhalt seiner Freundinnen sorgt. Wahrscheinlich ist Sigmund Bosel schon im Sommer 1935 von Finanzminister Buresch vorgewarnt worden, dass die PSK nach Beweismaterial sucht, um den Schiedsvertrag anzufechten. Bosel wird sich aber wohl gedacht haben, dass Buresch als Finanzminister die Sache schon einbremsen kann, falls alle Stricke reißen.

Im Herbst 1935 dreht sich der Wind. Buresch muss als Finanzminister gehen und dem Tiroler Rechtsanwalt Ludwig Draxler Platz machen. Finanzminister Draxler lässt durchblicken, dass er daran interessiert ist, dass die Postsparkasse den Fall Bosel neu aufrollt. Hecht bekommt von Draxler den Auftrag, „seine Bemühungen mit aller Energie fortzusetzen". Der Vizegouverneur genießt den ministeriellen Zuspruch. In einem Papier mit dem Vermerk „Streng vertraulich" schreibt er über den Finanzminister: „Er … sagte mir, dass in diese mysteriöse Angelegenheit … nur durch meine Energie und mein juristisches Wissen Licht gebracht werden könnte." Hecht fühlt sich geschmeichelt, endlich darf er wieder zeigen, was er drauf hat.[5]

Damit hat Finanzminister Draxler einen Nerv getroffen, der für die berufliche Mentalität des Vizegouverneurs prägend gewesen ist. Robert Hecht wollte stets durch außergewöhnliche Leistungen glänzen und auf diese Weise sicherstellen, dass ihm seine jüdische Abstammung beruflich nicht schadet. Der Sohn eines Rechtsanwaltes wollte an seinen Fähigkeiten gemessen werden, „sein Judentum hat er dagegen total negiert“, so der Journalist und Historiker Peter Huemer in seiner Hecht-Biografie.[6]

Um dem latenten Antisemitismus im alten Österreich aus dem Weg zu gehen, war Hecht gleich nach der Matura zum evangelischen Glauben übergetreten. In der Monarchie konnte man eine gehobene Anstellung im öffentlichen Dienst nur dann erreichen, wenn man christlich getauft war. Hecht schlägt zuerst die Richter-Laufbahn ein, nach dem Krieg arbeitet er für den sozialistischen Staatssekretär Julius Deutsch im Staatsamt für Heereswesen, später für den christlichsozialen Heeresminister Carl Vaugoin als Leiter des Rechtsbüros. Dieser Job katapultierte Hecht in den engen Kreis um Engelbert Dollfuß. 1934 wechselt er sein Religionsbekenntnis zum zweiten Mal, um katholisch zu werden. Nach wie vor will der regimetreue PSK-Mann durch besondere Kompetenz hervorstechen, um als assimilierter Jude im antisemitisch durchsetzten und katholisch verbrämten Ständestaat nicht deklassiert zu werden. Der legitime Wunsch nach Anerkennung ohne Diskriminierung stachelt Hechts Erfolgshunger an. Er wird so zu einem unerbittlichen Verfolger von Sigmund Bosel.[7]

Profilierungshungrig: Robert Hecht, Einflüsterer der Dollfuß-Regierung und Bosel-Widersacher. Foto eines Gemäldes von Felix A. Barta, um 1936.

Ende 1935 geht der damalige PSK-Gouverneur Stöger in Pension. Als Erster Vizegouverneur und „Ständestaat-Urgestein“ rechnet sich Hecht gute Chancen auf den Posten aus. Völlig unerwartet macht Schuschnigg im Jänner 1936 aber jemand anderen zu Stögers

Nachfolger, nämlich Ex-Finanzminister Buresch, der als Minister ohne Portefeuille weiter in der Regierung gesessen war. Hatte Hecht aufgrund seiner jüdischen Herkunft keine Chance auf den Top-Job in der Staatsbank oder war Schuschnigg Buresch noch etwas schuldig? Hecht soll schwer gekränkt gewesen sein, dass man ihn übergangen hat.[8]

Hecht merkt bald, dass Buresch ihn durch eine neue Aufgabenverteilung mit geänderten Zuständigkeiten abdrängen will. Als Reaktion verbeißt sich der frustrierte Vizegouverneur nur noch mehr in den Fall Bosel. Finanzminister Draxler und Nationalbank-Präsident Kienböck haben Hecht heimlich den Auftrag gegeben, Buresch über den Fortgang der Ermittlungen möglichst im Unklaren zu lassen. „So wurde mir anlässlich der Ernennung des Dr. Buresch zum Gouverneur von den beiden höchsten Stellen des österreichischen Finanzwesens eine Mission von ganz besonderer Bedeutung übertragen."[9]

Dienstbeflissen nimmt Hecht das heikle Doppelspiel auf sich. Fest entschlossen, sich von Buresch nicht bremsen zu lassen, treibt er die Nachforschungen in der Causa Bosel im In- und Ausland voran. Um endlich handfestes Belastungsmaterial in die Finger zu bekommen, holt sich Hecht vom schillernden Geheimdienst-Guru Ronge ermittlungstechnische Tipps. Ronge ist jemand, der sich von Berufs wegen wenig um staatsbürgerliche Rechte schert. Er hat, so scheint es, Hecht vorgeschlagen, sich doch die Steuerakten Bosels und seiner Freundinnen aus dem Finanzamt zu besorgen, um die abgabenrechtliche Spürnasenarbeit selbst zu erledigen. Finanzminister Draxler willigt ein und erlaubt Hecht, sich die Steuerakten bei der Finanzlandesdirektion auszuborgen. Im Rückblick riecht die Aktion nach Amtsmissbrauch, weil durch die Weitergabe der Unterlagen das Steuergeheimnis verletzt worden ist.

Für Hecht sind die Unterlagen aber ein beweistechnischer Jackpot. Er glaubt belegen zu können, dass die von Sigmund Bosel deklarierten Einkünfte nie und nimmer gereicht haben können, um seine Ausgaben und die hohen Lebenshaltungskosten seiner Lebensgefährtinnen abzudecken. Hecht fühlt sich in seinem Verdacht bestätigt, dass Bosel seine wahren Vermögensverhältnisse verschleiert und das Schiedsgericht im Juli 1933 ausgetrickst hat. Der PSK-Vizechef ist überzeugt, dass er nun genug für eine Strafanzeige in der Hand hat.[10]

So einfach gibt sich PSK-Chef Buresch aber nicht geschlagen. Er will den juristischen Feldzug gegen Bosel aufhalten und die Erhebungen hintertreiben. Wiederholt erkundigt sich Buresch bei Hecht, wie denn die Ermittlungen vorankommen würden. Bundespressedienst-Chef Ludwig vermerkt später in seinen Memoiren, dass Buresch „durch wiederholte Interventionen beim Bundeskanzler den Gang der Dinge aufhalten wollte, was aber nicht mehr möglich war".[11]

Hecht glaubt anfangs, dass der Gouverneur deshalb auf der Bremse steht, weil Bosel vor Gericht christlichsoziale Altpolitiker in Erklärungsnot bringen könnte, indem er „all die Großtaten und Wohltaten" aufzählt, die er „seinerzeit der Regierung geleistet haben will oder auch geleistet hat", wie es Hecht ausdrückt. Er ist sich bewusst, dass ein Prozess für Buresch senior auch aus einem anderen Grund unangenehm wäre. Denn Karl Buresch junior ist mehrere Jahre in genau jener Rechtsanwaltskanzlei tätig gewesen, die für Bosel den Schuldenstreit mit der PSK ausgefochten hat. „Diese Rücksichten schienen mir aber lange nicht so bedeutungsvoll, als dass ich mein Pflichtgefühl beruhigen könnte und meinen Plan, der Postsparkasse nach Möglichkeit Gutmachung zu verschaffen, aufgeben durfte."[12]

Hecht setzt sich als Saubermann in Szene und entwickelt sich zu einem immer mächtigeren Gegenspieler für Bosel und den Gouverneur. Buresch steht bereits in Misskredit, weil ihm nach dem umstrittenen Schuldenschnitt für Bosel auch ein persönliches Naheverhältnis zu diesem nachgesagt wird. Ernsthaft angepatzt wird Buresch aber erst durch den Phönix-Skandal, der 1936 hochgeht.

Die Querschläger einer Staatsaffäre

Der Auftakt für den Skandal ist ein Todesfall. Wilhelm Berliner, der Direktor des österreichischen Versicherungskonzerns Phönix, wird im Februar 1936 zu Grabe getragen. Der verstorbene Manager wird als Finanzgenie gewürdigt, weil er die drittgrößte Lebensversicherungsgesellschaft Kontinentaleuropas aufgebaut hatte und sein Konzern in Westeuropa als Symbol für den österreichischen Unabhängigkeitswillen gegenüber Nazi-Deutschland gesehen wurde. Anfang April 1936 ist das alles nur noch Schall und Rauch. Wilhelm Berliner hat extrem hohe Firmenschulden hinterlassen, kriminelle

Misswirtschaft und aggressive Verkaufsmethoden haben das Unternehmen ruiniert.
Die konkursreife Phönix-Versicherung muss vom Staat aufgefangen werden. Die finanziellen Querschläger der Pleite treffen die gesamte Versicherungswirtschaft und bringen vielen Versicherten Leistungskürzungen. Schließlich kommt ein gewaltiger Korruptionssumpf ans Licht. Man stellt fest, dass Berliner jahrelang Beamte, Journalisten, Politiker, regierungsnahe Promis und diverse Interessensgruppen mit Geld versorgt hat. Das ist so weit gegangen, dass der Phönix-Generaldirektor – obwohl er selbst jüdischer Herkunft war – sogar den Nazis Geld zugeschanzt hat. Die Nationalsozialisten hält das nicht davon ab, den toten Manager als „Versicherungsjuden" zu diffamieren und die „Knechtschaft des Ständestaates" anzuprangern.[13]
Harsche Attacken muss die Regierung auch von der verbotenen Links-Opposition einstecken. Der entrüsteten Öffentlichkeit dämmert es, dass die „Phönix" eine Art Selbstbedienungsladen für Teile der Politprominenz gewesen ist. Es dauert nicht lange, bis Karl Buresch in den Sog der Phönix-Affäre gerät. Die sozialistische *Arbeiter-Zeitung*, die in Österreich damals längst verboten war und aus der Tschechoslowakei ins Land geschmuggelt worden ist, hat im Mai 1936 eine heiße Story auf Lager: Ernst Klebinder, der Herausgeber der *Wiener Sonntags- und Montagszeitung*, an der auch Bosel beteiligt war, soll Phönix-Schmiergelder an Buresch weitergeleitet haben.[14]
Die Auswirkungen des Skandals bringen auch Sigmund Bosel jede Menge Zores ein. Seine Befürchtung ist, dass er in den Strudel der Finanzströme zwischen der Phönix-Versicherung und dem Landbund geraten könnte. Der Grund: Die Landbund-Partei hatte von ihm schon 1932 und 1933 im Rahmen der CA-Mission Geld bekommen. Nun war aber ans Licht gekommen, dass auch Wilhelm Berliner den Landbund gesponsert hatte. Bosel befürchtet, dass er in den Phönix-Skandal hineingezogen wird, denn die Versicherungsaufsicht, die jahrelang die Augen vor den Phönix-Finanzproblemen zugedrückt hatte, war im Innenministerium unter Vizekanzler Winkler angesiedelt, der als Landbund-Parteichef wiederum für seine guten Kontakte zu Sigmund Bosel bekannt war. Deswegen sei die Phönix-Affäre für ihn „verheerend" und ein „Unglück" gewe-

sen, meint Bosel. „Viele Namen, die im Zusammenhang mit dem Fall genannt wurden, haben auch von mir Beträge erhalten.“ So wie etwa Ernst Klebinder, der für Bosel in der CA-Causa Gelder weitergegeben hat. Für Bosel besteht plötzlich die Gefahr, dass seine grauzonenhafte Vermittlertätigkeit für das Bankhaus Rothschild an einer Nebenfront bekannt wird.[15]

Abgesehen davon ist Bosel schon länger gefährlich knapp bei Kasse gewesen. Wegen der Gerüchte um seine angebliche Verwicklung in den Juli-Putsch von 1934 haben frühere Geschäftspartner ihre Verbindungen gekappt. Frisches Geld habe er nur mehr gegen „Wucherzinsen“ bekommen, jammert Bosel in seinen geschäftlichen Notizen. In mehreren Schriftstücken klagt er auch darüber, dass er ab 1934 von mehreren Journalisten erpresst worden sei, die sich mit bereits erhaltenen Geldern nicht zufrieden gegeben hätten. Mit diesen und anderen Extra-Aufwendungen hat Bosel nicht gerechnet. Er verlangt daher 1935 von Louis Rothschild im Sinne einer Endabrechnung für seine Dienste den Ersatz der zusätzlichen Spesen – nämlich 550.000 Schilling. Rothschild zeigt ihm aber die kalte Schulter. Er hegt insgeheim den Verdacht, dass Bosel die Politspenden des Rotschschild-Clans teilweise zweckfremd verwendet haben könnte. Bosel ist erzürnt, dass er wie ein unehrlicher Schnorrer behandelt wird. „Es ist traurig“, klagt er, „dass ich nach einer mehr als vierjährigen aufopferungsvollen Tätigkeit für ein Welthaus vom Range R. um das betteln muss, was ich ausgegeben habe.“[16]

Bosel hat das Pech, dass Hans Mauthner – der Rothschild-Familienanwalt, der ihn ursprünglich mit der Geheimmission beauftragt hat – nicht mehr lebt. Der im August 1933 verstorbene Mauthner hat Bosels Dienste bankintern stets gelobt und darauf geschaut, dass die finanzielle Entlohnung stimmt. Louis Rothschild, dem seit der CA-Krise entzauberten Weltbankier, ist es dagegen lästig, sich mit Bosel abgeben zu müssen.

Dieser fühlt sich in seiner Ehre schwer gekränkt. „Ich bitte Sie, nicht zu vergessen“, mahnt Bosel, „was ich in den Jahren 1931 bis heute für Sie geleistet habe, verehrter Baron.“ Um seinen Einsatz zu unterstreichen, brüstet sich Bosel damit, dass er im Alleingang verhindert habe, dass Rothschilds Vermögen beschlagnahmt wird. Möglicherweise hat Bosel hier etwas übertrieben, um den Bankier wirkungsvoller anpumpen zu können. Auf jeden Fall will Bosel sich nichts von dem, was er zustande gebracht hat, kleinreden lassen. „Die Tatsache, dass … Ihr Name und der Name Ihres Hauses vollständig intakt geblieben ist und dass nur ich derjenige bin, der immer wieder ramponiert wird – das sind doch Tatsachen, die verpflichten."[17]

Das Verhältnis zwischen Bosel und Rothschild ist angespannt, über mehrere Monate hinweg treffen sich die beiden wiederholt zu harten Gesprächen unter vier Augen. Meist kommt Bosel zu nächtlicher Stunde im Schutz der Dunkelheit ins Rothschild-Palais in die Wiener Prinz-Eugen-Straße. Beim Verhandeln mit dem Bankier tut er sich aber rhetorisch schwer. Um seine Argumente unterzubringen, nimmt Bosel Argumentationshilfen mit, die ihm sein Rechtsberater Wolfgang Dawid zusammenstellt. Manchmal ist es auch so, dass Bosel bereits vor einem Termin ein Positionspapier an Rothschild schickt, das Dawid vorher in geschliffenes Deutsch gebracht oder für Bosel aufgesetzt hat.

Als er Anfang 1936 mit seinen Spesenforderungen bei Louis Rothschild auf Granit beißt, wendet sich Bosel an Karl Buresch. Mit Bleistift schreibt er in einem Entwurf für ein diesbezügliches Interventionsgesuch: „Ich bitte Sie, mir energisch Rothschild zur Reson (sic!) zu bringen." Buresch soll vermitteln und Rothschild klarmachen, dass die Geldflüsse zur Bereinigung der CA-Angelegenheit ans Licht kommen könnten, wenn Bosel pleitegeht und ihm zornige Gläubiger ein Verfahren anhängen. „Ich bitte Sie, greifen Sie ein, verhindern Sie dieses Unglück, das ein Weltskandal wird."[18]

Bosel hat auch befürchtet, dass ein Eklat den zunehmenden Antisemitismus im Land weiter anheizen würde. Darauf deutet ein Memorandum hin, das er in seinem Sekretariat anfertigen ließ, um Karl Buresch seine Situation darzulegen. „Die Wirkungen auf die Judenfrage, die mein Zusammenbruch oder gar ein Aufdecken meiner Tätigkeit für den Baron auslösen würde, sind kaum auszudenken", warnt er. Louis Rothschild hat später bestätigt, dass sich Buresch bei ihm für Bosel verwendet hat. „Als Buresch bereits Gouverneur der Postsparkasse war, hat er … mich … in seinem Büro in der Postsparkasse … ersucht, ich möge dem armen Teufel helfen." Was sich hier wie die Bitte um einen Gnadenakt anhört, klingt in einer Mitteilung, die Buresch allem Anschein nach an Rothschild gerichtet hat, ganz anders: „Ich ersuche um eine beschleunigte Behandlung dieser Angelegenheit und um baldige Verständigung, was veranlasst wurde."[19] Wie immer das Spesenersatz-Tauziehen unter Bureschs Vermittlung gelaufen sein mag: Bosel erhält am 29. Jänner 1936 von Louis Rothschild 50.000 Schilling. Am nächsten Tag absolviert der Bankier zwei Termine, die Bosel vermittelt haben soll – er trifft zuerst Karl Buresch und dann Kanzler Schuschnigg.[20] Die angeblichen Gesprächsthemen: die CA-Strafsache und Rothschilds Interessen bei der Südbahngesellschaft. Tags darauf bekommt Bosel am Abend des 31. Jänner von Rothschild weitere 100.000 Schilling. Der Baron stellt ihm weiters in Aussicht, dass es drei Monate später weitere 100.000 Schilling geben wird. Das erhaltene Geld verschafft Bosel eine Atempause, er kann die ungeduldigsten Gläubiger vorübergehend zufriedenstellen. Bosel behagt es aber nicht wirklich, dass ihm Buresch und Rothschild unisono einreden wollen, Österreich so bald wie möglich zu verlassen. Rothschild rät ihm, am besten über Jugoslawien und Palästina nach Bagdad auszuwandern. „Mir wäre ein Weggehen des Bosel aus Österreich nicht unangenehm gewesen", so Rothschild, „da ich in diesem Fall endlich hoffen konnte, ihn für immer los zu sein."[21]

Zwischendurch freundet sich sogar Bosel mit dem Gedanken an, seiner Heimat den Rücken zu kehren und nach Palästina zu gehen. Er will aber nicht einfach vor seinen Gläubigern davonlaufen, sondern einen geordneten Abgang hinlegen. Dazu fehlt ihm jedoch das Geld. Wieder ist es Buresch, der Rothschild dazu anhält, Bosel doch beim Liquidieren seiner Geschäfte unter die Arme zu greifen. Rothschild will jedoch nichts mehr springen lassen, wodurch Bosels Finanzlage immer verzwickter wird. Während die PSK glaubt, dass seine Schulden großteils fingiert sind, steht der Finanzjongleur bei privaten Gläubigern tatsächlich mit über einer Million Schilling in der Kreide. Bosel muss bereits seine Teppiche verpfänden, um den Schein wahren zu können.[22]

Der Kampf gegen den beruflichen Untergang und die Angst, als Hochstapler und Schmiergeld-Kurier bloßgestellt zu werden, setzen Bosel nervlich zu. Phasenweise kritzelt er tagebuchartige Notizen auf lose Blätter ohne Datumsangabe. Dann skizziert er wieder Textpassagen für Briefe, die er Buresch oder dem Baron schreiben will. Die Papiere wird man später in einer braunen Ledertasche finden. Sie liefern Einblicke in den Seelenzustand eines rastlosen Menschen, dem alles über den Kopf gewachsen ist. „Was soll ich tun, ich habe keinen Berater und stehe allein da“, lamentiert er. Auf losen Zetteln finden sich auch persönliche Vorsätze, die Bosel auflistet. „Ein stabiles Unternehmen für die Einkünfte der Kinder“ ist ihm ebenso ein Anliegen wie das Ziel, „Ordnung in mein Privatleben“ zu bringen. Dieses Vorhaben setzt Bosel im April 1936 in die Tat um. Er adoptiert Julie und Alfons, die bis zu diesem Zeitpunkt seine unehelichen Sprösslinge gewesen sind, und lässt sie als seine rechtmäßigen Kinder eintragen. Besonders viel Hirnschmalz wendet Bosel für Formulierungen auf, die er sich für mündliche Auseinandersetzungen mit Rothschild zurechtlegt, um seine Hilfsbedürftigkeit zu unterstreichen: „Ich habe alles getan, um ein Malheur zu verhindern. Sie müssen die Güte haben, auch was dazu zu tun ... Mein Gewissen plagt mich, ich komme nicht zur Ruhe.“[23]

Fluchtgedanken

Im Frühjahr 1936 überlegt Bosel ernsthaft, sich ins Ausland abzusetzen. In einem Gedächtnisprotokoll vermerkt er, dass ihm sein Rechtsberater Wolfgang Dawid und Karl Buresch zur Flucht geraten haben. Beide hätten ihm auch empfohlen, seine Geschäftsunterlagen zu vernichten. Der PSK-Gouverneur hat damals allen Grund dazu, Bosel zur Flucht zu überreden. Buresch braucht einen Befreiungsschlag, der davon ablenkt, dass er auf anrüchige Weise mit Bosel in Verbindung steht. Er hat Bosel schon im Jänner 1936 gewarnt, „dass man die Absicht habe, gegen ihn loszugehen“. In manchen Fällen agiert damals der Journalist Ernst Klebinder als Mittelsmann für heikle Informationen.[24]

Am 25. Juni 1936 wird Bosel in die Wohnung von Bureschs Schwiegermutter bestellt. Hier erfährt er, dass die Strafanzeige gegen ihn beschlossene Sache ist. Buresch habe ihm daraufhin mit gefälschten Papieren zur Ausreise verhelfen wollen, so Bosel. Geplant sei gewesen, dass er in Groß-Enzersdorf in Niederösterreich, wo der Gouverneur sein Wochenend-Domizil hatte, einen falschen Pass bekommt. „Ich sollte noch am selben Tag um zwei Uhr nachts Österreich verlassen.“[25]

Schlussendlich hat Sigmund Bosel aber alle Fluchtpläne verworfen, die 1936 an ihn herangetragen worden sind. Er beschließt, in

Wien zu bleiben und nicht zu türmen. Von wem hat Buresch aber eigentlich erfahren, dass gegen Bosel etwas im Busch ist? Eine Spur dazu findet sich in einem Gedächtnisprotokoll Bosels, wo es heißt: „Gestern hat mich Karl zu sich gerufen. Er führte aus, dass er jetzt vollständig im Bilde sei. Nach der ihm durch Robert mitgeteilten Aktenlage ist meine Einvernahme unter keinen Umständen zu vermeiden.“[26]

Wer war dieser „Robert“, der über die bevorstehenden Schritte der Behörden bestens unterrichtet gewesen ist? Die Bosel-Akten deuten auf einen stillen Justiz-Knuller hin: Bosels Rechtsberater Dawid zufolge soll es sich bei Robert um niemand Geringeren als um Robert Winterstein gehandelt haben. Winterstein ist damals der Chef der Generalprokuratur gewesen, die überwacht hat, ob sich die Justiz bei der Strafverfolgung an die Gesetze hält.[27]

Hecht glaubt indes in den letzten Juni-Tagen 1936, dass die strenge Geheimhaltung bei seiner juristischen Offensive aufgeht. Der PSK-Vizegouverneur informiert nicht einmal seine engsten Mitarbeiter, dass Bosels Verhaftung bevorsteht. Auffällig ist, dass sich Hecht den Sanktus der gesamten Staatsspitze geholt hat, um gegen Bosel vorzugehen. Unklar bleibt im Rückblick, inwieweit der Phönix-Skandal die Gangart der Regierung Schuschnigg beeinflusst hat. Glaubt man dem damaligen Bundespressechef Ludwig, der in den Bosel-Deal rund um die *Neue Freie Presse* eingebunden war, dann ist Schuschnigg in der Causa Bosel ursprünglich auf der Bremse gestanden. „Schuschnigg empfand nicht viel Lust, in die schmutzige Angelegenheit nochmals einzusteigen, er beugte sich aber dem Druck.“ Schuschnigg selbst hat das 1967 in einem Brief an den Journalisten Peter Huemer nicht gelten lassen. „Die Version, ich hätte ‚äußerst unfreiwillig‘ Genehmigung erteilt, die Angelegenheit wieder aufzurollen und einer Erledigung zuzuführen, ist falsch.“[28]

Woher kam aber der Schwenk, den die Politik im Umgang mit Sigmund Bosel zwischen 1934 und 1936 vollzogen hat? Der Historiker Kurt Bauer hat darauf hingewiesen, dass der Ständestaat durch den Phönix-Skandal in den Augen der Bevölkerung „moralisch hoffnungslos kompromittiert war“. Man kann daher davon ausgehen, dass die Regierung Schuschnigg nach der Phönix-Affäre bei neuen Strafsachen demonstrativ durchgreifen wollte. Darauf deuten Informationen hin, die Bosel im Frühjahr 1936 von Buresch aufschnappt:

„Da nun die Phönix-Angelegenheit im Dritten Reich und insbesondere hier gegen die Regierung ausgenützt wird, muss alles unternommen werden, um einen Gegenstoß zu führen.“[29]

Es ist deshalb gut möglich, dass der Ständestaat den Fall Bosel als „Blitzableiter“ auserkoren hat, um sich kein zweites Aufsichtsversagen vorwerfen lassen zu müssen. Das Schuschnigg-Regime hat etwas gegen die Nazi-Propaganda unternehmen und den Antisemiten in den eigenen Reihen signalisieren wollen, dass jüdische Finanzleute hart angepackt werden.[30]

Am Vorabend von Bosels Verhaftung werden abseits der Regierung nur die Staatsanwaltschaft und ein kleiner Kreis von Funktionären aus dem Polizei- und Justizapparat eingeweiht. Am 1. Juli 1936 trommelt Hecht um 7 Uhr früh in seinem Büro eine Gruppe handverlesener Beamter zusammen. „Mein Misstrauen richtete sich gegen gewisse Kreise der Polizei, die aus früherer Zeit noch immer Gefühle der Erkenntlichkeit gegen Bosel zu hegen schienen.“ Ohne Karl Buresch informiert zu haben, übergibt Hecht dem Leiter der Wiener Staatsanwaltschaft die Strafanzeige. Darin war vom dringenden Verdacht die Rede, „dass Bosel bestrebt ist, seinen Vermögensstand zu verschleiern, um sich auf diese Weise der Zahlungsverpflichtung gegenüber der Postsparkasse zu entziehen“.[31]

Unklar ist, welche Rolle Viktor Kienböck in der ganzen Angelegenheit gespielt hat. Der unnahbare Nationalbank-Präsident soll durch sein fachliches Standing die Finanzminister des Ständestaates mehr oder weniger überschattet haben. In einem mysteriösen Papier, das Buresch nur an Louis Rothschild gerichtet haben kann, ist davon die Rede, „dass Ihnen ein heute sehr maßgebender Mann mit seinem Anhang feindlich gesinnt“ ist und darauf aus sei, „einen Schlag gegen Sie zu führen“, und „die CA Angelegenheit gegen Sie wieder aufrollen“ möchte. Gemeint war hier vermutlich Kienböck, dem Buresch unterstellt hat, dass er „auf dem Umwege über Bosel seine Pläne durchführen“ wolle.[32]

Dass Nationalbank-Boss Kienböck in die Aktion gegen Bosel eingebunden war, wissen wir bereits. Interessant ist, dass Hecht in einem Aktenvermerk auf Bosels Rechtsberater Dawid verwiesen hat. Dieser habe, so Hecht, in einem Gefängnis-Exposé die Verhaftung Bosels auf politische Motive zurückgeführt – und auf ein nicht näher ausgeführtes „Duell Kienböck gegen Buresch“.[33]

Wie ist es am 1. Juli 1936 nach dem frühmorgendlichen Treffen in Hechts Büro weitergegangen? Die Kripo hat von der Staatsanwaltschaft direkt im PSK-Gebäude einen Haftbefehl bekommen. Die Beamten nehmen Bosel fest und bringen ihn ins Wiener Landesgericht, wo er wegen Fluchtgefahr in Untersuchungshaft kommt. Die Bosel-Freundinnen Ilona Schulz und Gertrud Reinhardt werden ebenfalls ins Gefängnis eingeliefert, genauso wie Hans Brehm, der gute Geist in der Silbergasse. Das Verfahren gegen Brehm, Schulz und Reinhardt wird jedoch bald eingestellt.[34]
Bosels Chefbuchhalter Rosenberg landet ebenfalls in U-Haft. Bosels Rechtsberater Dawid setzt man auf die Fahndungsliste. Einen Monat später wird Dawid in der Schweiz verhaftet und nach Österreich ausgeliefert. Der Schlag gegen Bosel und seine Entourage bringt eine geheime Buchhaltung ans Licht, mit der Überweisungen verschleiert worden sind. Kistenweise nimmt die Polizei aus Bosels Büro in der Kramergasse und aus der Hietzinger Villa Unterlagen mit. Wertsachen werden beschlagnahmt, Bilder, Teppiche und Schmuck katalogisiert. Brisant sind die tagebuchartigen Notizen und Kassabücher, die Bosel belasten. Das Geschäftsleben des einstigen Trillionärs liegt in Trümmern.

In den Jahren vor seiner Verhaftung hat Bosel stets behauptet, dass er im Postsparkassen-Skandal das Bauernopfer war und dass man ihm übel mitgespielt hätte. 1926 schrieb er in einem Gedächtnisprotokoll: „Der Kampf geht nicht lediglich um die Hereinbringung einer Forderung als vielmehr darum, mich wirtschaftlich vollständig unmöglich zu machen.“[35] In den Folgejahren hat sich Bosel offenbar berechtigt gefühlt, zu einer Form der wirtschaftlichen Selbstverteidigung zu greifen. Mit seinem „Armutsgelübde“ vor dem Schulden-Schiedsgericht hat er sich allerdings 1933 strafbar gemacht. Ob Bosel einst Unrecht widerfahren ist oder nicht, interessiert die PSK im Jahr 1936 herzlich wenig. Robert Hecht gefällt sich in seiner Rolle als prinzipientreuer Schuldeneintreiber.

Ein Todesfall in der Postsparkasse

Bei Sigmund Bosel machen sich in der Haft Depressionen bemerkbar. Schuschnigg zufolge soll Buresch interveniert haben, dass Bosel aus Gesundheitsgründen aus der Haft entlassen wird – was Hecht unbedingt verhindert wollte.[36] Er will Bosel nämlich im Gefängnis weichklopfen und ihn zu einem umfassenden Schadenersatz-Deal zwingen.

Am 10. Juli 1936 macht Bosel den Vorschlag, dass die PSK das Hotel Kreuzstein am Mondsee und ein Haus in Wien überschrieben bekommt. Noch einmal schaltet sich Buresch ein, wie Hecht-Assistent Hoffmann berichtet: „Dr. Buresch befand sich damals in Gastein und rief wiederholt Dr. Hecht, der die Leitung hatte, telefonisch an, um Neuigkeiten aus der Postsparkasse zu erfahren. Er fragte nebenbei auch stets nach der Angelegenheit Bosel und riet dringend, als er von dem Vergleichsvorschlag erfuhr, diesen anzunehmen, da man sonst überhaupt nichts erhalten werde."[37]

Damit blitzt Buresch bei Hecht ab, der noch lange nicht am Ziel seiner Verhandlungen ist. Mit zwei offerierten Immobilien lässt sich der Vizegouverneur nicht abspeisen. Er möchte Bosel den gesamten Immobilienbesitz abknöpfen. Am 24. August fährt Hecht zu einem dreiwöchigen Kuraufenthalt nach Marienbad in der Tschechoslowakei, wo ihn Finanzminister Draxler in der Bosel-Sache einmal anruft. Nach der Kur will Hecht noch in Bad Hofgastein urlauben. Dort wird ihm am 16. September 1936 die Nachricht überbracht, dass Karl Buresch tot ist.

Hecht packt die Koffer. Noch am selben Abend fährt er nach Wien, um am nächsten Tag im Postsparkassenamt präsent zu sein. Die Zeitungen sind voll mit Nachrufen auf den verstorbenen Altkanzler und PSK-Gouverneur. Was die Todesursache betrifft, ist von einem „kurzen, aber schweren Leiden" die Rede. 16 Kilo habe Buresch vor seinem Tod infolge einer Diabetes-Erkrankung abgenommen, das habe das Herz in Mitleidenschaft gezogen, so die *Reichspost*. Intern gerät Hecht jedoch in ein schiefes Licht. Schon am Tag seiner Rückkehr wird in der Postsparkasse gemunkelt, dass sich Buresch umgebracht habe. Hecht will das zuerst nicht recht glauben. „Erst später – in Zusammenhang mit der Unterlassung von Grabreden bei der Leichenfeier – habe ich den wahren Sachverhalt geahnt, der mir dann zur Gewissheit geworden ist."[38] Karl Buresch hat am 15. September in selbstmörderischer Absicht eine Überdosis des Beruhigungsmittels Veronal geschluckt, an der er am 16. September in einem Spital gestorben ist. Was war der Grund für den Selbstmord? War es der

Umstand, dass am 17. September der Phönix-Bestechungsprozess wieder aufgenommen worden ist, wo es um die millionenschweren Gebührenrückstände gegangen ist, die der Phönix-Konzern jahrelang mithilfe eines bestochenen Beamten während Bureschs Politikerzeit anhäufen konnte?[39]

Wohl kaum. Rückblickend kommt als Grund für die Verzweiflungstat eher das Bosel-Verfahren in Frage. Denn Sigmund Bosel und sein Buchhalter Rosenberg sind schon im Juli 1936 zu den Decknamen in der Geheimbuchhaltung ausgefragt worden. Viele Transaktionen wurden über ein Konto mit der Nummer 162 bei der Eidgenössischen Bank in Zürich abgewickelt. Bosel will anfangs nichts von irgendwelchen Zahlungen an Karl Buresch verraten. Rosenberg gibt jedoch preis, dass es für Buresch den Codenamen „Amubakri" gegeben hat und dass auch Gelder an Ernst Klebinder geflossen sind. Wofür aber – für die *Wiener Sonntags- und Montagszeitung*? Das stramme Anti-Nazi-Blatt war jahrelang im Geheimen von Wilhelm Berliner finanziert worden. Im Phönix-Korruptionsskandal ist Klebinder nun aber als „Nehmer" dagestanden. Im April 1936 erschien die letzte Nummer seiner Zeitung, im Mai 1936 nahm sich Klebinder im damals italienischen Seebad Abbazia *(Opatja)* mit Zyankali das Leben. Am 13. September deckt auch Bosel vor dem U-Richter die Karten auf: „Dass ich bisher nicht immer die Wahrheit sagte, hat seinen Grund darin, dass ich niemanden unnötigerweise belasten wollte. Ich gebe heute nunmehr auch zu, dass Dr. Karl Buresch den in der Geheimbuchhaltung angeführten Betrag via Klebinder für politische Zwecke bekommen hat."[40]

Hat Buresch vor seinem Selbstmord erfahren, dass seine Verbindungen zu Bosel – dem mutmaßlichen Betrüger und Schädiger der PSK – aufgeflogen waren und er somit als Bankboss heillos diskreditiert war? Glaubt man Eduard Ludwig, dann hat Buresch seit der gerichtlichen Betreibung der Bosel-Angelegenheit unter schweren Depressionszuständen gelitten. „Buresch verfiel körperlich sehr rasch", so Ludwig, der bei der Einsegnung des Toten in der Wiener Schottenkirche dabei war. Von Bundespräsident Miklas abwärts sind am 19. September 1936 alle da, die im Ständestaat Rang und Namen haben. Als der Trauerzug mit dem „Gala-Leichenauto" durch die Innenstadt zur Postsparkasse rollt, haben Bläser der Staatsoper am Balkon über dem Haupteingang den Trauermarsch aus Wagners „Götterdämmerung“ zu spielen begonnen, während der Sarg laut *Reichspost* „an der gesamten Beamtenschaft vorbeifuhr“.[41]

Am Tag nach dem Begräbnis hat man Robert Hecht offiziell zum Leiter der Postsparkasse ernannt. Der Gouverneursposten bleibt ihm jedoch neuerlich versagt. Hecht darf nur den Titel „Erster Vizegouverneur des Postsparkassenamtes“ führen. Welchen Grund hatte das Regime, seinen Paradebürokraten derart zu brüskieren? „Wenn Dr. Hecht formal nicht den Gouverneurs-Titel erhielt, war dies wahrscheinlich in den Zeitumständen begründet“, hat Schuschnigg 1967 an Peter Huemer geschrieben, der daraus geschlossen hat, dass man Hecht wegen seiner jüdischen Herkunft nicht weiter befördern wollte.[42] Nach dem Abkommen zwischen Hitler und Schuschnigg im Juli 1936 waren die schon vorher vorhandenen antisemitischen Strömungen bei Postenbesetzungen im Ständestaat stärker geworden. Möglicherweise hat man Hecht genau aus diesem Grund nicht zum PSK-Gouverneur gekürt.

Nach dem Medikamenten-Suizid seines Chefs sieht sich Hecht genötigt, seinen Ruf zu verteidigen. Eine Woche nach Bureschs Begräbnis setzt er einen Brief an Bundeskanzler Schuschnigg auf. Wortreich beteuert er, nicht die leiseste Ahnung gehabt zu haben, dass in der Bosel-Buchhaltung ein ominöses Buresch-Konto auftauchen würde. „Zusammenfassend kann ich auf Ehre und Gewissen erklären, dass ich bei meinen Erhebungen, dann zur Zeit der Erstattung der Strafanzeige, ja sogar, als ich bereits die Todesnachricht erfahren habe, nicht im entferntesten daran dachte, das Strafverfahren gegen Bosel könnte Tatbestände aufdecken, die jetzt hervorgekommen sind.“[43]

Hier hat Hecht wahrscheinlich gelogen. Dass er nicht über die Verdachtsmomente informiert war, die zwischen Bosels Verhaftung und dem Selbstmord von Karl Buresch aufgetaucht sind, ist schwer zu glauben. Das beweist natürlich nicht, dass Hecht nur deshalb hinter Bosel her war, um Buresch in der PSK aus dem Weg zu räumen. Hecht hatte mit seinen Ermittlungen gegen Bosel schon begonnen, als Bureschs Wechsel in die Staatsbank noch kein Thema war. Von Hechts Mitarbeiter Günther Hoffmann ist jedoch die Bemerkung aktenkundig, dass ihm gegenüber „kurz vor der Verhaftung Bosels ein ganz unbestimmter Verdacht gegen den Gouverneur Dr. Buresch geäußert wurde“. Bundespresse-Chef Ludwig hat rückblickend gemeint, dass Hecht „wissen oder zumindest ahnen musste, dass er mit seiner Sondertätigkeit einen Feldzug gegen seinen vorgesetzten Gouverneur eröffnen würde".[44]

Anders als im Phönix-Skandal, wo es eine Untersuchungskommission und ein Gerichtsverfahren gegeben hat, will die Regierung Schuschnigg im Fall Buresch keine Aufarbeitung. Das Regime möchte nicht noch ein Polit-Fiasko riskieren. Die Öffentlichkeit soll Buresch als großen Politiker und pflichterfüllten Postsparkassen-Gouverneur in Erinnerung behalten, der krankheitsbedingt aus dem Leben geschieden ist. Bereits eine Woche nach dem Buresch-Begräbnis stellt die *Arbeiter-Zeitung* die Vorkommnisse in ein gänzlich anderes Licht. „Die Einleitung des Strafverfahrens gegen Bosel, die auf Verlangen Kienböcks und Hechts erfolgt ist", so die *AZ*, sei für Buresch sehr peinlich gewesen, weil er bei einem Prozess gegen Bosel womöglich Enthüllungen zu befürchten hatte. „Das in Wien weit verbreitete Gerücht behauptet nun, Buresch habe unter dem Druck dieser Gefahr Selbstmord begangen."[45]

Welche Enthüllungen hätte Buresch aber fürchten müssen? Er hat angeblich 1934 – als er noch Finanzminister war – Sigmund Bosel für private Geldgeschäfte mit britischen Staatsanleihen eingespannt, die bis März 1936 gelaufen sind. Noch brisanter war, dass sich Buresch 1934 von Bosel kreditweise Goldbarren im Wert von über 50.000 Schilling verschafft haben soll, die er auch als PSK-Gouverneur noch immer schuldig gewesen ist."[46] Dieses ominöse „Gold-Darlehen" hätte Buresch wohl unter Korruptionsverdacht gebracht.

Anfang Oktober 1936 gibt Finanzminister Draxler Robert Hecht zu verstehen, dass man ihn mit einem neuen Posten außerhalb der PSK belohnen will. Für Hecht hat es aber keinen adäquaten Verwaltungsposten gegeben, der wie eine Beförderung gewirkt hätte. Prestigeträchtig genug wäre nur eine Ernennung zum Staatssekretär gewesen. Das hat Hecht aber abgelehnt, weil er diesen Politposten als Schleudersitz mit Ablaufdatum und als Vorstufe zur Pensionierung empfunden hat. Daher ist Hecht der Erste Vizegouverneur der Postsparkasse geblieben.[47]

Eine Schatzsuche per Dienstreise

Nach Bureschs Suizid kann Hecht die Untersuchung gegen Bosel leichter vorantreiben. Im Oktober 1936 begeben sich der Staatsanwalt

Johann Schmid und der Untersuchungsrichter Karl Weinhäupl für einige Wochen nach Großbritannien und Frankreich. Die beiden sollen auf Basis von entsprechenden Rechtshilfe-Ansuchen herausfinden, ob Bosel Geld ins Ausland verschoben hat. Schmid stößt dabei in einem Londoner Bankdepot auf ein echtes Rembrandt-Gemälde im Wert von rund 100.000 Schilling. Bosels Rechtsberater Wolfgang Dawid hatte es dort unter seinem Namen gelagert. Die Ermittler glauben, dass der Rembrandt in Wahrheit Bosel gehört. Unterm Strich bringt die Reise aber nur magere Erkenntnisse, Schmid und Weinhäupl beißen sich in Paris und London am Bankgeheimnis die Zähne aus.[48]
Man tröstet sich mit touristischen Impressionen. Begeistert meldet Schmid aus London, dass er und Weinhäupl von Botschafter Franckenstein zu einem Gastkonzert der Wiener Philharmoniker eingeladen wurden und man „Frack" zu tragen hatte. „In der Hoffnung, dass Dich mein Bericht wenigstens teilweise befriedigt und Dich in bester Gesundheit antrifft, grüßt Dich aufs allerherzlichste Dein ganz ergebener Dr. Schmid." Der freundschaftliche Ton lässt keinen Zweifel daran, dass der Staatsanwalt und der PSK-Vizegouverneur eng kooperiert haben.[49]
Am 25. November 1936 wird Bosel in seiner Gefängniszelle weich. Hecht hat gedroht, ihm zusätzlich ein Verfahren wegen Steuerhinterziehung anzuhängen. Anders als im Juli, als Bosel nur zwei Immobilien abtreten wollte, bietet er der PSK nun bis auf wenige Ausnahmen seinen gesamten Immobilienbestand als Wiedergutmachung an. Im Gegenzug verlangt Bosel, dass seine Alt-Schulden für immer begraben und ein laufendes Steuerverfahren nebenher erledigt wird. Auch Ilka Schulz beteiligt sich an dem Schuldendeal, indem sie ihre Villa in der Silbergasse und das Landgut in der Prein der Postsparkasse überlässt. Mit diesem Vergleichsangebot sind Hecht und Finanzminister Draxler einverstanden. Die Villa in der Gloriettegasse darf Bosel behalten, um durch zusätzliche Pfandrechte auf die Immobilie Geld zur Abwicklung des Schuldendeals aufzutreiben.[50]
In Summe überlässt Bosel der PSK sechs Häuser, drei Landgüter, das Waldhotel Kreuzstein am Mondsee sowie eine Immobilie in Berlin. Bis auf die Villa und ein verpfändetes Doppelhaus in der Wiener Innenstadt besitzt Bosel damit in Österreich nichts mehr. Die Bosel'schen Besitztümer sind jedoch allesamt mit Pfandrechten vollgepflastert gewesen. Bevor die Liegenschaften verkauft werden können,

müssen die entsprechenden Gläubiger ausgezahlt werden. Um das nötige Geld aufzutreiben, lässt die PSK alle Wertgegenstände versteigern, die bei Bosel beschlagnahmt worden sind. Alles, was auf diesem Weg hereinkommt und der eingesperrte Millionär sonst noch beisteuern kann, wird in einen Abwicklungstopf eingezahlt.[51]
Hecht hat aber die Sorge, dass der Vergleich noch scheitern könnte, falls sich der Fiskus mit allfälligen Steuernachforderungen vordrängt und Bosel in den Konkurs zwingt. Hecht kommt daher auf die Idee, Louis Rothschild durch die Blume zur Kasse zu bitten. Gegenüber Rothschilds Anwälten deutet Hecht an, dass Bosel bei einem Konkursverfahren wieder Forderungen gegen Louis Rothschild ins Spiel bringen könnte. Um die Negativpublicity einer solchen Schlammschlacht auszuschließen und mehr Geld zum Löschen der Pfandrechte zu haben, einigt man sich auf ein Dreiecksgeschäft. Im Dezember 1936 stellt Rothschild – „ohne dass für diese Leistung rechtliche oder moralische Gründe vorliegen" – 500.000 Schilling zur Verfügung. Im Gegenzug hat die PSK auf eine Privatklage gegen Bosel verzichtet, der seinerseits erklären musste, keine Forderungen gegenüber Rothschild mehr zu haben.[52]
Kurz vor Weihnachten beginnt im Wiener Dorotheum die Versteigerung von Schmuck- und Kunstgegenständen aus dem Bosel'schen Privatbesitz. Während Bosel in der U-Haft schmachtet und die Anklage auf sich warten lässt, bietet das Auktionshaus in mehreren Katalogen hunderte Objekte an. Die erste Verkaufswelle umfasst Armbanduhren, Krawattennadeln, Ringe, Halsketten, edelsteinverzierte Armreifen und goldene Damentaschen. Der Brillant-, Gold- und Perlenschmuck ist so umfangreich, dass über den Jahreswechsel hinaus weitere Auktionstermine festgesetzt werden. Auch kostbare Diademe und Juwelen kommen unter den Hammer. Der Auktionserlös kann sich sehen lassen: Die PSK streift in Summe 225.000 Schilling ein. Angepriesen hat man auch Bosels Zigarettendosen-Sammlung. Viele der über 90 goldenen Zigarettenetuis hatten kunstvoll eingravierte Muster. Anfang März 1937 werden auch fünf Tapisserien aus dem 17. Jahrhundert versteigert. Zusätzlich kommt das Tafelsilber aus der Gloriettegasse an die Reihe. Sogar die Große Goldene Salvator-Medaille, die Bosel einst von der Stadt Wien als Ehrenzeichen bekommen hat, wird verkauft. Was bleibt, ist der Eindruck, dass ein Krösus in Konkurs gegangen ist.[53]

Unterm Strich kann die PSK durch den Verkauf der Bosel'schen Wertsachen rund 1,2 Millionen Schilling eintreiben. In einer zusammenfassenden Darstellung für die Regierung räumt Hecht ein, dass er sich ursprünglich mehr erwartet hatte. „Der Betrag von 1,2 Millionen Schilling erscheint vielleicht gering", schreibt er, „wenn man ihn mit der Gesamtschuld Bosels vergleicht", die damals auf dem Papier noch acht Millionen Schilling ausgemacht hat. Weil die Ermittler aber keine klar zurechenbaren Auslandsdepots Bosels aufstöbern konnten, kann Hecht mit seiner Bosel-Inkassoaktion einen Achtungserfolg verbuchen.[54]

Gertrud Reinhardt und Ilona Schulz haben sich von ihrem mondänen Lebensstil längst verabschieden müssen. Seit Bosels Verhaftung sind die monatlichen Zuwendungen versiegt. Gertrud Reinhardt hat immerhin ihre Villa behalten können. Offenbar konnte Reinhardt glaubhaft machen, dass sie als „Hausdame" genug Erspartes zum Erwerb des Hauses beigesteuert hatte. Ilona Schulz hat hingegen ihre Villa in der Silbergasse nicht halten können. Mit dem großbürgerlichen Dasein im feinen Döbling war es vorbei.

Schon bald, nachdem Bosel verhaftet und sie selbst wieder aus dem Landesgericht entlassen worden war, zog Ilka Schulz im Sommer 1936 mit den Kindern zu Verwandten in die slowakische Provinzstadt Turciansky Svätý Martin *(Turz-Sankt Martin)*. Dass der Vater verhaftet worden war, habe man ihr damals verschwiegen, erzählt Julie Marks. „Man hat uns nur gesagt, dass unser Vater auf Reisen ist, mehr nicht. Erst nachher haben wir herausgefunden, was passiert ist." Monatelang bleiben Julie und Alfons in der Tschechoslowakei, während Sigmund Bosel im Gefängnis in Wien auf seinen Prozess wartet.

Anmerkungen

1 Moritz/Leidinger/Jagschitz, Im Zentrum der Macht, 110; DIE ZEIT, 22. 3. 2007.

2 Wandruszka, Historische Einführung, in: Enderle-Burcel (Hrsg.), MRP Abt. VIII, Bd.1 , S. XVI.

3 HAPSK, M A/50, Hoffmann an Kleinert, 17. 3. 1939; Wagner/Tomanek, Bankiers und Beamte, 144.

4 HAPSK, M C/68, Hecht an Kienböck, 9. 7. 1936.

5 HAPSK, M C/70 (A/70), „Information betreffend ...", M C/71 (A71), Hecht: „Streng vertraulich".

[6] Huemer, Sektionschef Robert Hecht und die Zerstörung der Demokratie in Österreich, 132f.
[7] Huemer, 133f.; www.kakanien-revisited.at; Pauley, Geschichte des öst. Antisemitismus, 272 u. 326ff.
[8] Wagner/Tomanek, Bankiers und Beamte, 244.
[9] HAPSK, M C/71 (A71), Hecht: „Mein persönliches Verhältnis zum Altbundeskanzler … Buresch".
[10] HAPSK, M A/50, Hoffmann an Kleinert, 17. 3. 1938; M C/68.
[11] Enderle-Burcel, Karl Buresch, 188; Ludwig, Österreichs Sendung im Donauraum, 183f.
[12] HAPSK, M C/71 (A71).
[13] Ackerl, Der Phönix-Skandal, in: Jedlicka/Neck (Hrsg.), Das Juliabkommen v. 1936, 241ff.
[14] Bauer, Diskrete Gebarung – Die Presse, 6. 5. 2006; Arbeiter-Zeitung, 24. 5. und 31. 5. 1936.
[15] HAPSK; Mappe 9 „Strafgericht"/78, 1. 10. 1936; WStLA Vr 2562/37 3/226C – Einvernahme SB, 11. 9.,13. 9. und 18. 9. 1936 – Einvernahme Dawid, 12. 2. 1937 – Einvernahme Rosenberg, 16. 7. 1936.
[16] WStLA Vr 2562/37 1/226A, SB an Buresch, 29. 2. 1936, SB an Buresch, 11. 1. 1936, SB an Louis Rothschild, 12. 12. 1935, SB an Buresch, 13. 12. 1935.
[17] WStLA, ebenda, SB an LR: „Bei der letzten Unterredung …" (undatiert, April 1936).
[18] WStLA Vr 2562/37 1/226A, Handschriftl. Notiz von SB (Blatt 198/199/200) zu einem Buresch betreffenden Gespräch bzw. Schreiben, 1. Hälfte 1936.
[19] WStLA, Vr 2562/37 – 1/226A: Bosel: „Meine Situation …" – 3/226C: Einvernahme Rothschild, 8. 8. 1936, Schreiben Buresch an Rothschild, „Ich habe B. zu mir gebeten …" (undatiert).
[20] Bosel zufolge habe Rothschild ihm gegenüber nachher gemeint: „Das haben Sie glänzend gemacht, Karl war überaus liebenswürdig." (Bosel-Memo, 1. 2. 1936). Der vertrauensvolle Umgang zwischen Buresch und Rothschild, der aus den Akten hervorgeht, steht in starkem Kontrast zu Bureschs antisemitischen Ansagen von 1932.
[21] WStLA, Vr 2562/37 - 1/226A: Aktennotiz SB, 1. 2. 1936 – 3/226C: Zeugeneinvernahme Rothschild 8. 8. 1936, AEF, Schiedsinstanz 724/2010, 19–79.
[22] HAPSK, Mappe 9/78, M C/65.
[23] WStLA, Vr 2562/37 – 1/226A, Handschriftliche Notizen von SB (Blatt 191 u. 208).
[24] HAPSK, M 9/78; WStLA, Vr 2562/37 3/226C Einvernahme SB, 13. 9. 1936; AEF, 724/2010 20–82.
[25] WStLA, Vr 2562/37 3/226C, Einvernahme SB, 25. 11./26. 11. 1936; HAPSK, M 9/58, M C/70.
[26] WStLA, Vr 2562/37 1/226A, Bosel: „Aus dem Bericht des Dr. Julius …", vermutlich Juni 1936.

[27] WStLA, Vr 2562/37 3/226C, Einvernahme Dawid, 22. 2. 1937; Einvernahme Bosel, 25. 11. 1936.
[28] Ludwig, 183; Schuschnigg an Huemer, 15. Mai 1967, zitiert in: Huemer, Sektionschef Hecht, 330.
[29] Bauer, Die Presse 6. 5. 2006; WStLA, Vr 2562/37 1/226A, Bosel: „Aus dem Bericht …“, vermutlich Juni 1936.
[30] Pauley, Politischer Antisemitismus, in: Botz/Oxaal/Pollak/Schulz (Hrsg.), Eine zerstörte Kultur, 254f.
[31] HAPSK, M 9 „Strafgericht“/9. Hecht hat für die Strafanzeige nachträglich Bureschs Unterschrift eingeholt.
[32] Bachinger/Matis, Der Schilling, 163; WStLA Vr 2562/37 1/226A, „I. Information“, (undat., Anf. 1936).
[33] HAPSK, M C/69 (A 69).
[34] ÖStA, AVA Justiz, 33791.
[35] SchobA 95, Bosel: „Pro Memoria“ (1926),13.
[36] Brief Kurt Schuschnigg an Peter Huemer, 15. Mai 1967. Zitiert in: Huemer, Sektionschef Hecht, 330.
[37] HAPSK, M A/50, Hoffmann an Kleinert, 17. 3. 1938.
[38] Reichspost, 17. 9. 1936, HAPSK, M C/71 (A71), Wagner/Tomanek, 245; Huemer, 330; Reichspost, 17. 9. 1936.
[39] Lembke, Phönix, Wiener, Berliner, 199.
[40] Prutsch/Zeyringer, Welten d. Paul Frischauer, 26; WStLA, Vr 2562/37 Einvernahme SB, 13. 9. 1936.
[41] Reichspost, 19. 9. 1936.
[42] Huemer, 331.
[43] HAPSK, M C/71 (A71), Hecht: „Mein persönliches Verhältnis zum Altbundeskanzler … Buresch“.
[44] HAPSK, M A/50, Hoffmann an Kleinert, 17. 3. 1938; Ludwig, 183.
[45] Arbeiter-Zeitung (Brünn), 27. 9. 1936.
[46] WStLA Vr 2562/37, 3/226C Einvernahme SB, 3. 12. 1936; HAPSK, M A/50, Hoffmann an Kleinert.
[47] HAPSK, M C/79, „Hochgeehrter Herr Minister!“, 4. 10. 1936.
[48] ÖStA AVA Justiz, Gz. 27.613/36, Mitteilung Franckenstein, 3. 11. 1936.
[49] HAPSK, M 9/70, 7. 10. 1936.
[50] Wagner/Tomanek, 244f.; HAPSK, M 9/72, 9/73.
[51] BAPSK, M C/71 (A71), Hecht: „Im Hinblick auf …“ (1937); AEF, Schiedsinstanz 724/2010, 26–102.
[52] HAPSK, M XXII/12 und M L/7; Wagner/Tomanek, 245.
[53] HAPSK, M A/50, Katalog Dorotheum, Versteigerung von Brillant-, Perlen- und Goldschmuck aus Wien, 1936–37.
[54] HAPSK, M C/71 (A71), Hecht: „Im Hinblick auf …“ (1937).

12 – STRAFSACHE SIGMUND BOSEL

Der 7. Juli ist einer der ersten schwülen Tage des Sommers 1937 gewesen. Dutzende Journalisten eilen an diesem Mittwoch früh ins Wiener Landesgericht, wo es noch vergleichsweise kühl ist. Die Reporter wollen sich im Justizgebäude einen guten Platz sichern für den Sensationsprozess des Jahres – die Strafsache Sigmund Bosel.
In den Zeitungsredaktionen reiben sich die Blattmacher die Hände. Denn der Prozess hat alles, was ein packendes Justizdrama braucht. Das beginnt mit der schillernden Person, die auf der Anklagebank sitzt: Sigmund Bosel, einst der reichste Österreicher, nunmehr ein verarmter Finanzabenteurer. Es geht weiter mit der Anklageschrift: Sie ist eine Abrechnung mit den Winkelzügen eines gescheiterten Glücksritters, dem nun gut und gern fünf Jahre Gefängnis drohen.[1] Und die prominenten Zeugen und Ex-Politiker, die im Verfahren eine Rolle spielen? Die Namensliste lässt Verwicklungen bis in höchste Kreise vermuten, weshalb der Besucherandrang lebhaft ist.
Nervös blicken die wartenden Presseleute den Gang hinunter, der entlang einer langen Fensterfront zum Verhandlungssaal führt. Wird der legendäre Spekulant auspacken und noch andere hineinziehen? Plötzlich kommt Bewegung in die wartenden Fotografen. Ein kleiner und schwächlich wirkender Mann mit einem blassen Gesicht wird zum Prozess eskortiert. „Das war er also, der große Bosel … allen, die ihn nicht persönlich kannten und die von seinem glanzvollen Aufstieg nur aus Erzählungen der Zeitgenossen wussten, las man die Enttäuschung an den Augen ab, als Sigmund Bosel vor seine Richter trat." Der Zeitungsreporter, der diese Zeilen nach Ungarn durchgegeben hat, ist der Wien-Korrespondent des deutschsprachigen *Pester Lloyd* aus Budapest gewesen. Nur widerwillig habe Bosel dem „Kreuzfeuer der Fotografen" standgehalten, berichtet der Reporter, der die Gesichtszüge des Angeklagten detailreich schildert: „Um seine dunklen, lebhaften Augen huschte bisweilen ein nervöses Zucken, manchmal ein leidender Zug."[2]
Wie lautet aber eigentlich die Anklage, die Bosel am Hals hat? Sie lautet auf Betrug und auf Meineid: Bosel soll 1933 das Schiedsgericht zur Lage seiner persönlichen Finanzen durch einen falschen Schwur angelogen haben. In den Augen der Behörden hat Bosel die PSK

damit hinters Licht geführt und finanziell geschädigt. Die Staatsanwaltschaft wirft ihm vor, dass er sich über „erdichtete Kredite" einer Schweizer Briefkastenfirma namens Ortewa und eine frisierte Buchhaltung künstlich ärmer gemacht habe und sehr wohl genug Geld und Vermögen zur Rückzahlung seiner PSK-Schulden gehabt hätte. Sigmund Bosel steht als Schwindler da.

Im „Bosel-Prozess" gibt es aber noch andere Beschuldigte. Neben Bosel sitzen auch seine langjährigen Vertrauten, der Rechtsberater Wolfgang Dawid und der Chefbuchhalter Karl Rosenberg, auf der Anklagebank. Für Staatsanwalt Johann Schmid steht außer Zweifel, dass die beiden Männer in alles eingeweiht waren und „an der Verschleierung der wahren Vermögensverhältnisse Bosels mitgewirkt haben". Eineinhalb Stunden dauert es, bis der Staatsanwalt seine 61 Seiten lange Anklage verlesen hat. Dann ist Oberlandesgerichtsrat Karl Fryda am Zug. Fryda ist ein erfahrener Richter, der auch 1935 im brisanten Nazi-Hochverratsprozess gegen Anton Rintelen vor einem Militärgericht die Verhandlung geführt hat. Rintelens Strafverteidiger war der bekannte Wiener Rechtsanwalt Alois Klee, der nunmehr Bosels Verteidigerteam anführt.[3]

Richter Fryda dreht sich zu Bosel hin und sagt: „Herr Bosel, Sie sind angeklagt des Verbrechens des Betruges durch Irreführung des Schiedsgerichtes, indem sie falsche Angaben über ihre Einkommens- und Vermögensverhältnisse gemacht haben. Bekennen Sie sich schuldig?" Bosel antwortet dem Richter mit leiser Stimme: „Das Tatsächliche gebe ich zu … auch in einigen Fakten, ich möchte aber noch darüber im Einzelnen sprechen." Sigmund Bosel liefert am ersten Prozesstag so etwas wie ein Geständnis auf Raten ab. Das Verfahren ist von diesem Moment an nur mehr ein Rückzugsgefecht.[4]

Im weiteren Verhör wird allerdings rasch erkennbar, dass Bosel eine Kämpfernatur ist. Der 44-Jährige verblüfft die Zuhörer im Saal mit präzisen Zahlen und scharfen Antworten. Beim Jonglieren mit Ziffern und Wertangaben sei der schmächtige Bosel auf einmal doch wieder „der Alte von einst" gewesen, findet der Zeitungsmann vom *Pester Lloyd*.[5]

Der erste Verhandlungstag macht die Verteidigungstaktik des Hauptangeklagten klar ersichtlich. Bosel streicht seine Verdienste hervor, die er sich während des Ersten Weltkriegs bei der Versorgung von Flüchtlingslagern erworben hat. Er erinnert daran, dass er im neuen Österreich der jüngste Kommerzialrat war. Und auch die Versorgung der Wiener Polizei mit Lebensmitteln und Bekleidung führt er ins Treffen. Alle im Saal sollen wissen: Dieser kleine Mann hat Großes vollbracht – für die Republik und die Monarchie.

Verblüfft mit präzisen Zahlen und scharfen Antworten: Bosel auf der Anklagebank. Foto: A. Hilscher (1937).

Um seine Leistungen zu belegen, bringt Bosel sogar den ehemaligen Wiener Polizeipräsidenten Franz Brandl ins Spiel. Die beiden Männer kennen einander von früher her. Brandl war jahrelang die rechte Hand von Johann Schober gewesen, bevor er nach einer kurzen Amtszeit als Polizeichef von Bundeskanzler Dollfuß entmachtet wurde und Ende März 1933 zu den Nazis übergelaufen ist. Worauf Bosel aber vor Gericht hinaus will, ist das memoirenhafte Buch, das der zwangspensionierte Brandl 1936 herausgebracht hat. Darin würdigt der Skandalpolizist die Leistungen, die sich Bosel beim Schutz der öffentlichen Ordnung nach dem Krieg erworben hätte.[6]

Bosel bittet den Richter, eine Stelle aus dem Buch vorzulesen. Der Richter tut es, Brandls Lob der Tüchtigkeit und Uneigennützigkeit Bosels soll Eindruck schinden. Spekulieren die Bosel-Verteidiger mit Pluspunkten für ihren jüdischen Mandanten, weil ihm ein ausrangierter brauner Ex-Polizeichef in seinen Memoiren Verdienste bescheinigt? Bosel übergibt dem Gericht auch ein Beglaubigungsschreiben zu seiner Spendentätigkeit für die Universität Wien im Jahr 1924. Mehrfach beteuert er, dass er kein Betrüger sei und sich nur auf Informationen verlassen habe, die ihm andere gegeben hätten. Auf wen ist diese Aussage gemünzt? Auf seinen Buchhalter Karl Rosenberg.

Um dieses Argument zu unterstreichen, sagt Bosel sogar: „Ich habe mich nie um die Buchhaltung gekümmert und auch nichts davon verstanden.“ Weil so eine Ansage aus dem Mund eines Finanz-Gurus ziemlich blauäugig klingt, wird sie in den Prozessberichten munter abgedruckt.[7]

Dass es Spannungen zwischen den Angeklagten gibt, hat sich schon während der U-Haft abgezeichnet, als Wolfgang Dawid eine abfällige Bemerkung über Sigmund Bosel vom Stapel lässt: „Bosel ist ein sehr impulsiver Mensch, der sich durch seine Phantasie hinreißen lässt, nicht immer bei der Wahrheit zu bleiben.“[8]

Mit dem Rücken zur Wand

Obwohl Bosel vier Anwälte um sich geschart hat, die alle Register ziehen, gerät er mit jeder Befragung immer stärker in die Defensive. Denn die Staatsanwaltschaft hat aufgrund der detektivischen Vorarbeit der PSK die Bosel'schen Kassabücher komplett durchgeackert. Dabei war den Ermittlern aufgefallen, dass Bosel in den Jahren 1930 bis 1933 im Vergleich zu seinen enorm hohen Privatausgaben lächerlich wenig verdient hatte. Besonders eklatant war das Missverhältnis 1933: Bosel hatte dem Finanzamt ein steuerpflichtiges Einkommen von 24.949,10 Schilling gemeldet, das durch Vermietungseinkünfte zustande gekommen wäre. Die im Bosel-Sekretariat beschlagnahmten Kassa-Aufzeichnungen dokumentieren aber auf den Groschen genau, welche Ausgaben Bosel im Jahr 1933 tatsächlich hatte. Laut Anklageschrift sollen es öS 493.294,50 gewesen sein. Rund 332.000 Schilling hatte Bosel für Zuwendungen an Verwandte verwendet, den Rest für seinen Haushalt und das standesgemäße Wohl seiner beiden Herzdamen. Unter dem Ausgabenposten „XIII.“ – dem Kürzel für seine Lebenshaltungskosten in der Gloriettegasse und für den Haushalt von Gertrud Reinhardt im 13. Gemeindebezirk Hietzing – waren rund 106.000 Schilling verbucht worden. Für den „XIX.“ – die Chiffre für Ilona Schulz und die Silbergasse im 19. Gemeindebezirk Döbling – lagen die Ausgaben bei rund 55.000 Schilling.[9]

Im Rückblick ist es verwunderlich, dass Bosel angesichts der luxuriösen Unterhaltszahlungen im Familienkreis seine Widersacher so lange an der Nase herumführen konnte. Hat Bosel damit gerechnet, dass er als PSK-Insider und Geheimnisträger unantastbar ist und niemand sein finanzielles Doppelleben auffliegen lässt? Offenbar hat er das, bis die Regierung Schuschnigg aus innenpolitischem Kalkül heraus damit einverstanden war, dass Bosels „Bettler-Dasein" bloßgestellt wird.

Die Staatsanwaltschaft sieht in Bosels Zuwendungen an seine Lebensgefährtinnen Umgehungsgeschäfte, mit denen die Postsparkasse „gehobelt" werden sollte. Bosel wird vorgehalten, dass Ilona Schulz das Gut „Grab-Herrmannswörth" in der Prein nie wirklich besessen habe, sondern nur als Eigentümerin vorgeschoben wurde. Sigmund Bosel kann nun nicht viel mehr tun, als seine widersprüchlichen Aussagen auf eine Haftpsychose und den seelischen Druck im Gefängnis wegen der Verhaftung von Ilka Schulz zurückzuführen. Einer seiner Rechtsanwälte hat Jahrzehnte später bestätigt, dass Bosel seit dem Postsparkassen-Skandal an Depressionen gelitten habe. In der U-Haft habe er „äußerst deprimiert und gebrochen" gewirkt.[10]

Am zweiten Prozesstag gibt Bosel entschuldigend zu Protokoll: „Fast acht Monate lang mußte ich mich ohne Belege verantworten. Es ist daher begreiflich, daß ich, da ich aus dem Stegreif reden mußte, manche Angaben gemacht habe, die vielleicht Widersprüche enthalten."[11]

All jene, die sich im Gerichtssaal sensationelle Enthüllungen erwartet haben, werden enttäuscht. Die Hintergründe des PSK-Skandals und Bosels Querverbindungen zu Wirtschaftsbossen und Politpromis bleiben weitgehend ausgeblendet. Am ersten Verhandlungstag hat Bosel aber in einem Nebensatz mit großer Nonchalance angedeutet, dass er „in der Angelegenheit der Credit-Anstalt eine besondere Mission" hatte. Der Richter lässt die rhetorische Duftnote ohne weitere Fragen vorbeistreichen. Bosel hat eine Warnung abgesetzt, dass er notfalls die politischen Verwicklungen seiner Tätigkeit im Dunstkreis der CA offenlegen kann, falls das Verfahren für ihn zu brenzlig werden sollte.[12]

Der Staatsanwalt kann aber ohnehin mit keinen besonderen Knalleffekten aufwarten. Etwas merkwürdig wirkt der Vorhalt, dass Bosel dem Schiedsgericht die Existenz wertvoller Wandteppiche und Gemälde verschwiegen hätte. Die entsprechenden Kunstwerke waren zu einem großen Teil schon in einer Inventarliste angeführt, die das Finanzamt im Jahr 1926 vom Interieur der Gloriettegassen-Villa angefertigt hat.[13] Es ist daher eigenartig, dass 1937 vor Gericht über die entsprechende Zurechnung der Kunstwerke debattiert worden ist, von denen das Schiedsgericht 1933 wissen hätte müssen.

Seltsam ist auch, dass der Staatsanwalt darauf herumreitet, dass Bosel die Eigentümerschaft über ein längst stillgelegtes Arsenbergwerk in Salzburg nicht angegeben hatte. Bosel verteidigt sich mit dem Argument, dass die Postsparkasse und das Schiedsgericht gewusst hätten, dass er 1925 ein letztlich wertloses Bergwerk übernommen hatte. Im Übrigen habe die „Arsenbergwerk Rothgülden Ges.m.b.H" vorher zu einem Drittel dem damaligen Nationalbank-Chef Reisch gehört, sagt Bosel, der damit doch eine kleine Bombe platzen lässt.

Was ist damals genau gelaufen? Bosel kaufte Reisch den Bergwerksanteil am 5. Februar 1925 ab. Teil des Deals war, dass Bosel auch den anderen Miteigentümern Anteile ablöste und zwei Drittel des Bergwerks damit ihm gehörten. Darüber hinaus nahm er einen Gesellschafterkredit von Reisch & Co. auf seine Kappe, womit er unterm Strich fast 230.000 Schilling in das marode Bergwerk gepumpt hatte.[14]

Als der Richter im Prozess nachbohrt, schalten sich Bosels Anwälte ein. Einer von ihnen stellt demonstrativ die Frage, warum Bosel Rothgülden überhaupt gekauft habe. Bosel antwortet lächelnd: „Ich kann darüber nicht sprechen." Sein Verteidiger Alois Klee wirft ein: „Sie waren ja, Herr Bosel, mit dem Präsidenten der Nationalbank Dr. Reisch damals auch in Unterhandlungen wegen anderer Dinge!" Der Anwalt des mitangeklagten Wolfgang Dawid setzt nach: „Und das wertlose Bergwerk war noch mit Steuern belastet." Bosel nickt: „Jeder hat gewusst, dass ich es vom Präsidenten Reisch erworben habe." Dawid ergänzt: „Es waren nicht wirtschaftliche, sondern andere Momente beim Kauf Rothgüldens maßgebend."[15]

Die schiefe Optik des Geschäfts sticht Prozessbeobachtern ins Auge. Denn bevor Reisch 1926 als Interimsgouverneur der PSK mit dem Bosel-Skandal beschäftigt gewesen ist, war er als Nationalbank-Chef mit den Aufräumarbeiten nach den PSK-Spekulationsverlusten befasst. Wollte Bosel mithilfe des Rothgülden-Deals Reisch in irgendeiner Hinsicht milde stimmen? Oder hat Reisch seine Macht ausgenützt, um ein privates Investment loszuwerden und Bosel den wertlosen Bergwerksanteil umzuhängen, obwohl er wissen musste, dass Bosel eigentlich zahlungsunfähig war? Faktum ist, dass Richter Fryda am dritten Prozesstag eine Stellungnahme von Richard Reisch zur Verlesung bringt. Darin heißt es: „Laut Verhandlungsbericht hat der Angeklagte Herr Sigmund Bosel den im Jahre 1925 erfolgten Erwerb eines meinem Mandanten gehörenden Bergwerksanteils so dargestellt, als hätte es sich um den bewußten Ankauf eines ‚vollkommen wertlosen' Objektes gehandelt, da Bosel mit dem Präsidenten Reisch in ‚Unterhandlungen wegen anderer Dinge stand'. Mein Mandant sieht sich veranlaßt, die erwähnten Behauptungen, die ebenso den Tatsachen widersprechen, die geeignet sind, seine persönliche und amtliche Ehre zu verletzen, als völlig wahrheitswidrig zurückzuweisen."[16]

Reisch gibt an, er habe den Drittelanteil ursprünglich für seinen Sohn gekauft, der ein Bergwerksingenieur war. Als dieser aber woanders einen Job fand, hätte er den Bergwerksanteil wieder verkaufen lassen und nicht gewusst, dass Sigmund Bosel der Käufer sein würde, behauptet der ehemalige Nationalbank-Chef. Bosels Andeutungen seien „verleumderisch", so der Anwaltsbrief weiter. Reisch sei immer entschieden gegenüber Bosel aufgetreten und habe einst auch dessen gerichtliche Verfolgung angeregt. Der Richter lässt es dabei bewenden, dass der Brief verlesen worden ist. Bosels Anwälte stellen nach dem Schlagabtausch keinen Antrag, dass Reisch vorgeladen wird. Das Verhör geht zu anderen Themen über. Bosel lässt den Reisch-Brief ohne Widerrede auf sich sitzen, obwohl ihm zur Amtsführung des ehemaligen Nationalbank-Chefs sicher einiges eingefallen wäre. Der Publizist Otto Soyka hat Bosels Verhalten nachträglich so beschrieben: „Es kam nicht so sehr darauf an, was er sagte. Was er nicht sagte, war von Bedeutung."[17]

Schuld und Sühne

In den Zeitungsberichten werden im Juli 1937 vereinzelt Fotos aus dem Bosel-Prozess abgedruckt. Sie zeigen, wie Sigmund Bosel mit ernster Miene großformatige Kassabücher studiert. Bosel trägt eine Brille, das Haar hat er sorgfältig auf die Seite gekämmt. Nach der Befragung der Sachverständigen geht es am 13. Juli nochmals um Widersprüche, die der Richter Bosel vorhält. Bosel gibt sich kleinlaut: „Ich bedauere, wenn ich unrichtige Angaben gemacht habe",

sagt er. „Was ich heute sage, ist die Wahrheit. Und ich betone bei dieser Gelegenheit, dass ich viel mehr Schulden gehabt habe, als ich vor dem Schiedsgericht angegeben habe … Ich habe mich nicht um alles kümmern können, ich habe große Sorgen gehabt." Daraufhin Richter Fryda: „Gewiß, wir wissen von Frau Reinhardt, dass Sie oft stundenlang, den Kopf in die Hände gestützt, an ihrem Schreibtisch saßen. Gewiß, man hat Sorgen, jeder Mensch hat Sorgen, aber das ist keine Entschuldigung."[18]
Einer, der die elf Prozesstage genau mitverfolgt, ist Robert Hecht. Der raffinierte Verwaltungsjurist mischt sich hinter den Kulissen auch in die Verhandlung ein. Hecht lässt sich jeden Tag von einem jungen Assistenten über das Verfahren berichten. Dieser Mitarbeiter überbringt dem Richter und dem Staatsanwalt im Gegenzug persönliche Mitteilungen des Vizegouverneurs. Hecht will vermeiden, dass „außenstehende Personen diskreditiert werden", wie er später in einem vorläufigen Abschlussbericht zur „Angelegenheit S. Bosel" geschrieben hat: „Ich war während der Verhandlung mit der Verteidigung … und mit der Staatsanwaltschaft ständig in Fühlung, um intervenieren zu können, dass nicht Themen angeschnitten werden, deren Erörterung besser unterbleiben sollte. Bosel selbst hat sich einer entsprechenden Reserve befleißigt, da sowohl er als seine Verteidiger sich bewusst waren, dass dies seiner Sache am besten dient."[19]
Bis zum Urteil soll keine Schmutzwäsche mehr gewaschen werden. Für Bosel ist es im Hinblick auf die drohende Haftstrafe wichtig gewesen, dass er der Justiz vor dem Prozess und während der Verhandlung Milderungsgründe liefert. Den größten Effekt hatte hier das Schadenersatz-Abkommen vom Dezember 1936. In dem war festgelegt, dass Bosel fast alle Immobilien und Wertsachen aus seinem Familienbesitz an die Postsparkasse abzutreten hatte. Drei Monate vor Prozessbeginn war das Abkommen bereits weitgehend umgesetzt. Hecht und der Staatsanwalt haben daher in der Anklageschrift einen Nachtrag angebracht, in dem es heißt, dass die bisherige Erfüllung des Vergleichs und „die Bereitwilligkeit, auch den Rest des Vergleichs zu erfüllen", bei der Strafbemessung als „Milderungsgrund" zu würdigen sind.[20]
Nach acht Prozess-Tagen gibt Richter Fryda am 14. Juli 1937 bekannt, dass Bosel zur Umsetzung des Vergleichs schon weit über eine Million Schilling beigesteuert habe. Für die Postsparkasse war

der Fall damit quasi erledigt, demonstrativ klinkt sich die Staatsbank als Privatbeteiligte aus dem Prozess aus – „mit Rücksicht auf die loyale Haltung Bosels", wie die Finanzprokuratur erklärt.[21]

Am vorletzten Prozesstag haben die Verteidiger ihren großen Auftritt. Den Anfang macht Bosel-Hauptverteidiger Alois Klee, der in seinem Plädoyer weit ausholt. Klee erinnert daran, dass Bosel 1925 mit der Postsparkasse schon handelseins war, wie die Spekulationsverluste abgedeckt werden sollten. Trotzdem habe Bosel auf den für ihn äußerst günstigen Vertrag verzichtet, weil der damalige Finanzminister Kollmann ihn darum gebeten habe. Für Klee eine „Ironie des Schicksals", dass Bosel „ein Verzicht zum Verhängnis geworden" sei. Klees Verteidigungsrede ist gleichzeitig ein Angriff auf die alteingesessene Hochfinanz. Die Wiener Banken hätten nur auf einen geeigneten Moment gewartet, um sich Bosel vom Hals zu schaffen. Der Postsparkassen-Skandal als günstige Gelegenheit, um Bosel fertig zu machen? Aufmerksam stenografieren die Reporter die Sätze des Verteidigers in ihre Notizblöcke: „Dr. Klee erklärte, daß die Bankgewaltigen der damaligen Zeit eifersüchtig und mißgünstig seinen Aufstieg verfolgten. Ihr Spruch lautete: Bosel muss fallen."[22]

Vielen im Saal spricht der Verteidiger mit seiner Forderung nach einem Freispruch aus der Seele. „Als Dr. Klee seine zweistündige Verteidigungsrede schloß, brach im Zuhörerraum ein stürmischer Beifall los. Der Vorsitzende ließ den Saal räumen. Mit Ausnahme der Journalisten und Rechtsanwälte sowie der nächsten Angehörigen der Angeklagten mußte die ganze Zuhörerschaft den Verhandlungssaal verlassen."

Als wieder Ruhe im Saal einkehrt, sind die Verteidiger der Mitangeklagten am Wort. Auch sie verlangen einen Freispruch für ihre Mandanten. Karl Rosenbergs Verteidiger argumentiert in seinem Plädoyer ähnlich wie Bosel-Anwalt Klee: Sigmund Bosel sei im Postsparkassen-Skandal das Bauernopfer gewesen. „Wären die Spekulationsgeschäfte der Postsparkasse gut ausgegangen, so wäre Bosel heute der bewunderte und vergötterte Mann, und er würde vielleicht eine Tafel im Vestibül der Postsparkasse bekommen haben. Die Kursbewegung riß aber jäh ab, statt Gewinnen gab es Verluste, und die Postsparkasse warf Bosel vom Tarpejischen Felsen hinunter." Erst um 19 Uhr sind die Schlussreden vorbei, der Staatsanwalt hat auf eine Replik verzichtet.[23]

Der vorletzte Prozesstag am 16. Juli steht ganz im Zeichen der Beratungen über das Urteil. Vier Stunden dauert es, bis das Urteil und das Strafausmaß feststehen. Der Tag der Urteilsverkündung am 17. Juli 1937 ist ein Samstag gewesen. Die Justiz amtiert damals auch am Wochenende. Mit einem Freispruch kann Bosel nicht rechnen, er kann nur hoffen, dass er keine allzu lange Gefängnisstrafe ausfasst. Kurz vor zehn Uhr Vormittag werden die Angeklagten in den überfüllten Saal geführt. „Bosel war sichtlich erregt", berichtet die *Reichspost*. „Auch Rosenberg zeigte Zeichen innerer Unruhe, während Dr. Dawid ruhig und gefaßt auf der Anklagebank Platz nahm."[24]

Pünktlich verkündet Richter Fryda das Urteil: „Die Angeklagten Sigmund Bosel, Dr. Wolfgang Dawid und Karl Rosenberg sind schuldig. Alle drei haben das Verbrechen des Betruges begangen." Die Strafe für Sigmund Bosel: Er bekommt 18 Monate Gefängnis aufgebrummt, „verschärft durch einen vierteljährigen Fasttag". Dawid und Rosenberg werden zu 12 bzw. 10 Monaten Haft verurteilt.[25] Was in den Prozessberichten mit keinem Wort erwähnt wurde, ist der Gesundheitszustand des kranken Richters. Fryda kämpft mit Sehstörungen, während der Urteilsverkündung fällt er kurz in Ohnmacht.[26]

Nachdem Sigmund Bosel ab Juli 1936 bereits ein Jahr in U-Haft verbracht hatte, hat man diese Zeit angerechnet und von der verhängten Gefängnisstrafe abgezogen. Übrig blieb damit eine Reststrafe von knapp sechs Monaten. Bosels Verteidiger gehen in Berufung und legen Nichtigkeitsbeschwerde ein. Damit ist die Verhandlung geschlossen gewesen.

Sekunden später kommt es zu emotionalen Szenen, die das *Linzer Tagblatt* so beschrieben hat: „Bosel trat auf seinen Hauptverteidiger Dr. Klee zu, fiel ihm um den Hals und küßte ihn. Als seine Verwandten zu ihm kamen und ihm die Hände schüttelten, war er so aufgeregt, dass ihm die Tränen in den Augen standen."[27] Ähnlich lesen sich die Momente nach der Urteilsverkündung in der *Reichspost*. „Im Saale herrschte lebhafte Bewegung. Bosel trat auf seinen Hauptverteidiger Dr. Klee zu, fiel ihm um den Hals und küßte ihn stürmisch ab. Auch Bosels Verwandte drängten sich um ihn und schüttelten ihm die Hände. Bosel war sichtlich ergriffen. Tränen rannen über seine Wangen."[28]

Für Bosel beginnt das große Zittern. Der Richter hat beschlossen, dass Bosel, Dawid und Rosenberg bis auf weiteres auf freien Fuß gesetzt werden. Doch Bosel hat noch ein anderes Verfahren wegen betrügerischer Krida am Hals. Hier blüht ihm die nächste Gerichtsverhandlung mit einer zusätzlichen Haftstrafe. Muss er in seiner Zelle auf den zweiten Prozess warten? Bange Minuten vergehen, bis der zuständige Untersuchungsrichter eine Entscheidung trifft. Dann kann Bosel am 17. Juli 1937 aufatmen. Er darf in Freiheit dem zweiten Prozess entgegensehen.

Am Tag nach dem Urteil gibt es ein Rauschen im Blätterwald. In vielen Zeitungen hat die Prozess-Nachlese eine moralisierende Note. Ganz besonders in der christlichsozialen *Reichspost*, die das Bosel-Verfahren als endgültige Abrechnung mit der Inflationszeit darstellt. „Die Götzen dieser furchtbaren Jahre haben abgewirtschaftet. Es ist schmerzlich, daß auch große Begabungen von dem tollen Tanz um das goldene Kalb in den Abgrund gewirbelt wurden … Von der Genialität zum großen Betrüger führt nur ein kleiner Schritt. Das Menschliche in diesem Prozeß bleibt uns nicht fremd. Bosel war ein Förderer der schönen Künste und der Wissenschaft, ein Mann mit offenen Sinnen für die Kulturströmungen der Zeit, ein Wohltäter, der mit offenen Händen gab, um Tränen zu trocknen … Zu rasch, zu mühelos war sein Aufstieg; das Stahlbad der harten, mit Mißerfolgen bedachten Arbeit war ihm nicht vergönnt. So wuchs sein Konto, aber sein Charakter verkümmerte.“[29]
Mit Kommentaren dieser Art hält sich die *Neue Freie Presse* am Tag nach dem Urteil total zurück. Die Prozess-Nachlese der staatseigenen Zeitung fällt staubtrocken aus. Es gibt nur einen halbseitigen Einspalter in der Gerichtsaalsrubrik, gefolgt von belanglosen Meldungen wie jener über den Prozess gegen eine Frau wegen versteckter kommunistischer Schriften in einer Hutschachtel. Zwei Tage später kritisiert die jüdische Zeitung *Die Stimme* in einem Kommentar, dass im Bosel-Prozess wichtige Dinge nicht zur Sprache gekommen seien. „Aber für alle Fälle wurde mitgeteilt, dass alle drei Angeklagten Juden sind … Dieser in Vorbereitung und Anklage recht merkwürdige Prozeß hat die Erwartungen der im Hintergrund lauernden Gesellschaft aber nicht erfüllt. Es sollte eine auf eine starke psychologische Wirkung gerichtete Schauveranstaltung

werden, in der ‚darr Jud' herausgestellt wird. Aber das ist nicht erreicht worden."[30]

Was haben all jene lesen können, die im Sommer 1937 die verbotene *Arbeiter-Zeitung* in die Finger bekommen haben, die aus der Tschechoslowakei ins Land geschmuggelt wurde? Die flugblattartige Parteizeitung behauptet vier Tage nach dem Urteil, die Behörden hätten den Verteidigern im Bosel-Prozess befohlen, keinen Antrag auf Vorladung von Nationalbank-Präsident Kienböck zu stellen und vor allem keine Fragen nach dem ‚Konto B' in den Büchern Bosels zu stellen. „Das Konto B war nämlich das Konto Buresch, das in den Büchern Bosels geführt wurde." Nach ihm zu fragen, sei nicht erlaubt gewesen, so die Zeitung, weil die Öffentlichkeit sonst erfahren hätte, „dass der Finanzminister des autoritären christlichen ständischen Staates von Bosel bestochen war".[31]

Das angebliche „Konto B" hat es zwar in der behaupteten Form nicht gegeben, der *Arbeiter-Zeitung* war es aber erneut gelungen, die österreichische Medien-Überwachung ähnlich wie nach dem Buresch-Selbstmord mit plausiblen Vorwürfen zu unterlaufen. Die Regierung hatte es nicht geschafft, die dubiose Rolle des toten PSK-Chefs in der Bosel-Affäre zu verheimlichen. Es sei „für jeden Patrioten überaus schmerzhaft, dass die Angelegenheit Bosel schließlich zu Weiterungen geführt hat, die nicht vorhergesehen werden konnten", ließ Finanzminister Ludwig Draxler seine engsten Mitarbeiter „unter Erinnerung an ihre Amtsverschwiegenheit" schon kurz nach dem Buresch-Suizid wissen. „Aus Gründen der Staatsraison ist es notwendig, dass der Zusammenhang zwischen Buresch und Bosel nicht in der Öffentlichkeit bekannt wird."[32]

Anmerkungen

1 ÖStA, AVA FHKA Justiz, „Bosel Siegmund u.a."; AEF, Schiedsinstanz, 724/2010, 35-125 und 74-265. Der Gerichtsakt zum Bosel-Prozess (Vr 6050/36) ist nicht mehr auffindbar, erhalten geblieben ist im WStLA der Akt Vr 2562/37 mit Einvernahme-Protokollen und anderen Dokumenten.

2 Pester Lloyd, 8. Juli 1937.

3 ÖStA, Anklageschrift, 2f.; Reichspost, 3. 3. 1935.

4 Reichspost, 7. 7. 1937.

5 Pester Lloyd, 8. 7. 1937.

6 Brandl, Kaiser, Politiker, Menschen, 282ff.

7 Reichspost, 7. Juli 1937; Tagblatt, 7. Juli 1937.

[8] WStLA Vr 2562/37 3/226C, Einvernahme Dawid, 21. 2. 1937.
[9] ÖStA, Anklageschrift, 45ff.
[10] Hoffmann, Der Fall Sigmund Bosel, 96.
[11] Tagblatt, 9. 7. 1937.
[12] Tagblatt, 7. 7. 1937; AEF, Schiedsinstanz, 724/2010, 68-246.
[13] HAPSK, M 28/3.
[14] ÖStA, Anklageschrift, 29f.
[15] Reichspost, 9. 7. 1937.
[16] Tagblatt, 10. 7. 1937.
[17] Soyka: Sigmund Bosels Glück und Ende – Schluss. Wiener Wochenausgabe, 11. 3. 1950. Siehe dazu das Protokoll der PSK-Vorstandssitzung vom 6. 11. 1929, Mappe 14/5 im Historischen Archiv der BAWAG-PSK: „Präsident Reisch wiederholt seine in früheren Vorstandssitzungen geäußerte Meinung, dass Bosel ein geschäftstüchtiger Mann sei und dass man ihm die Möglichkeit geben solle, wieder Geschäfte zu machen, damit er seine Schulden abtragen könne. Er [Reisch] sei immer für einen Vergleich mit Bosel eingetreten."
[18] Tagblatt, 13. 7. 1937.
[19] Wagner/Tomanek, 244ff ; HAPSK, M C/71 (A71), Hecht: „Im Hinblick auf den … Abschluss" (1937).
[20] ÖStA, Anklageschrift, 61.
[21] Tagblatt, 15. 7. 1937; Neue Freie Presse, 18. 7. 1937.
[22] Tagblatt, 16. 7. 1937.
[23] Vom Tarpejischen Felsen an der Südspitze des Kapitols wurden im antiken Rom zum Tode verurteilte Straftäter in die Tiefe gestoßen.
[24] Tagblatt, 17. 7. 1937; Reichspost, 18. 7. 1937.
[25] Neue Freie Presse (Abendblatt), 17. 7. 1937.
[26] ÖStA, AVA FHKA Justiz, „Besprechung der Strafsache …", BMJ, 22.12.1937, 45.415-4/37.
[27] Tagblatt, 19. 7. 1937.
[28] Reichspost, 18. 7. 1937.
[29] Reichspost, 18. 7. 1937.
[30] Neue Freie Presse, 18. 7. 1937; Die Stimme, 20. 7. 1937.
[31] Arbeiter-Zeitung (Paris), 21. 7. 1937; ÖStA, AVA FHKA Justiz, 39.098/37. Um die neue Ausgabe der AZ nach dem Bosel-Prozess zu kaufen, hat die Staatspolizei einen Kripomann nach Bratislava geschickt.
[32] HAPSK, M C/70 (A/70), „Information betreffend die Angelegenheit S. Bosel".

13 – FLUCHTPUNKT PARIS

Sigmund Bosel steht auf dem Trottoir vor dem Wiener Landesgericht, in der linken Hand hält er seinen Hut. Gerade eben ist er noch auf der Anklagebank gesessen. Nun kommen Freunde und Bekannte auf ihn zu, die ihm die Hand schütteln. Während Bosel darauf wartet, dass ihn ein Wagen abholt, drückt ein Pressefotograf auf den Auslöser. Auf dem entstandenen Foto wirkt der gescheiterte Finanz-Abenteurer etwas unbeholfen und abwesend, so als würde er sich in diesem Moment fragen, wie es nach dem Prozess weitergehen soll. Bosel macht zuallererst das, was er zehn Jahre vorher nach dem Postsparkassen-Fiasko auch gemacht hat. Er verschwindet von der Bildfläche, um das Rampenlicht loszuwerden, das in den NS-freundlichen *Wiener Neuesten Nachrichten* schon von dumpfen Tönen begleitet war: „Man hat – leider – nicht das Empfinden, dass der eben abgeschlossene Prozess der verhängnisvollen Tätigkeit dieses Mannes ein Ende bereitet hat.“[1]

Hat Bosel je daran gedacht, dass er als erstinstanzlich verurteilter Betrüger mit einem Urteil, das dem Staatsanwalt zu milde gewesen ist, für Antisemiten und Nazis ein frisches Feindbild geworden war? Im Gerichtssaal hat Sigmund Bosel im Juli 1937 kein Wort über seine Zukunftspläne verloren. In der Untersuchungshaft war er hingegen um einiges gesprächiger gewesen. Da hatte er noch die recht biedere Absicht bekundet, sich „in Wien als kleiner Geschäftsmann“ niederzulassen, um so mit Ilka Schulz seinen „Lebensunterhalt zu fristen“. Im Gefängnis ist Bosel aber im Lauf der Monate zur Ansicht gelangt, dass es besser wäre, in Österreich einen Schlussstrich zu ziehen. Und so ist irgendwann zu hören gewesen, dass er sich in der Schweiz niederlassen werde. In den Reihen der Staatsanwaltschaft hieß es dagegen, Bosel habe vor, nach Amerika auszuwandern, und Louis Rothschild würde dafür die nötigen Mittel bereitstellen.[2]

Damit sind die Juristen auch falsch gelegen: Sigmund Bosel zieht es 1937 nach Frankreich. Warum wollte Bosel aber ausgerechnet in Paris frisch anfangen, wo er doch 1924 hier sein finanzielles Waterloo erlebt hatte? Bosel besaß offenbar ein Faible für die Seine-Metropole, und obendrein hatte er in der französischen Hauptstadt über seine Schwester Elsa und deren Ehemann Karl Neumann Verwandte. Wahrscheinlich wird sich Bosel gedacht haben, dass ihm durch diese familiäre Verbindung der Neustart nach dem kapitalen Karriereknick leichter fällt.

Der geplante Umzug nach Paris dürfte auch so etwas wie die endgültige Entscheidung für ein gemeinsames Leben mit Ilka Schulz gewesen sein. 1936 hat Bosel gegenüber dem Untersuchungsrichter davon gesprochen, dass er Schulz „als seine Frau" betrachte. Im Gerichtsakt ist sogar eine liebesbriefartige Notiz abgelegt worden, die man bei einer Razzia gefunden hatte: „Meine Gedanken sind bei Dir und nur bei Dir." Eine ähnliche Formulierung findet sich auch in einem späteren Brief, den Schulz von Bosel erhalten hat. Hier schreibt er: „Ich bekenne mich zu Dir und nur zu Dir. Nicht seit gestern, nein, seitdem ich Dich zum ersten Mal sah."[3] Es dürfte für Bosel nicht so einfach gewesen sein, nach Trude Reinhardts Auszug aus der Gloriettegasse seine Beziehungswelt ohne Eifersucht und Groll auf Seiten der beiden Damen nachhaltig zu ordnen.

Im Juli 1937 ist der Umzug nach Paris aber noch nicht spruchreif gewesen. Zuerst hat Ilka Schulz mit den Kindern aus der Tschechoslowakei nach Österreich zurückkommen müssen. Die Rückkehr lässt nicht lange auf sich warten, zum ersten Mal wird nun die Gloriettegasse der Wohnort für Julie und Alfons, die mit ihrer Mutter einziehen. Die Freude über das Wiedersehen und die neugewonnene Familienidylle wird aber von den Existenzängsten überschattet, die Bosel plagen. Mehrere Geldgeber von einst – unter ihnen der geheimnisvolle Albert Jossua – sind durch den Bosel-Prozess und den PSK-Schuldendeal in Torschluss-Panik verfallen. Weil sie Angst haben, durch die Finger zu schauen, sind die Gläubiger drauf und dran, Bosel pfänden zu lassen. Über der Gloriettegasse kreist der Pleitegeier. Verzweifelt kratzt Bosel alles Geld zusammen, das er kriegen kann, um nicht auch noch die Villa zu verlieren.

Abgesehen davon war die Justiz im Sommer 1937 mit dem verurteilten Pleitier noch nicht fertig. Denn die Strafsache Bosel war in mehrere Verfahren aufgeteilt. Während sich der erste Prozess im Juli 1937 um Betrug und Meineid gedreht hat, wollte die Staatsanwaltschaft mit einem zweiten Prozess nachhaken und Bosel wegen betrügerischer Krida vor Gericht stellen.[4] Der Verdacht war hier der: Um die PSK und andere Gläubiger auszutricksen, soll Bosel frühzeitig Vermögenswerte ins Ausland verschoben haben – darunter das legendäre Hortensia-Diadem, welches der französische Kaiser Napoleon einst seiner Stieftochter Hortense de Beauharnais geschenkt hatte.

Der zweite Akt im Hortensia-Krimi

Die geheimnisvolle Geschichte des Hortensia-Diadems hatte die Wiener Polizei schon 1920 beschäftigt. Zur Erinnerung: Das Diadem aus dem Familienbesitz von Erzherzog Leopold Salvator wurde damals im Wiener Auktionshaus Dorotheum unerlaubterweise versteigert, nachdem es ein Freund der Familie, der Ballonfahrer und k. u. k. Flieger Josef von Korwin, bei Export-Import-Geschäften mit Sigmund Bosel aufs Spiel gesetzt hatte.[5] Aus der Affäre wurde ein Kriminalfall, den die Ermittler trotz intensiver Bemühungen nicht aufklären konnten. Das Diadem blieb wie vom Erdboden verschluckt.

Eigenartig ist, dass die Staatsanwaltschaft ausgerechnet 1936 im Rahmen der Ermittlungen gegen Sigmund Bosel die viele Jahre zurückliegende Hortensia-Affäre wieder aufgewärmt hat. Im Dezember wird Korwin „auf der Durchreise" in einem Wiener Hotel verhaftet. Seltsamerweise soll sich der ehemalige Offizier nach 1920 aber häufig in Wien aufgehalten haben, ohne dass man ihn wegen der Affäre je belangt hätte.[6] Hat man 1936 den Hortensia-Krimi wieder aus der Schublade geholt, um Bosel eine alte Geschichte ans Zeug zu flicken?

Die Behörden glauben damals, dass Bosel 1920 einen Jugendfreund damit beauftragt hat, als Strohmann für ihn das Diadem im Dorotheum zu ersteigern. Das royale Schmuckstück beflügelt die Phantasie der Ermittler, französische Zeitungen beziffern den Wert des Diadems mit 400.000 Schilling. Doch wie konnte das Hortensia-Diadem auf so mysteriöse Weise verschwinden?

Sigmund Bosels Version ist die gewesen: Er habe das Diadem von niemandem ersteigern lassen, sondern es 1924 von einem ehemaligen ukrainischen Botschafter erhalten. Und zwar vom verstorbenen Nikolai Wassilko, der nach seiner Pensionierung für Bosel als Konsulent tätig war. Dieser Wassilko habe ihm statt der Rückzahlung eines Darlehens das Hortensia-Diadem überlassen, beteuert Bosel.

Danach sei das Schmuckstück mehrere Jahre in einem Amsterdamer Banksafe gelegen, bevor ein mittlerweile verstorbener Direktor aus dem Bankhaus Bosel die Edelsteine aus dem Diadem herausgebrochen habe, damit der Wiener Diamantenhändler Viktor Lemberger die Steine kaufen und verwerten konnte.[7]

Diese Geschichte wollen die Ermittler aber Bosel nicht so recht abnehmen. Sie glauben vielmehr, dass der stadtbekannte Schmuckliebhaber das Hortensia-Diadem nicht auseinandernehmen ließ, sondern es 1924 nach seinen PSK-Spekulationsverlusten auf die Seite geschafft hat, damit keine Gläubiger darauf zugreifen können. Doch wo sind die Beweise?

Die Akten im Keller-Archiv der BAWAG-PSK belegen, dass sich Vizegouverneur Hecht ordentlich dahintergeklemmt hat, das Diadem aufzuspüren. In einem Dokument über die Ermittlungsschritte im Fall Bosel spricht Hecht davon, dass das Hortensia-Diadem „in England verwahrt" sein könnte.[8] Auch Bosel-Staatsanwalt Johann Schmid hat sich im Oktober 1936 bei seinen Nachforschungen in London in die Hortensia-Suche verbissen. Das geschichtsträchtige Schmuckstück lässt die Ermittlerherzen höher schlagen, wie Schmids Bericht an Hecht zeigt: „Aus den Angaben von Zeugen haben sich neuerdings Anhaltspunkte für die Annahme ergeben, dass Bosel das Hortensia-Diadem besitzt. Aber wo ???? Ich halte daran fest, dass es in London ist … vielleicht haben wir noch das Glück, das Kleinod zu finden."[9]

Für den Verbleib des Hortensia-Diadems interessieren sich nicht nur Hecht und seine Mitstreiter in Österreich. Auch in Frankreich und in den Niederlanden will man wissen, wo das Schmuckjuwel geblieben ist. In beiden Ländern berichten große Tageszeitungen über Sigmund Bosels Rolle im Hortensia-Krimi. Anlass dafür sind mehrere Gerichtsverfahren zum Verschwinden des Diadems, die in Wien über die Bühne gehen. Den Prozessreigen eröffnen im April 1937 der Diamantenhändler Viktor Lemberger und der Juwelier Wilhelm Bosel. Die Staatsanwaltschaft hat Lemberger und dem Bosel-Onkel vorgehalten, sie hätten zum Verbleib des Diadems falsche Angaben gemacht. Lemberger und Wilhelm Bosel werden allerdings aus Mangel an Beweisen freigesprochen.[10]

Auch die beiden Dorotheum-Mitarbeiter, die das Diadem 1920 unerlaubterweise zur Versteigerung gebracht haben, müssen vor Gericht. Für wirkliche Schlagzeilen sorgt aber nur der Prozess gegen Josef von Korwin, weil das Gericht auch Erzherzogin Blanka aufmarschieren lässt und die Affäre durch ihren Aristokraten-Anstrich die Presse anlockt. Am 20. April 1937 setzt es für Korwin wegen Veruntreuung ein Jahr Gefängnis. Die Lösung für das Hortensia-Kriminalrätsel bleiben die Gerichtsverfahren jedoch schuldig: „Man weiß auch jetzt nach diesen Prozessen nicht", heißt es enttäuscht im holländischen *Algemeen Handelsblad*, „wo das Diadem von Hortense de Beauharnais geblieben ist."[11]

Durch die Angaben, die Sigmund Bosel vor dem Untersuchungsrichter macht, wird der Hortensia-Krimi auch immer schriller. Bosel gibt an, Wassilko habe im Dorotheum das Diadem für seine zweite Frau ersteigern lassen, die österreichische „Baronin" Gerda Walden. Bei dieser Dame hat es sich um eine Wienerin mit dem bürgerlichen Namen Jetty Winkler gehandelt, die eine bemerkenswerte Erscheinung gewesen sein muss. Der deutsche Diplomat und Kultur-Publizist Harry Graf Kessler hat Walden im November 1922 bei einem Diner getroffen und sie durch eine seiner berühmten Personenskizzen verewigt: „Der Clou des Abends war ... die Frau von Wassilko, die ukrainische Gesandtin, eine kleine, magere Frau, die ganz aus knallrot gefärbtem Haar und Brillanten zu bestehen schien ... sie soll früher Wiener Chansonette und dann Mätresse des Schahs von Persien gewesen sein."[12]

Dass die illustre „Baronin Walden" ein Diadem von Napoleons Stieftochter stolz getragen haben wird, ist nicht weiter verwunderlich. Bosel setzt vor dem Untersuchungsrichter aber noch eins drauf: „Anführen will ich auch noch, dass das im Dorotheum verpfändete und nachträglich von mir von Wassilko übernommene Hortensia-Diadem kein echtes Hortensia-Diadem war."[13] Damit muss die Verwirrung auf Seiten der österreichischen Staatsanwaltschaft komplett gewesen sein. Waren alle außer Bosel einer Fälschung aufgesessen oder ist das nur ein ausgebufftes Ablenkungsmanöver gewesen? Im April 1937 berichtet das *Algemeen Handelsblad* über Vermutungen der Staatsanwaltschaft, dass Bosel das Hortensia-Diadem in die Vereinigten Staaten geschafft haben könnte. „Man hofft, dass das Diadem vielleicht doch noch ganz geblieben ist, und dass es noch irgendwo liegt, wenn nicht unbedingt in Amerika, so doch in dem Zustand, in dem Hortense de Beauharnais, Königin von Holland, es getragen hat. Vielleicht wird der Prozess gegen Bosel – den Mann, auf den jetzt alle hinunter schauen, auch jene, die sich vor 14 Jahren bei Festen oder Empfängen nicht zu setzen wagten, bevor der König der Wiener Börse angekommen war und Platz genommen hatte – Aufklärung darüber bringen.“[14]

Ist im Bosel-Prozess das geheimnisumwitterte Hortensia-Diadem eigentlich zur Sprache gekommen? Fehlanzeige. Die Ankläger wollen sich diesen Komplex für einen zweiten Bosel-Prozess aufheben. Der geplante Nachfolgeprozess landet jedoch in der Warteschleife, weil Zweifel auftauchen, ob man überhaupt den ersten Schuldspruch unter Dach und Fach bringen kann. Richter Karl Fryda war nämlich aufgrund seiner Erkrankung nicht mehr dazu gekommen, die Urteilsbegründung zu schreiben. Daher hat man den beisitzenden Richter dazu verpflichtet, diese Aufgabe zu übernehmen. Bei einem so komplizierten Verfahren wie dem Bosel-Prozess war das aber ein Höllenritt mit einem großen Risiko für die Staatsanwaltschaft. Es hat nämlich die Gefahr bestanden, dass der nicht so erfahrene Zweitrichter bei der Urteilsbegründung Fehler macht und der Oberste Gerichtshof den Schuldspruch gegen Sigmund Bosel kippt. PSK-Vizegouverneur Hecht beginnt sich daher im Spätsommer 1937 Sorgen zu machen, dass das gesamte Bosel-Verfahren wie ein Luftballon zerplatzt, wenn der Richter beim Ausformulieren des Urteils patzt.[15]

Ende 1937 liegt das schriftliche Urteil im Bosel-Prozess noch immer nicht vor. Am 22. Dezember trommelt das Justizministerium daher die Spitzen der Wiener Justiz zusammen, um zu besprechen, wie es mit der Strafsache Bosel weitergehen soll. Die angetretene Herrenrunde wird vertröstet, dass die Urteilsbegründung noch bis April 1938 dauern wird. Für den Knalleffekt in der Besprechung sorgt jedoch der Chef der Staatsanwaltschaft, der 1931 den Untreue-Paragraphen fürs Gesetzbuch entwickelt hatte. Er erzählt den versammelten Kollegen, dass Sektionschef Hecht hinter den Kulissen die Einstellung des Krida-Verfahrens gegen Sigmund Bosel anstreben würde. Daraufhin berichtet der Landesgerichtspräsident, dass Hecht noch etwas vorgeschlagen hätte: eine Strafrest-Nachsicht für Sigmund Bosel![16]

Der gleiche Mann, der Bosel vor den Kadi gezerrt hat, will nun auf einmal erwirken, dass die sechs Monate Haft gestrichen werden, die Bosel noch absitzen müsste, wenn das Urteil aus dem Betrugspro-

zess rechtskräftig wird. Im Protokoll der damaligen Sitzung steht sogar, dass für Hecht eine Tilgung der Verurteilung denkbar war.[17]
Woher kam dieser unerwartete Sinneswandel bei Robert Hecht?
Nun, es ist sicher nicht so, dass sich Hecht vom Saulus zum Paulus gewandelt hatte und ihm sein juristischer Feldzug gegen Sigmund Bosel leidgetan hätte. Dem PSK-Boss ist aber bewusst geworden, dass sich Bosel ernsthaft um eine Wiedergutmachung bemüht hat. Maßgeblich war aber etwas anderes: Hecht hat damit gerechnet, dass der Oberste Gerichtshof das Urteil gegen Sigmund Bosel aufheben wird. Seiner Meinung nach war es nach dem Tod von Richter Fryda „nahezu unmöglich", das „komplizierte Urteil derart auszuführen, dass die Nichtigkeitsbeschwerden der Verurteilten auch wirklich zurückgewiesen werden".[18]
Die Staatsanwaltschaft, die Regierung Schuschnigg und auch Hecht haben sich demnach vor einer gewaltigen Blamage gefürchtet. Hecht heckt daher eine Strategie aus, um den Schuldspruch gegen Bosel „zu retten" und damit auch das millionenschwere Schadenersatz-Abkommen abzusichern. Der überragende Jurist arbeitet darauf hin, dass Bosel seine Nichtigkeitsbeschwerde gegen das Urteil zurückzieht. Hecht weiß natürlich, dass Bosel das nur tun wird, wenn er mit einem juristischen Zuckerl belohnt wird. Deshalb wirft sich der Vizegouverneur dafür ins Zeug, dass Bosel aus den Mühlen der Justiz befreit wird, wenn er auf den Handel eingeht. Aufgrund der komplexen Zusammenhänge wird Hecht im Spätherbst 1937 immer mehr zu einem Vermittler zwischen Bosel und seinen Gläubigern, die den anvisierten Deal mit Konkursanträgen noch aushebeln können. Der PSK-Boss will verhindern, dass es aus Sicht der Staatsbank zu einem „juristischen Betriebsunfall" kommt. Dass ausgerechnet Bosels Rechtsberater Dawid Probleme macht, weil ihm Bosel noch Geld schuldet, macht Hecht zornig. Dawid habe in „verdammenswerter Undankbarkeit vergessen", dass er als Ratgeber von Bosel stets hoch bezahlt worden sei, schimpft Hecht.[19]
Um zusätzliche Mittel zur Absicherung des Schadenersatz-Abkommens aufzutreiben, klopft Hecht noch einmal bei Louis Rothschild an. Hecht weiß, dass der Bankier noch immer in Bosels Schuld steht, aber mit ihm nicht in Verbindung gebracht werden will. Weil Bosel in einem Krida-Prozess noch viel ausplaudern hätte können, war Rothschild erpressbar. Hecht nützt diesen Umstand für ein Tausch-

geschäft nach der gleichen Manier wie Ende 1936, als die Postsparkasse gegen eine Abschlagszahlung aus der Rothschild-Schatulle auf eine Privatklage gegen Bosel verzichtet hat. Hecht stellt in Aussicht, dass die gesamte Bosel-Strafsache begraben wird, wenn der Baron ein letztes Mal Geld springen lässt.

Rothschild hat nicht ahnen können, dass die erwähnte Drohkulisse nur vorgegaukelt war. „Niemand habe ernstlich daran gedacht", das gegen Bosel begonnene Krida-Verfahren noch fortzusetzen, verrät Hecht in einem Memorandum. Außerdem: Dass Bosel wegen seiner offenen Reststrafe noch einmal ins Gefängnis zurückmuss, „wurde nicht in Erwägung gezogen". Das heißt im Umkehrschluss: Beim Hortensia-Diadem war die Suppe der Anklage gegen Bosel zu dünn. Zurück bleibt das Gefühl, dass sich die Justiz im gesamten Bosel-Verfahren in jedweder Richtung für taktische Spielchen hergegeben hat.[20]

Robert Hecht lässt sich auch in der Finalphase seines Finanzpokers nicht in die Karten schauen. Fast täglich laufen im Dezember 1937 die Verhandlungen, vorübergehend steht sogar eine Pension für Bosel durch das Bankhaus Rothschild zur Debatte.[21] Kurz vor Weihnachten erklärt sich das Bankhaus Rothschild dann zu einer abschließenden Finanzspritze bereit – falls das noch schwebende Krida-Verfahren gegen Sigmund Bosel eingestellt wird. Robert Hecht erhält von Rothschilds Anwalt ein Bestätigungsschreiben: „Mein Klient … hat sich … nach Rücksprache mit den Familienangehörigen, deren Unterstützung er hiezu bedarf, entschlossen – um nach der alten Tradition des Hauses dessen Einbeziehung in öffentliche Kontroversen oder gar gerichtliche Erhebungen zu vermeiden – den Betrag von öS 200.000,- zur Verfügung zu stellen."[22]

Das Tauziehen um die Schulden

Anfang 1938 versuchen Bosel und sein Anwalt Alois Klee alles, um eine beantragte Versteigerung der Möbel aus der Villa in der Gloriettegasse hinauszuzögern.[23] Bosel braucht 100.000 Schilling, um das Exekutionsverfahren zu verhindern. Dass er derart in Geldnot gewesen ist, kann nur heißen, dass es mit seinen Schweizer Geheimkonten nicht mehr weit her war. Um den 20. Jänner 1938 herum steigt Bosel in den Zug nach Paris. Dort will er mit seinem ungedul-

digen Großgläubiger Albert Jossua über einen weiteren Schuldennachlass verhandeln.
Paris ist damals schon lange ein Fluchtpunkt für Emigranten. Viele haben sich bereits 1933 nach Hitlers Machtübernahme aus Deutschland in die französische Metropole abgesetzt. Andere landen hier, weil sie sich eine neue Existenz aufbauen wollen. So wie Sigmund Bosel, der Ilka Schulz und seinen Privatsekretär Richard Menkes nach Paris mitgenommen hat, um neben den Verhandlungen mit Jossua den Umzug nach Frankreich anzubahnen. Fünf Wochen dauert die Geschäftsreise, Bosel will sich genug Zeit nehmen, um mit Ilka auf Wohnungssuche zu gehen.
Bosels Kinder Julie und Alfons sind schon seit Anfang Jänner 1938 in der Schweiz im Internat gewesen. Alfons hat man in einer Schule in St. Gallen untergebracht. Das Mädchenpensionat, das Julie besucht, war das noble und teure „Voralpine Töchterinstitut Buser" in Teufen im Schweizer Kanton Appenzell. Hier wurden dem *St. Galler Tagblatt* zufolge damals „die Töchter der Adeligen, Mächtigen und Reichen aus der ganzen Welt unterrichtet".[24]
Tägliches Turnen und Sport für Mädchen hat man im Lehrplan des Internats großgeschrieben. Mit den hausinternen Benimmregeln

Verzweifelt kämpft Sigmund Bosel um seinen Besitz: die Villa in der Gloriettegasse 17, in der 1937 Ilona Schulz und seine Kinder einziehen.

nehmen es die älteren Schülerinnen aber nicht so genau. Julie Marks kann sich noch gut erinnern, dass viele der „Fräuleins“ geraucht hätten und sie als jüngste Schülerin die erste Zigarette angeboten bekam – mit dem Effekt, dass Julie im zarten Alter von 11 Jahren in ihrem Schweizer Internat mit dem Rauchen anfängt.[25]

Robert Hecht tüftelt unterdessen in Wien an einem Entschuldungsplan für Bosel, damit der gordische Knoten im Bosel'schen Schulden- und Hypothekenwirrwarr gelöst wird, die PSK so gut wie möglich aussteigt und das schwebende Gerichtsverfahren gegen Bosel eingestellt wird. Noch ist es aber nicht so weit, und dass Bosel bei seinen Gesprächen mit Albert Jossua in Paris keinen weiteren Schuldennachlass herausschlagen konnte, macht die Sache nicht leichter.[26]

Ob Sigmund Bosel und Ilka Schulz im Februar 1938 schon eine Bleibe in Aussicht hatten, ist unklar. Fest steht, dass die beiden in Paris die Familie Neumann besucht haben, die damals am Square de Verdun Nr. 4 wohnt. Die Verwandtschaft besteht über mehrere Ecken, Markus Neumann ist der Bruder von Karl Neumann, der mit Bosels Schwester Elsa verheiratet ist. Nach Paris verschlagen hat es Markus Neumann bereits 1935. Weil sein Schuhgeschäft in Wien nicht sonderlich gut gegangen ist, hat er die Koffer gepackt, um mit seiner Frau und den Töchtern Alma und Martha nach Frankreich zu ziehen und hier ein Export-Import-Geschäft für Lederwaren aufzuziehen. Mit ihren Alltagserfahrungen als Auslandsösterreicher sind die Neumanns für Bosel nun eine gute Anlaufstelle innerhalb der Familie.

Als sich Bosel und Schulz mit Neumann treffen, dreht sich das Gespräch nicht so sehr um das Leben in Paris, sondern um die dramatischen Entwicklungen in Wien. Neumann warnt Bosel davor, dass der Einmarsch deutscher Truppen droht. „Mein Großvater hat dem Herrn Bosel dringend davon abgeraten, wieder nach Österreich zurückzukehren“, erzählt Pierre Genée über die damalige Unterredung, die innerhalb der Familie zu einem festen Bestandteil der Überlieferung geworden ist.[27] Sigmund Bosel lässt sich aber nicht umstimmen. Er will zurück nach Wien, um den Schadenersatz-Deal mit der PSK vollständig zu erfüllen. Nur so kann er die österreichischen Behörden endgültig loswerden und fernab der alten Heimat frisch durchstarten. Ob Bosel daran gedacht hat, dass er als reicher jüdischer Geschäftsmann schon einmal die Zielscheibe eines mutmaßlichen Nazi-Attentäters gewesen war?

Die Pariser Verwandtschaft will Bosel von seinen Rückreiseplänen abbringen. Denn es ist kein Geheimnis, dass sich das autoritär regierte Österreich schon im nazideutschen Würgegriff befindet. Am 12. Februar 1938 ist es am Obersalzberg in Bayern zu einem Treffen zwischen Adolf Hitler und Bundeskanzler Schuschnigg gekommen. Hitler hat mit einem militärischen Einmarsch gedroht, falls sich die österreichische Regierung den deutschen Forderungen weiter widersetzen sollte. Schuschnigg steht mit dem Rücken zur Wand und unterschreibt das „Berchtesgadener Abkommen".[28]
Das berüchtigte Abkommen sieht unter anderem vor, dass Österreich alle einsitzenden Nazis freilassen muss und der NS-Verbindungsmann Arthur Seyß-Inquart als neuer Innenminister in die Regierung gehievt wird. Die Ernennung Seyß-Inquarts hat für Bosel bedeutet, dass es mit seinem guten Draht zur Wiener Polizei vorbei war. Nach dem Treffen in Berchtesgaden wird für Österreich die Bedrohung durch das Deutsche Reich immer größer. Die österreichischen Nationalsozialisten spüren, dass sie Oberwasser haben. Bestärkt drängen sie auf die Straßen, vor allem in der Steiermark kommt es zu aggressiven Demonstrationen.
Welche Wirkung haben die dramatischen Nachrichten auf Sigmund Bosel in Paris? Markus Neumann redet auf Bosel ein, dass es besser sei, auf Nummer sicher zu gehen und nicht mehr nach Wien zu fahren. Seine Tochter Martha, die spätere Frau Genée, war damals eine 16-jährige Schülerin. „Mein Vater hat zum Herrn Bosel gesagt: ‚Bleiben Sie aus Österreich draußen!' Die Nazi-Gefahr war ja schon da. Doch er hat gesagt, er muss noch einiges erledigen."[29]
Am 24. Februar 1938 will Kurt Schuschnigg das Steuer herumreißen. Der Kanzler gibt in Wien eine Regierungserklärung über die „Verteidigung der österreichischen Unabhängigkeit" ab. Viele mitteleuropäische Radiostationen übertragen die Rede, auch einige amerikanische Sender sind zugeschaltet. In Wien sind auf den großen Plätzen Lautsprecher aufgestellt worden, die Theater haben Abendvorstellungen abgesagt. Schuschnigg steht auf dem Podium im historischen Reichsratssitzungsaal des Parlaments. Pathetisch beschwört er den Patriotismus seiner Landsleute: „Und weil wir entschlossen sind, darum steht der Sieg außer Zweifel. Darum – Kameraden – bis in den Tod, rot-weiß-rot!" Im Saal brandet Jubel auf, Schuschnigg hat die beste Rede seines Lebens gehalten und die

trügerische Erwartung geweckt, dass sich Österreich gegen Hitler wehren wird.[30]

Wann Bosel und Schulz aus Paris die Heimreise angetreten haben, ist unklar. Denn das Paar hat auf dem Rückweg noch eine Zwischenstation in der Schweiz eingelegt, um Julie und Alfons im Internat zu besuchen. Die Bosel-Kinder sind traurig, als die Eltern wieder fahren müssen. Der Abschied sei aber nicht wehmütig gewesen, weil ja ein baldiges Wiedersehen geplant war, erinnert sich Julie Marks.

Aus einer Mitteilung von Rechtsanwalt Klee geht hervor, dass Sigmund Bosel und Ilka Schulz wahrscheinlich abends am 25. Februar oder frühmorgens am 26. Februar wieder in Wien eingetroffen sind. Es ist daher möglich, dass Bosel Schuschniggs Rede noch in der Schweiz mitbekommen hat und er sich durch die kämpferische Parole des Kanzlers in seiner Lagebeurteilung bestärkt fühlte. Oder war Bosel nach wie vor überzeugt, dass ihm aufgrund seiner guten Verbindungen nichts passieren könne? In jedem Fall nimmt das Unglück seinen Lauf. Ein aus Paris kommender Schnellzug hat Bosel, Schulz und den Privatsekretär zurück in eine Stadt gebracht, die sich alsbald in einen Hexenkessel verwandeln wird.[31]

Auf Julie Marks wirkt die fatale Entscheidung des Vaters auch heute noch beklemmend. „Die Frage, die ich einfach nicht beantworten kann, ist die – warum ist mein Vater zurück nach Wien gefahren? Ich glaube – weil er als privater Gönner so viel für die Polizei getan hat, war er sich sicher, dass die Polizei auf seiner Seite ist. Warum sollte er sonst so dumm sein und zurückfahren!“[32]

Bosels Rückreise ist jahrzehntelang von Mutmaßungen überschattet gewesen, weil die verzwickte Lage, in der er sich kurz vor dem „Anschluss“ befunden hat, nach 1945 nur wenigen bekannt war. Die mysteriöse Fahrt des geheimnisvollen Mannes führte daher zu windigen Spekulationen. So hieß es etwa, dass Bosel Kanzler Schuschnigg zuliebe extra nach Wien zurückgefahren sei, um am 13. März 1938 an der geplanten Volksbefragung teilzunehmen. Diese Version ist natürlich Unsinn gewesen, weil Bosel bereits Ende Februar 1938 wieder in Wien war und Schuschnigg den Termin für die entscheidende Abstimmung erst am 9. März ausgerufen hatte.

Was hat es aber so Wichtiges zu erledigen gegeben, dass Bosel unbedingt noch einmal heimfahren musste? Der Geschäftsmann wollte zurück nach Wien, um den erwähnten Justizdeal mit PSK-Boss Hecht über die Bühne zu bringen. Den Akten zufolge war Bosel in seiner Reisefreiheit eingeschränkt. Nachdem er im Juli 1937 nach dem Prozess auf freien Fuß gekommen war, musste er in den Monaten danach bei Gericht extra ansuchen, um für jeweils zwei Monate seinen Pass für Auslandsreisen verwenden zu dürfen. Es kann daher gut sein, dass Bosel so eine Frist einzuhalten hatte und er deshalb bemüht war, die Staatsanwaltschaft in der Schlussphase seines Justizdeals nicht zu vergraulen.[33]

Ein anderer triftiger Grund für die Rückreise war, dass Bosel einen Privatkonkurs verhindern musste. Ihm ist es darum gegangen, die Villa in der Gloriettegasse vor der Versteigerung zu retten und sie anderweitig zu verwerten, um in Paris genug Startkapital für ein neues Leben zu haben. Man kann auch davon ausgehen, das Bosel nach seinem Gefängnisaufenthalt bemüht war, seinen Kindern zumindest eine exklusive Schulausbildung zu bieten, wenn schon von seinem Reichtum sonst nichts mehr übrig war. Bosel hat daher nichts unversucht gelassen, um seine letzten Finanzreserven in Wien zu mobilisieren und die gegen ihn laufenden Exekutionsverfahren aufzuhalten. PSK-Boss Hecht hat sich wiederum nach Kräften bemüht, die gesamte Strafsache zu begraben.

Mitte Februar 1938 geht für Bosel das Feilschen mit seinen Gläubigern und mit Louis Rothschild in die Endrunde. Im Hintergrund bemüht sich Hecht um den ministeriellen Sanktus für die „Liquidierung der Angelegenheit Bosel". Am 23. Februar hat man den frisch ins Amt gekommenen Justizminister Ludwig Adamovich über Hechts Masterplan informiert. Am 4. März kommt Sigmund Bosel nach mehr als 30 Verhandlungsrunden für eine abendliche Besprechung unter vier Augen zu Hecht ins Büro. Die beiden Kontrahenten begegnen einander zum letzten Mal, Bosel zieht seine Prozessbeschwerde zurück. Hecht kann aufatmen, weil Bosel somit seine Verurteilung hingenommen hat und mögliche Schnitzer bei der Urteilsbegründung juristisch keine Rolle mehr gespielt haben.[34]

Am 5. März 1938 erscheint Rothschild-Anwalt Konirsch bei Hecht in der Postsparkasse, um die zugesagten 200.000 Schilling zu deponieren. Zug um Zug ist vorgesehen gewesen, dass die Staatsanwaltschaft das schwebende Krida-Verfahren gegen Bosel einstellt. Danach hätte die Postsparkasse die hinterlegten 200.000 Schilling einkassieren dürfen, wodurch das Bosel-PSK-Schadenersatzabkommen vom 6. Dezember 1936 erfüllt gewesen wäre. Damit wäre der Weg frei gewesen für die angepeilte Begnadigung Bosels, bei der man die noch offene sechsmonatige Reststrafe streichen wollte. Eine Woche vor dem „Anschluss" ist Sigmund Bosel drauf und dran gewesen, bald wieder ein freier Mann zu werden.

Doch dann spitzt sich die politische Lage dramatisch zu. Bundeskanzler Schuschnigg ergreift die Flucht nach vorn und kündigt eine Volksbefragung über die österreichische Unabhängigkeit an. Herausgerückt ist Schuschnigg mit seinem Entschluss am 9. März in Innsbruck. „Mander, es' isch' Zeit", ruft der Kanzler an diesem Mittwoch ins Publikum. Die berühmte Kampfparole des Tiroler Freiheitshelden Andreas Hofer liefert den Auftakt zu einer folgenschweren Ankündigung: Am 13. März 1938 – dem bevorstehenden Sonntag – soll die Abstimmung stattfinden. Sie soll ein „Ja" für die Unabhängigkeit Österreichs bringen und zeigen, dass Österreich nicht als willenloser deutscher Satellitenstaat enden will.[35]

Wieder bekommt Bosel wohlmeinende Ratschläge aus dem Familienkreis. Man legt ihm ans Herz, sicherheitshalber nach Budapest zu fahren, um von dort aus den Ausgang der Volksbefragung abzuwarten. Der Vorschlag ist gut, denn ein Ungarn-Abstecher wäre einfach zu bewerkstelligen gewesen und Bosels Rechtsgeschäfte hätten durchaus ein paar Tage warten können.

Robert Bosels Sohn Alexander hat damals miterlebt, wie das Schicksal Sigmund Bosel eine zweite Chance gibt: „Alle sagten zu meinem Onkel Sigi: Warum fährst Du nicht mit Deinem Chauffeur und Deinen zwei bewaffneten Leibwächtern nach Budapest und nimmst Dir dazu Diamanten aus dem Safe mit? Aber er sagte: Nein, nein. Ich habe Millionen an Steuern in Österreich gezahlt! Wer soll mir was tun?"[36]

Anmerkungen

1 Wiener Bilder, Illustrierte Wochenschau, 25. 7. 1937; Wiener Neueste Nachrichten, 18. 7. 1937.

2 WStLA, Vr 2562/37 3/226C, Einvernahme SB, 25. 11. 1936, ÖStA, AVA Justiz 45.415-4/37, 22. 12. 1937.

3 WStLA, Vr 2562/37 1/226A: Blatt 179; Brief SB an Schulz, „Meine einzig geliebte ... Ilka", 4. 6. 1939.

4 ÖStA, AVA FHKA Justiz, Anklageschrift,12; Bericht der StA, 30. 3. 1937, Zl. 33.791.

[5] Siehe dazu Kapitel 4.
[6] Neue Freie Presse, 17. 4. 1937.
[7] WStLA, Vr 2562/37 3/226C – Einvernahme SB, 18. 2. 1937.
[8] HAPSK, Notiz Ermittlungsstand, M C/69 (A 69).
[9] HAPSK, Mappe 9/70, Schmid an Hecht, 7. 10. 1936.
[10] Reichspost, 11. 4. 1937.
[11] Algemeen Handelsblad, 23. 4. 1937.
[12] Kessler, Tagebücher Kap. 5, 28. 11. 1922, http://gutenberg.spiegel.de.
[13] WStLA, Vr 2562/37 3/226C Einvernahme SB, 17. 2. 1937, HAPSK, M 9/31.
[14] Algemeen Handelsblad, 23. 4. 1937.
[15] HAPSK, M A/50, Hoffmann an Kleinert, 17. 3. 1939.
[16] ÖStA, AVA Justiz, 45.415-4/37, 24. 12. 1937.
[17] HAPSK, M XXX/3316, Hecht über die „16. Verhandlung am 21. 12. 1937".
[18] HAPSK, M A/50, Hoffmann an Kleinert, 17. 3. 1939.
[19] HAPSK, M 16/24.
[20] HAPSK, M XXX/3316, „16. Verhandlung am 21. 12. 1937"; Arbeiterzeitung, 16. 9. 1937 (Haftunfähigkeit von Josef v. Korwin).
[21] HAPSK, M XXX 33/18, M 38/50 (A50), „Hoffmann an Kleinert".
[22] HAPSK, M XXX/33/14, „Sehr verehrter Herr Sektionschef …", 20. 12. 1937.
[23] HAPSK, M XXX/33/38-12/27.
[24] St. Galler Tagblatt, 8. 8. 2007.
[25] Gespräch mit Julie Marks, 25. 3. 2016; Telefonat des Autors mit Julie Marks, 7. 9. 2014.
[26] HAPSK, M XXX/33/29.
[27] Gespräch mit Dr. Pierre Genée, 14. 12. 2011 und 23. 6. 2015.
[28] Kershaw, Hitler, 114ff.
[29] Martha Genée in der TV-Doku „Der Massenmörder und der Trillionär" (ORF, 2013).
[30] Die Presse, 22. 2. 2013; Österreichische Mediathek, 99-38001_b03; Kriechbaumer, Die großen Erzählungen der Politik, 726; Skalnik, Als die Schicksalsuhr lief, in: Chorherr (Hrsg.), 1938, 189.
[31] Frankfurter Zeitung, 2. 4. 1938; HAPSK, M XXX/33/29, 29. Verhandlung, 26. 2. 1938; Kursbuch SBB 1937/38, 275 Buchs-Innsbruck-Wien Wbf, 48.
[32] Julie Marks in der TV-Doku „Der Massenmörder und der Trillionär" (ORF, 2013).
[33] WStLA, Vr 2562/37 3/226C, Bosel an das Wiener LG, 29. 9. 1937.
[34] HAPSK, M 16/24 - M XXX/33/16 - M XXX/33/29 - M XXX/33/31 - M XXX/33/32; Hoffmann an Kleinert, M 38/50; ÖStA, AVA Justiz, 45.415-4/37, 24. 12. 1937.
[35] Chorherr (Hrsg.), 1938, 103ff.; Der Falter, 07/2008.
[36] Alex Bossel (1925–2002) – vormals Alexander Bosel – in der TV-Doku „Der Massenmörder und der Trillionär" (ORF, 2013).

14 – DER NACHTZUG NACH BUDAPEST

Der 11. März 1938 ist ein Freitag gewesen. In Wien bläst der aufgekommene Föhnwind vielerorts Flugzettel des Schuschnigg-Regimes über das Straßenpflaster. Schon am Tag davor ist das Propaganda-Material vom Himmel gerieselt, weil es Militärmaschinen abwerfen. Funktionäre und Anhänger der Vaterländischen Front sind auch auf rot-weiß-rot geschmückten Lastwagen durch die Stadt gefahren, um die Zettel unter die Leute zu bringen. Schuschnigg will die Bevölkerung auf seine Abstimmung über die Zukunft der Republik einschwören.[1]

„Volk von Österreich. Stehe auf wie ein Mann und stimme mit Ja. Front Heil! Österreich!“, hat der Kanzler wahlwerbend proklamieren lassen. Viele, die an diesem Freitag vor den plakatbeklebten Litfaßsäulen stehen, fiebern der Volksbefragung entgegen, die für den kommenden Sonntag angesetzt worden ist. Während sich die steirische Landeshauptstadt Graz, die damals eine braune Hochburg ist, schon weitgehend in der Hand der Nazis befindet, denken in Wien nur wenige an Flucht. Die Stimmung ist zwar durch die vielen Demonstrationen aufgeheizt, doch für die meisten Bürger ist es ein normaler Arbeitstag.[2]

Womit Sigmund Bosel in den letzten Tagen vor dem „Anschluss“ beschäftigt war, lässt sich nicht mehr rekonstruieren. Sein letzter aktenkundiger Termin hat am 4. März 1938 stattgefunden. Bosel scheint sich relativ sicher gefühlt zu haben. Sonst hätte er den Vorschlag aus dem Verwandtenkreis, vorsichtshalber eine Spritztour nach Budapest zu machen, nicht so einfach verworfen. Wer weiß, vielleicht wollte er bei der Volksbefragung öffentlichkeitswirksam zur Abstimmung schreiten, um als Patriot sein Möglichstes für die angepeilte Begnadigung zu tun.

In Deutschland läuft am Vormittag des 11. März bereits der Countdown für den Einsatz der Wehrmacht. Hitler hat seinen Generälen befohlen, Truppenverbände mobil zu machen, weil das zu erwartende Abstimmungs-Ja der Österreicher den Diktator international bloßstellen würde. Hitlers Stellvertreter Hermann Göring droht der österreichischen Regierung daher offen mit einem Einmarsch, wenn die Volksbefragung nicht abgeblasen wird. Schuschnigg erfüllt diese

Forderung, doch Göring verlangt nunmehr auch, dass der Kanzler bis zum Abend seinen Sessel räumt. Als klar wird, dass Frankreich und Großbritannien Österreich nicht zu Hilfe kommen werden, ist Schuschnigg am Ende. Die von den Nazis unterwanderte Exekutive steht nicht mehr hinter ihm und das Militär will er nicht einsetzen, um den Soldaten ein vermeintlich aussichtsloses Blutvergießen zu ersparen. Obendrein hat sich Schuschnigg viel zu spät um eine Versöhnung mit den Sozialdemokraten bemüht, damit in letzter Minute ein politisch wehrhafter Schulterschluss zustande kommt. Am frühen Abend kapituliert der Kanzler, sein Widerstandsgeist hat sich als Chimäre erwiesen. Während er um 19.47 Uhr aus dem Roten Salon im Bundeskanzleramt übers Radio seinen Abgang verkündet, umstellen österreichische SA-Männer und SS-Leute das Bundeskanzleramt. In der Innenstadt wimmelt es bald von siegestrunkenen „Hakenkreuzlern", die ihre Fahnen schwingen.[3]

Tausende Juden und viele gefährdete Ständestaatsfunktionäre wollen Österreich noch am selben Abend verlassen. Schuschnigg hat mit seiner Rundfunkansprache eine Fluchtwelle ausgelöst. Regimetreue Funktionäre und Spionagefachleute vernichten Unterlagen, die den Nazis nicht in die Hände fallen sollen.[4] Manche lassen nach Schuschniggs „Gotte schütze Österreich" alles liegen und stehen, packen das Notwendigste ein und nehmen mit Geld und Schmuck im Handgepäck das erstbeste Taxi zum Bahnhof. Andere brausen mit dem Auto Richtung Ungarn und Tschechoslowakei. Die spontanen Fluchtaktionen mit dem PKW werden vielfach aber zu einem Lotteriespiel, weil niemand genau weiß, an welchen Grenzübergängen es noch ein Durchkommen gibt. Bald stehen die fliehenden Menschen auf den Landstraßen im Stau. Noch dazu legen die tschechoslowakischen Behörden in den Abendstunden ein beschämendes Verhalten an den Tag. Nach einer Dienstanweisung aus Prag lassen die Grenzer niemanden mehr mit einem österreichischen Pass ins Land.[5]

Sigmund Bosel setzt am Abend des 11. März ebenfalls alles auf eine Karte, solange die Nazis noch nicht überall in der Stadt die Kontrolle übernommen haben. Offenbar hat nun auch er erkannt, dass es für ihn in seiner Geburtsstadt lebensgefährlich geworden ist. Bosel und Ilka Schulz beschließen, gemeinsam nach Ungarn zu fliehen und den Zug zu nehmen, der planmäßig um 23.50 Uhr vom Wiener Ostbahnhof wegfahren soll.

Der britische Zeitungskorrespondent George E. R. Gedye vom *Daily Telegraph* hat 1939 in seinem berühmten Buch über die NS-Machtübernahme in Österreich und der Tschechoslowakei das Durcheinander der Menschen beschrieben, die den Nazis entkommen und verzweifelt eine Fahrkarte ergattern wollten.[6] Im Gedränge auf den Bahnhöfen seien, so Gedye, auch weltbekannte Bankiers unterwegs gewesen. Hat der englische Journalist womöglich auch Sigmund Bosel beim Warten beobachtet? Kurz vor Mitternacht nehmen Bosel und seine Lebensgefährtin in ihrem Abteil Platz. Bosel trägt wie immer einen schwarzen Anzug, in der Tasche hat er zwei Bahntickets. Vier Stunden, nachdem Schuschnigg abgedankt hat, warten er und Ilka im Nachtzug nach Budapest darauf, dass endlich der Pfiff zur Abfahrt kommt.

Die genauen Umstände der Flucht, die Bosel und Schulz in den Abendstunden des 11. März riskiert haben, sind jahrelang rätselhaft gewesen. Julie Marks wusste nur so viel, dass ihr Vater nach dem „Anschluss" mit der Eisenbahn aus Wien wegwollte und am Bahnhof festgenommen worden sei. Wann das genau geschehen war, konnte sie mir aber nicht sagen. Sigmund Bosel befand sich jedoch nicht unter den 150 prominenten Geschäftsleuten und Regimegegnern, die der ersten Verhaftungswelle zum Opfer gefallen waren.[7] Außerdem hat es in keinem Bericht je einen Hinweis gegeben, dass Bosel mit dem Zug flüchten wollte.

Ilona Schulz und Sigmund Bosel. In den Abendstunden des 11. März 1938 riskieren sie die Flucht.

Was mit Sigmund Bosel in den ersten Tagen nach dem Umsturz passiert ist, blieb schleierhaft. Hatten die NS-Verhaftungskommandos womöglich nicht gewusst, dass er nach Wien zurückgekommen war? Dieser Gedanke erschien plausibel, denn erst am 17. März 1938 berichteten in- und ausländische Zeitungen über einen Fluchtversuch, den Bosel mit dem Auto unternommen hätte. Ilka Schulz wurde dabei jedoch mit keinem Wort erwähnt. Waren die beiden gar getrennt geflohen – Schulz zuerst mit dem Zug und Bosel später mit dem Auto? Oder war wirklich etwas dran an dem abenteuerlichen Nachkriegsgerücht, wonach Bosel die Sicherheitsgarantie eines Nazi-Bonzen gehabt haben soll? Konnte Bosel die erste Verhaftungswelle auf diese Weise überstehen, bevor das Schriftstück im Kompetenz-Wirrwarr der Nazi-Behörden wertlos geworden war? Unterm Strich führten all diese Mutmaßungen ins Leere. Was mit Sigmund Bosel wirklich geschehen war, blieb bei den Arbeiten an diesem Buch lange ein wunder Punkt – bis ich im Wiener Stadt- und Landesarchiv beim Durchschauen alter Bosel-Gerichtsakten aus dem Jahr 1937 unerwartet auf NS-Polizeidokumente vom 12. März 1938 gestoßen bin. Diese Unterlagen waren aus unerfindlichen Gründen gemeinsam mit früheren Schriftstücken abgelegt worden. Nun war klar, was Sigmund Bosel unmittelbar nach der Machtergreifung der Nazis widerfahren ist.

Sigmund Bosel und Ilka Schulz haben am 11. März 1938 kurz vor Mitternacht am Ostbahnhof darauf gewartet, dass der überfüllte Zug nach Ungarn losfährt, als plötzlich Polizisten damit anfangen, die Passagiere zu filzen. Den Einsatzbefehl haben die Beamten wenige Minuten vor der Abfahrt des Zuges bekommen, genauso wie die Hakenkreuz-Armbinden, die man noch schnell an die Männer verteilt hat. Die Polizisten sollen den flüchtenden Juden etwas anhängen, die Amtshandlung erfolgt wegen des „Verdachts der Verschleppung von Vermögenswerten ins Ausland". Die Nazi-Presse hat die Durchsuchung des Budapester Zuges später so geschildert: „Wachebeamte nahmen vor jedem Wageneingang Stellung, worauf die Visitierung begann. Die Beamten wurden vom Bahnpersonal in jeder Hinsicht unterstützt. Einige Eisenbahner verhinderten durch ihr Eingreifen die Flucht einiger Juden, die mit Geldtaschen über den finsteren Bahndamm entkommen wollten."[8]

Bosel und Schulz sitzen in der Falle, weil die Polizisten die Ausgänge der Waggons blockieren. Die Beamten stellen Bosel zur Rede – er gibt an, geschäftlich nach Budapest fahren zu müssen. Ilona Schulz beteuert, dass sie nebenher ihren 12-jährigen Sohn in Ungarn besuchen will. Die Notlüge ist jedoch zwecklos, die Nazis wissen offensichtlich ganz genau, wen sie vor sich haben. Denn im Polizeibericht ist vom „bekannten Bankier Sigmund Bosel" die Rede, und der protokollführende Wachebeamte führt sogar Informationen aus der Meldekartei an – wonach Ilka Schulz mit Bosel seit Juli 1937 in einem gemeinsamen Haushalt wohnen würde. Der Polizeibericht stellt den Moment der Festnahme so dar: „Die beiden hatten bereits ihre Plätze im Coupé eingenommen. Bei der vorgenommenen Durchsuchung der beiden wurden 500 Schilling vorgefunden."[9]
Bosel darf das Geld zwar behalten, doch er und Schulz werden abgeführt. Damals 500 Schilling in der Tasche zu haben, wäre in etwa so, als würde man heutzutage – Stand 2016 – mit knapp 4000 Euro nach Budapest fahren. Bosel hatte also sehr viel Bargeld eingesteckt, aber ein Vermögen war es nicht. Der Geldbetrag in seiner Tasche war auch nicht der Grund, warum die Polizisten das Paar verhaftet haben. „Ich bin mir sicher, dass die Nazis hinter meinem Vater her waren", sagt Julie Marks. „Sie hatten ihn auf einer Abschussliste und wollten ihn irgendwie schnappen." Bosel wird in die Polizeiinspektion Wien-Ostbahnhof verfrachtet. Hier drückt ein Mediziner seinen Stempel in einen „Haftzettel", womit Sigmund Bosel am 12. März 1938 um zwei Uhr früh im Arrest landet.[10]
Am Vormittag des 12. März hält Arthur Seyß-Inquart als frisch vereidigter österreichischer Regierungschef den ersten Nazi-Ministerrat ab. Handelsminister Fischböck berichtet, Nationalbank-Gouverneur Kienböck habe angerufen, um sich der neuen Regierung loyal zur Verfügung zu stellen. Außerdem brauche die Postsparkasse einen neuen Gouverneur, sagt Fischböck. Hecht sei kein Fachmann. Finanzminister Rudolf Neumayer – er war als Nazi-Vertrauensmann schon ab 1936 unter Schuschnigg Finanzminister – lässt die Kollegen wissen, dass man Robert Hecht ersucht habe, auf Urlaub zu bleiben.[11]
Während die rot-weiß-roten Nazi-Minister noch relativ sachlich über den PSK-Boss sprechen, machen sich im Hintergrund schon die Polizeiterror-Spezialisten ans Werk, die im Gefolge von SS-Chef

Heinrich Himmler in den frühen Morgenstunden in Wien gelandet sind. Diesen Männern geht es in den ersten Anschlusstagen darum, hochrangige Verfechter des untergegangenen Regimes, linke Nazigegner und prominente Juden zu verhaften und so ein Klima der Angst zu erzeugen. Im Visier steht auch Robert Hecht, der unter den Nationalsozialisten verhasst gewesen ist. Und zwar deshalb, weil Hecht als ehemaliger Dollfuß-Berater am österreichischen NSDAP-Verbot mitgewirkt hatte und noch dazu jüdischer Herkunft war.[12]

Am Nachmittag des 12. März 1938 kreuzen zwei Beamte in Zivil in Hechts Wohnung auf, um den PSK-Vizegouverneur zu einer „kurzen Einvernahme" mitzunehmen. Nachdem Robert Hecht die Wohnung verlassen hat, bekommt ihn seine Familie nie mehr zu Gesicht. Anfang April 1938 wird er mit dem ersten Österreicher-Transport ins Konzentrationslager Dachau gebracht. Hier wird Hecht gequält und erniedrigt, Ende Mai 1938 findet man ihn erhängt in einer Lagerbaracke. Ob Robert Hecht die Misshandlungen durch seine Peiniger nicht mehr ertragen konnte und Selbstmord begangen hat oder von KZ-Schergen ermordet wurde, ist bis heute unklar.[13]

Im Rückblick wirkt es grotesk, dass Bosel in den Wochen vor dem „Anschluss" so verblendet gewesen sein könnte, sich bei einem braunen Umsturz für unantastbar zu halten. Wer hätte allerdings ahnen können, dass einheimische Nazis schon am 11. März damit anfangen würden, Juden und Nazi-Gegner festzunehmen? Die hervorbrechende Raserei der österreichischen Hitler-Anhänger und ihre gewalttätige Eigenständigkeit in den frühen Stunden der Machtübernahme ist vielfach hervorgehoben worden. Juden waren plötzlich Freiwild für Plünderer, Schläger und habgierige Nachbarn, die in Geschäfte und tausende Wohnungen eindrangen, die Bewohner drangsalierten und sich Geld, Schmuck und andere Wertsachen unter den Nagel rissen.[14] Der Schriftsteller Carl Zuckmayer, der 1933 die Machtergreifung in Berlin erlebt hatte und daraufhin nach Österreich geflohen war, meinte später über die Anschluss-Hysterie in Wien: „Es war ein Hexensabbat des Pöbels und ein Begräbnis aller menschlichen Würde."[15]

Damit konnte Bosel bei aller Vermessenheit nicht rechnen. Es kann aber sein, dass er ernsthaft gemeint hat, sich im Extremfall mit den österreichischen Nationalsozialisten irgendwie arrangieren zu können. Dass Bosel keine Berührungsängste mit Antisemiten hatte, wenn es ums Geschäft gegangen ist, beweisen seine Verbindungen zum dubiosen Anton Rintelen. Woher könnte Bosel aber die Chuzpe genommen haben zu glauben, dass ihn erklärte Nazis schonend behandeln würden?

In Frage kommt hier eigentlich nur die seltsame Beziehung, die Sigmund Bosel zum früheren Wiener Polizeichef Brandl hatte. 1913 hatte sich Brandls Karriere noch in geordneten Bahnen befunden. Der Stapo-Beamte war beim Staatsbesuch des österreichischen Thronfolgers Franz Ferdinand in England für die Sicherheit des Habsburgers verantwortlich. 20 Jahre später war Brandl sogar der Präsident von Interpol, als er im März 1933 zu den Nazis abdriftet. Bosel ist mit dem geächteten Juristen dennoch in Kontakt geblieben. Dass Bosel in seinem Prozess die Brandl-Memoiren als Beleg für seine eigenen Verdienste um die Exekutive ins Treffen geführt hat, haben wir schon in Kapitel 12 gehört. Das war aber nicht alles: Bosel hat Brandl angeblich auch 100 Exemplare des Buchs abgekauft und ihm bei der Geldanlage geholfen. „Polizeipräsident Brandl hatte bei mir Schillinge liegen. Ich musste für ihn bis in die letzte Zeit kleinere Positionen von Effekten kaufen", gibt Bosel im Dezember 1936 zu seinen Geschäften für Brandl an.[16] Hat Bosel damit spekuliert, dass Brandl bei einer rein österreichischen NS-Machtübernahme zurück an die Spitze der Wiener Polizei gehievt würde und er dann noch einen gewissen Schutz von oben gehabt hätte?

Schieben wir diese Gedankenspielereien beiseite: Franz Brandl ist von den Nazis nicht reaktiviert, sondern nach dem „Anschluss" auf einen Versorgungsposten bei der DDSG abgeschoben worden. Und Sigmund Bosel ist am 12. März 1938 in einer Stadt in der Falle gesessen, die nicht mehr wiederzuerkennen war. Pierre Genée, dessen Großvater in Paris Bosel vor der Rückreise nach Wien gewarnt hatte, glaubt, dass Bosel damals zu hoch gepokert hat. „Er war vermutlich der Meinung, dass er doch noch herauskommen wird. Wahrscheinlich hat ihn der Einmarsch der deutschen Truppen überrascht."[17]

Am 13. März 1938 – dem Tag, an dem der „Anschluss an das Deutsche Reich" staatsrechtlich durchgedrückt wird und Österreich von der politischen Landkarte verschwindet – muss Sigmund Bosel das erste Polizeiverhör über sich ergehen lassen. Die „Zentralevidenzstelle für Devisenstrafsachen" hat ein Verfahren aufgenommen. Was ihm genau zur Last gelegt wurde, geht aus dem Vernehmungsprotokoll nicht hervor. Die Befragung dreht sich längst darum, dass Bosel noch immer das PSK-Verfahren am Hals hat, vorbestraft ist und streng genommen noch eine sechsmonatige Gefängnisstrafe absitzen muss. Instinktiv will der 45-Jährige der drohenden Haft so weit wie möglich vorbauen. Bosel erklärt der Wirtschaftspolizei, dass er am 4. März 1938 den vereinbarten Schadenersatzbetrag bei der Postsparkasse eingezahlt habe. Den Beamten gegenüber sagt er: „Aufgrund dieser Bezahlung hatte ich den errechneten Schaden (...) gutgemacht, und es wurde mir seinerzeit vom früheren Regime die Zusicherung gegeben, dass nach Schadensgutmachung eine Nachsicht der Restverbüßung der Strafe erfolgt."[18]

Fünf Tage nach dem deutschen Einmarsch setzen die Nazis eine Lügengeschichte über Sigmund Bosels Festnahme in die Welt. Triumphierend berichtet die NSDAP-Parteizeitung *Völkischer Beobachter* bereits am 16. März 1938, dass nicht nur die Tschechoslowakei, sondern auch Ungarn und Jugoslawien die Grenzen zu Österreich dicht gemacht hätten. Tags darauf bringt die Nazi-Presse die Meldung, dass Sigmund Bosel festgenommen worden sei. Die Umstände der Verhaftung haben die Nazis frei erfunden, der *Völkische Beobachter* bringt den erlogenen Bericht am 17. März 1938 auf Seite 11: „Nach privaten Meldungen sind wegen Versuches, ansehnliche Vermögenswerte ins Ausland zu verschieben, in den letzten Tagen eine Anzahl bekannter und berüchtigter jüdischer Finanz- und Geschäftsleute festgenommen worden, die sich nun teils in wirtschaftspolizeilicher, teils in staatspolizeilicher Untersuchung befinden. Unter anderem gelang es in der Grenzstation Berg, den üblen Millionenschieber Siegmund Bosel anzuhalten und nach Wien zu überstellen, wo er sich bereits in sicherem Gewahrsam auf der Rossauer Lände befindet. Der jüdische Börsenjobber, dem Österreich zum Großteil den Zerfall der Kronenwährung ‚verdankt', hatte versucht, mit einem Betrag von nahezu einer halben Million Schilling in die Tschechoslowakei zu entkommen."[19]

Aus den 500 Schilling, die man bei Bosel im Nachtexpress nach Ungarn gefunden hat, haben die Nazis kurzerhand 500.000 Schilling gemacht, um einen plakativen Beleg für die jüdische Kapitalflucht zu fabrizieren. Die NS-Propagandisten haben sich wohl gedacht, dass ein Fluchtversuch mit dem Auto dramatischer klingt als mit dem Zug. In dem Zeitungsartikel erfährt die Bevölkerung auch, dass man Louis Rothschild verhaftet hat. Rothschild sei so wie Bosel „eine ‚Blüte' der jüdischen Finanzwelt Österreichs" gewesen, ätzen die Nazi-Redakteure voller Häme.

Dass Sigmund Bosel im Frühjahr 1938 nach wie vor ein international bekannter Mann gewesen sein muss, erkennt man daran, dass er in der weltweiten Berichterstattung über den „Anschluss" vorkommt. In mehreren ausländischen Zeitungsartikeln wird Bosels Schicksal erwähnt – unter anderem in den USA und in den Niederlanden, wo man ihn wegen der Hortensia-Diadem-Affäre noch gekannt hat. Eine holländische Zeitung berichtete, Bosel sei in dem Moment verhaftet worden, als er mit einer halben Million Schilling und anderen Wertsachen im Gepäck mit dem Auto in der Nähe von Bratislava die Grenze überqueren wollte. Eine amerikanische Zeitung hat sogar gemeldet, dass Informanten zufolge in Bosels Fluchtwagen Juwelen im Wert von 70.000 Dollar sichergestellt worden seien.[20]

Nach den Zeitungsberichten spricht es sich schnell herum, dass Sigmund Bosel hinter Gittern sitzt. Es dauert nicht lange, bis Lieferanten und frühere Angestellte bei der Wirtschaftspolizei vorstellig werden, weil ihnen Bosel noch Geld schulden würde. Den Anfang macht das Blumenhaus Gessl, das eineinhalb Wochen nach dem „Anschluss" nunmehr „mit deutschem Gruß" eine offene Rechnung über 238,40 Schilling vorlegt. Und zwar für gelieferte Rosen, Weihnachtsarrangements und Alpenveilchen, die man bis Ende 1937 in die Gloriettegasse zugestellt hatte. Karl Prohaska – der im Jänner 1938 gekündigte Obergärtner in der Villa Bosel – will wiederum, dass sein früherer Dienstherr Lohnrückstände begleicht. Umgehend muss sich Bosel rechtfertigen, warum er bei den Löhnen für den Gärtner mit fast 3.400 Schilling im Hintertreffen ist: „Prohaska hätte aus dem Erlös der Liegenschaften bezahlt werden sollen", sagt Bosel ausweichend.[21]

Wie Bosel in die peinliche Situation geraten konnte, bei seinen Haushaltsangestellten in der Kreide zu stehen, lässt sich nur so erklären: Bosel war Anfang 1938 zahlungsunfähig und daher entschlossen, jeden finanziellen Strohhalm zu ergreifen, der sich geboten hat. Wahrscheinlich hat er seine Hausangestellten während der

Verhandlungen mit Robert Hecht und Louis Rothschild damit vertröstet, dass sie ihr Geld schon bekommen werden, wenn die Villa in der Gloriettegasse verkauft oder vermietet ist.

Im Netz der Gestapo

Mit Bosels Verhaftung ist den Nazis damals ein Schlag gelungen, der sich publizistisch ausschlachten lässt. Die Verhaftung des legendären Inflationskönigs ist vor allem für das NS-Hetzblatt *Der Stürmer* ein gefundenes Fressen gewesen. Nach dem „Anschluss" bringt die Brachialpostille im Frühjahr 1938 eine Sondernummer mit dem Titel „Die Juden in Österreich". In widerlichen Artikeln werden bekannte Politiker, Bankiers und Wirtschaftstreibende der Ersten Republik diffamiert. Neben einer Tirade gegen Gottfried Kunwald, den einstigen Finanzberater von Bundeskanzler Seipel, prangt das Foto eines Mannes, der müde und unrasiert in die Kamera blickt. Im Bildtext hat es geheißen: „Siegmund Bosel – der größte Schieber Österreichs". Darunter steht: „Nun ist es aus mit diesem ‚Großfinanzier'. Das ist aus seinem Gesicht deutlich zu lesen. Diese Aufnahmen wurden kurz danach gemacht, als Bosel ins Gefängnis geliefert wurde. Bosel wird sein Leben im Konzentrationslager verbringen müssen."[22]
Bosels Verbindungen zur Wiener Polizei sind nichts mehr wert. Die Nazis haben den österreichischen Sicherheitsapparat längst auf Linie gebracht. Bosel hat niemanden mehr, der ihm wirklich helfen könnte. „Ich denke, er hat nicht damit gerechnet, dass ihn die Nationalsozialisten sofort verhaften", sagt die Historikerin Ursula Schwarz, die sich im Dokumentationsarchiv des Österreichischen Widerstandes mit Sigmund Bosels Lebensgeschichte beschäftigt hat. „Ich glaube, Bosel hat einfach unterschätzt, was die Nazis mit ihm anstellen werden. Vermutlich hat er gedacht, er kommt weiter so durch, wie er sich seit dem Postsparkassen-Skandal durchlaviert hatte."[23]
Die NS-Machthaber finden schnell einen Grund, um Bosel monatelang wegzusperren. Dafür sind gar keine pseudojuristischen Winkelzüge nötig gewesen. Es genügt der Umstand, dass aus der Zeit vor der NS-Machtübernahme das Gerichtsverfahren gegen Bosel noch nicht abgehakt war und er die entsprechende Reststrafe nun tatsächlich absitzen soll – nämlich die noch offenen sechs Monate

Haft nach dem Betrugsschuldspruch vom Juli 1937. Die unglückliche Postsparkassen-Affäre, die in den 1920er Jahren begonnen hatte und nach einem langen Tauziehen im Ständestaat zu einer wackeligen Verurteilung führte, rächt sich auf bittere Weise. Nach mehr als sechs Wochen im Gefangenenhaus des Wiener Landesgerichts landet Bosel am 26. April 1938 in der niederösterreichischen Strafanstalt Stein an der Donau.[24]

Ilka Schulz hat nach ihrer Verhaftung am Ostbahnhof auch einige Zeit im Gefängnis verbringen müssen. Ihr kommt aber zugute, dass gegen sie juristisch nichts vorliegt und sie obendrein tschechoslowakische Staatsbürgerin ist. Nach kurzer Haft darf Schulz ausreisen, ihre Schwester Ethel Goldner aus Prag und deren Sohn Hans haben alle Hände in Bewegung gesetzt, um sie aus dem Gefängnis zu holen.[25]
Ethel Goldner hat gleichzeitig dafür gesorgt, dass die Bosel-Kinder aus ihren jeweiligen Internaten in der Schweiz abgeholt und von einer Freundin mit dem Zug nach Straßburg gebracht werden. Von dort sind Julie und Alfons Bosel nach Prag geflogen. Zum ersten Mal in ihrem Leben sind die beiden mit dem Flugzeug unterwegs gewesen. Für die Bosel-Kinder ist die Reise aufregend und emotional aufreibend, bis sie ihre Mutter wieder in die Arme schließen können.
Fürs Erste ist Ilka mit den Kindern in der tschechoslowakischen Hauptstadt in Sicherheit. Sie lässt Julie und Alfons in einer deutschen Schule einschreiben. Die Familie bangt um die Gesundheit des eingesperrten Vaters. Im Oktober 1938 marschieren dann deutsche Truppen ins Sudetenland ein. Für in Prag lebende Juden rückt die Bedrohung durch die Nazis immer näher. Als schließlich die Slowakei zu einem deutschen Marionetten-Staat wird und die Wehrmacht im März 1939 den verbliebenen Rumpf der Tschechoslowakei besetzt, flieht Ilka Schulz mit ihren Kindern nach Paris, wo sie bei der Familie Neumann Unterschlupf findet. Nach einigen Wochen kommen Julie und Alfons zu Pflegeltern nach England. Ilka Schulz erhält dagegen kein Visum für Großbritannien und muss deshalb in Paris bleiben.
Sigmund Bosel hat auch Anfang 1939 keine Chance, sich aus dem Netz der Gestapo zu befreien. Im Dezember 1938 ist er zwar aus der

Strafanstalt Stein entlassen worden, nachdem er die Reststrafe aus dem PSK-Prozess verbüßt hat. Doch die Nazis denken nicht daran, Bosel freizulassen. Er soll als Spekulant vorgeführt und als Skandalfigur dämonisiert werden. Im Gegensatz zu anderen Prominenten geht es den Nazis bei Sigmund Bosel nicht darum, für seine Freilassung Lösegeld herauszuschinden. In den Akten findet sich sogar ein Vermerk, dass der Investor Albert Jossua dazu bereit war, Bosel gegen eine Kaution in ägyptischer (!) Währung aus dem Gefängnis zu holen.[26] Die Nazis haben aber kein Interesse daran, dass sich Bosel noch irgendwie freikauft. Der verhaftete Finanzmann hat einen viel größeren Wert als Prügelknabe in einem Schauprozess.

Anders war die Lage bei Louis Rothschild, der nach seinem missglückten Fluchtversuch am Flughafen Wien-Aspern von der Gestapo ab April 1938 im Wiener Hotel Metropol gefangen gehalten worden ist. Die NS-Geheimpolizei hat das Luxushotel zu ihrem Hauptquartier umfunktioniert, man steckt Rothschild in eine Zelle neben Bundeskanzler Schuschnigg. Monatelang drangsalieren die Nazis Louis Rothschild, um ihm den gesamten Wiener Besitz der Rothschilds abzupressen. Obendrein soll der Bankier als Preis für seine Freiheit die Mehrheitsanteile an einem tschechischen Stahlwerk billig hergeben. Rothschild wird nach 14-monatiger Haft einwilligen und auf diese Weise die rettende Ausreisegenehmigung erhalten.[27]

Im Frühjahr 1939 ist in Wien die Vertreibung und Enteignung der Juden voll im Gang. Drehscheibe ist eine SS-Dienststelle, in der Adolf Eichmann das Kommando führt – die sogenannte „Zentralstelle für jüdische Auswanderung". Die „Zentralstelle" wird später zur Organisationszentrale für die Deportationen, die von Wien aus in die Vernichtungslager führen. Anfangs hat die Behörde aber noch die Aufgabe, möglichst viele Juden zu verjagen und ihnen ihr Vermögen zu rauben. Die berüchtigte Behörde hat ihren Sitz im „arisierten" Palais Rothschild. Mit der perfiden Standortwahl demonstrieren die Nazis die „Niederwerfung des jüdischen Kapitals".

Eichmann schart in Wien eine Truppe fanatischer Judenhasser um sich, die sich als skrupellose Erfüllungsgehilfen erweisen. Einer von ihnen ist der gebürtige Burgenländer Alois Brunner, der bald Eichmanns rechte Hand wird und als dessen Statthalter ab 1940 für Angst und Schrecken sorgt. Eichmann und Brunner entpuppen sich als gnadenlose Mord-Bürokraten. Der Nazi-Jäger Simon Wiesenthal wird sie „Zweigestirn des Todes“ nennen.[28]

Wie vorhin erwähnt wurde, geht es in den Monaten nach dem „Anschluss“ den Nazis darum, möglichst viele Juden zu vertreiben und sich ihr Vermögen unter den Nagel zu reißen. Auch in der Familie Bosel wollen die meisten so schnell wie möglich raus aus Österreich. Nach dem Schock über die Verhaftung des Familienoberhauptes ist die Verwandtschaft alarmiert. Sigmund Bosels Neffe Alexander hat die Stimmungslage später so beschrieben: „Alle sagten, nichts wie weg hier. Aber wie zum Teufel sollten wir mit dem Namen ‚Bosel‘ aus Wien ’rauskommen. Das war ja so, also würde man aus Washington fliehen wollen mit dem Namen Kennedy oder Rockefeller.“[29]

Robert Bosel – Alexanders Vater – greift schon kurz nach dem „Anschluss“ zu einem Trick. Ihm ist eingefallen, dass sein Vater Leopold einst in einem Ort in der Tschechoslowakei für eine Kirchenrenovierung Geld gespendet hat. Die dortige Gemeindeverwaltung revanchiert sich mit gefälschten Dokumenten, die Robert Bosel dazu verwendet, um für sich, seine Frau Bery und den jungen Alexander tschechische Identitätspapiere zu besorgen, wie Julie Marks zu berichten weiß. „Sie haben in den Namen ‚Bosel‘ ein zusätzliches ‚s‘ eingefügt. Onkel Robert hat so einen Pass auf den Namen ‚Bossel‘ bekommen. Dadurch konnten sie aus Wien weg. Mit dem Namen Bosel hätte man sie wahrscheinlich nie gehen lassen.“[30]

Robert Bosel und seine Familie schaffen auf diese Weise die rettende Ausreise nach London. Von den Bosel-Geschwistern gelingt auch Olga, die seit ihrer Scheidung nicht mehr Molnar heißt, sondern in zweiter Ehe mit dem Börsenmakler Bertold Hirschfeld verheiratet ist, die Flucht ins Ausland. Die Hirschfelds emigrieren ebenfalls mit ihren Kindern zuerst nach Großbritannien und von dort aus später in die USA. Sigmund Bosels jüngster Bruder Alfred kann nach Belgien fliehen, wo ihn die Nazis aber später festnehmen und deportieren. Alfred überlebt das Konzentrationslager Bergen-Belsen, er kehrt schwer krank nach Brüssel zurück, wo er 1945 stirbt. Elsa Neumann, Bosels ältere Schwester, ergattert nach dem „Anschluss“ Ausreisepapiere für Shanghai. Sie zögert aber und bleibt in Wien, weil sie ihren eingesperrten Bruder, dem ein Schauprozess droht, nicht im Stich lassen will.

Für den Propaganda-Prozess wärmen die Nazi-Juristen alte Vorwürfe auf, die Bosel in einem schiefen Licht erscheinen lassen, aber in der Ära Schuschnigg zu keiner Anklage geführt haben. Dass vor dem „Anschluss" nie ernsthaft daran gedacht worden war, Bosel wegen betrügerischer Krida den Prozess zu machen, kümmert die NS-Behörden nicht. Sie zimmern eine verschwommene Beweislage zusammen und zaubern im August 1938 einen Kronzeugen aus dem Hut, der jahrelang als Lieferwagen-Fahrer für das Teppichhaus Schein unterwegs war. Dieser Mann, der beim nationalsozialistischen Kraftfahrer-Korps NSKK Mitglied ist, will krumme Geschäfte beobachtet haben. Die Kriminalpolizei ist daran interessiert, dass Bosel von früheren Angestellten angeschwärzt wird. Für ihre Zwecke biegen sich die Nazis auch den Umstand zurecht, dass Bosel seinen Hausangestellten Geld schuldig war. Bosel steht als treuloser Dienstgeber da, weil sich diese Dienstnehmer unter die in- und ausländischen Gläubiger einreihen müssen, die auf eine Zwangsversteigerung der Bosel'schen Besitztümer hinarbeiten.[31]
Einer der maßgeblichen Großgläubiger, der so zu seinem Geld kommen will, ist der polnische Unternehmer Salomon Trau, der damals in der Tschechoslowakei lebt. Er hat Bosel bis Ende 1936 umgerechnet 370.000 öS geborgt und bringt nun die Versteigerung des gesamten Inventars der Bosel-Villa ins Rollen. Als jüdischer Fabrikant wird Trau verständlicherweise versucht haben, sein Geld so schnell wie möglich aus Wien herauszuholen. Mitte Juli 1938 kommen die Möbel, Gemälde und Teppiche aus der Gloriettegasse im Wiener Dorotheum unter den Hammer. Die Versteigerung bringt allerdings viel weniger ein als erwartet.[32]
Im August 1938 wird auf Traus Betreiben neuerlich ein Versteigerungsverfahren für die Bosel-Villa eingeleitet. Die Nazis haben es aber nicht sonderlich eilig und sehen zu, wie sich auf der Liegenschaft die Pfandrechte stapeln. Diverse NS-Verwaltungsbehörden führen angebliche Altschulden ins Treffen, auch die offene Lohnforderung des Gärtners Prohaska wird in die Rangliste der Gläubiger eingetragen. Die drei Innenstadthäuser Bosels werden ebenfalls mit Pfandrechten überhäuft. Wieder wollen sich diverse Nazi-Verwaltungseinheiten ein Stück vom Kuchen sichern, während auch die

Lohnforderungen früherer Bosel-Mitarbeiter berücksichtigt werden, wie die eines ehemaligen Leibwächters und jene der Köchin Johanna Schiefer. In bezeichnendem Ton appelliert Schiefer nun an die NS-Behörden, „dass ich als Arierin und armer Teufel Gefahr laufe, mein Geld, das ich während meiner 20-jährigen Dienstzeit bei dieser Familie unter vielen Entsagungen ersparte, zu verlieren".[33]

Wie weit Sigmund Bosel im Zuchthaus Stein mit seiner Schwester Elsa und seinen ins Ausland geflüchteten Angehörigen Kontakt halten konnte, lässt sich nicht mehr sagen. Die harten Haftbedingungen und die ausweglose Situation, in der er sich seit seiner Verhaftung befunden hat, setzen Bosel körperlich zu. Bereits im Juni 1938 stellt Elsa Neumann den Antrag, dass ihr das Wiener Landesgericht aus gesperrten Bosel-Geldern einen kleinen Geldbetrag freigibt: „Ich bitte höflichst um Freigabe des erliegenden Geldes ... von cirka 26 Mark, da ich selbes dringend zur Anschaffung von Medikamenten für meinen Bruder Sigmund Bosel benötige."[34]
Dies ist ein Hinweis darauf, dass Bosel zu diesem Zeitpunkt bereits gesundheitliche Probleme gehabt hat. Dass die Nazis Bosel ins Gefängnis gesteckt haben, war die erste verhängnisvolle Nachwirkung aus dem Postsparkassen-Prozess. Die zweite, nicht minder tragische Spätfolge war, dass Bosels Gesundheit nach dem Absitzen seiner Reststrafe Anfang Dezember 1938 schwer angegriffen war. Der prominente Häftling hat sich eine Lungenkrankheit zugezogen, wahrscheinlich war es Tuberkulose. Weil die medizinische Versorgung im Gefängnis sicher mangelhaft war und es gegen TBC noch keine Antibiotika gab, stehen die Chancen einer Heilung schlecht.
Die Gestapo holt Sigmund Bosel am 7. Dezember 1938 im Zuchthaus Stein ab und steckt ihn gleich wieder hinter Gitter, nämlich ins Polizeigefangenenhaus in Wien. In der Kartei der Geheimen Staatspolizei wird Bosel nun als „Schutzhäftling" geführt. Diese euphemistische Bezeichnung hatten sich die Nazis für Regimegegner und Staatsfeinde aller Art einfallen lassen, die völlig rechtlos der Willkür der Gestapo ausgeliefert waren. Im Jänner 1939 wird der kranke Häftling von den NS-Justizbehörden wegen „Mitschuld am Verbrechen der betrügerischen Krida" angeklagt. Doch schon am 10. Jänner 1939 – seinem 46. Geburtstag – hat man Bosel in ein Gefängniskrankenhaus überstellt. Weil sich sein Zustand im Lauf des Jahres

1939 verschlechtert und er bald nicht mehr verhandlungsfähig ist, legen die Nazis den geplanten Schauprozess auf Eis. Da die Nationalsozialisten auf ihr Tribunal gegen den „Schieberkönig“ verzichtet haben, muss es Bosel bereits sehr schlecht gegangen sein.[35]

Wie schlimm es um ihren kranken und verfolgten Vater in Wien gestanden ist, hat Julie Marks erkannt, als sie in London einen Brief von ihm in Händen hielt und von seinem Aussehen auf dem beigelegten Foto schockiert war. „Mein Vater hat immer diese schönen schwarzen Haare gehabt. Und da saß er nun im Bett, und seine Haare waren schlohweiß. Ich habe das Foto zerrissen, weil ich den Anblick nicht ertragen konnte.“[36]

Wie lange mag Bosel seinen Kindern in London und seiner in Paris gebliebenen Lebensgefährtin wohl Briefe geschrieben haben? Von der damaligen Korrespondenz ist nur ein dünner Stapel an dicht beschriebenen Seiten erhalten geblieben. Aus ihnen spricht ein besorgter Vater, der sehnsüchtig auf Neuigkeiten von seinen Kindern wartet, die seit Mai 1939 bei Londoner Pflegeeltern untergebracht sind und im Exil zu Teenagern heranwachsen. „Ich muss über alles, was Euer Leben betrifft, genauestens unterrichtet sein … Lernt weiter so brav, damit Ihr was Ordentliches werdet. Ich wiederhole: Trachtet, das in der Schule Versäumte nachzuholen … Empfehlt mich unbekanntermaßen Euren reizenden Beschützern“, schreibt er Ende Mai nach dem Umzug der Kinder.

Julie wohnt nun in Willesden Green, einem Stadtteil im Nordwesten von London, bei der jüdischen Familie Michaels in der Chatsworth Road. Betty und Jack Michaels seien herzensgute Leute gewesen, erinnert sich Frau Marks.[37] Wenige Wochen, nachdem sie bei ihrer Gastfamilie eingezogen ist, fährt die Familie für eine Woche an die Küste. Hier kann Julie jeden Nachmittag Reiten gehen, die Meeresluft soll ihr gut tun und ein wenig Ablenkung bringen. Alfons wird in der Familie von Betty Michaels‘ Bruder aufgenommen. Tante Olga (Hirschfeld) bemüht sich, dass Julie und Alfons regelmäßig mit den anderen Verwandten zusammenkommen, die es ebenfalls nach England versprengt hat.

Bosel ist beruhigt, dass seine Kinder nicht allein in der Fremde sind und die beiden mit ihren Gasteltern großes Glück gehabt haben. „Und wie gut ist es, dass Gelegenheit ist, sich in die englische Sprache hineinzuleben“, meint Bosel. Um seine Tochter ist er dennoch etwas besorgt: „Sei vorsichtig beim Reiten, geliebtes, gutes Julchen, damit Dir nur ja nichts geschieht!"

In den Briefen, die er nach London schickt, versucht Bosel seine Kindern Hoffnung zu machen. „Ihr dürfte den Mut nicht verlieren. Der liebe Gott wird uns nicht verlassen", schreibt er im Mai 1939. Wie es ihm gesundheitlich geht, verschweigt er. „Ich weiß, dass wir in nicht allzu langer Zeit noch viele glückliche Stunden miteinander verbringen werden."[38] Gleichzeitig enthalten die Briefe Zeilen fürchterlicher Einsamkeit und großer Verzweiflung. „Ihr wisst gar nicht, wie ich an Euch hänge, wie sehr ich Euch liebe. Du, geliebtes Julchen, und Du, geliebter Alfons, seid das Einzige, was mich aufrecht erhält, was mir Kraft und Mut gibt, dieses Leben weiter zu leben. Ich verabschiede mich für heute ... mit vielen tausenden Küssen als Euer Euch innigst liebender Papi."[39]

Anmerkungen

1 Chorherr, 1938 – Anatomie eines Jahres,103ff.; Der Falter, 07/2008.
2 www.doew.at – Erzählte Geschichte: Camillo Heger: „Jeden Tag Zusammenstöße"; Reichspost, 10. 3. 1938.
3 Schmidl, Die militärischen Aspekte des Anschlusses. In: Stourzh/Zaar (Hrsg.), Ö., Deutschland u. die Mächte, 291ff.; Kershaw, Hitler, 124f.; Meysels, Das Ende d. Republik u. ihr letzter Kanzler, 200ff., Die Presse, 8. 3. 2013.
4 Lennhof, The Last Five Hours of Austria, 1ff.; Moritz/Leidinger/Jagschitz, Im Zentrum der Macht, 287.
5 Fellmann, Flucht vor dem gelben Stern, 48; Gedye, Die Bastionen fielen, 288f.; NZZ, 9. 2. 2002.
6 Gedye, Die Bastionen fielen, 287.
7 Rosenkranz, Entrechtung, Verfolgung und Selbsthilfe der Juden in Österr. In: Stourzh/Zaar (Hrsg.), Österreich, Deutschland und die Mächte, 376f.
8 Wiener Neueste Nachrichten, Abendausgabe, 12. 3. 1938.
9 WStLA, Vr 2562/37 3/226 C, „Meldung", BPD Wien, 12. 3. 1938.
10 Julie Marks in der TV-Doku „Der Massenmörder und der Trillionär" (ORF, 2013). WStLA, Vr 2562/37 3/226 C, „Haftzettel", Polizei-Inspektion Wien-Ostbahnhof, 12. 3. 1938.
11 MRP 1070 Stenogramm, 12. März 1938, 11.30–12.15. In der späteren Reinschrift des Stenogramms sind die Bemerkungen zu Robert Hecht nicht mehr enthalten.
12 Neugebauer/Schwarz, Stacheldraht, mit Tod geladen ..., 8f. und 31.
13 Huemer, Sektionschef Robert Hecht, 331ff.

[14] Rosenkranz, 376; Pulzer, Bemerkungen zu … Rosenkranz, in: Deutschland, Österreich und die Mächte, 420f.; Neugebauer, Das NS-Terrorsystem in Österreich, www.erinnern.at.
[15] Zuckmayer, Als wär's ein Stück von mir, 71f.
[16] WStLA, Vr 2562/37 3/226C „Einvernahme Bosel", 14. 12. 1936, „Aussage von Erwin Wiese (Bosels Chauffeur) gegenüber der Kripo Wien", 9. 1. 1939; Wikipedia; Neue Freie Presse, 17. 3. 1933.
[17] Interview mit Dr. Pierre Genée am 14. 12. 2011.
[18] WStLA, Vr 2562/37 3/226C „Niederschrift", BPD Wien Wirtschaftspolizei, 13. 3. 1938.
[19] Völkischer Beobachter, Wiener Ausgabe, 16. 3. 1938 und 17. 3. 1938.
[20] Nieuwsblad van het Noorden, 16. 3. 1938, Binghampton Press, 17. 3. 1938.
[21] WStLA, Vr 2562/37 3/226C „Rechnung Fa. Gessl, 21. 3. 1938"; „Lohnforderung Karl Prochaska, 24. 3. 1938"; „Niederschrift mit S.B., 25. 3. 1938".
[22] Der Stürmer, Sondernummer 09/1938.
[23] Interview mit Ursula Schwarz am 24. 10. 2012 und Gespräch am 19. 1. 2016.
[24] WStLA, Vr 2562/37 3/226C „Gerichtsabteilung 26", Zl. 1451/38, 28. 4. 1938.
[25] Gespräch mit Julie Marks, 25. 3. 2016.
[26] ÖStA, AdR Finanzen, FLD 17618/1, „Jossua Treuhand- und Kontrollgesellschaft", 26. 2. 1943. War das Geld ein Überbleibsel des Sammlerdeals, den Bosel mit König Farouk abgewickelt haben soll?
[27] Kunth, Die Rothschild'schen Gemäldesammlungen in Wien, 81ff.; DIE ZEIT, 4. 1. 2001; Die Presse, 22. 3. 2013.
[28] Wiesenthal, Recht, nicht Rache, 288.
[29] Alex Bossel in der TV-Doku „Der Massenmörder und der Trillionär" (ORF, 2013).
[30] Julie Marks in der TV-Doku „Der Massenmörder und der Trillionär" (ORF, 2013). Robert Bosel ist nicht in die USA ausgewandert, sondern 1949 in London gestorben.
[31] WStLA, Vr 2562/37 3/226C, „Anzeige Lorenz Gerstinger", 16. 8. 1938; „Haftsache – Betrifft: Sigmund Bosel", 13. 1. 1939; DÖW, Unterlagen zur Rechtssache Johanna Schiefer, 20721/14.
[32] Wiener Zeitung, 10. 7. 1938.
[33] DÖW, Rechtssache Schiefer, 20721/14; AEF, Schiedsinstanz, 724/2010, 51–55 (179–195).
[34] WStLA, Vr 2562/37 3/226C, „Elsa Neumann an das Wiener Landesgericht", 29. 6. 1938.
[35] WStLA, Vr 2562/37 3/226C, Kripoleitstelle Wien: „Betrifft Bosel…", 13. 1. 1939; DÖW, Schreiben des Landgerichts Wien an die Reichsgau-Verwaltung, 8. 3. 1940.
[36] Interview mit Julie Marks, 17. 2. 2012.
[37] Telefonat mit Julie Marks, 29. 10. 2014.
[38] Brief von Sigmund Bosel an seine Kinder, 15. 5. 1939.
[39] Brief von Sigmund Bosel an seine Kinder, 6. 6. 1939.

15 - IN DER GEWALT DES MENSCHENJÄGERS

Im Herbst 1941 befindet sich Sigmund Bosel in einer hoffnungslosen Lage. Er ist gesundheitlich schwer gezeichnet und ans Krankenbett gefesselt. Der schwerkranke Mann muss unglaublich verzweifelt gewesen sein, wenn man sich vor Augen führt, was er bereits 1939 an seine Kinder geschrieben hat: „Ihr seid der Lichtpunkt in meinem so entsetzlich traurigen Leben. Der einzige Halt, den ich noch habe." Nun, mehr als zwei Jahre später, ist Bosel nur mehr ein Schatten seiner selbst. Ab Ende November 1939 hat er fast die ganze Zeit über im Spital der Israelitischen Kultusgemeinde zugebracht, dem sogenannten „Rothschild-Spital" am Währinger Gürtel. Seit die Nazis an der Macht sind, dürfen jüdische Patienten nur mehr in diesem hoffnungslos überfüllten Krankenhaus behandelt werden.[1]

Die einzigen Angehörigen, die sich in Wien noch um Sigmund Bosel kümmern können, sind seine Schwester Elsa Neumann und seine Lebensgefährtin Gertrud Reinhardt. Weil Bosel als kranker Untersuchungshäftling mehrfach zwischen dem Gefängnis und dem Spital hin- und hergeschickt wird, verliert die Gestapo vorübergehend den Überblick. Sie glaubt im März 1940, dass Bosel ausgereist ist. In Wahrheit ist er aber im fraglichen Zeitraum unter Bewachung ins Rothschild-Spital überstellt worden, weil laut Mitteilung an die Reichsgauverwaltung „sein Zustand ein lebensgefährlicher ist". Mitte Mai 1940 wird für Bosel die Untersuchungshaft aufgehoben. Sein Zustand ist offenbar derart kritisch gewesen, dass ihm die Nazis keine Flucht mehr zugetraut haben.[2]

Im Februar 1941 bricht die NS-Justiz ihr Strafverfahren gegen Bosel ab, weil er ein Pflegefall geworden ist. Ende November 1941 taucht nochmals ein Untersuchungsrichter im Rothschild-Spital auf, um Bosel zur Übernahme der *Neuen Freien Presse* zu verhören. Der schwerkranke Patient ist jedoch nicht mehr vernehmungsfähig.

Auch ein gesundheitliches Wunder hätte Bosel nicht mehr geholfen. Man hätte dann die alten Anklagepunkte, die schubladisiert worden waren, wieder aufgewärmt, und er wäre erneut in den Mühlen der NS-Politjustiz gelandet. Außerdem hat Hitler längst verfügt, dass die noch in Österreich verbliebenen 60.000 Juden nach Osteuropa

deportiert werden. Während sich im Frühjahr 1941 noch einige tausend Juden ins Ausland retten konnten, werden Tausende andere bereits zwangsverschleppt. Im Herbst läuft die erste große Deportationswelle aus Wien in Gebiete an, die die Wehrmacht nach dem Angriff auf die Sowjetunion erobert hat. Gemäß den Anweisungen aus Berlin sorgen Alois Brunner und Konsorten dafür, dass ab November 1941 die Grenzen für jüdische Flüchtlinge komplett dichtgemacht werden. Niemand darf mehr auswandern, den Nazis geht es jetzt nur mehr um die Vernichtung der jüdischen Bevölkerung.[3]
Im Dezember 1941 wird Sigmund Bosel vom Rothschild-Spital in ein jüdisches Altersheim in der Radetzkystraße 5 verlegt. Für Gertrud Reinhardt und Elsa Neumann wird es schwieriger, ihn regelmäßig zu besuchen. Anders als im Rothschild-Spital lässt man die beiden Damen nun nicht mehr so einfach an ihn heran. Ob Bosel geahnt hat, dass er in einem Lazarett gelandet ist, das die Nazis als Zwischenstation auf dem Weg zur Vernichtung betrachten?
Sein miserabler Gesundheitszustand bewahrt Bosel längere Zeit davor, deportiert zu werden. Doch die Mordbürokraten in der Zentralstelle machen Druck. Immer wieder kommt ein Gerichtsarzt namens Szekely vorbei, der zu prüfen hat, ob Bosel nicht doch körperlich so weit ist, dass man ihn in einen der Todeszüge nach Osteuropa stecken kann. Der Arzt bescheinigt allerdings mehrfach, dass Bosel transportunfähig ist und damit zu rechnen sei, dass er eine Deportation kaum überleben würde.[4]
Am 5. Februar 1942 sitzt Gertrud Reinhardt während der Besuchszeit am Nachmittag wieder bei Bosel im Altersheim am Krankenbett. Auch der Gerichtsarzt Szekely ist an diesem Donnerstag neuerlich vorbeigekommen. Was dann passiert, geht auf Angaben zurück, die Reinhardt nach dem Krieg gegenüber der Justiz gemacht hat. Demnach ist plötzlich Anton Brunner, einer von Alois Brunners Leuten in der Zentralstelle, hereingeplatzt. „Sie kenne ich“, habe der gefürchtete Schläger gesagt, bevor Bosel an Ort und Stelle „kommissioniert“ wird, wie das im NS-Jargon geheißen hat, wenn Juden bürokratisch abgefertigt und zur Deportation freigegeben worden sind. Gertrud Reinhardt zufolge ist Anton Brunner rund zehn Minuten im Zimmer geblieben, um das perfide Prozedere abzuwickeln. Mithilfe weniger Formulare wird Bosels Schicksal besiegelt. Die Nazis scheren sich nicht mehr darum, dass der Mann im Altersheim transportunfähig

ist. Bosel kann nun jederzeit in einen Deportationszug verfrachtet werden. Der Gerichtsarzt Szekely hat inzwischen seine Aktentasche gepackt und ist davongelaufen.[5]

Am nächsten Tag ist nicht nur Gertrud Reinhardt bei Sigmund Bosel, sondern auch dessen Schwester Elsa. Nach den Geschehnissen vom Abend davor wird es wohl so gewesen sein, dass die beiden Frauen den Kranken nicht mehr aus den Augen gelassen haben. Bange Stunden vergehen, in der Hoffnung, dass die Nazi-Schergen nicht so schnell wiederkommen. Der 6. Februar 1942 ist ein bitterkalter Tag, Wien wird von eisigen Temperaturen heimgesucht.

Es ist noch nicht finster gewesen, als Reinhardt zufolge gegen siebzehn Uhr neuerlich Anton Brunner in der Radetzkystraße auftaucht. Brunner will vom lungenkranken Bosel wissen, ob er schon marschbereit sei. Der Mediziner Emil Tuchmann, der Bosel gut gekannt hat und als Leiter des Rothschild-Spitals darüber informiert gewesen ist, wie es um ihn gesundheitlich bestellt war, wird nach dem Krieg sagen: „An und für sich bedeutete die Deportierung für ihn sein Todesurteil, weil er ja gesundheitsmäßig den Strapazen nicht gewachsen war."[6]

Bosel erleidet durch die Angst und die Aufregung, die ihn erfasst, einen Blutsturz. Im Altersheim müssen sich erschütternde Szenen abgespielt haben. Reinhardt und Neumann werden angewiesen, das Zimmer zu verlassen. Ein anwesender Arzt setzt Bosel eine Spritze, die seine Blutungen eindämmen soll. Zu den Behandlungsmethoden, die Mediziner damals bei Patienten mit einem Blutsturz anwenden, gehören intravenöse Injektionen mit Kochsalz- oder Kalziumchlorid-Lösung, die eine blutstillende Wirkung haben.[7]

Brunner hat extra einen Kameramann mitgebracht, der mitfilmen soll, wie Bosel die Injektion verabreicht bekommt, die seinen kritischen Zustand notdürftig stabilisiert. Haben sich die Nazis an diesem Tag vorgenommen, dass sie den prominenten Patienten noch schnell auf Zelluloid bannen, bevor sie ihn überfallsartig ins Verderben schicken?

Bosel wird auf eine Trage gelegt und aus dem Krankenzimmer durch das Stiegenhaus hinuntergetragen. Reinhardt und Neumann sind mittlerweile in einem Zimmer eingesperrt worden. Man hat wahrscheinlich vermeiden wollen, dass sich die beiden Frauen an die Trage klammern oder den Abtransport anderweitig behindern. Unten

im Hausflur gewährt Brunner dem lebensgefährlich erkrankten Bosel noch großmütig ein Glas Wasser.
Gertrud Reinhardt hat 1946 vor Gericht angegeben, dass Anton Brunner es war, der ihren Lebensgefährten aus dem Altersheim in der Radetzkystraße abgeholt hat. Hier dürfte sich Reinhardt aber geirrt haben. Denn Max Birnstein, der Verwaltungsdirektor der Altersheime der Israelitischen Kultusgemeinde, hat 1942 festgehalten, dass Sigmund Bosel am 6. Februar von „Hauptscharführer Brunner" mitgenommen worden ist. Demnach war es nicht Anton, sondern Alois Brunner – also „Brunner I" –, der Bosel aus dem Altersheim abgeholt hat.[8]
Mehrere Umstände sprechen dafür, dass Birnsteins Vermerk stichhaltig gewesen ist. Alois Brunner hat nicht nur immer SS-Uniform getragen, sondern er ist auch „Hauptscharführer" gewesen, bevor er wenige Tage vor Bosels Deportation zum „SS-Hauptsturmführer" aufgestiegen war. Sein Handlanger Anton Brunner hatte dagegen nicht nur keinen SS-Dienstgrad, sondern er soll auch stets Zivilkleidung getragen haben.[9] Obendrein wird Birnstein die Eichmann-Männer aus der Zentralstelle viel besser gekannt haben als Gertrud Reinhardt, die ihre Aussage vier Jahre nach einer emotionalen Ausnahmesituation gemacht hat, während Birnstein unmittelbar nach Bosels Deportation den Vermerk über den erschienenen Gestapo-Mann angefertigt hat. Demnach zu urteilen hat Alois Brunner höchstpersönlich Sigmund Bosel aus dem Altersheim verschleppt.

Die Fahrt in den Tod

Am Aspang-Bahnhof wartet bereits der Zug, der wieder rund tausend Wiener Juden ins Verderben transportieren soll. Auf der Passagierliste steht auch die Familie Hirschhorn aus Wien-Ottakring. Pinkas Hirschhorn, seine Frau Charlotte und die beiden Töchter Traude und Rita sind für das jüdische Ghetto im lettischen Riga bestimmt. Um für die Hirschhorns und andere Neuankömmlinge aus Berlin, Prag oder Wien Platz zu schaffen, haben die Nazis Ende 1941 mehr als 25.000 lettische Juden bei einer einzigen Massenerschießung umgebracht und Teile des Rigaer Ghettos „leergemordet".[10]
Die Juden, die am Bahnhof in Wien Schlange stehen müssen, haben keine Vorstellung, welcher Horror sie erwartet. Traude Hirschhorn

Der Mörder: SS-Hauptsturmführer Alois Brunner. Er verschleppt Sigmund Bosel höchstpersönlich aus dem Altersheim in der Radetzkystraße.

ist damals 13 Jahre alt, im Gepäck trägt sie ein Tagebuch. Geschenkt bekommen hat sie es 1938 von ihrem Vater, damit sie wichtige Vorkommnisse und einschneidende Erlebnisse aufschreiben kann. Das Mädchen verfügt über einen flinken Verstand und eine gute Beobachtungsgabe. Traude Hirschhorn wird so zur Kronzeugin für das mörderische Drama, das sich auf dem Nazi-Todeszug nach Riga abspielen sollte.

Nach dem Zweiten Weltkrieg ist Traude Hirschhorn in die USA ausgewandert. Die junge Frau studiert Mathematik und Geschichte, bevor sie heiratet und eine Familie gründet. Aus Traude Hirschhorn wird die Historikerin Gertrude Schneider, von der wir in diesem Buch bereits gehört haben. Im November 2011 treffen wir einander zum ersten Mal. Frau Schneider ist damals trotz ihrer 83 Jahre auf Einladung der Suwelack-Stiftung zu einer Vortragsreise nach Deutschland gekommen. In einem kleinen Hotel in Münster sind wir zu einem TV-Interview verabredet. Wie Frau Schneider mit großer Konzentration und enormer Präsenz über ihre einstige Depor-

tation nach Riga und ihre fürchterlichen KZ-Erlebnisse spricht, ist beeindruckend gewesen. Mir bleibt beim Zuhören der Atem weg, auch das Kamerateam ist gerührt und gleichzeitig versteinert, um Frau Schneider nur ja nicht aus dem Erzählfluss zu bringen.[11]
Bis ins Jahr 1938 habe sie in Wien eine herrliche Jugend erlebt, erzählt Gertrude Schneider in einem eleganten Deutsch mit wienerischem Einschlag. Die Familie lebt in der Felberstraße, von der Wohnung aus haben die kleine Gertrude – die von allen „Traude" genannt wird – und ihre Schwester eine herrliche Aussicht auf die Gloriette im Schönbrunner Schlosspark. Die Eltern führen in Ottakring das „Volkswarenhaus Hirschhorn" mit zwei Geschäften, während die Großeltern ein koscheres Restaurant betreiben. Die Hirschhorns sind eine gutbürgerliche Familie, die in ihrem Stadtbezirk gut angeschrieben ist, bis auf einmal die Nazis an der Macht sind und das Leben der Familie schrittweise zertrümmert wird. Immer öfter werden die Kinder angepöbelt, die Nazis „arisieren" das Warenhaus, die Großeltern verlieren das Restaurant. Im April 1939 müssen die Hirschhorns in einen anderen Stadtbezirk umziehen, wo sie nur mehr eine Ein-Zimmer-Wohnung bewohnen dürfen.[12]
Finanziell kann sich die Familie noch einigermaßen über Wasser halten, weil Hirschhorn bei einem befreundeten Architekten beruflich untergekommen ist. Edi Jonke heißt der Mann, der nebenbei auch Box-Ringrichter ist und seinem jüdischen Freund einen ganz passablen Job als Hilfskraft in seinem Büro verschafft. Vater Hirschhorn erhält von den NS-Behörden sogar die Bescheinigung, dass er wegen seiner Tätigkeit für das Architekturbüro ein „wirtschaftswichtiger Jude" ist. Dem kargen Haushaltsbudget hilft es auch, dass Pinkas Hirschhorn und seine Frau von Sigmund Bosel einst zwei Prozent der Anteile vom Nachtlokal „Femina" gekauft haben. Die stille Teilhaberschaft beschert der Familie bis Ende 1941 ein kleines Zubrot.[13]
Traude Hirschhorn und ihre Schwester Rita wussten schon als Kinder ganz genau, wer der Herr Bosel war, mit dem der Papa gern ins Café Brillantengrund Karten spielen gegangen ist. In Schönbrunn konnte Traude beim Spazierengehen manchmal aus der Ferne die zwei Kinder des Millionärs beobachten, den der Papa kannte. Als die kleine Traude 1928 auf die Welt gekommen war, hat Sigmund Bosel ihre Geburt zum Anlass genommen, um sich mit einem Ge-

schenk einzustellen. Es war ein goldener Kinderring gewesen mit einem Rubin. Einige Jahre später hat ihn die Kleine dann stolz getragen, und die Eltern haben ihn später größer machen lassen, damit ihn Traude auch als Mädchen weiterverwenden konnte.[14]

Pinkas Hirschhorn glaubt auch im Jänner 1942 noch, dass er durch seinen Sonderstatus als „wirtschaftswichtiger Jude" mit seiner Familie vor einer Deportation geschützt ist. Am ersten Februar klopft es aber frühmorgens an der Tür der Sammelwohnung, die sich die Hirschhorns mittlerweile mit anderen Juden teilen müssen. Es ist ein Sonntag, und die Familie ist gerade beim Aufstehen, als jüdische „Ordner" den Hirschhorns sagen, dass sie eine Stunde Zeit hätten, um die Koffer zu packen – für die „Aussiedlung nach dem Osten". Die Eltern sind geschockt und fallen aus allen Wolken. Eine Stunde später taucht der SS-Untersturmführer Alfred Slawik aus Ottakring auf, der dort im November 1938 mit SA-Kumpanen das Restaurant der Großeltern derart verwüstet hatte, dass das Lokal zusperren musste.

Die Hirschhorns müssen mit ihren Koffern in die Sperlgasse marschieren, wo die Nazis aus einer Schule ein verdrecktes Sammellager gemacht haben. Hier hausen hunderte Menschen, die verzweifelt sind und nicht mehr wissen, wie ihnen geschieht. Anton Brunner ist hier der Verantwortliche, der den eingesperrten Juden alles abnimmt und den verhängnisvollen Stempel „Evakuiert am ..." auf die Karteikarten der Schlange stehenden Menschen niedersausen lässt. Manche stürzen sich danach wegen ihrer bevorstehenden Deportation gleich aus dem dritten Stock des Lagergebäudes in den Tod.[15]

Das Erste, was man Traude Hirschhorn wegnimmt, ist ihr Kinderring. Anton Brunner zerreißt auch die Reisepässe und Identitätsausweise der Familie Hirschhorn – und die Bescheinigung, dass Pinkas Hirschhorn ein wirtschaftswichtiger Jude sei. „Die werden Dir schon zeigen, was Arbeit ist – im Osten!", höhnt Brunner. Die junge Traude prägt sich seine Visage gut ein. Fünf Tage nach ihrer Internierung befinden sich die Hirschhorns auf einem Lastwagen zum Aspang-Bahnhof. In der Kälte beginnt ein quälendes Warten auf die Fahrt ins Ungewisse.

Weil sich die Abfahrt verzögert, vertreten sich die Hirschhorns die Beine beim ersten Waggon hinter der Lokomotive, als plötzlich ein Rettungsauto vorfährt. Bald kommt der Wagen auf dem Bahnhofsgelände nicht mehr weiter. Die Familie sieht, wie zwei Männer eine Trage aus dem Wagen hieven und einen Mann zum Zug tragen, der nur mit einem blau-weiß gestreiften Pyjama bekleidet ist und von einer Krankenschwester noch schnell einen Schlafrock umgelegt bekommt. Pinkas Hirschhorn erkennt, wen die SS da herangekarrt hat. „Um Gottes willen, das ist ja der Bosel!", sagt Hirschhorn zu seiner Frau und den Kindern. Traude und Rita erstarren vor Schreck, weil der Vater auf einmal leichenblass geworden ist. „Das ist doch nicht möglich", stammelt Hirschhorn, der bis zu diesem Moment fest der Meinung war, dass Sigmund Bosel Wien längst verlassen hatte, und nun mitansehen muss, wie sein alter Kartenspielkumpel in den zweiten Eisenbahn-Waggon verladen wird – und dabei nicht einmal zugedeckt ist. Pinkas Hirschhorn wird in diesem Moment wohl endgültig bewusst, dass die Nazis niemanden mehr verschonen.[16]

Genau 1004 Juden sind an diesem 6. Februar 1942 an Bord der Waggons. Zum letzten Mal ist Riga der Bestimmungsort für einen der Wiener Todeszüge, die Alois Brunner seit Wochen erbarmungslos zusammenstellt. Unter den Passagieren sind auch 20 Frauen und Männer, die aus mehreren polnischen Ghettos zu Fuß nach Wien zurückmarschiert waren, hier wieder verhaftet wurden und nun zum zweiten Mal deportiert werden.

Die Begleitmannschaften der Züge bestehen damals aus 15 bis 20 schwer bewaffneten Polizisten, die sich Brunner für jeden „Evakuierungstransport" ausborgt. Die Polizisten müssen die zur Deportation vorgesehenen Menschen während der Einwaggonierung in Schach halten. Kurz vor der Abfahrt des Zuges übernehmen sie dann von Brunner das Kommando über den Transport. Ausnahmsweise fährt Alois Brunner dieses Mal aber selbst auch nach Riga mit.[17]

Die Art und Weise, wie der schwerkranke Sigmund Bosel unter Brunners Aufsicht in den Zug verfrachtet worden ist, spricht dafür, dass Brunner eine menschliche Trophäe mit an Bord nehmen wollte. Bosel hat die Deportationsnummer 529. Vor der Abfahrt des Zuges geht Alois Brunner herrisch am Bahnsteig auf und ab. In jedem Waggon bestimmt er zwei Männer dazu, Ordnung zu halten. Im Einser-Wagen nominiert er Pinkas Hirschhorn als „Waggon-Kommandant", bevor er in der Mitte des Zuges einsteigt. Pinkas Hirschhorn wird gegenüber seiner Frau Schuldgefühle gehabt

haben. Denn sie hat nach Amerika auswandern wollen, als es noch gegangen wäre. Um 17.40 Uhr rollt der Deportationszug aus dem Bahnhof hinaus.[18]
Am zweiten Tag der Fahrt macht der Zug während der Nacht in Polen halt. Der Schnee neben dem Bahnsteig habe im Licht einer Bahnstation geglitzert, erinnert sich Gertrude Schneider. Der vorderste Waggon gleich hinter der Lokomotive, in dem die Hirschhorns ihre Plätze haben, ist geheizt gewesen. Im Februar 1942 verwenden die Nazis für ihre Todestransporte noch keine Viehwaggons, sondern alte Personenwagen mit Holzsitzen. In den hinteren Waggons des Riga-Zuges ist es dagegen bitterkalt gewesen, offenbar ist dort der Dampfdruck wegen einer kaputten Leitung nicht angekommen. Passagiere, die kein Wasser mehr haben, fangen an, das Eis von den Fenstern zu kratzen. An Bord des Deportationszuges befindet sich auch der Mediziner Doktor Bloch. Er kümmert sich notdürftig um die Reisenden und betreut auch Sigmund Bosel, der im zweiten Waggon liegt. Bloch hat Bosel gerade wieder eine Injektion gegeben, als plötzlich Alois Brunner auftaucht und Bosel sehen will. Wegen der Spritze sei das im Moment nicht möglich, sagt Bloch. Was dann passiert, hat Frau Schneider bereits 1946 unter ihrem Mädchennamen in einem mutigen Artikel festgehalten: Bloch bekam „von Brunner zwei Ohrfeigen und musste zusammen mit dem Sadisten diesen kranken Menschen auf die Plattform unseres Waggons tragen".[19]
Die junge Traude Hirschhorn wird Zeugin, wie Brunner den kranken Bosel mit „Du dreckiger Saujud!" und anderen Ausdrücken aufs Übelste beschimpft und ihn dann auf grausame Weise foltert.[20] Das fürchterliche Erlebnis hat Gertrude Schneider nie losgelassen. „Solche Züge haben drei Stufen gehabt, und auf der zweiten Stufe hat man den Bosel im Pyjama angekettet. Das konnte ich sehen durch die Ritzen. Der Papa hat es auch gesehen, und die Mama hat es gesehen."
Bosel hängt halb liegend und gekrümmt auf den Stufen. Er hat noch immer seinen Pyjama an und keine Haube auf dem Kopf. Um nicht aufzuschreien, habe ihre Mutter sich auf den Finger gebissen, sagt Schneider. „Und dann hat der Alois Brunner begonnen, den Bosel mit den Füßen zu treten." Immer wieder stößt der SS-Hauptsturmführer mit der Stiefelspitze Bosel ins Gesicht und in den Rücken. Bosel kann sich nicht wehren, er hustet und schüttelt sich vor Kälte. „Ich weiß heute noch, dass der Mensch unerhört gelitten haben

muss." Pinkas Hirschhorn raunt seine Tochter an, von der Waggontür wegzugehen und sich wieder hinzusetzen. Die Familie muss den qualvollen Dialog zwischen Bosel und seinem Peiniger mitanhören. „Und der Herr Bosel hat gesagt, ich habe so viel Gutes getan, ich habe die Feuerwehr eingekleidet und die Polizei eingekleidet. Er hat sich verteidigt, indem er erzählt hat, wie er geholfen hat. Und das hat den Brunner noch wütender gemacht. Und dann hat der Bosel gesagt: ‚Gnade, Gnade' – und beim dritten ‚Gnade' hat er ihn erschossen. Ein Schuss, ein einziger Schuss."[21]
Traude Hirschhorn ist Zeugin eines Mordes geworden. Nach der Tat macht Alois Brunner die Tür zu dem Abteil auf, in dem auch andere die Tat mitbekommen haben. „Hat hier jemand was gehört?", habe Brunner in die Runde gefragt, schildert Schneider. Ihr Vater, der „Waggon-Kommandant", habe den Kopf geschüttelt und „Nein" gesagt.[22]

Nach vier qualvollen Tagen kommt der Deportationszug am 10. Februar 1942 am Güterbahnhof Škirotava in Riga an. Die Passagiere sind ausgezehrt vom Hunger und von der Kälte. „Raus, raus", rufen die Schutzpolizisten, die verdatterten Passagiere müssen das große Gepäck im Zug lassen und sich aufstellen. Was die SS-Leute mit Bosels Leichnam gemacht haben, hat Gertrude Schneider nicht mehr beobachten können. Sie erinnert sich aber noch, dass es eine zweite Leiche gab. Es dürfte so gewesen sein, dass einige junge Männer unter den angekommenen Juden die Toten auf Karren werfen und die Leichen in einen der nahe gelegenen Wälder bringen mussten. Wahrscheinlich hat man Sigmund Bosel in einem der Massengräber verscharrt, die man für die ankommenden Wiener Juden bereits ausgehoben hatte.
Die Hirschhorns und die übrigen Passagiere ahnen noch nichts von dem teuflischen Plan, den das Nazi-Empfangskommando ausgeheckt hat. Denn der SS-Sturmbannführer Rudolf Lange – den Schneider als „elegant gekleideten Mann in einem Mantel mit Pelzkragen" in Erinnerung hat – wendet sich, nachdem er Alois Brunner begrüßt hat, mit den Worten „Meine Damen und Herren" an die angekommenen Juden. Lange erklärt den Wartenden, dass es bis zum Ghetto sechs Kilometer sind und dass für all jene, denen es wegen der klirrenden Kälte zu weit sei, Busse vorgesehen sind.[23]

Was also tun? Viele entscheiden sich für den Transport mit dem Bus. Rund 700 Wiener beginnen sich bei den blauen Fahrzeugen anzustellen, neben denen auch ein eigenartiger grauer Wagen steht. Die Augen der Hirschhorn-Kinder sind auf ihre Eltern gerichtet. „Meine Schwester Rita hat gesagt: ‚Ich will mit dem Autobus fahren!' Da hat der Papa gesagt: ‚Nein, wir gehen alle!'", berichtet Gertrude Schneider. Pinkas Hirschhorn merkt nämlich, dass die 20 Juden, die zum zweiten Mal deportiert wurden und mit denen er während der Fahrt heimlich reden konnte, allesamt gehen wollen.
Die 11-jährige Rita bockt jedoch, wenigstens sie möchte mit dem Autobus fahren. Dem Vater reißt der Geduldsfaden und er gibt seiner Tochter eine Ohrfeige. Der SS-Mann Lange dreht sich um und fragt, was denn da vor sich geht. Daraufhin sagt Rita Hirschhorn: „Ich möchte mit dem Autobus fahren, aber mein Vater lässt mich nicht!" Lange sieht sie an und sagt: „Kinder müssen immer tun, was ihre Eltern sagen."[24]
Die 300 Fußgänger bekommen den Befehl zum Aufbruch und stolpern über eine Böschung hinunter auf die Landstraße. Plötzlich beginnt Lange mit den Menschen, die Richtung Ghetto marschieren, zu schreien. Seine anfängliche Höflichkeit war reine Maskerade. Lettische Hilfspolizisten stoßen die Familie Hirschhorn und andere mit Gewehrkolben vor sich her. Lange, ein SS-Obersturmführer und Alois Brunner steigen in bereitstehende Autos und fahren weg. „Die Leute in den Autobussen sind eine Straße hinuntergefahren und dann um eine Biegung. Und nach einiger Zeit hat man Schüsse gehört", erzählt Schneider.
Die blauen Autobusse und der graue Bus, der ein Vergasungswagen war, haben die 700 Juden in den Bikernieki-Wald gebracht, wo man sie ermordet. Die Hirschhorns überstehen den Marsch ins Ghetto, wo sie bis September 1943 anderthalb Jahre in ständiger Angst durchmachen, bevor sie in verschiedenen Konzentrationslagern weiter ums Überleben kämpfen.
Auch im KZ hat Traude Hirschhorn heimlich Tagebuch geführt, um die fürchterlichen Ereignisse um sie herum festzuhalten. In Riga hört sie von anderen Ghetto-Insassen, die Massengräber ausheben mussten, dass der SS-Killer Lange immer wieder hohe Gäste aus dem „Altreich" in den Bikernieki-Wald mitgenommen habe. Fast alle Juden, die nach dem 10. Februar 1942 noch auf Depor-

tationszügen in Riga ankamen, sind gleich nach ihrer Ankunft im besagten Wald erschossen oder in Bussen mit Giftgas umgebracht worden.[25]

Ilka Schulz bekommt in Paris Ende Februar oder Anfang März 1942 die Nachricht, dass Sigmund Bosel die Deportation nicht überlebt hat. Eine Frau namens „Schwester Mary“ aus dem Sanatorium Rekawinkel hat Schulz in einem Brief mitgeteilt, dass „Peter“ (eine Chiffre für Sigmund Bosel, um die Zensur zu täuschen) am 6. Februar „abkommandiert“ worden sei. Weiter heißt es: „Muss Ihnen leider schreiben, dass Peter nicht mehr am Leben sein soll. War gestern bei Elsa, und diese sagte mir das. Bestimmtes weiß niemand. Herzlichst, Ihre Mary.“[26] Nach der Rückkehr des Begleitkommandos für den Riga-Zug müssen also aus Polizeikreisen Informationen über Bosels Schicksal durchgesickert sein.
Im Frühjahr 1942 erfolgt die Verwertung der drei Innenstadthäuser, die Sigmund Bosel vor seiner Deportation auf dem Papier noch besessen hat – nämlich der Häuser Bauernmarkt 12 und 14 sowie des Hauses Maria-Theresien-Straße 24. Als offiziöse Grundlage der Leichenfledderei dient eine einseitige Bestätigung, wonach Bosel nach Riga „abgemeldet“ worden sei.[27]
Damit wird eine Automatik des Reichsbürgergesetzes wirksam: Bosels Vermögen wird für verfallen erklärt und dem Deutschen Reich zugeschlagen, Mitte 1942 steht die Reichsfinanzverwaltung als Eigentümerin der Immobilien im Grundbuch. Bevor die Häuser aber an NSDAP-Günstlinge weiterverschachert werden können, legt sich der einstige Bosel-Geldgeber Albert Jossua quer. Der 73-Jährige meldet von Portugal aus mithilfe einer Wiener Treuhandgesellschaft Ansprüche an, weil ihm Sigmund Bosel noch Geld schuldig war.[28]
Jossuas Anwälte schreiben im Mai 1942 ganz offen, dass Bosel, „der seit Februar 1942 unbekannten Aufenthalts ist, angeblich auf dem Transport ins Generalgouvernement verstorben sein soll“. Die NS-Behörden wollen Jossuas Forderungen jedoch nicht anerkennen, weil Jossua Jude ist und früher österreichischer Staatsbürger war. Da der Investor allerdings die portugiesische Staatsbürgerschaft besitzt und in Lissabon lebt, werden seine Ansprüche letztlich akzeptiert und als Pfandrechte auf den unter Zwangsverwaltung stehenden Häusern eingetragen.[29]

Alois Brunner gefällt sich im Frühjahr 1942 in seiner Rolle als Herr über Leben und Tod. Als besonders unnachgiebig zeigt er sich, wenn prominente Juden deportiert werden sollen und noch dazu „Arier" für sie intervenieren. Brunner scheint als fanatischer Judenhasser eine gewisse Befriedigung dabei empfunden zu haben, dass es unter seiner Befehlsgewalt für den Operettensänger Louis Treumann, für den sich der deutsche Filmstar Theo Lingen eingesetzt hatte, oder für Sigmund Bosel keine Schonung gibt.[30]

Brunner schaltet auch gerne auf stur, wenn ihm hochrangige Nazi-Bonzen bei seinen Deportationen dazwischenfunken. Das sei besonders dann der Fall gewesen, wenn eine Intervention von Hitlers Stellvertreter Hermann Göring gekommen ist, wie Benjamin Murmelstein – ein Funktionär im „Ältestenrat" der Wiener Juden – nach dem Krieg angegeben hat. „Wenn der Göring sich für jemanden verwendet hat, so war er 100-prozentig zur Deportation verurteilt", so Murmelstein. „Eine Empfehlung von Göring war ein Verdammungsurteil."[31]

Aufgrund seiner Machtfülle in der Wiener SS-Vernichtungsbürokratie ist es für Brunner nicht schwer, sich unter den zahlreichen Häusern, die man den rechtmäßigen jüdischen Besitzern geraubt hat, eine schmucke Bleibe zu krallen. Im Jänner 1941 reißt sich Brunner in einer feinen Gegend in Wien-Währing eine Villa unter den Nagel. So lässt es sich gut leben mit Anni Röder, seiner blonden Verlobten, die Brunner in der „Zentralstelle" kennengelernt hat, wo die junge Frau als Sekretärin tätig gewesen ist. Brunner findet sein privates Glück mit einer eingefleischten Nationalsozialistin, die keine Hemmungen dabei hatte, das Haus in der Gustav-Tschermak-Gasse 14 mit geraubten Möbelstücken einzurichten. Im August 1942 erhält Brunner vom „Rasse- und Siedlungshauptamt SS" die eilig bearbeitete Heiratsfreigabe, am 11. September 1942 sind Anni Röder und er ein Ehepaar.[32]

Brunners Heirat und sein „Aufstieg" in der Nazi-Deportationsmaschinerie gehen Hand in Hand mit dem Schrecken, der auch in der Familie Bosel um sich greift. Drei Tage nach seiner Hochzeit lässt Brunner am 14. September Sigmund Bosels Schwester Elsa und ihren Ehemann Karl Neumann deportieren. Elsa und Karl, der einst als Geschäftsführer im Teppichhaus Schein für Bosel tätig war,

hatten seit 1938 Auswanderungspapiere für die damals von Japan besetzte chinesische Stadt Shanghai. Nachdem Gerti, die älteste Tochter, schon im Ausland war, schicken die Neumanns auch ihre jüngeren Kinder Ditta und Walter 1939 mit einem Kindertransport nach England. Die Chance zur eigenen Emigration lässt Elsa Neumann jedoch verstreichen, um ihrem kranken Bruder Sigi beizustehen, wie Martha Genèe nachdenklich schildert. „Meine Tante Elsa hätte den Herrn Bosel seinem Schicksal überlassen müssen, und das hat sie nicht übers Herz gebracht."[33]
Elsa Neumann und ihr Mann Karl bezahlen ihre Fürsorge mit dem Leben. Beide werden am 21. August 1942 sofort nach ihrer Ankunft in Maly Trostinec, einer NS-Massenvernichtungsstätte am Rande der Stadt Minsk im heutigen Weißrussland, von Nazi-Exekutionskommandos ermordet.[34]

Im Oktober 1942 wird Brunner nach Berlin abkommandiert. Nachdem er in Wien 47.000 Juden deportiert hat, exerziert der gefühlskalte Fanatiker nun seinen Gestapo-Kollegen in der Reichshauptstadt vor, wie sich mit den „Wiener Methoden" – also mit Hausdurchsuchungen und Greifer-Kommandos – die Deportationen von Juden beschleunigen lassen. In der SS habe es damals einen internen Konkurrenzkampf gegeben, wer die „besseren" Nazis und die erfolgreicheren Judenjäger sind, so der Historiker Hans Safrian. Ab Jänner 1943 läuft die Deportationsmaschinerie in der griechischen Stadt Saloniki an. Mehr als 40.000 Juden werden hier unter Brunners Oberaufsicht generalstabsmäßig ausgeraubt und im Akkord nach Ausschwitz geschickt.[35]
Im Juli 1943 gibt es in Frankreich, das die Deutschen gemeinsam mit dem nazi-treuen Vichy-Regime kontrollieren, den nächsten Auftrag für Brunner. Er wird Kommandant im berüchtigten Sammel- und Durchgangslager Drancy, wo nordöstlich von Paris tausende Gefangene eingesperrt sind. Brunner lässt seiner Brutalität endgültig freien Lauf, indem er gefangene Juden auspeitscht oder bisweilen einfach in die Menge schießt. Die Verhör- und Foltermethoden des Lagerleiters sind gefürchtet. Überlebende berichten, dass die Wände in Brunners Büro mit Blutflecken und Einschusslöchern bedeckt waren.[36]
Brunner lässt ganze Wohnviertel in Paris abriegeln, um Juden in Wohnhäusern oder direkt auf der Straße zu verhaften. Dann wer-

den die Menschen in Lastwagen nach Drancy gebracht, um immer wieder mit rund 1000 Personen einen Deportationszug anzufüllen, der nach Auschwitz oder in andere Vernichtungslager geschickt wird. Bis zum letzten Moment vor dem Einsteigen wird den Opfern vorgegaukelt, dass sie in ein Ansiedelungsgebiet oder ein Ghetto in Osteuropa kommen würden. Dazu Hans Safrian: „Alois Brunner hat die Züge zu den Todesfabriken mit einer Verschlagenheit gefüllt, die ihresgleichen sucht." Untergetauchte Juden sind in Paris ständig in Gefahr. Der Deportation entgehen nur jene, die sich versteckt halten können oder auf den Pariser Straßen nicht auffallen – so wie Bosels Lebensgefährtin Ilona Schulz. „Meine Mutter", sagt Julie Marks, „war blond und hatte blaue Augen. Damit hat sie sozusagen in keiner Weise irgendwie ‚jüdisch' ausgeschaut. Deshalb hat man sie wahrscheinlich auch in Ruhe gelassen."[37]

Die Familie Neumann, die Sigmund Bosel 1938 in Paris vor der Rückreise nach Wien gewarnt und später Ilka Schulz und den Bosel-Kindern Unterschlupf geboten hatte, war während Brunners Schreckensherrschaft in Drancy nicht mehr in Frankreich. Julie Marks' Cousine – die damals frisch verheiratete Martha Genée – hat mit ihrem Mann, einem österreichischen Fremdenlegionär, und ihrem kleinen Sohn Pierre 1942 über Marseille in die Schweiz flüchten können. Mithilfe von Schleppern und gefälschten Papieren haben es die Genées bis zum Genfer See geschafft, wo sie während der Nacht in einem Boot nach Lausanne übersetzen können und von den Schweizer Behörden nicht zurückgeschickt werden, weil sie ein Kleinkind mithaben.

Ilka Schulz muss sich unterdessen in Paris im Untergrund durchschlagen. Das Appartement einer amerikanischen Familie, die die Stadt verlassen hat, dient ihr als Absteige. Der mutigen Frau hilft es, dass sie sich in der besetzten Stadt mit Karl Landeis zusammentut. Schulz kennt Landeis, der einst für Sigmund Bosel in Wien gearbeitet hat und nun ebenfalls in Paris als U-Boot haust. Landeis soll auch geheime Kontakte zu einigen Wehrmachtsoffizieren gehabt haben, die Hitler-Gegner waren und Ilka Schulz geholfen hätten, wie Martha Genée bei einem unserer Gespräche erzählt. „Die Frau Schulz war eine der tüchtigsten Frauen, die ich je gesehen hab'. Verwöhnt wie sie war, hat sie sich in jede Situation hineingefunden. Sie hat sich nicht unterkriegen lassen."[38]

Ilka Schulz hat auch Glück, dass sie den Nazis und ihren französischen Kollaborateuren nicht ins Netz geht. Denn Karl Landeis bekommt eines Tages in der Küche einer Unterkunft einen Herzinfarkt. Das ausströmende Gas tötet nicht nur ihn, sondern auch eine andere Mitbewohnerin, während Schulz im hinteren Teil des Hauses überlebt. Später nimmt Schulz das Wagnis in Kauf, dass sie unter ihrem Decknamen Yvonne Moreau ins Krankenhaus geht und eine Brustkrebsoperation durchführen lässt. Weil die Tarnung gut genug ist, um nicht aufzufliegen, kann Schulz mit ihren gefälschten Ausweispapieren den Häschern Brunners entgehen.

Nach der Landung der Alliierten in der Normandie wird Paris am 25. August 1944 befreit. Die deutschen Besatzungstruppen haben kapituliert. Ilka Schulz und andere, die in Frankreich vor Alois Brunner zittern mussten, sind endlich in Sicherheit. Wenige Tage vor der Befreiung der Stadt hat der Kriegsverbrecher den letzten Todeszug von Drancy nach Ausschwitz als Mitfahrgelegenheit verwendet, um sich abzusetzen.

Während die alliierten Armeen auf dem Vormarsch sind, geht Brunner im September 1944 in der Slowakei auf Menschenjagd, diesmal mit Unterstützung der faschistischen „Hlinka-Garde". Die Juden, die seiner Truppe ins Netz gehen, werden in der Nähe von Bratislava ins Lager Sered' gepfercht und von dort in Vernichtungslager befördert. Wie ein Besessener wickelt Brunner seine Transporte ab, bis die Russen Sered' bombardieren. Es ist der finale Exzess des Massenmörders.[39]

Anfang Mai 1945 ist der Zweite Weltkrieg auch in Österreich vorbei. Die Alliierten haben den Völkermord der Nazis endgültig gestoppt. Der Holocaust schockiert die Welt. Nun wird der Menschenjäger Alois Brunner selbst ein Gejagter. Er bringt seine schwangere Frau Anni von Wien nach Lembach in Oberösterreich, wo Adolf Eichmann eine Freundin namens Mitzi Mösenbacher hatte und Brunner mit seiner Frau während des Krieges auch mehrfach zu Gast gewesen war. Brunners Ehefrau findet in Lembach bei einer Nazi-Wirtin und einer Bauernfamilie Unterschlupf. Bevor die 11. US-Panzerdivision durch das Mühlviertel nach Linz vorstößt, macht sich Alois Brunner Richtung Prag aus dem Staub. Zu diesem Zeitpunkt hat er fast 130.000 Menschenleben auf dem Gewissen.[40]

Anmerkungen

1 Brief von SB an seine Kinder, 17. 5. 1939; WStLA, Historische Meldebestände zu Sigmund Bosel, MA8 – B-MEA – 5957/2009; Prokop, Das Rothschildspital – vom Vorzeigeprojekt zum Wartesaal der Hoffnung, in: David – Jüdische Kulturzeitschrift, Heft 97, 07/2013. Das „Rothschild-Spital" wurde 1872 von Baron Anselm Salomon v. Rothschild gestiftet und dann der Wiener IKG übergeben. Heute befindet sich an der Stelle des Spitals das Wiener WIFI. Anselm v. Rothschild war übrigens auch der Gründer der Creditanstalt.

2 DÖW, „Gestapo an LG", 1. 3. 1940; „LG an Reichsgau", 8. 3. 1940; AEV, Schiedsinstanz, 724/2010, 50-175.

3 AEF, Schiedsinstanz, 724/2010, 50-176,177; Rabinovici, Von der Kultusgemeinde zum Ältesten-Rat (www.misrachi.at).

4 DÖW; Zeugenvernehmung Emil Tuchmann im Prozess gegen Franz Novak, LG Wien, 20. 9. 1961.

5 DÖW, Zeugenvernehmung Gertrud Reinhardt im Prozess gegen Anton Brunner II, BG I, Wien, 28. 3. 1946.

6 Zeugenvernehmung Emil Tuchmann im Prozess gegen Franz Novak, LG Wien, 20. 9. 1961, DÖW.

7 Strümpell-Seyfarth, Lehrbuch der speziellen Pathologie und Therapie der inneren Krankheiten, 401.

8 Archiv der IKG, Max Birnstein über Sigmund Bosel, Archiv der IKG, „Jerusalem Inventory", A/W 274.

9 Felstiner, Alois Brunner: Eichmann's Best Tool. Simon Wiesenthal Center Library, Museum of Tolerance Online, Multimedia Learning Center, http://motlc.wiesenthal.com (19. 1. 2012); LG für Strafsachen Wien, VG 1gVr 4574/45, Hv 761/46, „Im Namen der Republik!" – Urteilsbegründung, 10. 5. 1946.

10 Safrian, Eichmann u. seine Gehilfen, 152f.; Schneider, Reise in den Tod, 18ff.

11 Interview mit Dr. Gertrude Schneider, 16. 11. 2011.

12 Gertrude Schneider in: „Menschenbilder", ORF-Radio Ö1, 16. 6. 2013.

13 Interview mit Gertrude Schneider, 16. 11. 2011.

14 Telefonat mit Gertrude Schneider, 6. 12. 2015.

15 LG Wien, VG 1gVr 4574/45, Hv 761/46; Erfahrungsbericht Otto Kalvo/Leo Luster, 23. 8. 1945; DÖW, Zeugenaussage Ernst Weiss, 13. 8. 1945, „Niederschrift mit Brunner II Anton", 3. 10. 1945.

16 Interview mit Gertrude Schneider am 16. 11. 2011; Schapira/Hafner, Die Akte Brunner, 199.

17 Oesterreichische Zeitung, 7. 5. 1946; LG für Strafsachen Wien, VG 1gVr 4574/45, Hv 761/46, „Im Namen der Republik!" – Urteilsbegründung, 10. 5. 1946. Abgesehen von Traude Hirschhorn haben nach dem Krieg zwei Zeugen angegeben, dass Alois Brunner im Jahr 1942 unter anderem in Riga gewesen sei, um jüdische Lager zu inspizieren. Einer dieser Zeugen war der Wiener Kurt Sauerquell, der später in den USA unter dem Namen Elliot Welles eine Task Force der B'nai B'rith Anti-Defamation League für die Jagd auf Kriegsverbrecher geleitet hat.

[18] International Institute for Holocaust Research, Transport 16 from Vienna to Riga, http://db.yadvashem.org; Interview mit Gertrude Schneider, 16. 11. 2011; weitere Infos von Gertrude Schneider an den Autor, 02/2016.
[19] DÖW, Hirschhorn, Die Fahrt ins Grauen, in: Der neue Weg, 15. 2. 1946.
[20] Gertrude Schneider in: „Menschenbilder", ORF-Radio Ö1, 16. 6. 2013.
[21] Gertrude Schneider in der TV-Doku Der Massenmörder und der Trillionär (ORF, 2013).
[22] Schneider, Reise in den Tod, 90f.
[23] Interview mit Gertrude Schneider, 16. 11. 2011.
[24] Zitiert nach: Schneider, Reise in den Tod, 93f.
[25] Schneider, Reise in den Tod, 199.
[26] „Liebe Frau Ilka", Brief von Sr. Mary an Ilona Schulz, 17. 2. 1942.
[27] ÖStA, AdR/Finanzen, FLD 17618/1-1, „Bestätigung", 11. 7. 1942.
[28] AdR/Finanzen, FLD 17618/2-6, „Grundbuchssache", 11. 7. 1942; AdR/Finanzen, FLD 17618/2-99, „Christine P. an Vermögensverkehrsstelle", 20. 12. 1940; AEF, Schiedsinstanz, 724/2010, 57 (204-205).
[29] AdR/Finanzen, FLD 17618/1, „Bestätigung" vom 11. 7. 1942, Schreiben zur „Grundbuchsangelegenheit", Juli 1942, „Brief Treuhand- und Kontrollgesellschaft", 8. 5. 42, „An die Treuhand- und Kontrollgesellschaft", 27. 10. 42 sowie „Betrifft: Jossua …", 24. 2. 43; AEF, Schiedsinstanz, 724/2010, 58 (207).
[30] Hafner/Shapira, Die Akte Alois Brunner, 59ff.; Interview mit Pierre Genée am 23. 6. 2015.
[31] Benjamin Murmelstein in seinem berühmten 11-stündigen Interview mit dem französischen Dokumentarfilmer Claude Lanzmann, Band 35.
[32] DÖW, „Verlobungs- und Heiratsgenehmigung" 14. 8. 1942; Hafner/Shapira, Die Akte Alois Brunner, 54ff.
[33] Martha Genée in der TV-Doku Der Massenmörder und der Trillionär (ORF, 2013).
[34] DÖW, Datenbank der österreichischen Shoah-Opfer.
[35] Hans Safrian in der TV-Doku Der Massenmörder und der Trillionär (ORF, 2013); Safrian, Eichmann und seine Gehilfen, 225ff.; Shapira/Hafner, 89ff.
[36] Felstiner, Alois Brunner: Eichmann's Best Tool, SWC, http://motlc.wiesenthal.com.
[37] Hans Safrian in: Der Massenmörder und der Trillionär (ORF, 2013); Shapira/Hafner, 112; Interview Julie Marks, 17. 2. 2012.
[38] Gespräch mit Pierre Genée, 23. 6. 2015; Interview mit Martha Genée, 14. 12. 2011.
[39] Shapira/Hafner, 153ff.; Safrian, 308ff.
[40] Shapira/Hafner, 178ff; Kumpfmüller, 400 Jahre Lembach, 175ff; Felstiner, Brunner, http://motlc.wiesenthal.com.

16 - DAS VERMÄCHTNIS DES TRILLIONÄRS

1946 steht Anton Brunner, der zweite Brunner in der Wiener Nazi-Deportationsmaschinerie, wegen Kriegsverbrechen vor Gericht. Der Staatsanwalt wirft dem ehemaligen „Kommissar“ aus der „Zentralstelle für jüdische Auswanderung“ vor, an der Deportation von rund 48.000 Österreichern maßgeblich mitgewirkt zu haben.[1]
Um seinen Hals zu retten, versucht Anton Brunner, seine Beteiligung am Massenmord kleinzureden und die Verantwortung auf Alois Brunner zu schieben: „Ich erhielt alle meine Befehle und Anordnungen von Brunner I und führte sie auftragsgemäß aus.“ Immer hätte der SS-Hauptsturmführer, der auch die Razzien in den Altersheimen der Kultusgemeinde persönlich geleitet habe, „das letzte Wort gehabt, wer wegkam und wer nicht“, behauptet Brunner II. Die KZ-Überlebenden, die von der Staatsanwaltschaft aufgeboten werden, berichten jedoch, dass Anton Brunner nicht nur einer der führenden Köpfe in der Zentralstelle gewesen sei, sondern viele der zur Deportation bestimmten Juden auf das Brutalste misshandelt und im Sammellager in der Sperlgasse terrorisiert habe.[2]
Unter den Zeugen der Anklage befindet sich auch Gertrude Schneider alias Traude Hirschhorn, die es mit ihrer Mutter und ihrer Schwester zurück nach Österreich geschafft hat. Lotte, Traude und Rita Hirschhorn sind nach zweieinhalb Jahren im Ghetto von Riga und im Konzentrationslager Kaiserwald mit viel Glück der Ermordung im Vernichtungslager Stutthof bei Danzig entgangen, weil sie in einem nahe gelegenen Nazi-Arbeitslager untergebracht waren. Im Februar 1945 überstehen Frau Hirschhorn und ihre Kinder noch einen Todesmarsch unter dem Kommando von SS-Leuten, den diese veranlasst haben, weil die russische Armee anrückt. Anfang Juni kommen die KZ-Heimkehrerinnen via Budapest in Wien an – mit der bangen Hoffnung, dass auch der Vater den Holocaust überlebt hat. „Behütet Einander! Kopf hoch, nicht aufgeben, es dauert nicht mehr lange. Wir treffen uns in Wien“, stand auf dem letzten Grußzettel, den Pinkas Hirschhorn seiner Familie zukommen hatte lassen, bevor man ihn von Stutthof ins Konzentrationslager Buchenwald abtransportierte. Von hier aus wurde Hirschhorn später

nach Bochum gebracht, wo er vorübergehend als Zwangsarbeiter in einem Stahlwerk schuften musste.
Kurz vor der Befreiung von Buchenwald werden Hirschhorn und tausende andere KZ-Häftlinge aus diversen Außenlagern Richtung Bayern verlegt. Dabei bleibt der Viehwaggon, in dem sich der ausgemergelte und zerschundene Mann mit anderen Gefangenen befindet, auf einem Nebengleis in Weimar stehen. Als amerikanische Soldaten den Wagen zwei Tage später öffnen, ist Hirschhorn bereits tot. Sein Körper sei noch warm gewesen, als die GI's die Opfer geborgen haben, erfährt Traude Hirschhorn von einem Wiener, der das Martyrium im Waggon überlebt hatte.[3]
Die Familie ist durch die Todesnachricht am Boden zerstört. Notdürftig finden die Hirschhorns Unterschlupf in der „arisierten" Wohnung einer ermordeten Cousine, die leer steht, weil die unrechtmäßigen Besitzer geflohen sind. „Die Heimkehr war anders, als wir uns das vorgestellt haben", klagt Gertrude Schneider rückblickend. „Man war nicht gut zu uns. Niemand war nett, auch der Figl nicht. Die Behörden haben uns in einer hochnäsigen Art abgefertigt."[4]

Die Schatten der Vergangenheit

Anfang Jänner 1946 landet auf dem Tisch der Staatspolizei ein Schreiben aus der Israelitischen Kultusgemeinde. Darin heißt es, dass Lotte Hirschhorn die IKG davon verständigt habe, „dass sie Zeugin gewesen sei, als der bekannte SS-Hauptsturmführer Brunner I den aus Wien deportierten Juden Siegmund Bosel auf dem Transport nach Riga erschossen hat".[5]
Beim „Volksgericht" – dem Sondergerichtshof für NS-Verbrechen – steht der Fall Alois Brunner jedoch auf einem anderen Blatt. Im Frühjahr 1946 will man in erster Linie Beweismittel gegen Anton Brunner zusammentragen. Ende März wird auch Traude Hirschhorn als Zeugin vom Untersuchungsrichter befragt. Die knapp 18-Jährige nimmt dabei zu einem Artikel Stellung, den sie über ihre Deportation und den KZ-Leidensweg ihrer Familie in der jüdischen Zeitschrift *Der Neue Weg* veröffentlicht hat. Traude Hirschhorn stellt in ihrer Aussage klar, dass Alois Brunner derjenige war, der Sigmund Bosel auf dem Weg nach Riga erschossen hat.[6]

Gertrude Reinhardt macht mit ihrer Aussage zur Verschleppung Bosels aus dem Altersheim ebenfalls darauf aufmerksam, dass ihr früherer Lebensgefährte auf der Strecke nach Riga ermordet worden sei. Im Strafverfahren gegen Anton Brunner ist es am Rande auch um den gewaltsamen Tod von Sigmund Bosel gegangen.[7]
Der Brunner-Prozess beginnt am 6. Mai 1946. Traude Hirschhorn wird gleich am ersten Verhandlungstag in den Zeugenstand gerufen. „Ein hübsches junges Mädchen" sei vor den Senat getreten, berichtet die *Oesterreichische Zeitung*. „Mit erschütternden Worten erzählte die Zeugin auf Befragen des Vorsitzenden über die Misshandlungen, denen die Lagerinsassen ausgesetzt waren."
Nach der Anhörung von über fünfzig Zeugen ist das Gericht am 10. Mai überzeugt gewesen, dass Anton Brunner wegen seiner Beteiligung an der Judenvernichtung nichts anderes verdient als den Strick. Der Urteilsbegründung zufolge war die Todesstrafe „die unter Menschen auf dieser Erde einzig mögliche Sühne für diese Untaten".[8]
Am 24. Mai 1946 wird Brunner frühmorgens hingerichtet. In den ersten Jahren nach Kriegsende greift die österreichische Justiz noch hart durch, um mit NS-Tätern abzurechnen. Der Arzt, der Anton Brunners Tod um 6.10 Uhr feststellt, ist Gerichtsarzt Szekely, der – wir erinnern uns – vier Jahre davor auch am Tag der Deportation von Sigmund Bosel im Altersheim anwesend war.

Nach den Aussagen gegen Brunner und Brunner, nach dem schäbigen Verhalten der österreichischen Behörden gegenüber KZ-Heimkehrern und dem tragischen Tod des Vaters gibt es nichts mehr, was die Familie Hirschhorn in Wien hält. Mitte Jänner 1947 verlassen die Hirschhorns Österreich, um in Amerika ein neues Leben anzufangen.[9]
Mit der Fahndung nach dem flüchtigen Alois Brunner lässt sich die Justiz hingegen Zeit. Erst im April 1947 wird er steckbrieflich gesucht. Das eingeleitete Volksgerichtsverfahren wird aber schon wenige Wochen später wieder auf Eis gelegt, da von Brunner jede Spur fehlt. Weil er keine SS-Tätowierung hat, kann sich Brunner nach Kriegsende in alliierten Gefangenenlagern leichter durchschwindeln. Unter dem Pseudonym „Alois Schmaldienst" arbeitet der Obernazi sogar als Kraftfahrer für die US-Armee. Später schlägt er sich in Deutschland als Kellner und Bergwerksarbeiter durch. Als er

1954 in Frankreich in Abwesenheit in Paris und Marseille zum Tode verurteilt wird, verschwindet Brunner in den Nahen Osten.
Durch die Hinrichtung Anton Brunners hat Alois Brunner leichter untertauchen können. Man hat die beiden Brunners immer wieder verwechselt, manche haben sie sogar für Brüder gehalten, nachdem sie sich etwas ähnlich geschaut haben sollen. Die Fahndung wird auch durch den gleichen Anfangsbuchstaben der Vornamen gebremst. Mit einem toten Eichmann-Handlanger namens „A. Brunner" war die Sache für manche erledigt. Obendrein hat es schlampige Ermittler gegeben, die davon ausgegangen sind, dass „die beiden Brunners bekanntlich hingerichtet" worden seien. Im Jänner 1960 wird das Verfahren gegen Alois Brunner schließlich eingestellt.[10]
Im darauffolgenden Jahr gerät die Wiener Justiz aber unter Zugzwang. Israelische Agenten haben Adolf Eichmann aus Argentinien entführt und nach Jerusalem gebracht. Im Frühjahr 1961 kommt beim Eichmann-Prozess Brunners monströse Rolle bei der Judenvernichtung ans Licht. Das Wiener Landesgericht erlässt im November 1961 daher einen frischen Haftbefehl, in dem Alois Brunner neben zahllosen Verbrechen gegen die Menschlichkeit ein Mord namentlich zur Last gelegt wird – die Erschießung von Sigmund Bosel.[11]

Der Kampf um das Erbe

Von den Zeugenaussagen in Wien hat Julie Bosel nach dem Krieg nichts mitbekommen. Sie war 1945 aus dem Exil in London nach Berlin übersiedelt, um hier für die amerikanische Militärverwaltung zu arbeiten. Wenn sie Urlaub hat, besucht die hübsche junge Frau in Uniform öfters ihre Mutter, die in Paris geblieben ist. Nach der langen Trennung können Ilka Schulz und ihre Tochter endlich wieder Zeit miteinander verbringen.
Doch die Brustkrebs-Erkrankung der Mutter schreitet voran. Die Operation während der deutschen Besatzungszeit in Paris hat keine Heilung bewirkt. Schulz entschließt sich daher 1948, zu ihrer Schwester nach Amerika zu fahren, in der Hoffnung, dass die Ärzte dort noch etwas für sie tun können. Julie will ihrer Mutter in New York während der Therapie beistehen. Doch die US-Behörden verweigern der Army-Angestellten ein Besuchervisum.

Weil Julie um ein US-Dauervisum angesucht hat, ist während der Laufzeit des Antrages keine Einreise möglich. Julie schreibt sogar einen Brief an US-Präsident Truman, in dem sie als *Allied Civilian* wegen der Krankheit ihrer Mutter um eine Ausnahme bittet. Das Außenministerium schickt ihr jedoch eine Absage. Julie bringt ihre kranke Mutter in Paris zum Flughafen. Nach dem Abschied am Schalter sehen sich die beiden nie wieder, Ilka Schulz stirbt mehrere Wochen später in New York mit 53 Jahren an Krebs.

Berlin 1946: Julie Bosel als Mitarbeiterin der US Army.

Nach dem Ende ihrer Army-Dienstzeit in Berlin kehrt Julie Bosel 1949 vorübergehend nach Wien zurück. In der besetzten Stadt läuft der Wiederaufbau, doch für die junge Frau liegt die Vergangenheit in Trümmern. Ihre Verwandten sind entweder nach dem „Anschluss" geflüchtet oder wie ihr Vater und Tante Elsa von den Nazis ermordet worden. Julie hat nur mehr ihre Cousine Martha Genée, die mit ihrem Mann und ihrem kleinen Sohn Pierre aus dem Exil in der Schweiz zurückgekommen ist. Julie Bosels vermeintliche Heimkehr bleibt nicht unbemerkt. Eine Zeitung bringt eine Notiz, wonach die Tochter des legendären Sigmund Bosel wieder in Wien sei. Als Julie eines Abends ausgeht, kommt sie in einem Lokal – es dürfte das Kabarett „Fledermaus" gewesen sein, das nach dem Krieg in den früheren Räumlichkeiten der „Femina" in der Johannesgasse aufgemacht hatte – mit einer Dame ins Gespräch, die zu den Frauen im Leben ihres Vaters eine vielsagende Andeutung macht, die Julie nicht vergessen hat: „Jössas, Maria und Joseph, ich könnt' Ihnen G'schicht'n erzählen über Ihren Herrn Papa!"[12]

Während sich Julie im Kollegenkreis der US-Armee in Berlin wohlgefühlt hat, kapselt sie sich in Wien ab. Nach all dem, was passiert ist, will sie nicht mehr in Österreich leben. Vorerst heißt es jedoch

Warten auf das Dauervisum für Amerika. Außerdem wollen die Bosel-Geschwister die Vermögenswerte zurückfordern, die man ihrem Vater während der Nazizeit abgenommen hat.

Das beginnt mit der Villa in der Gloriettegasse, die seit 1940 dem Architekten Adolf Kirchner gehört hat. Der bekam die Liegenschaft bei einer Versteigerung um die Hälfte des bereits herabgesetzten Schätzwertes zugeschlagen und zahlte die vorgesehene „Entjudungsauflage" – das war eine Art „Arisierungsgebühr" – an die NS-Behörden. Bei einem alliierten Bombenangriff im Februar 1945 war der Mitteltrakt der Residenz allerdings vollständig zerstört und die beiden Seitentrakte waren schwer beschädigt worden.[13] Die Villa war praktisch unbewohnbar geworden, doch das große Grundstück hatte einen beträchtlichen Wert.

Die drei Innenstadt-Häuser, die Sigmund Bosel – abgesehen von der Villa – vor dem „Anschluss" noch geblieben waren, sind zwar auch sanierungsbedürftig gewesen, aber von Bombenschäden verschont geblieben. Bei diesen „arisierten" Immobilien ergibt sich für die Bosel-Kinder der erste Hoffnungsschimmer einer Rückgabe.[14]

Im Jänner 1948 bringt ein Notar auf Basis der Rückstellungsgesetze, die man inzwischen auf Druck der Westalliierten beschlossen hatte, den Antrag auf Restitution der Zinshäuser ein. Im April 1948 folgt sein Ansuchen auf Rückstellung der Bosel-Villa in Hietzing. Der dortige Eigentümer Adolf Kirchner bekämpft aber die Rückgabe der Residenz mit seinem Rechtsanwalt. Damit sind gleichzeitig zwei Rückstellungsverfahren im Gange, als Julie Bosel wieder in Wien erscheint.

Wirklich einklinken können sich die Bosel-Geschwister in den Vermögensstreit erst, nachdem ihr ermordeter Vater – der offiziell als vermisst gegolten hat – amtlich für tot erklärt wird. Nach dem entsprechenden Verfahren bestimmen die Behörden, dass Bosel das Kriegsende nicht überlebt hat. Das offizielle Todesdatum wird auf den 8. Mai 1945 festgesetzt, den Tag der Befreiung und bedingungslosen Kapitulation der deutschen Wehrmacht.[15]

Nun können die Bosel-Kinder vor der Rückstellungskommission um das Erbe ihres Vaters kämpfen. Weil sich die Verfahren aber ziehen, geht Julie Bosel 1949 zurück nach London. Sie wird die leitende Sekretärin des *Margaret McMillan Memorial Fund*. Diese wohltäti-

ge Organisation hat eine prominente Schirmherrin – die Ehefrau des damaligen Labour-Premierministers Clement Attlee.[16]
Im Juli 1949 richtet die schneidige Wienerin mit ihren 22 Jahren im Namen des britischen Premierminister-Ehepaares eine große Gartenparty in der *Downing Street* aus. Julie Bosel spielt bei dem Fundraising-Event eine wichtige Rolle. Ihre Aufgabe ist es gewesen, die hochkarätigen Gäste miteinander bekannt zu machen. Unter ihnen sind der israelische Staatsgründer David Ben-Gurion und General Smuts, der alte südafrikanische Staatsmann.[17]
Im Februar 1950 müssen die Bosel-Kinder einen schweren Rückschlag hinnehmen. Ihr Antrag auf Rückgabe der baufälligen Villa in der Gloriettegasse wird von der Rückstellungskommission ohne Begründung abgelehnt. Die Bosel-Kinder werden dazu verpflichtet, die Verfahrenskosten von öS 1.327,74 zu bezahlen.[18]
Adolf Kirchner kann sich die Hände reiben. Nach diversen Änderungen im Flächenwidmungs- und Bebauungsplan kann Kirchner 1954 ein fast 6.000 Quadratmeter großes Areal um 1,2 Millionen Schilling verkaufen. Und zwar an die Gemeinnützige Wohnungsgesellschaft für Bundesbedienstete Ges.m.b.H. – die BUWOG. Nach dem Abriss der Villa werden mit einem Darlehen des Wohnhaus-Wiederaufbaufonds und nach Plänen Kirchners bis 1959 zwei mehrgeschoßige Wohnhäuser mit insgesamt 50 Eigentumswohnungen errichtet, von denen sich Kirchner selbst fünf Wohnungen kauft.[19]
Mit dem Antrag auf Rückgabe der Zinshäuser Bauernmarkt 12 und 14 sowie Maria-Theresien-Straße 24 haben Julie und Alfons hingegen Erfolg. Die Rückstellungskommission gibt im April 1950 grünes Licht, dass die beiden jeweils zur Hälfte als Erben im Grundbuch eingetragen werden. Julie und Alfons Bosel haben damit aber nicht viel gewonnen. Denn die Häuser sind mit Pfandrechten zugepflastert, die unter anderem auf den jüdischen Investor Albert Jossua zurückgehen, der Bosel einst nach den missglückten Franc-Spekulationsgeschäften finanziell aus der Patsche geholfen hatte. Nachdem Jossua 1951 in Lissabon gestorben ist, wollen seine Erben die Hypotheken zu Geld machen. 1956 werden die Stadthäuser daher zwangsversteigert. Weil der Erlös vor allem für die Löschung der Pfandrechte draufgeht, bleibt für die Bosel-Kinder vom legendenumwobenen Vermögen ihres Vaters abgesehen von einer ausgezahlten Lebensversicherung kaum etwas übrig.[20]

Die drei Jahre als *Allied Civilian* bei den US-Truppen in Berlin haben Julie neugierig gemacht auf eine Zukunft in Amerika. Die Lebenswege der Bosel-Geschwister trennen sich. Julie wandert nach New York aus, wo sie 1953 heiratet, während sich Alfons in England als Immobilienmakler niederlässt. Im November 1973 stirbt er unverheiratet und kinderlos in einem Londoner Spital an Leberzirrhose. Davor hat Julie nach dem frühen Tod ihrer Mutter bereits 1967 einen anderen schweren Schicksalsschlag hinnehmen müssen. Ihr Ehemann Ernest R. Bauer – ein aus Fürth in Deutschland stammender Geschäftsmann und ehemaliger Schulkamerad des späteren US-Außenministers Henry Kissinger – stirbt mit 45 Jahren an einem Herzinfarkt. Julie Bauer ist eine 40-jährige Witwe, als sie ihren zweiten Ehemann, den Anwalt und späteren New-York-Supreme-Court-Richter Jerome W. Marks kennenlernt. Die Rückschau der Bosel-Tochter: „Life has not been easy for me".[21]

Das Foto vom „Onkel Sigi"

Gertrud Reinhardt hat nach dem Krieg ebenfalls vor der Rückstellungskommission in Wien um die Rückgabe ihrer Villa streiten müssen. Der erhaltene Rückstellungsakt liefert keine Antwort auf die Frage, warum Bosels ältere Lebensgefährtin das Haus in der Bernbrunngasse Anfang Juli 1938 an einen tschechischen Grafen verkauft hat beziehungsweise verkaufen musste. Was passiert sein dürfte, geht aber in groben Zügen aus einem Formular hervor, mit dem Reinhardt 1962 eine Kriegsopfer-Fürsorgerente beantragt. Sie schreibt darin: „Als Lebensgefährtin seit 1914 des Herrn Sigmund Bosel musste ich unter Beschimpfungen und Drohungen die Villa verlassen und in den 4. Bezirk, Paniglgasse 5, in Untermiete gehen." Hier hat Gertrud Reinhardt dann in einer Wohngemeinschaft gelebt mit ihrer Tante – und Sigmund Bosels Cousin Ernst, dem die Ausreise nach Shanghai glückt. Man habe sie auch gezwungen, den Judenstern zu tragen, schildert Reinhardt – ein Hinweis darauf, dass Frau Reinhardt, die keine Jüdin war, aufgrund ihrer Beziehung zu Sigmund Bosel Repressalien ausgesetzt war.[22]
Als „Arierin" hat Gertrud Reinhardt den Erlös, der 1938 für den Zwangsverkauf des Hauses festgesetzt worden ist, in bar behalten dürfen. Das ist wohl der Grund dafür, dass im April 1950 das Rück-

stellungsverfahren mit einem Vergleich endet und Reinhardt als ehemalige Allein-Eigentümerin nun als Zwei-Fünftel-Eigentümerin der Liegenschaft frisch ins Grundbuch kommt. Gleichzeitig haben Frau Reinhardt und die zwischenzeitlichen Eigentümer vereinbart, dass die Villa, die sie einst mit Bosels Hilfe erworben hat, nach der Neuregelung der Eigentumsverhältnisse verkauft wird – was 1951 auch passiert.[23] Bis zu diesem Zeitpunkt hat auch Frau Reinhardts Sohn Kurt mit seinen Kindern in der Villa gewohnt. Nach dem „Anschluss" hatte er mit seiner ersten Frau Österreich verlassen, um Nazi-Willküraktionen zu entgehen, die aufgrund der Liaison seiner Mutter mit Sigmund Bosel zu befürchten waren. Der zweite Grund für den Weg ins Exil war, dass Kurt Reinhardts Vater Curt jüdische Wurzeln hatte und sein Sohn deswegen ebenfalls in Gefahr war. Reinhardt jun. nimmt also 1938 mit seiner jungen Frau einen Zug Richtung Griechenland. Im Gepäck hat er kostbaren Schmuck, den seine Mutter von Sigmund Bosel geschenkt bekommen hat. Als der Zug entlang des Weges in einer Station hält, er gerade nicht im Abteil ist und der Zug wieder weiterfährt, hat sich seine damalige Frau mit dem Schmuck aus dem Staub gemacht. Sie habe daraufhin die Scheidung beantragt und behauptet, dass der Schmuck der Schwiegermutter nur für sie bestimmt gewesen sei, wie man sich in der Familie bis heute entrüstet erzählt. Kurt Reinhardt schlägt sich anfangs in Griechenland als Musiker durch. Als Hitlers Trup-

Beim Eislaufen mit Ilka Schulz und den Kindern Alfons und Julie in Prein.

pen das Land 1941 besetzen, kann er sich nach Palästina absetzen, bis er 1946 nach Wien heimkehrt und eine Familie gründet. Die Bernbrunngasse hat man mittlerweile in die Münichreiterstraße umbenannt.

Kurt Reinhardts Tochter Ruth Reitter besitzt noch ein altes Notizbuch, in dem ihre Großmutter Gertrud die Adressen von versprengten Bosel-Verwandten im Ausland notiert hat. „Ich weiß auch", erzählt Reitter, „dass es von meiner Oma ein Tagebuch aus der Kriegszeit gab, wo sie die Einträge, die sie hineingeschrieben hat, immer an ihren ‚Sigi' gerichtet hat." Leider ist das Tagebuch irgendwann bei einem Wohnungsumzug verloren gegangen. Das Andenken an den Herrn Bosel habe die Großmama stets in Ehren gehalten: „Meine Großmutter hat zeitlebens ein Foto von Sigmund Bosel auf dem Nachtkästchen stehen gehabt. Mir gegenüber hat sie immer vom ‚Onkel Sigi' gesprochen."[24]

Gertrud Reinhardt ist Anfang November 1965 in Wien gestorben. Knapp drei Monate später hätte sie wegen ihres drei Jahre alten Antrags auf Opferfürsorge beim zuständigen Amt der Wiener Stadtverwaltung vorsprechen sollen.[25]

„Die rechte Hand des Teufels"[26]

Nachdem Alois Brunner aus Deutschland in den Nahen Osten abgetaucht war, ist er zuerst in Ägypten gelandet, 1957 schließlich in Syrien. Brunner nennt sich in Damaskus nunmehr Dr. Georg Fischer, er hat auch einen Pass, der auf diesen Namen lautet. Der Nahost-Konflikt befindet sich auf einem Höhepunkt, Syrien und Israel sind seit dem israelischen Unabhängigkeitskrieg Todfeinde. Ein auf der Flucht befindlicher Judenhasser ist den Syrern deshalb willkommen. Brunner kann beruflich Fuß fassen – als Waffenhändler und Vertreter westlicher Firmen sowie als syrischer Geheimdienstberater und auch als Deutsch-Lehrer für hochrangige Offiziere. Brunner wird so zu einem Intimkenner des Assad-Regimes, das sich für die in Syrien und im Libanon geleisteten Dienste revanchiert und den gebürtigen Österreicher von Leibwächtern mit Kalaschnikows beschützen lässt. [27]

Vor Bombenbauern, die ihn umbringen wollen, ist Brunner aber nicht sicher. 1961 verliert er bei der Explosion einer Paketbombe das rechte Auge. 1980 bekommt Brunner in Damaskus Post aus Österreich. Auf dem Kuvert steht, dass der Absender ein Verein aus dem Waldviertel ist – die „Freunde der Heilkräuter“, wo Brunner unter dem Namen Georg Fischer etwas bestellt hat. Das Päckchen explodiert aber beim Öffnen – und reißt Brunner vier Finger der linken Hand weg. Beide Sprengstoff-Attentate werden dem israelischen Geheimdienst Mossad zugeschrieben.[28]

Dazu der deutsche Publizist und Historiker Günther Deschner, der den Fall Brunner genau kennt: „Die Tatsache, dass der israelische Mossad, der Eichmann entführt hatte, gegen Brunner mit zwei Bombenanschlägen vorging, deutet darauf hin, dass selbst dem erfahrenen und bedenkenlos operierenden Mossad die Sache in Damaskus zu heiß war. Brunner konnte man wegen der guten Bewachung durch die Syrer nicht entführen.“ 1985 kommen Deschner und seine Frau - ausgerüstet mit einer versteckten Kamera – im Auftrag der Illustrierten *BUNTE* an Alois Brunner heran. Weil Deschner eine Biographie über Reinhard Heydrich, den SS-Boss und Holocaust-Organisator geschrieben hat, nimmt sich Brunner Zeit. Es werden Bekenntnisse eines Massenmörders. Brunner habe, so Deschner, „auch so lange danach keine menschliche Bewegung gezeigt. Reue ohnehin nicht, und er hat mehrfach zu mir gesagt, er würde es genauso wieder machen“.[29]

Die Reportage macht international Schlagzeilen, weil offensichtlich ist, dass Brunner in Damaskus Unterschlupf gefunden hat. Brunner bringt Syrien noch durch weitere Reportergespräche unter Druck. Der *Krone*-Journalist Kurt Seinitz erlebt 1986 einen gebrechlichen, aber unbelehrbaren Juden-Hasser: „Der ist aus sich herausgegangen und hat all diesen Dreck wieder abgesondert, der offenbar sein Leben geprägt hat“, berichtet Seinitz. „Wenn Dir einer nachruft, ‚Junger Freund, lassen Sie mir das schöne Wien grüßen und seien Sie froh, dass ich es für Sie judenfrei gemacht habe‘, dann schaltet sich bei mir alles ab, das ist eine Widerwärtigkeit sondergleichen.“[30]

Die Fotos, die von Brunner in der Zeitschrift *BUNTE* erschienen sind, und seine rabiaten Interviews sind für die Syrer peinlich, weil sich Brunners Aufenthalt in Syrien nur mehr schwer verleugnen lässt. Brunner fällt in Ungnade. Er darf nicht mehr ans Telefon gehen und wird komplett abgeschirmt.[31] An der politischen Linie ändert sich nichts: Das Regime von Machthaber Hafiz al-Assad hat im Lauf der Jahrzehnte alle Auslieferungsanträge aus Frankreich, Deutschland und Österreich abgeschmettert. Haben die Regierungen dieser Länder genug Druck ausgeübt oder hat man sich womöglich aus Rücksicht auf die Wirtschaftsbeziehungen mit Syrien leicht abspeisen lassen?

Österreich hat zwar mehrmals Brunners Auslieferung betrieben, sich aber im Lauf der Jahre den Vorwurf eingehandelt, nur halbherzig hinter ihm her gewesen zu sein. Nach der ersten Strafanzeige gegen Alois Brunner vergehen mehr als 60 Jahre, bis die österreichische Regierung im Juli 2007 eine Ergreiferprämie für Alois Brunner ausgesetzt hat, nämlich 50.000 Euro. „Österreich hat als erstes Land 1961 von Syrien die Auslieferung Brunners beantragt. Aber das waren nur Lippenbekenntnisse. Österreich hat sich nie ernsthaft bemüht, Brunner zu kriegen", kritisiert im März 2001 der französische Nazi-Jäger Serge Klarsfeld, der sich mit seiner Frau Beate mutig darum bemüht hat, dass Brunner zur Rechenschaft gezogen wird. 1989 war das Ehepaar nahe dran, Brunner stand angeblich kurz davor, von Syrien an die befreundete DDR ausgeliefert zu werden. Doch der Zusammenbruch des Ostblocks kam dazwischen, und die BRD hatte andere Prioritäten.[32]

In den letzten Jahren haben sich Journalisten und Historiker mit dem Verdacht beschäftigt, die Bundesrepublik könnte gar ihre schützende Hand über Brunner gehalten haben. Die brisante Vermutung: Brunner könnte in Syrien für den deutschen Geheimdienst tätig gewesen sein. Und zwar für den Bundesnachrichtendienst BND bzw. seinen Vorläufer, die „Organisation Gehlen", die im Einflussbereich der CIA gestanden ist. Man weiß heute, dass der frühere NS-Geheimdienstler und BND-Gründer Reinhard Gehlen ab den späten 1940er Jahren viele Ex-Nazis und sogar Kriegsverbrecher auf der Gehaltsliste hatte. Der Kalte Krieg wurde für diese Leute zu einer Lebensversicherung, frei nach dem Motto: „Wir nehmen selbst das größte Schwein. Hauptsache, es handelt sich um einen Kommunistenfeind."[33]

Bislang hat die deutsche Regierung stets bestritten, dass Alois Brunner ein BND-Mitarbeiter gewesen ist. In einer Antwort auf eine parlamentarische Anfrage im Bundestag hat es von Seiten der Berliner Regierung im Jänner 2015 erneut geheißen: „Der BND selbst unterhielt zu keiner Zeit direkte Verbindungen zu Alois Brunner."

Gleichzeitig soll Brunner aber enge Kontakte zu Wilhelm Beisner, einem Waffenhändler und ehemaligen SS-Sturmbannführer, gehabt haben, der in Syrien für den deutschen Geheimdienst als V-Mann tätig war.[34] Es ist daher denkbar, dass Alois Brunner als gut platzierter Informant mit Insiderwissen über das von der Sowjetunion hochgerüstete Syrien und seine Polit-Nomenklatura von BND-Leuten angezapft und „abgeschöpft" worden ist.
Derzeit – Stand Juni 2016 – prüft eine Historiker-Kommission im BND noch immer, ob der deutsche Geheimdienst mit Alois Brunner unter einer Decke gesteckt ist. Wie viel bei der 2010 begonnenen Untersuchung der BND-Geschichte herauskommen kann, ist fraglich. Der Großteil der BND-Aktenbestände über Alois Brunner wurde seltsamerweise Mitte der 1990er Jahre geschreddert und entsorgt.[35]

Julie Marks hat jahrzehntelang nicht gewusst, dass Alois Brunner der Mörder ihres Vaters sein soll. Sie hat nach Kriegsende von den Zeugenaussagen in Wien nichts mitbekommen, weil sie zu dieser Zeit für die US-Armeeverwaltung in Berlin tätig war. Unter welchen Umständen ihr Vater umgekommen ist, wird Julie erst bewusst, als sie 1996 eine Ausgabe der deutsch-jüdischen Emigrantenzeitung *Der Aufbau* zu Gesicht bekommt. Gertrude Schneider ist damals die Chefredakteurin dieser traditionsreichen New Yorker Zeitung. Schneider hat ihr Buch *Journey Into Terror* über das Ghetto in Riga zu einer Artikelserie verpackt, in der sie auch die Ermordung Sigmund Bosels schildert.
Julie Marks fällt aus allen Wolken: „Ich habe nie genau gewusst, was mit meinem Vater passiert ist. Außer, dass er den Transport nach Riga nicht überlebt hat. Das war dann aber ein furchtbarer Schock, als ich 1996 erfahren habe, was mit meinem Vater auf so grausame Weise passiert ist."[36] Julie trifft sich daraufhin mit Gertrude Schneider, um noch mehr über das fatale Aufeinandertreffen ihres Vaters mit dem gesuchten Nazi-Kriegsverbrecher zu erfahren. Der traurige Überschneidungspunkt in der Geschichte ihrer Familien schweißt die beiden Frauen zusammen, die gute Freundinnen werden.
Die Vorstellung, dass der mutmaßliche Mörder ihres Vaters noch am Leben war und unbehelligt in Syrien leben konnte, ist für Julie Marks schwer zu ertragen gewesen. Alois Brunner steht damals

ganz oben auf den internationalen Kriegsverbrecher-Fahndungslisten. Doch mit der Zeit wird der Judenfeind aus der Rue Georges Haddad 7 in Damaskus immer mehr zu einem Phantom. Mehrfach wird Brunner ab 1992 totgesagt, der Lebensabend des verkrüppelten SS-Menschenjägers mit dem Glasauge verläuft obskur.

Im November 2014 wird Alois Brunner vom Simon Wiesenthal Center von der Liste der meistgesuchten Nazi-Verbrecher gestrichen. Efraim Zuroff, der Leiter des SWC-Büros in Jerusalem, zeigt sich überzeugt, dass Brunner nicht mehr am Leben ist. Ein ehemaliger deutscher Geheimdienstmitarbeiter habe die Information geliefert, dass Brunner 2009 oder 2010 im Alter von 97 Jahren in Damaskus gestorben sei und dort auch begraben wurde, so Zuroff.[37]

Die endgültige Bestätigung dafür, wann Alois Brunner genau gestorben ist und ob man ihn wirklich in der syrischen Hauptstadt beerdigt hat – und nicht vielleicht doch in Slonfe oder in Latakia, wie andere glauben –, fehlt jedoch. Alois Brunner ist tot, aber geschlossen ist seine Akte noch immer nicht. Solange der Bürgerkrieg in Syrien tobt und die erhaltenen BND-Archive nicht komplett durchforstet sind, wird es keine Gewissheit geben über die dunkle Damaskus-Zeit von einem der abscheulichsten Verbrecher, der nie gefasst wurde.

Anmerkungen

1 DÖW, „Anklageschrift Anton Brunner", 12. 4. 1946; Holpfer, Ich war nichts anderes als ein kl. Sachbearbeiter von Eichmann, in: Albrich/Garscha/Polaschek (Hrsg.), Holocaust und Kriegsverbrechen vor Gericht, 157ff.

2 DÖW, „Niederschrift mit Brunner II Anton", Polizeidirektion Wien Staatspolizei, 3. 10. 1945; DÖW, Zeugenvernehmung Traude Hirschhorn, Strafsache gegen Anton Brunner II, 27. 3. 1946; LG für Strafsachen Wien, VG 1gVr 4574/45, Hv 761/46, Urteilsbegründung, 10. 5. 1946.

3 Schneider, Reise in den Tod, 184ff.

4 Interview mit Gertrude Schneider, 16. 11. 2012.

5 DÖW, IKG an Stapo, 4. 1. 1946. Lotte Hirschhorn wurde versehentlich „Lotte Hirschkron" genannt.

6 DÖW, Zeugenvernehmung Traude Hirschhorn, Strafsache gegen Anton Brunner II, 27. 3. 1946; Der Neue Weg, 15. 2. 1946. Auch Simon Wiesenthal hat in seinen Memoiren die Ermordung Bosels durch Alois Brunner explizit erwähnt (Recht, nicht Rache, 295).

7 DÖW, Zeugenvernehmung von Gertrud Reinhardt, Strafsache gegen Anton Brunner II, 28. 3. 1946.

[8] LG Wien, VG 1gVr 4574/45, Hv 761/46, Urteilsbegründung Strafsache Brunner II; Holpfer, Ich war nichts anderes …, in: Albrich/Garscha/Polaschek, Holocaust und Kriegsverbrechen vor Gericht, 157ff.

[9] Schneider, Reise in den Tod, 197.

[10] Holpfer, Ich war nichts anderes …, 158; Shapira/Hafner, 189; Garscha, Holocaust vor Gericht, www.nachkriegsjustiz.at (9. 5. 2016); Interview mit Ursula Schwarz (DÖW), 24. 10. 2012.

[11] DÖW, Republik Österreich, 82.790/61 ad Vr 3388/61, BMfJ an das BMfAA, „Betrifft: Auslieferungssache Alois Brunner", 23. 11. 1961. Zu den Umständen der Ermordung Bosels sind nach den Angaben und Zeugenaussagen von Lotte und Traude Hirschhorn gegenüber der Polizei und der Justiz in späteren Jahren noch andere Versionen des Tatherganges aufgetaucht. Eine Version besagt, dass Bosel während der Deportation nach Riga von einem begleitenden SS-Mann der Schädel eingetreten wurde (Hoffmann, 107). Andernorts heißt es, dass Bosel an die Lokomotive gebunden wurde und von Alois Brunner noch an der Wiener Stadtgrenze erschossen worden sei. Gertrud Reinhardt hat in einem Fürsorge-Antrag behauptet, Bosel sei von den Nazis bei Hütteldorf an den Zug gebunden und zu Tode geschleift worden („Antrag auf Zuerkennung der Rentenfürsorge" [Punkt 25] von Gertrud Reinhardt an das Amt der Wiener Landesregierung – Opferfürsorge, 1. 8. 1962).

[12] Telefonat mit Julie Marks, 28. 3. 2016 und 23. 4. 2016.

[13] AEF, Schiedsinstanz, 724/2010, 54-55 (192–196).

[14] ÖStA, AdR/Finanzen FLD 17618/2, Bablik an FLD Wien, 11. 7. 1946.

[15] AEF, Schiedsinstanz, 724/2010, 60 (215).

[16] Telefonate des Autors mit Julie Marks, 28. 1. 2015 und 27. 4. 2015.

[17] Einladungskarte des Margaret McMillan Memorial Fund, 13. Juli 1949 (4 p.m.–6.30 p.m.).

[18] Erkenntnis 59 RK 141/48 der Rückstellungskommission beim Landesgericht f. ZRS Wien, 1. 2. 1950.

[19] AEF, Schiedsinstanz 724/2010, 62f. (223-226); BG Hietzing, Grundbuch 01205 Hietzing EZ 809.

[20] AEF, Schiedsinstanz 724/2010, 65 (233), Interview mit Julie Marks, 17. 2. 2012.

[21] Obduktionsprotokoll (St. Pancras, Dez. 1973); E-Mail von Julie Marks an den Autor, 22. 4. 2011.

[22] „Antrag auf Zuerkennung der Rentenfürsorge (Punkt 15: Kurzgefasster Schädigungsbericht)" von Gertrud Reinhardt an das Amt der Wiener Landesregierung, Mag.-Abt. 12 – Opferfürsorge, 1. 8. 1962.

[23] WStLA, M.Abt. 119, A41 – VEAV – Vermögensentziehungs-Anmeldungsverordnung: 649/Bez.: 13, Gertrud Reinhardt; BG Hietzing, Grundbuch 01209 Ober St. Veit EZ 1467.

[24] Interview mit Ruth Reitter, 11. 1. 2016.

[25] „Ladung von Gertrud Reinhardt in der Angelegenheit: Antrag nach dem OFG", 14. Jänner 1966.

[26] Simon Wiesenthal über Alois Brunner in: Wiesenthal, Recht, nicht Rache, 288.

[27] Wiesenthal, 301; BUNTE, 30. 10. 1985/7. 11. 1985; Interview mit Günther Deschner, 17. 12. 2012; Spiegel Online, Alois Brunner – Der „beste Mann“ von Adolf Eichmann, 27. 2. 2001.

[28] www.profil.at – NS-Verbrechen: Das Phantom, 17. 12. 2005; www.ynetnews.com – „Nazi on top ten most-wanted list presumed to have died in 2009“, 30. 11. 2014.

[29] Günther Deschner in der TV-Doku Der Massenmörder und der Trillionär (ORF, 2013).

[30] Krone, 19. 12. 1987; Kurt Seinitz in der TV-Doku Der Massenmörder und der Trillionär (ORF, 2013).

[31] Die ZEIT, 6. 4. 2006; Christian Springer (Autor von *Nazi, komm raus!*) in der der TV-Doku Der Massenmörder und der Trillionär (ORF, 2013).

[32] Serge Klarsfeld in der TV-Doku Der Massenmörder und der Trillionär, (ORF, 2013); APA, 1. 3. 2001; Profil, 1. 8. 2011.

[33] Bülow, Im Namen des Staates, 390f.; Hafner/Shapira, Die Akte Alois Brunner, 241ff.; Gegen Freund und Feind, Eine Geschichte des BND, (Doku, WDR 2002); Nazis im BND, Neuer Dienst und alte Kameraden (Doku, 2013, ARTE/HR); Der Spiegel, 2. 12. 1996.

[34] Deutscher Bundestag, Antwort d. Bundesregierung auf d. Anfrage der Abgeordneten Jan Korte et. al., „Suche nach d. Kriegsverbrecher A. Brunner“, 20. 1. 2015, Drucksache 18/3777; Breitman/Goda, Hitler's Shadow, 17ff.;

[35] Spiegel Online, „BND vernichtete Akten zu SS-Verbrecher Brunner“, 20. 7. 2011.

[36] Julie Marks in der TV-Doku Der Massenmörder und der Trillionär (ORF, 2013).

[37] Der Standard, 30. 11. 2014; www.ynetnews.com – „Nazi on top ten most-wanted list presumed to have died in 2009“, 30. 11. 2014; Merkur.de, 2. 12. 2014.

17 - EPILOG

Sigmund Bosel ist mittlerweile schon viele Jahrzehnte tot. Sein grandioser Aufstieg und sein grausamer Untergang haben nach dem Zweiten Weltkrieg nur wenige gekümmert. Hat man die Geschichte des legendären Verlierers schnell vergessen, weil viele Bosel als erstinstanzlich verurteilten Betrüger aus den Monaten vor dem „Anschluss" in Erinnerung hatten? Lange schien es fast so, als hätte der Wiener Inflationskönig nie existiert.

1950 ist immerhin in einer Wiener Zeitschrift eine kleine Artikelserie über „Sigmund Bosels Glück und Ende" erschienen. Grillparzer musste für den Titel herhalten, Bosels Tod wurde jedoch mit keinem Wort erwähnt. Fast so, als hätte Bosel noch immer irgendwo gelebt. In Wahrheit hat die *Wiener Wochenausgabe* vorausgesetzt, dass die Leser wussten, dass Bosel durch die Nazis umgekommen war. Interessant ist, dass die Artikelserie bereits damals auf gewisse Ungereimtheiten in der Vorgeschichte zum Bosel-Prozess hingewiesen hat und der gescheiterte Finanzmatador bei aller Kritik als ein „Mann von Format" gewürdigt wurde, der es verstanden hätte, „seinen Niedergang mit Würde zu tragen".[1]

Bosel hat über viele Jahre hin seinen Abstieg dadurch kaschiert, dass er sich mit einem Sekretariat und einem Beraterstab an seiner Seite wie ein geheimnisvoller „Donau-Oligarch" gebärdete. Bosel hat auch keine Kosten und Mühen gescheut, um seine beiden Lebensgefährtinnen stilvoll auszuhalten. Der Millionenschuldner hat aber verkannt oder unterschätzt, wie sehr er sich durch sein grandseigneurhaftes Auftreten verwundbar machen würde. Letztlich stolperte Bosel vor Gericht über die hohen Ausgaben für seine Frauen und nicht über seine Risikogeschäfte.

Vor und nach seinem Gerichtsprozess hat Sigmund Bosel alles versucht, um dem Gesichtsverlust eines Konkurses zu entgehen. Die Versteigerung der Villa in der Gloriettegasse wäre für ihn die endgültige Schmach gewesen, wenn man seinen Stolz als *Selfmademan* bedenkt. 1914 war er praktisch aus dem Nichts gekommen, 1923 hielten ihn viele für den reichsten Österreicher. Wie Bosel so schnell so viel Geld verdienen konnte, war ein Phänomen. Als auf das große Glück die Pechsträhne folgte, wurde aus dem Bankpräsidenten ein

Phantom-Spekulant, der bis 1936 wieder fast alles verloren hatte. Der Journalist Thomas Steinfeld hat das Wesen und Scheitern vieler Spekulanten einmal so charakterisiert: „Verwegen, rücksichtslos, unmoralisch setzen sie ihre Schritte auf ungesichertem Boden und tun die kühnsten Dinge, und keinem von ihnen bleibt der Erfolg treu."[2] In dieses Verhaltensmuster passt auch Sigmund Bosel – doch hinter seinem Absturz steckt mehr. Unter den großen Inflationsgewinnlern und Bankdirektoren, die in Österreich zwischen 1918 und 1938 in Pleiten und Skandale verwickelt waren, war Bosel der Einzige, der im Gefängnis gelandet ist. Für die Millionenverluste, die ihm angekreidet wurden, hat Bosel auch weit mehr Wiedergutmachung geleistet, als die CA-Vorstandsdirektoren nach der ungleich größeren Finanzkatastrophe der Credit-Anstalt dies tun mussten.[3] Übrig bleibt der Eindruck, dass man an Sigmund Bosel, dem unverschämt reichen Aufsteiger mit den zwiespältigen Verbindungen, damals ein politisches Exempel statuiert hat.

Der Mann, der Gott und die Welt kannte und viele Spitzenpolitiker noch dazu, musste für Verluste den Kopf hinhalten, die letztlich an ihm hängengeblieben waren, weil er seine Schulden auf Druck der Politik im Jahr 1924 nicht beglichen hat, als er das noch geschafft hätte. Danach hat sich Bosel in den weltanschaulichen Grabenkämpfen der Zwischenkriegszeit verfangen. Nachdem er es anfangs mit seinen Kronenmilliarden allen Parteien recht machen wollte, ist Bosel später zwischen den Stühlen gesessen. Und er hat sich nicht dagegen wehren können, dass man ihn als politische Schießbudenfigur missbraucht hat. Als dann im Ständestaat eine neue Führungsriege die Macht übernahm und Bosel mit seinem Lebensstil den Bogen überspannt hatte, kam er unter die Räder. „Ganz am Ende ließ man ihn fühlen", meinte Otto Soyka in der *Wiener Wochenausgabe*. „Es kam überraschend für ihn, er nahm es als Feindseligkeit, aber er fügte sich mit derselben konzilianten Geste, mit der er einst Milliarden verschenkte."[4]

Hat Sigmund Bosel mit seiner Familie in Wien Spuren hinterlassen? Wenn man das Wiener Telefonbuch des Jahres 2015 aufschlägt, findet man niemand mehr mit dem Namen Bosel. Von den Familienmitgliedern, die sich vor den Nazis retten konnten, ist nach dem Zweiten Weltkrieg niemand dauerhaft nach Österreich zurückgekehrt. Die prunkvolle Villa, in der Bosel fast zwanzig Jahre hindurch bis 1938 gelebt hat, steht nicht mehr. Das Gebäude am Friedrich-Schmidt-Platz, in dem die Bosel'sche Privatbank einst ihren Sitz hatte, ist heute ein Amtshaus der Stadt Wien. Angeblich soll Bosel irgendwo im Stephansdom verewigt worden sein, weil er etwas für die Kirchenrenovierung gespendet hat. Im Domarchiv hat man dazu aber keinen Hinweis gefunden. Auch das Hortensia-Diadem ist nie wieder aufgetaucht.

Geblieben ist nur das Bosel-Mausoleum am Wiener Zentralfriedhof, ganz in der Nähe vom Tor 1 zum alten jüdischen Friedhofsteil. Auf einer der fünf steinernen Wandplatten im Inneren des imposanten Grabmals sind Sigmund Bosels Sterbedaten eingemeißelt. Die Inschrift erinnert an sein Ende im Holocaust – das Mausoleum an die hochfliegenden und letztlich unerfüllten Ambitionen, die der reiche und später arme „Trillionär" mit dem traurigen Schicksal für sich und die Seinen gehabt hat.

Alles, was in Wien geblieben ist: die Inschrift auf einer steinernen Wandplatte des Mausoleums am Zentralfriedhof.

Das bringt uns zur Frage, ob die Bosel-Saga nur eine packende Lebensgeschichte ist oder ob sie auch Elemente eines historischen Lehrstücks in sich trägt. Bringt man Bosels Karriere mit der scheinbar ewigen Wiederkehr von Aufstieg und Fall im Leben notorischer Glücksritter in Verbindung, die wie das Amen im Gebet irgendwann das Schicksal herausfordern, dann tut sie das. Andererseits hatte Bosels irrlichternde Laufbahn viel mit den historischen Umständen zu tun. Sein riesiges Vermögen war aus der allgemeinen Auflösung, dem Zerfall und der Not nach dem Ersten

Weltkrieg entstanden. Sigmund Bosel ist sogar einmal von US-Journalisten dazu befragt worden, ob seine Karriere außergewöhnliche Züge aufweist und ob man aus seiner Laufbahn allgemeingültige Erfolgsgeheimnisse ableiten könne. Zu bieten hatte er nur das folgende Allerweltsrezept: „Rasches Erfassen stets wechselnder Situationen und promptes Zupacken nach augenblicklich gefassten Plänen." Ansonsten, meinte der Inflationskönig keck, sei seine Karriere nicht sonderlich aufschlussreich, weil sie „in abnormale Zeiten" gefallen sei, „die sich nicht mehr wiederholen, sodass sich auch eine ähnliche Karriere nicht leicht wiederholen kann".[5]

Zu diesem Eindruck kann man kommen, wenn man sich vor Augen führt, wie sich die Europäische Zentralbank damit abplagt, ein Mindestmaß an Inflation zu erzeugen, damit die Euro-Zone nur ja in keine ruinöse Deflation verfällt. Gewaltige Teuerungswellen sind momentan nicht in Sicht. Abnormal ist die Wirtschaftslage wegen der Nullzins-Politik der EZB aber allemal. Noch nie dagewesene Haftungen und Finanzspritzen haben zwar das Bankensystem und den Euro stabilisiert, aber die Konjunktur bisher kaum angekurbelt. Die Geldmengenschwemme hat stattdessen für Preisblasen gesorgt und einzelne Branchen in eine Schieflage gebracht. Was ist, wenn die Krisenbekämpfung der EZB nicht aufgeht? Dann drohen brandgefährliche Verwerfungen und neue Spekulationsherde in der Euro-Zone, weil vor allem die südlichen Krisenländer drückend hohe Schulden haben. Manche Beobachter sehen deswegen die Bedrohung einer großen Inflation am Horizont, weil die Politik versucht sein könnte, auf diesem Weg eine Entschuldung zu erreichen. Nicht umsonst hat man ja nach dem Ersten Weltkrieg in der Inflation eine praktische Methode zur Entsorgung der Kriegsschulden gesehen.

Im März 2016 stehe ich erneut in New York vor dem Haus am Central Park. Es gibt ein Wiedersehen mit Frau Marks, wir verbringen einen Nachmittag in herzlicher Atmosphäre. Ich erzähle Julie, wie das Buch vorankommt und was meine Recherchen zur Frage ergeben haben, warum ihr Vater im Februar 1938 nach Wien zurückgefahren ist. Sie schenkt mir erneut Fotos, und wir blättern alte Familiendokumente durch, die sie in einem Reisekoffer im Vorzimmer der Wohnung aufgehoben hat.

Dabei kommen wir auch kurz auf den Rückstellungsantrag zu sprechen, den Julie im Jahr 2003 beim Allgemeinen Entschädigungsfonds der Republik Österreich eingebracht hat. Sie ist damals auf dem Standpunkt gestanden, dass das Verfahren um die Rückgabe der väterlichen Villa in der Gloriettegasse im Jahr 1950 extrem ungerecht über die Bühne gegangen sei. Frau Marks hat deshalb 2008 die Rückgabe eines Grundstücks verlangt, das vor dem „Anschluss“ zum Anwesen ihres Vaters gehört hatte und 1955 von der Stadt Wien in eine Straßenfläche umgewandelt worden war. Auf Basis des Entschädigungsfondsgesetzes nahm die zuständige Schiedsinstanz daher die Zwangsversteigerung der Bosel-Villa während der Nazi-Zeit nochmals unter die Lupe. Weil der Akt zur damaligen Entscheidung der Rückstellungskommission nicht mehr vorhanden war, führte der Entschädigungsfonds eine umfangreiche Untersuchung durch, wie es um Bosels finanzielle Verhältnisse vor dem „Anschluss“ bestellt war. 2010 kam die Schiedsinstanz zum Schluss, dass der Antrag auf Rückstellung des Grundstücks in der Gloriettegasse abzulehnen sei. Die Begründung dafür war, dass Sigmund Bosel seine Villa auch dann verloren hätte, wenn die Machtergreifung durch die Nazis nicht gekommen wäre. Und zwar deshalb, weil er schwer überschuldet war und mehrere Gläubiger schon vor dem März 1938 den Verkauf seiner Villa hartnäckig betrieben haben.[6]

2013 entsteht unter der Regie des Autors zum Schicksal Sigmund Bosels die ORF-Fernsehdokumentation „Der Massenmörder und der Trillionär“.

Wir streifen noch andere Etappen in Julies Leben und die Zeit nach 1945 mit der Emigration nach Amerika. Ich erzähle ihr, dass das Landgut in der Prein über mehrere Jahre hin als Frühstückspension geführt worden ist. Zum Kaffee bekomme ich von Frau Marks einen Apfelstrudel. Nachdem Mehlspeisen immer ihr großes Steckenpferd gewesen sind, entschuldigt sie sich dafür, dass der Teig nicht mehr selbstgemacht ist. Julie Bauer-Marks ist mit 89 Jahren als gestandene New Yorkerin alt geworden. Eigene Kinder sind ihr nicht vergönnt gewesen. „I am the last of the Bosels", meint sie nachdenklich. In ihrem nächsten Leben würde sie gerne ein Blumengeschäft aufmachen. Übrigens könne man mit einem zerdrückten Stück Banane auf einer Mullbinde Pflanzenblätter so richtig zum Glänzen bringen, erklärt sie mir. Denkt Julie eigentlich noch oft an die alten Zeiten in Wien? Darauf antwortet sie: „Almost every day".[7]

Anmerkungen

1 Wiener Wochenausgabe, 25. 2. 1950.
2 Süddeutsche Zeitung, „Das Beste am Menschen ist die Gier", 16. 12. 2008.
3 HAPSK, M C/71 (A71), Hecht: „Im Hinblick auf …" (1937).
4 Soyka, Wiener Wochenausgabe, 11. 3. 1950.
5 Scheffer, Bankwesen, 354ff.; Die Stunde, 21. 8. 1924.
6 AEF, Entscheidung der Schiedsinstanz f. Naturalrestitution, 724/2010, 81ff.
7 Gespräch des Autors mit Julie Marks am 25. 3. 2016 in New York, Telefonat am 14. 5. 2016.

PERSONENREGISTER

QUELLEN- und LITERATURVERZEICHNIS:

Archive und Bibliotheken
Wiener Stadt- und Landesarchiv (WStLA)
Historisches Archiv der BAWAG-PSK (HAPSK), Wien
Archiv der LPD Wien – „Schober-Archiv" (SchobA), Wien
Parlamentsarchiv (PA), Wien
Bankhistorisches Archiv der Oesterreichischen Nationalbank (BANB), Wien
Österreichische Nationalbibliothek, Wien
Österreichisches Staatsarchiv (ÖStA), Wien
Wienbibliothek im Rathaus, Wien
Archiv der Israelitischen Kultusgemeinde, Wien
Dokumentationsarchiv des Österreichischen Widerstandes (DÖW), Wien
Verein für Geschichte der ArbeiterInnenbewegung (VGA), Wien
Karl von Vogelsang-Institut (KvVI), Wien

Die in diesem Buch zitierten Zeitungsartikel stammen überwiegend aus Beständen der Nationalbibliothek bzw. ihrem Online-Archiv „Austrian Newspapers Online" (ANNO) sowie aus einer Artikelsammlung im Staatsarchiv (OeStA/AdR, BKA Parteiarchive, GDVP, Kt. 46 (Mappe RI-82, „Bosel").

BIBLIOGRAFIE

Ackerl, Isabella: Der Phönix-Skandal. In: Ludwig Jedlicka u. Rudolf Neck (Hrsg.), Das Juliabkommen von 1936. Vorgeschichte, Hintergründe und Folgen, Wien 1977
Ahrer, Jakob: Erlebte Zeitgeschichte, Wien-Leipzig 1930
Allgemeiner Entschädigungsfonds, Schiedsinstanz für Naturalrestitution, 724/2010, https://entschaedigungsfonds.org
Andics, Hellmut: Der Staat, den keiner wollte, Wien 1964
Ausch, Als die Banken fielen. Zur Soziologie der politischen Korruption, Wien 1968

Bachinger, Karl/Matis, Herbert: Der österreichische Schilling. Geschichte einer Währung, Graz-Wien-Köln 1974
Bauer, Otto: Die Österreichische Revolution, Wien 1965
Benz, Wolfgang: Handbuch des Antisemitismus. Judenfeindschaft in Geschichte und Gegenwart, Bd. 5: Organisationen, Institutionen, Bewegungen, Berlin 2012
Berger, Peter: Zur Situation des österreichischen Bürgertums nach dem Ersten Weltkrieg, Tatsachen und Legenden. In: Helmut Konrad u. Wolfgang Maderthaner (Hrsg.), ... der Rest ist Österreich, Bd. 2, Wien 2008
Bermann, Moriz: Illustrirter (!) Führer durch Wien und Umgebungen, Wien 1885
Bettauer, Hugo: Hemmungslos. Reprint der Originalausgabe, Salzburg 1980
Bettauer, Hugo: Der Kampf um Wien. Ein Roman vom Tage, Wien 2012
Bettauer, Hugo: Die Stadt ohne Juden. Ein Roman von übermorgen. Berlin 2013
Brandl, Franz: Kaiser, Politiker und Menschen. Erinnerungen eines Wiener Polizeipräsidenten, Leipzig-Wien 1936
Bülow, Andreas von: Im Namen des Staates. CIA, BND und die kriminellen Machenschaften der Geheimdienste, München 1998
Bundespressedienst: Wien Ballhausplatz 2. Ein Haus und seine Geschichte, Wien 2001
Butschek, Felix: Die CA-Krise 1931. In: Wirtschaft und Gesellschaft, 35. Jg. (2009), Heft 1

Canetti, Elias: Masse und Macht, Frankfurt 1980
Chorherr, Thomas (Hrsg.): 1938. Anatomie eines Jahres, Wien 1987
Coudenhove-Kalergie, Richard: Der Judenhaß von heute, Wien-Zürich 1935

De Waal, Edmund: Der Hase mit den Bernsteinaugen. Das verborgene Erbe der Familie Ephrussi, Wien 2011
Deutscher Bundestag, Antwort der Bundesregierung auf die Kleine Anfrage der Abgeordneten Jan Korte et. al., „Suche nach dem Kriegsverbrecher Alois Brunner", 20. 1. 2015, Drucksache 18/3777
Dörmann, Felix: Jazz. Wiener Roman, Wien 2012 (1925)
Dorotheum Wien, Katalog, Versteigerung von Brillant-, Perlen- und Goldschmuck aus Wien, 1936-37

Eigner, Peter/Resch, Andreas: Steyrermühl und Vernay: Die zwei größten Wiener Zeitungskonzerne der Zwischenkriegszeit. In: Herbert Matis u. Alice Teichova (Hrsg.), Unternehmertum im Spannungsfeld von Politik und Gesellschaft: unternehmerische Aktivitäten in historischer Perspektive, Wien 2010
Eigner/Melichar, Das Ende der Boden-Credit-Anstalt 1929 und die Rolle Rudolf Siegharts, in: Österreichische Zeitschrift für Geschichtswissenschaften, 19.2008.3

Eigner, Peter: Rudolf Sieghart und die Allgemeine österreichische Boden-Credit-Anstalt. In: Hartmut Berghoff, Jürgen Kocka u. Dieter Ziegler (Hrsg.), Wirtschaft im Zeitalter der Extreme: Beiträge zur Unternehmensgeschichte Deutschlands und Österreichs, München 2010
Elbogen, Paul: Kometen des Geldes, Wien-Leipzig 1933
Enderle-Burcel, Gertrude: „Karl Buresch, 1878–1936". In: Friedrich Weissensteiner u. Erika Weinzierl, Die österreichischen Bundeskanzler. Leben und Werk, Wien 1983
Erman, Hans: Bei Kempinski. Aus der Chronik einer Weltstadt, München 1965
Excelsior Verlag: Liedtext „Wär' ich Bosel", Musik: Heinrich Strecker; Text: Jo Griebitz (1924) aufgenommen 1925 von Fritz Imhoff mit dem Original-Lanner-Quartett, Grammophon 20146

Feldman, Gerald D.: Hugo Stinnes. Biographie eines Industriellen, 1870–1924, München 1998
Fellmann, Ilan: Flucht vor dem gelben Stern, Berlin 2014
Fellner, Fritz: Johannes Schober und Josef Redlich. Aus den Tagebüchern und Korrespondenzen, in: Zeitgeschichte 4 (1977); Heft 11/12
Franz, Karl: Siegmund Bosel: Aufstieg und Katastrophe, Wien 1926
Frischauer, Willi: European Commuter. The Scandalous Years of Willi Frischauer, New York 1964
Frischauer, Willi: Twilight in Vienna, London 1938
Funder, Friedrich: Vom Gestern ins Heute, Aus dem Kaiserreich in die Republik, Wien 1953

Gedye, George Eric Rowe: Die Bastionen fielen. Wie der Faschismus Wien und Prag überrannte, Wien 1947
Gsodam, Peter: Die Francspekulation von 1924 und ihre Auswirkung auf die Wiener Börse, DA WU Wien 2002
Gulick, Charles A.: Austria. From Habsburg to Hitler, Berkeley/Los Angeles 1948

Habe, Hans: Ich stelle mich, Wien-München-Basel 1954
Habe, Hans: Eine Zeit bricht zusammen, Genf 1939
Hafner, Georg M./Shapira, Esther: Die Akte Alois Brunner. Warum einer der größten Naziverbrecher noch auf freiem Fuß ist, Frankfurt 2000
Hall, Murray G.: Der Fall Bettauer, Wien 1978
Hamann, Brigitte: Hitlers Wien. Lehrjahre eines Diktators, Wien 1999
Hanisch, Ernst: Der lange Schatten des Staates. Österreichische Gesellschaftsgeschichte im 20. Jahrhundert, Wien 1994
Kumpfmüller, Herbert: Heimatbuch 400 Jahre Markt Lembach, 2012.
Herz-Kestranek, Miguel/Arnbom, Marie Theres: „... also hab ich nur mich selbst!", Stefan Herz-Kestranek – Stationen eines großbürgerlichen Emigranten 1938–1945, Wien-Köln-Weimar 1997
Hoffmann, Thomas M.: Der Fall Sigmund Bosel – Sigmund Bosels Fall, DA WU Wien 1990

Holpfer, Eva: „Ich war nichts anderes als ein kleiner Sachbearbeiter von Eichmann“, Die justizielle Ahndung von Deportationsverbrechen in Österreich. In: Thomas Albrich, Winfried R. Garscha u. Martin F. Polaschek (Hrsg.), Holocaust und Kriegsverbrechen vor Gericht: Der Fall Österreich, Wien 2006
Hubert, Rainer: Schober, „Arbeitermörder“ und „Hort der Republik“. Biographie eines Gestrigen, Wien-Köln 1990
Huemer, Peter: Sektionschef Robert Hecht und die Zerstörung der Demokratie in Österreich, Wien 1975
Hutter, Andreas W.: Vom Tages- zum Filmschriftsteller: Der junge Billy Wilder …, DA Uni Wien 1992

Kadrnoska, Franz: Aufbruch und Untergang. Österreichische Kultur zwischen 1918 und 1938, Wien 1981
Kahr, Helmut: Die österreichischen Banken zwischen 1913 und 1926, DA Uni Wien 1977
Kainz, Werner: Magnesitwerk Veitsch, 1881–2006, Veitsch 2006
Kalss, Susanne: Organhaftung in Österreich. Einige rechtspolitische Anmerkungen. In: Der Gesellschafter, 03/2014
Kernbauer, Hans: Währungspolitik in der Zwischenkriegszeit. Geschichte der Oesterreichischen Nationalbank von 1923 bis 1938, Wien 1991
Kershaw, Ian: Hitler. 1936–1945, Stuttgart 2000
Kessler, Harry (Graf): Tagebücher 1918–1937 – Kapitel 5 (28. 11. 1922), http://gutenberg.spiegel.de/buch/-4378/5
Kienböck, Martin: Viktor Kienböck: sein Leben und sein Wirken für Österreich, DA WU Wien 1991
Kindleberger, Charles P.: A Financial History of Western Europe, London 1985
Kinnen, René: Die Entwicklung der Banken in Österreich von 1919 bis 1929, DA WU Wien 1979
Kluy, Alexander: „Die Welt war Jazz geworden“, Nachwort zu: Felix Dörmann, Jazz. Wiener Roman, Wien 2012 (1925)
Kola, Richard: Rückblick ins Gestrige. Erlebtes und Empfundenes, Wien 1922
Kostolany, André: Mehr als Geld und Gier. Kostolanys Notizen, München 2006
Kraus, Karl: Die Fackel Nr. 632, Wien 1923
Kraus, Karl: Die Unüberwindlichen. Nachkriegsdrama in 4 Akten. Wien-Leipzig 1928
Krenek, Ernst: Im Atem der Zeit. Erinnerungen an die Moderne, Hamburg 1998
Kriechbaumer, Robert: „Dieses Österreich retten …“. Protokolle der Christlichsozialen Parteitage der Ersten Republik, Wien-Köln-Weimar 2006
Kriechbaumer, Robert: Die großen Erzählungen der Politik. Politische Kultur und Parteien in Österreich von der Jahrhundertwende bis 1945, Wien 2001

Kunth, Felicitas: Die Rothschild'schen Gemäldesammlungen in Wien, Wien 2006

Lembke, Hans H.: Phönix, Wiener, Berliner. Aufstieg und Sturz eines europäischen Versicherungskonzerns, Wiesbaden 2016
Lennhof, Eugene: The Last Five Hours of Austria. New York 1938
Leopoldi, Hermann/Möslein, Helly: „In einem kleinen Café in Hernals …". Eine Bildbiographie, hgg. v. Hans Weiss und Ronald Leopoldi, Wien 1992
Lewinson, Richard: Die Umschichtung der europäischen Vermögen, Berlin 1925
Ludwig, Eduard: Österreichs Sendung im Donauraum. Die letzten Dezennien österreichischer Innen und Außenpolitik, Wien 1954

Machiavelli, Niccolò: The Prince. Penguin Books, London 2004
Markus, Georg: Das heitere Lexikon der Österreicher. Die besten Anekdoten von Altenberg bis Zilk, Wien 2003
Markus, Georg: Katharina Schratt, Die heimliche Frau des Kaisers, Wien 1982
Marx, Peter W.: „Stadt ohne Juden". Antisemitismus als Thema im Unterhaltungsfilm der 1920er Jahre", IASL Online, 12. 2. 2002
März, Eduard: Die große Depression in Österreich 1930–1933, Wirtschaft und Gesellschaft 1990, Bd.16 Nr. 3, http://wug.akwien.at
März, Eduard: Österreichische Bankenpolitik in der Zeit der großen Wende 1913–1923. Am Beispiel der Creditanstalt für Handel und Gewerbe, Wien 1981
Matis, Herbert: „Notleidende Millionäre bevölkerten damals Österreich". Die Währungs- und Geldpolitik in der jungen Republik, in: Helmut Konrad u. Wolfgang Maderthaner (Hrsg.), … der Rest ist Österreich, Bd. 2, Wien 2008
Mattl, Siegfried: Stagnation und gesellschaftliche Krise. Das österreichische Beispiel. In: Wolfgang Maderthaner u. Helmut Gruber (Hrsg.), Chance und Illusion, Studien zur Krise der westeuropäischen Gesellschaft in den dreißiger Jahren, Wien 1988
Mayerhofer, Fritz: Franz Dinghofer. Leben und Wirken, in: Historisches Jahrbuch der Stadt Linz 1969
Mayer, Karl J.: Zwischen Krise und Krieg. Beiheft Bd. 33, HMRG, Stuttgart 1999
Melichar, Peter: „Verteilungskämpfe. Bemerkungen zur Korruption im Österreich der Zwischenkriegszeit". In: Ernst Bruckmüller (Hrsg.), Korruption in Österreich. Historische Streiflichter, Wien 2011
Meysels, Lucian O.: Das Ende der Republik und ihr letzter Kanzler, Wien 1992
Morgenstern, Soma: Alban Berg und seine Idole. Erinnerungen und Briefe, Lüneburg 1995
Moritz, Verena/Leidinger, Hannes/Jagschitz, Gerhard: Im Zentrum der Macht. Die vielen Gesichter des Geheimdienstchefs Maximilian Ronge, St. Pölten-Salzburg-Wien 2007

Morton, Frederic: The Rothschilds. A Family Portrait, Harmondsworth 1964
Morton, Frederic: Wetterleuchten 1913/1914, Wien 1990

Natmeßnig, Charlotte: Britische Finanzinteressen in Österreich. Die Anglo-Oesterreichische Bank, Wien-Köln-Weimar, Wien 1998

Oberhummer, Hermann: Diensteslaufbahn der Leiter und Stellvertreter der Wiener Polizeibehörde, Polizeidirektion Wien 1929
Österreichische Industriegeschichte GmbH (Hrsg.): Österreichische Handelsgeschichte. Von den Anfängen bis zur Gegenwart, Wien-Graz 2012
Österreichisches Biographisches Lexikon (ÖBL) 1815–1950, hgg. von der Österreichischen Akademie der Wissenschaften, www.biographien.ac.at/oebl
Ostwald, Hans: Sittengeschichte der Inflation. Ein Kulturdokument aus den Jahren des Marksturzes, Berlin 1931

Pauley, Bruce F.: Politischer Antisemitismus im Wien der Zwischenkriegszeit. In: Gerhard Botz, Ivar Oxaal, Michael Pollak u. Nina Scholz (Hrsg.), Eine zerstörte Kultur. Jüdisches Leben und Antisemitismus in Wien seit dem 19. Jahrhundert, Wien 2002
Pauley, Bruce: Eine Geschichte des österreichischen Antisemitismus, Wien 1993
Paupié, Kurt: Handbuch der österreichischen Pressegeschichte, Bd.1, Wien 1960
Philipp, Hans: Schandwirtschaft mit Steuern und Spargeldern! Die Postsparkasse verspekuliert 1100 Milliarden. Ein Mahnwort an alle Sparer und Steuerzahler, Wien 1927
Pinner, Felix (= Fassland, Frank): Deutsche Wirtschaftsführer, Berlin 1925
Planer, Franz (Hrsg.): Jahrbuch der Wiener Gesellschaft, Wien 1929
Poch-Kalous, Margarethe: John Quincy Adams. Ein vergessener Wiener Maler. In: Alte und moderne Kunst, 20. Jg. 1975, Heft 138
Pollner, Martin: Camillo Castiglioni. Ein Lebensbild. In: Wiener Geschichtsblätter, 66. Jg., Heft 2/2011
Prokop, Ursula: Das Rothschildspital. Vom Vorzeigeprojekt zum Wartesaal der Hoffnung, in: David. Jüdische Kulturzeitschrift, Heft 97, 07/2013
Protokolle des Ministerrates der Ersten Republik, herausgegeben von der Österreichischen Gesellschaft für Historische Quellenstudien, Wien (Abt. VII – Kabinett Ender, Buresch I und II – bislang unpubliziert, ÖStA/Archiv der Republik)
Prutsch, Ursula/Zeyringer, Klaus: Die Welten des Paul Frischauer, Wien-Köln-Weimar 1997
Pulzer, Peter: Bemerkungen zu dem Beitrag von Herbert Rosenkranz, In: Gerald Stourzh u. Brigitta Zaar (Hrsg.): Österreich, Deutschland und die Mächte. Internationale und österreichische Aspekte des „Anschlusses“ vom März 1938, Wien 1990

Rabl, Alexandra: Hugo Bettauers Wien: Stadtromane der Zwischenkriegszeit. DA Uni Wien 2013

Ransmayr, Georg: Die Zentraleuropäische Länderbank der Zwischenkriegszeit. Eine Pariser Bank mit Wiener Blut, DA WU Wien 1993
Rauchensteiner, Manfried: Der Erste Weltkrieg und das Ende der Habsburgermonarchie, Wien 2013
Redlich, Josef: Schicksalsjahre Österreichs, Die Erinnerungen und Tagebücher Josef Redlichs 1869–1936, hgg. von Fritz Fellner u. Doris A. Corradini, Köln-Wien 2011
Reiter, Ilse: Gustav Harpner (1864–1924). Vom Anarchistenverteidiger zum Anwalt der Republik, Wien 2008
Rosenkranz, Herbert: Entrechtung, Verfolgung und Selbsthilfe der Juden in Österreich. In: Gerald Stourzh u. Brigitta Zaar (Hrsg.), Österreich, Deutschland und die Mächte. Internationale und österreichischen Aspekte des „Anschlusses" vom März 1938, Wien 1990

Safrian, Hans: Eichmann und seine Gehilfen, Frankfurt 1995
Sandgruber, Roman: Frauensachen – Männerdinge. Eine „sächliche" Geschichte der zwei Geschlechter, Wien 2006
Sandgruber, Roman: Ökonomie und Politik. Österreichische Wirtschaftsgeschichte vom Mittelalter bis zur Gegenwart. Wien 1995
Sandgruber, Roman: Traumzeit für Millionäre. Die 929 reichsten Wienerinnen und Wiener im Jahr 1910, Wien 2013
Schaber, Will: B. F. Dolbin. Der Zeichner als Reporter, München 1976
Scheffer, Egon: Das Bankwesen in Österreich, Entstehung, Entwicklung, Bedeutung für Wirtschaft und Geist, Wien 1924
Schlüter, Reinhard: Der Haifisch. Aufstieg und Fall des Camillo Castiglioni, Wien 2015
Schmidl, Erwin A.: Die militärischen Aspekte des Anschlusses. In: Stourzh/Zaar (Hrsg.), Österreich, Deutschland und die Mächte, Wien 1990
Schneider, Gertrude: Exile and Destruction. The Fate of Austrian Jews 1938–1945, Westport, 1995
Schneider, Gertrude: Reise in den Tod. Deutsche Juden in Riga 1941–1944, Dülmen 2008
Schneider, Helmut: Felix Dörmann. Eine Monographie, Dissertation Uni Wien, 1991
Sieghart, Rudolf: Die letzten Jahrzehnte einer Großmacht. Menschen, Völker, Probleme des Habsburger-Reiches, Berlin 1932
Sigmund, Anna Maria: Die Frauen der Nazis, München 2005
Skalnik, Kurt: Als die Schicksalsuhr lief. In: Thomas Chorherr, 1938. Anatomie eines Jahres, Wien 1987
Spitzmüller, Alexander: Und hat auch Ursach', es zu lieben, Wien-München-Stuttgart-Zürich 1955
Stekl, Hannes: Bürgertumsforschung und Familiengeschichte, in: Hannes Stekl (Hrsg.), Bürgerliche Familien. Lebenswege im 19. und 20. Jahrhundert, Wien 2001
Stiefel, Dieter: Camillo Castiglioni oder die Metaphysik der Haifische, Wien-Köln-Weimar, 2012

Stiefel, Dieter: Die Sanierung und Konsolidierung der österreichischen Banken 1931 bis 1934. In: Oliver Rathkolb, Theodor Venus u. Ulrike Zimmerl (Hrsg.), Bank Austria Credit-Anstalt. 150 Jahre österreichische Bankengeschichte im Zentrum Europas, Wien 2005

Stiefel, Dieter: Finanzdiplomatie und Weltwirtschaftskrise. Die Krise der Credit-Anstalt für Handel und Gewerbe 1931, Frankfurt 1989

Strümpell, Adolf v./Seyfarth, Carly: Lehrbuch der speziellen Pathologie und Therapie der inneren Krankheiten, Berlin 1934

Ufermann, Paul: Könige der Inflation, 1924

Unterreiner, Katrin: Die Habsburger: Mythos und Wahrheit, Wien 2014

Venus, Theodor: „Freiheit und Vereinnahmung. Über das schwierige Verhältnis zwischen Banken und Journalistik (1855–1938)". In: Rathkolb/Venus/Zimmerl (Hrsg.), Bank Austria Credit-Anstalt, Wien 2005

Venus, Theodor: Die dunklen Jahre, in: Julius Kainz und Andreas Unterberger, 150 Jahre „Die Presse", Wien 1998

Wagner, Michael/Tomanek, Peter: Bankiers und Beamte, Wien 1983

Wagner, Wilhelm J.: Bildatlas zur Zeitgeschichte Österreichs 1918–1938, Wien 2007

Wahl, Niko: Die Könige der Inflation, Spekulation und neuer Reichtum im Wien der Zwischenkriegszeit. In: Joachim Riedl (Hrsg.), Wien, Stadt der Juden. Die Welt der Tante Jolesch, Wien 2004

Wahl, Niko: Kaffeehäuser zu Bankfilialen. Ein kurzer Abriss der Wiener Spekulation. In: Konrad/Maderthaner (Hrsg.), … der Rest ist Österreich, Bd. 2, Wien 2008

Walré de Bordes, J. van: The Austrian Crown, Its Depreciation and Stabilization, London 1924

Weber, Fritz: Der letzte Kapitalist. Louis Nathaniel von Rothschild, in: Kristian Sotriffer (Hrsg.), Das größere Österreich. Geistiges und soziales Leben von 1880 bis zur Gegenwart, Wien 1982

Weber, Fritz: Zusammenbruch, Inflation und Hyperinflation. Zur politischen Ökonomie der Geldentwertung in Österreich 1918 bis 1922, in: Konrad/Maderthaner (Hrsg.), … der Rest ist Österreich, Bd. 2, Wien 2008

Weber, Fritz: Hauptprobleme der wirtschaftlichen und sozialen Entwicklung Österreichs in der Zwischenkriegszeit. In: Franz Kadrnoska, Aufbruch und Untergang. Österreichische Kultur zwischen 1918 und 1938, Wien-München-Zürich 1981

Weber, Fritz: Vor dem großen Krach. Die Krise des österreichischen Bankwesens in den Zwanziger Jahren. Habilitationsschrift Univ. Salzburg. Wien 1991

Wess, Norbert: Entwicklung des Untreuestraftatbestandes in Österreich. Auswirkungen der Neuregelung für die Praxis. In: CFO aktuell. Zeitschrift für Finance & Controlling, 09/2015, Nr. 5

Wessels, Jens-Wilhelm: Economic Performance and Micro-Economic Development in Austria, 1929–1938. In: Günter Bischof, Anton Pelinka u. Alexander Lasser (Hrsg.): The Dollfuss/Schuschnigg Era in Austria: A Reassessment, New Brunswick 2003
Wiesenthal, Simon: Recht, nicht Rache. Erinnerungen, Frankfurt 1989
Wohlfahrt, Michael: The Emperor close up and personal. In: Karl Vocelka und Martin Mutschlechner (Hrsg.): Franz Joseph 1830–1916, Wien, 2016
Wyllie, James: Albert Göring. Gegen Hitler, meinen Bruder und alle Nazis, Essen 2006

Zollinger, Manfred: Banquiers und Pointeurs. Geschichte des Glücksspiels zwischen Integration und Ausgrenzung vom 18. bis zum 20. Jahrhundert, Dissertation Uni Wien 1990
Zollinger, Manfred: Geschichte des Glücksspiels. Vom 17. Jahrhundert bis zum 2. Weltkrieg, Wien 1997
Zuckmayer, Carl: Als wär's ein Stück von mir, Wien 1966
Zweig, Stefan: Rausch der Verwandlung, Frankfurt 1982
Zweig, Stefan: Die Welt von Gestern, Frankfurt 2005 (Stockholm 1942)

TV, RADIO UND ONLINE:

Ransmayr, Georg: Der Massenmörder und der Trillionär, (TV-Doku, ORF 2013)
Hafner, Georg M./Shapira, Esther: Die Akte B. Alois Brunner – Die Geschichte eines Massenmörders (TV-Doku, HR 1998)
Janisch, Heinz: Gelebte Geschichte – Die Historikerin Gertrude Schneider, *Menschenbilder* (Ö1, 16.6.2013)

http://dasrotewien.at - „Hammerbrotwerke“, „Arbeiter-Zeitung“ (9. 3. 2015)
http://db.yadvashem.org – The International Institute for Holocaust Research, Transports to Extinction, Transport 16 from Vienna to Riga, 6. 2. 1942
http://english.alarabiya.net/en/special-reports/king-farouk (17. 1. 2016) – Al Arabiya News, King Farouk: The Forgotten Memoirs, King Farouk's Fabulous Wealth
http://jwa.org – Jewish Women's Archive: „Dora Kallmus“
http://motlc.wiesenthal.com – Mary Felstiner: Alois Brunner: Eichmann's Best Tool. Simon Wiesenthal Center Library, Museum of Tolerance Online, Multimedia Learning Center (19.1.2012)
www.archives.gov/iwg/reports/hitlers-shadow.pdf - Richard Breitman/ Norman J.W. Goda: Hitler's Shadow, Nazi War Criminals, U.S. Intelligence and the Cold War, published by The National Archives (USA, 2010)

www.doew.at - Erinnern/Biografien/Erzählte Geschichte/„Anschluss 1938" – Camillo Heger: „Jeden Tag Zusammenstöße" (9. 10. 2015)
www.doew.at – Wolfgang Neugebauer / Peter Schwarz: „Stacheldraht, mit Tod geladen …", Der erste Österreichertransport in das KZ Dachau 1938, Wien 2008
www.erinnern.at - Wolfgang Neugebauer, Das nationalsozialistische Terrorsystem in Österreich, "Neugebauer – NS-Terror.pdf" (9. 10. 2015)
www.gutzitiert.de - Kostolanys Börse-Seminar
www.iv-wien.at – Wolfgang Meixner: Aspekte zur Mentalität eines österreichischen Unternehmertums im 19. und frühen 20. Jahrhundert (2. 2. 2015)
www.kakanien-revisited.at – Johannes Feichtinger: Wissenschaftliche Innovationen durch kulturelle Marginalität (4. 6. 2016)
www.landhaus-rax.at (30. 6. 2016)
www.misrachi.at – Doron Rabinovici: Von der Kultusgemeinde zum Ältesten-Rat. Ein Vortrag (4. 6. 2016)
www.monumente-online.de – „Allerhöchste Eisenbahn", Deutsche Stiftung Denkmalschutz (4. 6. 2016)
www.murrayhall.com – Murray G. Hall: Ein Abend für Hugo Bettauer, 2002
www.nachkriegsjustiz.at – Winfried R. Garscha: Holocaust vor Gericht: Die Deportation der Wiener Juden in den Jahren 1941 und 1942 und die österreichische Justiz nach 1945 (27. 8. 2015)
www.zedhia.at - Tano Bojankin: Die Geschichte des Compass-Verlages, Ein Zwischenstand
www.zitate.eu/autor/8560/anton-kuh

BILDNACHWEIS:

Privatbesitz Julie Marks: 2, 18, 97, 98 (oben), 99, 100, 104, 141, 159, 169, 172, 173 (oben rechts), 249, 287, 291 · Privatbesitz Ruth Reitter: 142
Archiv Landespolizeidirektion Wien: 87, 101, 173 (unten)
Österreichisches Staatsarchiv: 174 (oben) · Archiv BAWAG PSK: 199
Österreichische Nationalbibliothek, Plakatsammlung: 102, 170, 171
Wienbibliothek: 103
D'Ora-Benda, Atelier / ÖNB-Bildarchiv / picturedesk.com: Umschlagbild
Fenichel, Max (1885-1942) / ÖNB-Bildarchiv / picturedesk.com: 41, 164
Scolik, Charles jr. / ÖNB-Bildarchiv / picturedesk.com: 179
Hilscher, Albert / ÖNB-Bildarchiv / picturedesk.com: 221, 240
ÖNB-Bildarchiv / picturedesk.com: 72 · Privatbesitz Pierre Genée: 98 (Mitte)
Privatbesitz Schneider: 173 (oben links)
Gerichtsakt Girzig, LG für Strafsachen Wien: 269
Georg Ransmayr: 55, 65, 176, 301 · Jutta Ransmayr: 98 (unten)
Privatbesitz Günther Deschner: 175 · Wiener Börse AG: 3
Wikimedia Commons: 117
ORF-Fernsehdokumentation „Der Massenmörder und der Trillionär" (2013): 9, 174 (unten), 303

DANK

Mein Dank richtet sich an alle, die mir bei den Archiv-Recherchen und Vorarbeiten zu diesem Buch behilflich waren:

Dazu gehören Georgia Schütz-Spörl und Robert Weinhapl (BAWAG-PSK); Peter Bertha, Michael Winter und Bruno Splichal (LPD Wien), Ursula Schwarz (DÖW), Susanne Uslu-Pauer (IKG); Rudolf Jeřabek und Hubert Steiner (ÖStA); Gerhard Schefbeck und Silvia Stöckl (Parlament); Walter Antonowicz (OeNB); Julia Resch (Wiener Börse); Heinrich Berg und Katharina Smola (WStLA); Michaela Maier und Alexander Schwab (VGA); Johannes Schönner (Vogelsang-Institut), Reinhard Gruber (Archiv St. Stephan), Vanessa Andjic (SBB Historic) sowie Astrid Fialka-Herics, Günther Deschner, Kurt Kirchbacher, Matthias Klemm und Roland Löffler.

Mein Dank gilt auch dem ORF – hier nebst anderen Christoph Guggenberger, Ulrike Schmid, Kurt Schmutzer, Alexandra Schreiner, Dieter Spet-Wassertheurer, Marie-Claire Zimmermann und Andreas Novak. Ohne seinen Rückhalt bei der Produktion der Bosel-TV-Doku würde es diese Bosel-Biografie so nicht geben.

Vor allem aber danke ich dem Styria Verlag und Johannes Sachslehner, der das Buchprojekt umsichtig betreut hat. Herzlich danken möchte ich Roman Sandgruber für seine Anregungen und wertvollen Anmerkungen.

Julie Marks, Ruth Reitter, Gertrude Schneider und Pierre Genée bin ich zu großem Dank verpflichtet, weil sie mich vertrauensvoll mit familiengeschichtlichen Informationen, inhaltlichen Hinweisen und historischem Material unterstützt haben.

Und ich danke meiner Frau Jutta und meinen Kindern für die viele Geduld mit mir während der Arbeit an diesem Buch.

ISBN 978-3-222-13535-4

Wien – Graz – Klagenfurt

Lektorat: Georg Loidolt
Cover- und Buchgestaltung: Bruno Wegscheider
Prokuktion: Alfred Hoffmann

Reproduktion: Pixelstorm, Wien
Druck und Bindung: Finidr

7 6 5 4 3 2 1

Printed in EU